文艺复兴史研究文集

周春生 著

商务印书馆
The Commercial Press

周春生

上海师范大学人文学院世界史系教授、博士生导师，从事文艺复兴史、西方思想史、东西文化比较等领域的教学与研究。著有《悲剧精神与欧洲思想文化史论》《马基雅维里思想研究》《文艺复兴史研究入门》《西蒙兹文化观研究》等。译有《实在主义的形而上学》《马基雅维里：一个被误解的人》等。在《哲学研究》《世界历史》《史学理论研究》等刊物上发表论文多篇。

目 录

序
帕那苏斯山诗性智慧下的
文艺复兴史研究

　　古希腊神话中有一预言者,名帕那苏斯。后希腊人建立一座山城,以帕那苏斯名命之。此山城位于伯罗奔尼撒半岛科林斯湾的北部,是传说中诗人的聚居处,山脚有特尔斐神庙。希腊人有了这座带着诗性智慧的山城,其灵魂也就有了栖息之地。再眺望俗界的帕那苏斯山,诗人荷马、赫西俄德等希望人们听命于神的召唤。以后又有泰勒斯、赫拉克利特、德谟克利特等前苏格拉底哲学家写下了许多诗性的格言。到了文艺复兴时期,帕那苏斯山的诗意复活了。天才画家拉斐尔(Raffaello Sanzio da Urbino,1483—1520)在西斯廷教堂的签字大厅创作了名画《帕那苏斯山》。画面中,阿波罗、缪斯坐于中间月桂树下,荷马、维吉尔、但丁、萨福、品达、贺拉斯、奥维德等诗人则在后排两侧错落伫立。这样,在西方的文化背景中,帕那苏斯山就成了诗性智慧、艺术和美的象征。那些纯净的诗性情思使不时有迷惘、怠倦、失落精神状态的西方人得到心灵的安慰,也正是依靠这种诗性的智慧软化了坚硬的科学理性,使更完美的精神世界建构起来。

所以诗是文化的滥觞,令文化人为之陶醉;诗是心灵的栖息地,让人保持住本性的纯真;诗是时代的观照者,使人类整体免遭异化的侵袭。

对于文艺复兴的研究者来讲,帕那苏斯山的诗性智慧无时不在向学人发问:我们为什么要研究文艺复兴?

《帕那苏斯山》壁画与其他拉斐尔的壁画、米开朗基罗的圆顶画一起早已成为游客参观西斯廷教堂的压轴项目。好几次,我站在拉斐尔的这幅壁画前沉思:拉斐尔此画的真正生命力何在?为何我在文艺复兴研究总体框架中那么看重拉斐尔?又为何总是将米开朗基罗与拉斐尔放在一起做艺术史比较研究?再问得深一点,我花费那么大的精力去研究文艺复兴缘由何在?直到我写《西蒙兹文化观研究》一书时,距离这些问题的解决才又进了一步。如果说米开朗基罗的作品如同其个人的生平一样有着忧郁、孤独、恐惧、向命运抗争、探索超越境界的深刻意蕴,那么拉斐尔则是优雅、和谐、明丽的代名词,两者一样精彩。艺术批评家帕金斯曾写就《拉斐尔与米开朗基罗:一部批评性、传记性论著》,书中就有印证上述比较的观点。西蒙兹则如是比较:"拉斐尔是月神吟唱者,文艺复兴因他而显露其欢愉并伴随着动人的声音。……米开朗基罗是预言家和先知,文艺复兴因他而展示它的精神的劳作,赋予它的精神的力量,他也像理想的哥伦布那样,为了夺得文艺复兴的秘密而启程驶过思想孤独的渊流。"也就是说,米开朗基罗的作品会引导观赏者去思考更为深刻的精神世界因素,而拉斐尔直接用明丽的线条、色泽让你顿时沉浸在美的世界中。米开朗基罗一直在问什么是美,并用艺术实践去追寻心目中的美;拉斐尔则告诉世人这就是美,并用艺术实践一再掀开美的面纱。再打个比方,米开朗基罗与拉斐尔就像音乐界的马勒与柴可夫斯基。马勒的交响曲耐品、耐思;柴可夫斯基的各类作品动听、入迷。拉斐尔37年的生命历程极其短促,但他却是与达·芬奇、米开朗基罗齐名的艺术大家,也是意大利文艺复兴鼎盛期的标志性人物。拉斐尔敬慕达·芬奇、米开朗基罗的艺术成就,并在融会贯通的基础上做了新的发挥,最终形成自己的独特风格,攀登上又一座艺术高峰。

帕那苏斯山所象征的诗性智慧是神圣的,但根本上是在提示人的尊严。诗最为本真的内涵就是体现人实实在在的内心世界,因而维护诗的尊严就是维护人的尊严。这样的帕那苏斯山值得我在文艺复兴史研究领域投入毕生的学术精力。20世纪80年代对人的反思浪潮不失诗性智慧的光芒。那时青年学子热衷于讨论的一个问题是:什么是人的存在价值?在此问题下,意识流诗受到追捧;意志哲学著作洛阳纸贵;存在主义哲学给出自我、自由选择的命题;主体性美学导向人化自然的境界;审美求解放的主张则让异化的人感到一丝松弛;如此等等。也正是在那个年代,文艺复兴成为学界十分时兴的研究课题。没过多久,学术界的面孔严肃、冰冷了起来,似乎一切变得理性了、学术化了。然而我们需要感谢的是80年代以人为中心的诗性智慧所构造的盛大思想之容器。最难以忘怀的还是马克思的人学理论——一种富有诗意的对人的认识。记得那时要买一本《马克思恩格斯全集》第42卷是何等困难,因为那一卷收有马克思的《1844年经济学哲学手稿》。该书的单行本那时也很走俏。在1987年的一次在庐山的会议中,我于庐山新华书店购得那本经典著作后,不禁面对那山峦欢呼起来。后由九江坐船回沪,一路上伴着江水声,我于甲板、船舱里捧读一过。《手稿》中马克思一直在思考人类如何通过感性的尺度提升自己的主体性,或者说使人成为一个情感丰富的主体世界。"全部历史是为了使'人'成为感性意识的对象和使'人作为人'的需要成为需要而做准备的历史(发展的历史)。""对于没有音乐感的耳朵来说,最美的音乐也毫无意义。""以全部感觉在对象世界中肯定自己。"①马克思后来在

----

① 《马克思恩格斯文集》(第1卷),人民出版社2009年版,第191、194页。

与恩格斯合著的《神圣家族》中评论培根："物质带着诗意的感性光辉对整个人发出微笑。"评论霍布斯："感性失去了它的鲜明色彩，变成了几何学家的抽象的感性。"评论法国空想社会主义："既然人是从感性世界和感性世界的经验中获得一切知识、感觉等等的，那就必须这样安排经验的世界，使人在其中能体验到真正合乎人性的东西，使他常常体验到自己是人。……使每个人都有社会空间来展示他的重要的生命表现。"①马克思当年的想法是，历史就是那个活生生的人不断完善自我的历程。然而历史的实际进程却是人的异化史。资本主义文明的机器轰鸣声震惊了整个世界，然而人被物化了。无产阶级的解放必须是人的主体性、自然性的真正恢复。为了更具体地说明这种现实的人的感性，马克思还特别对欧仁·苏长篇小说《巴黎的秘密》中玛丽花这一人物形象进行了细致的解剖，并通过这个形象告诉人们，无产阶级丰富的主体性和自然感性正面临窒息的命运。那么人类能否凭靠先天的想象等途径去实现自身丰富的情感世界呢？马克思认为唯一的途径就是投身实践。今天，当我们去重新认识西方思想文化史、文艺复兴思想文化史进程中的诗性智慧时，马克思的"幽灵"仍在回荡。

以帕那苏斯山为象征的那种人之尊严永远与诗性的智慧、与艺术的心灵融合在一起。文艺复兴就是诗性复活的时代。确切地讲，20世纪80年代的人学热潮推动我去思考并进行文艺复兴研究。然而直到1990年我在大学开文艺复兴的选修课才能算真正研究的起步，其中文学三杰、艺术三杰是研究中的重点。帕那苏斯山上的但丁是我最敬慕的诗神形象。每次到意大利访学，我都要去罗马拉特兰大街西面尽头处的圣玛丽亚大教堂，内庭左侧就是反映但丁生平的系列壁画。作为诗人的但丁是一位

---

① 《马克思恩格斯文集》(第1卷)，第331、334—335页。

理想主义者,他幻想着一种超出党派之争、超出权威控制的政治统治形式。这种理想主义要了但丁的命。但丁于 1302 年受缺席审判并遭放逐,其罪名是贿赂、反对教皇和佛罗伦萨等。但丁四处流浪,不忘研习哲学和神学。这时,意大利拉文纳城邦的邦主,一位爱好古典文化的统治者向但丁发出了邀请。但丁还有什么理由不前往拉文纳并将其当作永久的安顿之所呢? 在拉文纳邦主的盛情款待下,诗人得到了身心的安慰。但丁终生未返佛罗伦萨,最后客死拉文纳。正是在放逐中,但丁写下了《飨宴》《论俗语》《神曲》等作品。正是但丁的感染力,使我用但丁学的学术高度来对待但丁研究。总之,但丁传递给学界的是一副活脱脱的人生形象,并指引世人认识自我的途径。

帕那苏斯山的诗性智慧一直在启迪学人:我们应该如何研究文艺复兴?

拉斐尔将帕那苏斯山的诗性之美、生命之美重又带给了文艺复兴时期的艺术天地,令人神往,令人思绪万千。我对山地峰峦情有独钟。回望 20 世纪 70 年代,其时我在皖南山区的一个农场生活工作近 5 年时光。那时当然不会有什么文艺复兴研究的念头,唯独诗性人生的铸造值得一提。回想起来:寒舍扎在山腰间,四周是浓浓绿意托起的松林、茶树、泉流。我们整年都起得早,每天都辛勤劳作。但苦楚的岁月里也有打开自我精神空间的时候。《圣经》传言:人靠希望而生。记得黄昏时分,空谷中有轻灵的鸟鸣声,伴着柔和的山风,我徐步在熟悉的南岭小道。不时有诗兴激起,就在一个随身带的笔记本上记录下来,诗成了山乡生活中的灵魂寄托。农场广播站的播音员会朗诵我的诗作,很是动情。特别是当时我的身边有诗人海涅的《论德国宗教和哲学的历史》陪伴,书中诗人用真情的笔触评论一件件历史事例、一个个历史人物—— 原来超越性的东西还可以这样写! 此书中的文字和内容真正是烙在我心灵深处的印记。在"文

革"中我还在旧书店购得摩尔根《古代社会》一书,是一种大字体的三卷
本。我跟着书中的文字去思索远古人类的心灵状态。在"文革"后的古旧
书大甩卖中,我又得到一本已经书皮脱落的经典史著,即由法国学人古朗
士撰写的《希腊罗马古代社会研究》。作者在研究最初的古代社会家族制
度时着重分析了宗教、祭祀、神话等文化内容的作用。到了 20 世纪 80 年
代,一些有代表性的人类学著作相继被译成中文,其中有泰勒的《原始文
化》和《人类学》、弗雷泽的《金枝》、列维-斯特劳斯的《野性的思维》等。
于是我产生出一种联想:我们今天所看到的文化内容都是些很规范的东
西,然而人类在创造语言的初始究竟是什么更独特、更博大的心灵世界在
鼓动呢? 这需要好好回到诗性时代的文艺复兴,看看带着诗性智慧的学
人是如何谈论诗歌的。

　　英国文艺复兴时期批评家锡德尼在《为诗辩护》中提出一个非常重要
的见解,即诗歌是最初引领人类走向文明的文学艺术表现形式。"因为
诗,在一切人所共知的高贵民族和语言里,曾经是'无知'的最初的光明给
予者,是其最初的保姆,是它的奶逐渐喂养无知的人们以后能够食用较硬
的知识。"于是文化人懂得,古希腊诗性智慧朗照下的命运女神、阿波罗
神、酒神等艺术象征就是希腊文明的引领者。人类文明的进程需要诗性
的梦。原始人做着没有自我的梦,结果语言的发展将这场梦打碎了,人类
步入文明世界。不过最初的文字是人类丰富感情的浓缩,一个字就是一
种创造。每个民族的文化渊源都与诗篇相连。后人丢失了初民的诗意创
造,只顾及运用文字,叹息呵。西方从巴门尼德开始,形成了一种叫作"存
在研究"(ontology,中文通常译作"本体论")的学问,好像世界上还有一种
超越于感官的"存在世界"。大家都承认,这本体论的学问是西方思想文
化的一大特点。我想进一步说,这种超越性的"存在"意识一出,诗性智慧
又有了独特的生长土壤。人们可以在这片土壤中播下许许多多很有诗意

想象的终极问题探讨种子。柏拉图就设计出一个理念的梦,这场梦境的序幕就是告诉人们:在人们用肉眼能够看到一个事物之前,那个事物的结构早就存在了,而且这种存在十分完美。哲人的义务就是用自己的睿智去体验那个存在,去分析其中的道理。于是西方人加快了美感和理性的双重步伐,文明又前进一步。

再放眼整个西方思想史,每一次成型的思考及其成果都是对诗性智慧问题之消化。其中有三次大的诗性智慧勃兴:前苏格拉底时期、文艺复兴时期和19世纪延亘至今的时期。其间,从苏格拉底哲学到基督教哲学,从17世纪的理性启蒙哲学到今天的科学理性浪潮,所有这些阿波罗式的理性宁静都是在形影不离地回应诗性智慧。从某种意义上说,一部《圣经》让诗性智慧有了新的存在土壤。《圣经》中的"诗篇"以诗歌的乐调歌颂神、歌颂善、歌颂美、歌颂爱,"我们要来感谢他、用诗歌向他欢呼"(《旧约·诗篇》95章)。沉浸在这种诗意背后的就是基督教信仰的"极致"底蕴,"要因他大能的作为赞美他,按着他极美的大德赞美他"(《旧约·诗篇》150章)。比较而言,理性的思考方式使自己局限在经验的范围内。《圣经》叫人聆听、体悟。这种直觉式的交流将深邃、优美的一面呈现出来,使境界得到升华。这样,基督教化出一个信仰的大梦,西方人的存在世界里又多了一份诗意想象的内容,人们的生活也有了新的希望,文明由此进入新的境界。

记得20世纪80年代初,我从上海乌鲁木齐路国际礼拜堂一位唱诗班教徒那里买到一本《圣经》,由于那时社会环境的关系,我还做了一个白色的盒套将其保存好。更值得纪念的事情是,1984年盛夏某夜晚,有人轻敲寒室虚掩着的屋门,门外站着的是我大学念书时的英语老师,还是那副和蔼可亲的长者形象。老师进得屋内,双手将一本詹姆斯本英文《圣经》递交给我。原来我曾经在一次路遇先生时提到过想要一本英文《圣经》。

孰料先生念得此事,当日登门送经,我不胜感激。特别是谈话间先生以平静的语调说起他的长子已在"文革"中先去了天堂,我只能哀叹凄凉。后来我每一次在大学讲课中涉及基督教思想文化的部分,都会展示这本《圣经》,都要讲那些往事。后来我在研究文艺复兴史的过程中专门指导学生去收集詹姆斯时代英国人翻译《圣经》的史实,并写成与当时文人廷代尔翻译《圣经》有关的学术论文,也算了却一桩心愿。文艺复兴的人文主义者让人做一场身边世俗的美丽之梦,并用各种文学艺术的手段去显示梦之美。这样,近代文明在诗意的呈现中诞生了。后来的经验论者和唯理论者对人的认识能力做了详细的探讨。在这一探讨过程中,有的哲学家(如洛克等)让人认识到理性的局限,人还是谦卑点好。那个更宏大的本原世界仍需要诗意的并带着点宗教情感的意识去领悟。但也有些哲学家(如黑格尔等)过度夸大理性的功能,甚至将理性定格在辩证意识的范围内,这会窒息诗性智慧的存在。后来所有的反叛之声,特别是尼采"查拉图斯特拉"巨人一出,诗性智慧又复活了。我要说的是,今天西方文明中的世俗化、技术化、单一化倾向会冲击时代诗性之梦,于是文明在彷徨。其实我们都在期待自然与文化共同出演的21世纪之梦。全球化时代需要这样诗性的梦。我们依稀感悟到,以往文明史上的各种梦幻世界正在相互融合。如果柏拉图的理念论和道家的自然观相互融合,那么新生的超越性文化世界就会在个体生命和自然世界前显示美的外观。我们都无法知道最终的世界底蕴是什么,但只要呈现美的结构,诗性的文化之梦就有其存在的价值,就值得人们去深思。那么新生的诗性世界将如何出现呢?出路只有一条,像斯宾格勒所提示的那样,让闯荡的勇士们投身生活的洪荒。说得博大点,就是像汤因比所说的那样,让文明去接受挑战。回到个人的人生之路,我十分清楚,每当感觉有什么失落的时候,那肯定是诗性的因素接近丢失的边缘。我每一次创作的高峰都是在寻求失落的诗性智慧。刺激诗性智慧的因素不时在身边发生。我曾一度忘情于中国文学史上的诗话、词话,系列研究收入拙著《直觉与东西方文化》。今天,我在人文学科的精神园地里耕耘,理应为诗性智慧作颂。其中有这样一些设想:《阿诺河畔的人文吟唱》是一部以人文主义为中心线索的文艺复兴时期哲学史和文学艺术批评史,希望有可读性;《西蒙兹文化观研究》既是一部毕生从事文艺复兴研究学者的生平传记,又是一部反映西方文艺复兴史学研究的学术史,希望不失深度;《悲剧精神与欧洲思想文化史论》则是一部西方思想文化简史和个人的哲学思考录,希望能传递诗性的哲学智慧。由此构成点、面、线的文艺复兴史研究三部曲。总之,帕那苏斯山的诗性智慧为我自己的思想和学业提了一个醒,不要让诗性的因素在自己的文艺复兴史研究过程中退化,要时刻用诗性的方法去呈现古人的心灵。

帕那苏斯山的诗性智慧还告诉学人,文艺复兴史研究的核心内容有哪些。

每当看到《帕那苏斯山》上荷马、萨福、维吉尔的形象,我就会回忆起这样一些带有诗性的思想历程。人类原始思维和人的童年记忆会渐离渐远。那种思维和记忆是人用整体的生命与对象世界打交道,是诗意情趣的源流。在相当长的学术生涯中,我始终关注带着诗性智慧的各类作品,如《柏拉图文艺对话集》、尼采《查拉图斯特拉如是说》、爱默生《论自然》、梭罗《瓦尔登湖》、西蒙兹《意大利文艺复兴》等。这里特别要提及柏拉图的著作。对研究文艺复兴的学者而言,柏拉图的著作和思想必须认真对待。在学术界和一般读者的心目中,柏拉图的思想和著作如《理想国》等都有崇高的地位。英国学者乔伊特花费很大的心血来译注《理想国》等名著,其中有牛津大学出版社 1892 年版的《理想国》注释本。20 世纪 90 年代,我在上海的外文旧书店用 100 元人民币购得此书,同时还将乔伊特的其他柏拉图著作注释本"收入囊中"。不过要真正认识柏拉图《理想国》中的思想却非购书热情所能了结。波普尔批评柏拉图政治理想中的集权成分,而施特劳斯等人则以为贯穿柏拉图政治理想的是善意原则。我想说的是,柏拉图的整体思想包括政治思想在内,充满诗性智慧和理性逻辑思维两者的冲突。这种冲突支配了此后西方思想文化的进程。柏拉图的想象力在于:世界上必须有一个绝对完美的世界存在,然后具体的世界才有存在的可能性。柏拉图更富有睿智的地方在于,他没有用结论式的语言说那个完美的世界究竟何为。这样柏拉图的完美世界就有可能与其他想象的世界结合起来,构成千姿百态的文化宫殿。柏拉图自己对斯巴达国家的构想也只是一种合理的政治逻辑推断。今天我们不是在继续着柏拉图的政治想象吗? 柏拉图推崇在迷狂状态中走向最高的境界。这不是很有诗意和梦幻吗?

　　《帕那苏斯山》的画面中还有但丁、彼特拉克、薄伽丘等人文主义学者的形象。将这些人文主义学者与诗人放在一起别有意趣。文艺复兴时期没有后人那种刻板的哲学史,那时有的是诗中的哲学或哲学中的诗。此画面是时代文化的映照,那时哲学和文学艺术都是打通的。笔者不得不再次提及但丁这位诗人思想家。但丁的《神曲》告诉人们理性与信仰、人与神、现实的人性与超越的境界等关系。在《神曲》中但丁跟随维吉尔先去看那些犯罪的灵魂如何受苦、如何洗罪的情景,最后由贝亚特丽齐领着走向天堂。故事告诉人们,人一不小心就可能犯罪,走到那个象征罪恶的黑森林中。但人又离不开现实,离不开自然感性的冲动,人无法靠自身纯粹的肉体力量去进行自我拯救并最终战胜黑暗凶恶的东西,于是人还要靠理性(维吉尔)、信仰(贝亚特丽齐)来提升自我。但丁发问:人怎样才能和至善的神的世界结合呢? "我对于那新见的景象也是如此;我愿意知道一个人形怎样和一个圈子结合,怎样会在那里找着了地位。"然后但丁举出一个和谐的人的形象,意在讲明人可以将自己的各种特性完美地互相结合起来,这个形象就是玛利亚:"童贞之母,汝子之女,心谦而德高,超越一切其他造物,乃永久命令所前定者。人性因你的缘故成为如此高贵,造物主不再藐视此乃彼之造物。……一切美德,凡造物所可有者,无不集于你的一身。"这里所要表达的是,玛利亚集神性和人性于一身。因此,玛利亚成了仁爱和谐的象征。当一个人达到了这种和谐状态时,人性就显得高贵,它既有自然感性的冲动又不为冲动所左右,从而显示出人神和谐所特有的超越性。那么人如何达到这种和谐状态呢? 但丁以为,必须使感性、理性在信仰的调节下趋向一个理想的至善境界,"像一个几何学家,他专心致志于测量那圆周,他想了又想,可是没有结果,因为寻不出他的原理;……但是我自己的翅膀不能胜任,除非我的心灵被那闪光所击,在他里面我的欲望满足了。达到这想象的最高点,我的力量不够了,但是我的欲望和意志,像车轮转运均一,这都由于那爱的调节;是爱也,动太阳而移群星"①。这是《神曲》的结语,也反映了但丁的一个重要想法:爱既体现了人性的因素,同时又使人性以高度和谐的形式体现出来,因而是一种带有超越性因素的美,它将人性带到更高的层次。

拉斐尔创作《帕那苏斯山》的年代正是费奇诺所宣扬的新柏拉图主义十分流行之时。费奇诺热衷于柏拉图思想中对灵魂所做的神秘且富有诗意的描述,意在使个体的人及其艺术创作更具美的外观和意境。拉斐尔的新柏拉图主义元素则在女性、圣母等相关形象的塑造上得到了完美的体现,无人不为其和谐、完美的风格而陶醉。《西斯廷圣母》则传递着神圣的母爱和人们对超越尘世的天堂之渴望。将神圣世界中的内容通过具体生动的故事转述出来,这构成了拉斐尔创作的又一道风景线。《圣保罗在

---

① 但丁:《神曲》,王维克译,人民出版社1954年版,第546页。

雅典布道》通过布道的场景来转达人文主义的信仰理论，让人体验到信仰的神圣、虔诚、高贵、深沉和力量。布道是文艺复兴时期艺术创作中非常流行的宗教题材。在相当长的时间内，国内的许多教科书一直在提人文主义以人性反对神性的观点。在拉斐尔的画前，此类论点不攻自破。为此，我在1997年发表《"人性反对神性"质疑》的论文，试图还原文艺复兴时期人神关系思考的原貌。拉斐尔《博尔塞纳的弥撒》画面上一位教士做弥撒时发现耶稣圣迹（如餐巾上鲜血滴成的十字等）后表示出一种惊疑，体现出强烈的戏剧性和艺术宗教情感。《圣餐辩论》则是对信仰的艺术化探讨，其意图是表现至高无上的智慧，是表现为神本身显现所证实的教会最深奥秘密的确然存在。

《帕那苏斯山》让人去追梦，追求美的世界。但这场梦不时被文艺复兴吵吵嚷嚷的世俗世界打断叫醒。文艺复兴一面是诗的时代，另一面是很现实的世界。纯粹的人类诗性之梦从来就是一种想象。那些诗性的文人睁开双眼后就在现实世界中表现自己。更有些人从诗的梦境中彻底醒来。马基雅维里的著作不时提醒世人何谓现实，并让人回到现实中去。我自己也花了相当的精力研究马基雅维里的思想，并出版了《马基雅维里思想研究》的专著。说到底，写马基雅维里就是为了从根本上认识文艺复兴时期的意大利社会，从更深层面讲还为了认识整个近代西方世界的文明内涵、历史走向等。由此我想到一个问题，即文艺复兴史研究也应该是一门学问即文艺复兴学。为此，我需要规划一个完整的文艺复兴史研究计划。这个计划大致在2002年规划完成。那一年我出版了论著《文艺复兴时期人神对话》（华东师大出版社2002年版）。这部著作不以学术见长，而是对自己未来的研究范围和研究重点、对文艺复兴思想文化核心内容的基本观点等勾画出大致的轮廓。后来我所有文艺复兴研究进程都按照这部著作的规划和提示前行。先后出版的著译有：《马基雅维里思想研究》(上海三联书店 2008 年版)、《马基雅维里:一个被误解的人》(译著,东北师范大学出版社 2008 年版)、《文艺复兴史研究入门》(北京大学出版社 2009 年版)、《欧洲文艺复兴史(法学卷)》(第一作者,人民出版社 2010 年版)、《阿诺河畔的人文吟唱》(天津教育出版社 2011 年版)、《卡斯特鲁乔·卡斯特拉卡尼传》(译文,收入《马基雅维利全集》[戏剧·诗歌·散文],吉林出版集团有限责任公司 2012 年版)、《西蒙兹文化观研究》(人民出版社 2021 年版)等。同时写下好些论题算得上国内第一次见诸正式书刊的论文:《后期文艺复兴研究述评——兼评鲍斯玛的文艺复兴"消退说"》《民族精神:布克哈特这样解释意大利文艺复兴之魂》《西蒙兹的性格文化史研究——由〈米开朗基罗传〉〈惠特曼研究〉引出的历史思考》《一部沉寂两个世纪的文艺复兴史研究拓荒之作——皮尼奥蒂〈托斯卡纳史〉评介》等等。尤其是最后一篇,这在世界范围内也属于系统评介皮尼奥蒂史学思想的首论。《帕那苏斯山》要求文艺复兴史研究的学人将艺术史作为研究的重中之重,对此我下了很大的功夫。其中 19 世纪西方的艺术家对文艺复兴艺术史的研究是一道绕不过的学术坎。经过学术的磨砺,我写下自己生平最具学术分量的论文即《19 世纪西方的意大利文艺复兴三大主题研究》,此文亦有涉及拉斐尔的文字。在专题方面,我对人文主义等做了批判性的研究,并发问:人文主义究竟给西方文化带来了什么? 我们在歌颂人文主义时是否还应关注人文主义对西方社会文化造成的负面影响? 此外,我还指导学生做了各种文艺复兴主题和人物方面的研究。仅以人物研究而言就多达几十位,他们是:但丁、萨卢塔蒂、皮科、费奇诺、大洛伦佐、米开朗基罗、卢克莱齐亚、萨沃纳罗拉、圭恰尔迪尼、卡斯蒂利奥内、本博、庇护二世、利奥十世、克莱门特七世、保罗三世、玻利齐亚诺、阿尔钦博托、瓦萨里、阿雷蒂诺、凯瑟琳·美第奇、鲁本斯、蒙田、帕斯卡尔、霍尔拜因、博丹、格劳修斯、莫尔、胡克、培根、莱利、维吉尔、廷代尔、伯顿、弥尔顿、洛克、佩特、温克尔曼、贝伦森、布克哈特、沃尔夫林、斯金纳、施特劳斯、曼斯菲尔德等等。专题研究有：文艺复兴时期的自然法研究、古代意大利政治思想研究、文艺复兴时期意大利政治思想研究、19 世纪意大利政治思想研究、文艺复兴游记心态史研究、意大利文艺复兴建筑艺术研究等等。如果将上述博士、硕士论文合起来，已经是很像样的、很有规模的文艺复兴史系列论著。同时，我的研究生们写作时参考的史料极其丰富。相比之下，我是古董，他们是新潮。这些史料已经并将继续成为我文艺复兴史研究的另一种注脚。

写到这里，环顾四周，我还陶醉在帕那苏斯山的美景之中。我想好些学界同仁大概也不失帕那苏斯山的诗意。我们不能不具有这样一种想象：帕那苏斯山将永远是一座矗立在学人眼前的圣山——文艺复兴诗性智慧的圣山。文明已入 21 世纪，诗性智慧永存！

第一编
批判的西方人文主义学说史

本编选入五篇文章。这些论文集中表达了笔者对文艺复兴时期历史、文化的基本看法。其中对人文主义的评论是焦点所在。笔者强调：我们应当以多重视角来认识人文主义文化的本质和历史影响，尤其不能忽略曾经有过并继续在发酵的负面因素。

前两篇文章可视作学术史的梳理，同时对人文主义、世俗性文化等进行历史性批判。批判与借鉴永远是文艺复兴史研究的两个尺度。中国学人在这些问题上应当有自己独特的观点，而不要唯西方是从。人文主义世俗性文化将世俗的个人作为思考万事万物的出发点和中心，并以现世的个人利益为追逐的目标和道德原则，由此形成文化的商业化倾向。世俗性文化给传统中世纪以基督教会为核心的社会文化带来各个层面的冲击。在国家治理和国际关系方面，世俗性文化确立以利益、权力、实力为首要原则的世俗政治理念。在哲学、科学等认识领域，强化理性与信仰并重的双重真理意识，同时抬高理性的地位，最终导致理性至上、科学万能的思想境况。其他几篇论文是对"个体主义""诗性智慧""乌托邦"等传统概念所做的进一步辨析阐释，其中诗性智慧是一种直觉体认的、浪漫想象的和具有完美意境的思考方式。诗性智慧的思想支柱是文艺复兴时期流行的新柏拉图主义。正是有了这样一种诗性智慧，人文主义思想文化才具备对世界和人生的深刻洞察力，才具备冲破传统羁绊、创造新文化的活力，并因此具有无穷的魅力。希望今后在涉及诸如此类概念时要多做批判性的思考，例如"空想社会主义"这个译名就有许多商榷的余地。五篇合起来就是对人文主义的总体批判，而这种批判对认识当今西方社会文化的现状无疑有诸多启示意义。

1
文艺复兴学与西方人文主义
研究学术钩稽[*]

文艺复兴是不是一门学问？从英文构词的角度讲，就是 Renaissance 后面能否加后缀-ology，从而像"汉学"（Sinology）、"亚述学"（Assyriology）等一样成为专有名词即"Renaissancology"（文艺复兴学）？"学"与"研究"都是学术味很浓的词，但两者之间又有些区别。"研究"有即时性的成分，或者说有时间性的感觉，如正在研究（researching）、已有的研究（researched）等，而"学"则是长期研究并取得体系化学术成果的知识。从逻辑的角度讲，特定的学问必有特定的研究对象、范围。但不是对任何历史和现实事物的研究都够得上"学"的标准。仍以汉学、亚述学为例，我们发现这些学科有以下特点：都有文字方面的阐释难度和需要；在文字的背后蕴涵着独特的、具有重要历史影响力的文化；在学术探讨过程中形成了有代表性的观点、体系和方法等，并有相当的研究规模和成果。以这几点

---

* 本文结合了两篇文章，分别为拙著《阿诺河畔的人文吟唱》（天津教育出版社 2011 年版）"跋"和《西方人文主义研究学术钩稽》（《史林》2010 年第 1 期）。

来分析文艺复兴的研究状况,那么冠之以"文艺复兴学"的称呼实在是顺理成章。

其一,文艺复兴研究的研究对象明确,即近代早期欧洲的思想文化现象,特别是以人文主义为核心内容的文学、艺术、哲学等思想文化现象。这里需要说明的是,有些学者在使用文艺复兴这个概念时过于宽泛,试图用这个词来概括整个社会历史的内容。但从文艺复兴研究学术史看,将文艺复兴研究的对象放在人文主义思想文化的聚焦点上,这是主流。布克哈特和西蒙兹的代表作虽然讲了不少文艺复兴的历史背景内容,但其重点是研究文化。在他们之后,甚至出现大量直接以人文主义为题的文艺复兴研究专著。

其二,文艺复兴这个词最初的意义是指对古典时代希腊、罗马文化的复兴。所以人文主义者的直接任务、兴趣等都放在了对古典时代希腊文、拉丁文著作的释读方面,而且新的民族语言也在形成过程之中。对于后人的文艺复兴研究来讲,首先会碰到的难题或面临的基本的学术任务就是文字。

其三,文艺复兴研究的核心内容即人文主义是一种文化的象征。那些人文主义者以其创造性活动体现了一种人文精神,并留下丰富的文化遗产。这些精神和遗产已经成为后来西方历史发展的重要动力,今天还在继续发挥作用。

其四,在文艺复兴史的研究过程中,已经形成各有特点的研究成果和学派,其中的代表人物有:布克哈特、西蒙兹、布鲁克尔、克利斯特勒、巴伦、加林、伯克、斯金纳、艾伦等。今天已形成相当规模的学者群。

其五,有许多相关的研究学会、研究刊物和研究系列丛书等,在众多大学中开设了相关的课程,亦出现了大量的教科书。每年都有数不尽的文艺复兴研究成果面世。作为文艺复兴发源地的意大利设有"国立文艺复兴研究院"(Istituto Nazionale di Studi sul Rinascimento),不定期出版学术论文集及各种"研究与文本"(Studie e Testi)专集。美国最有影响的当数《文艺复兴季刊》(*Renaissance Quarterly*)杂志,它由"美国文艺复兴史学会"(The Renaissance Society of America)主持编撰出版事宜。从 1954 年起,美国文艺复兴史学会编辑出版 21 卷"文艺复兴研究丛书"(Studies in the Renaissance),直至 1974 年。第 1 卷由得克萨斯大学出版社(University of Texas Press)出版,以后作为美国文艺复兴史学会出版物出版。美国文艺复兴史学会从 1948 年到 1966 年还出版过《文艺复兴通报》(*Renaissance News*)杂志。1966 年起在此基础上改出《文艺复兴季刊》,并一直延续至今。这份刊物是每一个从事文艺复兴时期研究的学人必须要参考的资料。在美国"中世纪、文艺复兴文本与研究中心"(Medieval & Renaissance Texts & Studies)的领导规划下出版了系列学术书籍。规模更大的一套学术丛书则是哈佛大学出版社规划的"塔蒂文艺复兴丛书"(The I Tatti Renaissance Library),它模仿哈佛大学另一套经典丛书"洛布丛书"(Loeb Classical Library),以拉英对照本的形式编撰文艺复兴时期的重要书籍,有详细注释和参考书目。例如薄伽丘《名女》就有"塔蒂丛书"本。① 另外,美国的一些大学还有专门以人物为中心的研究机构(如得克萨斯州立大学的莫尔研究中心等)和资料中心(如西北大学的纽伯利文艺复兴研究资料中心等)。相应地,这些大学的出版社编辑出版专项的文艺复兴研究书籍。如西北大学出版社的"文艺复兴戏剧系列丛书"(Renaissance Drama),该丛书每期都有专题,如"新系列"第 11 期是"悲剧"(Tragedy)。这些丛书编撰到一定规模后,编撰者又开始选取其中论文的精华编成新

---

① Giovanni Boccaccio, *Famous Women*, edited and translated by Virginia Brown, The I Tatti Renaissance Library, Harvard University Press, 2001.

的论文集,如在"文艺复兴戏剧系列丛书"基础上辑成的《作为文化史的文艺复兴戏剧》①等。英国还有牛津大学出版社的《文艺复兴研究》杂志(*Renaissance Studies*)。"鸽室-文艺复兴"(Dovecote-Renaissance)出版公司、加拿大多伦多大学"宗教改革和文艺复兴研究中心"(Centre for Reformation and Renaissance Studies)也有系列书籍出版。

凡此等等,我想"文艺复兴学"(Renaissancology)可以名正言顺地登堂入室了。提出文艺复兴学的概念有利于学术的进展。让我们一起期待《文艺复兴学》等著述的问世。

人文主义是西方文艺复兴时期的核心思想文化现象。人文主义所具有的崇尚古典文化、宣扬个体创造精神、强调以人为中心的人神和谐观、善用诗性智慧的思维方式等特征,这些对后来西方文化的进程产生了持久的影响。因此人文主义也成了文艺复兴史研究领域的核心课题。从19世纪开始,西方学者开始对人文主义问题展开自觉、深入的研究,建构起一部具有丰富内涵的学术批评史。

一、 由人文主义者书写的历史著作

在文艺复兴时期的意大利出现了不少由人文主义者书写的作品,包括许多有价值的历史著作。哈佛大学出版社的"塔蒂文艺复兴丛书"至少已出版以下著作:阿尔伯蒂《嘲弄之神》(*Momus*)、本博《威尼斯史》(*History of Venice*)、薄伽丘《名女》(*Famous Women*)、布鲁尼《佛罗伦萨人民史》(*History of the Florentine People*)、费奇诺《柏拉图主义神学》(*Platonic Theology*)、曼内蒂《传记集》(*Biographical Writings*)、教皇庇护二

---

① Mary Beth Rose ed., *Renaissance Drama as Cultural History: Essays from Renaissance Drama (1977－1987)*, Northwestern University Press, 1990.

世《见闻录》(*Commentaries*)、彼特拉克《责语集》(*Invectives*)、波利齐亚诺《书信集与诗集》(*Letters and Silvae*)、斯卡拉《论说与对话集》(*Essays and Dialogues*)、瓦拉《君士坦丁赠赐辨伪》(*On the Donation of Constantine*)、维吉奥《短篇史诗》(*Short Epics*)、维吉尔《论发现》(*On Discovery*),其他人文主义者的教育论著、剧作、游记等等。这些作品向世人展示了人文主义者丰富的内心世界。不过在文艺复兴时期还谈不上对人文主义的自觉研究,甚至"人文主义"(Humanism)这个特定的称呼还未出现。我们可以从那时的诸多传记著作中感受到今天我们称之为人文主义的气息。例如薄伽丘凭着对但丁人文主义的敬慕之情撰写了《但丁传》。从某种意义上说,文艺复兴时期的历史就是由那些充满人文主义情怀的文学艺术大家书写而成的。无疑,记录和描述那些人文主义者的生平和思想成了文艺复兴时期史学创作的主基调。人们通常认为,米开朗基罗的学生瓦萨里(Giorgio Vasari,1511—1574)开创了近代西方人文主义艺术批评史的先河。瓦萨里除了有优美的文笔外,还是著名的画家和建筑师。其艺术生涯也得到过美第奇家族的支持。瓦萨里写有传世之作《最出色的画家、雕塑家和建筑家生平传记》。① 该著作初版于 1550 年,1568 年又出版内容扩充的版本,为后人提供了大量第一手史料。瓦萨里是人文主义艺术至上论者。他将艺术当作人的独特精神世界,并且是有别于科学技术的精神世界,认为艺术只能由充满个体艺术精神的天才来创造。这些想法最为典型地传达出人文主义者所倡导之新柏拉图主义理论,对以后的唯美主义、艺术至上论、形式主义艺术批评等艺术观都有影响。另外,在当时

---

① 该书有各种意大利文版本,其中学术性较高、编排较完整的有:Giorgio Vasari, *Le Vite de' Più Eccellenti Pittori Scultori e Architettori*, Instituto Geografico De Agostini, 1967。该书共 9 卷,还有各种英文版本,如现代文库(Modern Library)1960 年版本等。目前有中国人民大学出版社和湖北美术出版社等出版的中文译本。还有大量的选编本,如 Giorgio Vasari, *The Great Masters*, translated by Gaston De Vere, Hugh Lauter Levin Associates, 1986 等。

还有一部充分体现人文主义精神的自传作品即切利尼（Benvenuto Cellini，1500—1571）的《自传》（*Autobiography of Benvenuto Cellini*）。该自传在 19 世纪由英国史学家西蒙兹译成英文，然后广为流传，使世人对文艺复兴时期的人文主义精神有了进一步的了解。

二、 对人文主义的自觉研究

19 世纪是具有划时代意义的人文主义研究时期。文艺复兴史研究的泰斗布克哈特就非常注重对文艺复兴时期的人文主义特征加以勾勒。这里着重评介英国人西蒙兹（John A. Symonds）这位很有诗才和极强个性的历史学家。① 他的 7 卷本《意大利文艺复兴》（*Renaissance in Italy*）差不多与布克哈特的著作同时出版，提出了许多相同的看法。西蒙兹善于从广阔的层面来探索文艺复兴时期艺术家的心灵和创作实践。其人物评传如对米开朗基罗的研究堪称典范。② 西蒙兹在《意大利文艺复兴》中就人文主义问题做了系统的评述，该书第 2 卷就是一部意大利人文主义思想文化形成发展的学术史。西蒙兹将文艺复兴时期意大利的人文主义分为 4 个发展时期。

第一个时期主要是彼特拉克、薄伽丘等人将人文主义的基本特征勾画出来。例如人有其不同于神学决定论的、生动的理性存在，正是这种理性的存在使人显示出尊严（dignity）。古典的文化充分展现出人的思想和

---

① 关于西蒙兹的生平可参见 Horatio F. Brown, *John Addington Symonds: A Biography*, John Murray, 1903。

② John Addington Symonds, *The Life of Michelangelo Buonarroti: Based on Studies in the Archives of the Buonarroti Family at Florence*, 2 Vols., University of Pennsylvania Press, 2002, originally published by J. C. Nimmo and Charles Scribner's Sons, third edition, 1911.

道德自由的本质。① 而彼特拉克的思想学术经历,尤其是他对古典文化的尊崇,奠定了人文主义文化的基础。不过,西蒙兹也提醒学人,不能将那时的人文主义者仅仅限定在对古典文化的爱好上,而要看到人文主义者自身的巨大文化成就,这种成就在 15—16 世纪表现得十分突出。② 所以第一个时期就是人文主义文化的确立阶段,大致以 14 世纪为时限。

第二个时期是 15 世纪人文主义学术思想的推广时期。其中佛罗伦萨在科西莫·德·美第奇的资助下,出现了学术的繁荣景象。例如佛罗伦萨的人文主义者尼科洛·德·尼科利和布鲁尼等学者在收集、翻译古典作品方面有突出的贡献。同时在意大利范围内还出现了对柏拉图学说、亚里士多德学说进行深入研究的学术状况。西蒙兹对上述历史进行叙述时将佛罗伦萨和罗马视作两个中心,其中罗马的人文主义文化传播与当时教廷的作用关系密切。

第三个时期大致相当于 15 世纪下半叶的历史阶段,西蒙斯称这一时期为"情趣和批评的改善"(improvement of taste and criticism)。也就是说,这一时期的人文主义者虽然还表现出对古典文献的热忱,但更重要的是他们开始确立思想体系,并根据这种思想体系来创造文化。标志性的事件是佛罗伦萨的大洛伦佐对人文主义文化所起的巨大推动作用。当时的美第奇花园学校中有著名的学者费奇诺在研究、讲学。费奇诺将《柏拉图全集》逐渐翻译成拉丁文,并将新柏拉图主义的基本思想向学生和学界进行传播。于是新柏拉图主义成为人文主义的核心思想。

第四个时期是人文主义走向衰落(Fall)的阶段,时间始于 16 世纪上

① John Addington Symonds, *Renaissance in Italy*, Vol. II "The Revival of Learning", Smith, Elder, & Co., 1900, p. 52.

② John Addington Symonds, *Renaissance in Italy*, Vol. II "The Revival of Learning", pp. 37 - 38.

半叶。西蒙兹通过研究发现,人文主义者所表现出的通过研习古典作品来认识人,以及用巨大的创造力来表现人的尊严等精神,这些到了 16 世纪时发生了诸多变化。例如,原来人文主义者所特有的尊荣、地位已经褪色。随着印刷术的推广,更多的人可以接触和了解到古代的作品,那时的人文主义者已经遍布亚平宁半岛。他们做学问和做事的目的,或者说他们对古典作品的态度早就不同于彼特拉克那代人。就创作而言,16 世纪的许多人文主义者已经不再将重点放在研究人的精神、探讨作品的内容,而是着重于研究事物、作品的形式。也就是说,将崇高的精神降低到一般的意念。对于这类现象,西蒙兹引证当时罗马很有辩才的一位历史学家的话予以批评:"那最丰富的思想生命却在这恶的泥潭中旺盛起来。"接着,西蒙兹直言道:"这不是伟大的诗的生命,诗的生命早就与但丁一起被毁掉了;这不是智慧科学的生命,智慧科学生命的目的是要诞生一个伽利略;这不是完美的学术生命,完美的学术生命在波利齐亚诺的墓穴中睡着了;这甚至不是进步艺术的生命,因为拉斐尔已经过世,而米开朗基罗想拯救那个生命,却没有如此天赋的后继者。"①与此同时,环境也发生了很大的变化。1527 年,罗马遭到神圣罗马帝国军队洗劫,意大利的辉煌遭受严重打击。至此,意大利所特有的人文主义需要寻找新的出路。

三、 克利斯特勒和加林对人文主义思想潮流的细化研究

布克哈特、西蒙兹之后的学术界对"什么是人文主义的核心内涵"等问题仍众说纷纭。这时就需要对人文主义的方方面面问题做细化的研究,例如对新柏拉图主义、亚里士多德主义等做深入探讨。19 世纪英国艺术史家佩特曾就新柏拉图主义开设讲座,并将讲座内容汇编成书,以《柏

---

① John Addington Symonds, *Renaissance in Italy*, Vol. II "The Revival of Learning", p. 295.

拉图和柏拉图主义》①之名出版。新柏拉图主义在各国的表现不一。意大利是新柏拉图主义的发源地,费奇诺等人确立了新柏拉图主义的基本理论框架;英国以自己独特的方式接受新柏拉图主义;法国和德国的一些思想家在接受新柏拉图主义时,开始了一种向理性主义的转移。洛布《意大利文艺复兴时期的新柏拉图主义》②是此类研究的代表性著作。文艺复兴时期的新柏拉图主义将理念世界放到人的身上来考虑,强调人的超越性和完整性,同时主张和谐的思想与表现风格,并在和谐中容纳所有的矛盾冲突。这种思想也是人文主义所有美感理论的源泉。当时流行的"人是一个小宇宙"理论就是上述思想的集中体现。③ 新柏拉图主义的代表人物是费奇诺。

20 世纪美国历史学家克利斯特勒(Paul O. Kristeller)以研究文艺复兴时期的新柏拉图主义、亚里士多德主义、费奇诺哲学等著称于思想史界,著有《马奇里奥·费奇诺的哲学》④等书,其中《意大利文艺复兴时期八个哲学家》⑤一书曾在80年代被译成中文出版。克利斯特勒还与卡西尔、兰道尔等合编《文艺复兴时期人的哲学》⑥。克利斯特勒与切斯特等人的论文集《文艺复兴》⑦曾一度是文艺复兴思想史研究的权威著述。在克利斯特勒看来,费奇诺的思想体系非常复杂,加上费奇诺的行文带有喻义的、诗化的色彩,这更增加了理解的难度,但他还是努力勾勒出费奇诺

---

① Walter Pater, *Plato and Platonism*, Macmillan, 1928.
② Nesca A. Robb, *Neoplatonism of the Italian Renaissance*, George Allen & Unwin Ltd., 1935.
③ 在西方不时有研究"小宇宙"的哲学史著作问世,如 G. P. Conger, *Theories of Macrocosms and Microcosms in the History of Philosophy*, Columbia University Press, 1922 等。
④ P. O. Kristeller, *The Philosophy of Marsilio Ficino*, Peter Smith, 1964.
⑤ 克利斯特勒:《意大利文艺复兴时期八个哲学家》,姚鹏、陶建平译,上海译文出版社 1987 年版。
⑥ P. O. Kristeller, Ernst Cassirer and John Herman Randall, Jr. eds., *The Renaissance Philosophy of Man*, The University of Chicago Press, 1948.
⑦ André Chastel et al., *Renaissance: Essays in Interpretation*, Methuen, 1982.

哲学的轮廓。按照费奇诺的构想,世界由5个层次的内容组成,它们依次是"上帝""天使的心灵""理性的灵魂""性质""形体",其中灵魂是一个中介,将上述内容关联起来。① 于是人的灵魂成了宇宙的中心,人可以通过灵魂的沉思使自己从肉体的束缚中超脱出去,向着上帝上升。以上想法在中世纪时,普罗提诺等哲学家已有表述。但费奇诺所强调的是,"灵魂向着上帝上升的过程是借助于智慧和意志这两只翅膀完成的,因此在认识上帝的每个阶段都伴随着对上帝的爱,而最后洞见到上帝的梦想则伴以一种享受的行动"②。这样,经验性的个人存在及与个人存在相关的各种活动被凸现了出来,生动的个人和来世的永恒得到了和谐统一。从中还可以发现,在费奇诺的思想体系中,柏拉图哲学和基督教宗教信仰得到了统一。正因为如此,由费奇诺所阐释的新柏拉图主义成了文艺复兴时期哲学的重要因素,并成为"有生命力的传统,一种永恒的哲学"③。

20世纪意大利学者加林(Eugenio Garin)的代表作《意大利人文主义》是对布克哈特(J. C. Burckhardt)《文艺复兴时期的意大利文化》中人文主义评述的重要补充。全书由导言和9章组成,第3章至第5章的标题分别是:"柏拉图主义和人的尊严""柏拉图主义和爱的哲学""亚里士多德主义和灵魂问题"。显然,加林强化了对新柏拉图主义、亚里士多德主义等哲学和宗教伦理方面的思考,许多论述如对萨卢塔蒂的阐释都是我国目前相关书籍所欠缺的。加林在导言里对人文主义概念的内涵和历史做了清晰的交代,同时表明了自己的独特看法。按照加林的意见,我们不要停留在柏拉图主义、亚里士多德及两者之间的关系等一般知识的层面,关键是要发现人文主义所理解的柏拉图主义背后的深刻思想内涵。当时

① 参见克利斯特勒:《意大利文艺复兴时期八个哲学家》,第52—53页。
② 参见克利斯特勒:《意大利文艺复兴时期八个哲学家》,第54页。
③ 克利斯特勒:《意大利文艺复兴时期八个哲学家》,第63页。

的人文主义者需要找到一种思想武器，它必须能包容传统思想文化中涉及信仰和理性的各种学说，同时能体现、满足现实的人之尊严和人之需要。在加林看来，人文主义者之所以选择柏拉图的哲学作为基本的思想素材来加以新的阐释，其根本的道理就在于柏拉图主义适应了当时人文主义者的思想需求。加林说："柏拉图主义指出了一个从开放、间断和充满矛盾的角度了解世界的方向。这个世界五彩缤纷、瞬息万变，反对任何固定的体系，但又在永恒的探索中向某种体系靠近，这种体系不惧怕任何表面的不一致，它是运动的、精密的和复杂的，直至能充分地反映出事物无限的多样性。"[①]又说："柏拉图的对话充满着苏格拉底的谜一般的形象，既有细微的探讨，又有坚实的论证和对问题的冲击；这些对话是如此地富于人性、世俗性和社会性，但又是神圣的。"[②]也就是说，人文主义者心目中的柏拉图哲学既给人现实的感觉，又使人具备超越的境界，而且反对任何僵化的东西。正如萨卢塔蒂所言："当你生活在尘世中的时候，你的心就可以进入天国。"[③]所以，加林要求学人不能仅从表面的现象去理解人文主义，例如人文主义者对古典作品的爱好等。如果局限于对古典作品的爱好，那么中世纪时代就有人文主义了。问题的关键在于，同样是爱好古典文化和作品，但人文主义的出发点和目的有很大的不同。人文主义爱好古典文化、古典作品，其目的是为活生生的人服务，为了使人从各种束缚中解放出来。以上观点是加林整部著作的灵魂所在，也使我们分析各种人文主义现象时有了基本的线索。

当然，人文主义者所倡导的柏拉图主义和以帕多瓦城为中心的亚里士多德主义有明显的区别。从彼特拉克确立人文主义的风尚起，爱好柏

---

① 加林:《意大利人文主义》，李玉成译，生活·读书·新知三联书店1998年版，第10页。
② 加林:《意大利人文主义》，第10—11页。
③ 加林:《意大利人文主义》，第27页。

拉图哲学的人文主义者都强调对人的心灵进行整体的、诗化的研究。"彼特拉克一贯反对帕多瓦、波伦亚和巴黎的官方哲学,因为这些地方的哲学都沉浸在对逻辑问题、物理问题的讨论之中,而这种讨论为后期的唯名论所利用并加以夸大。彼特拉克反对自然主义的、医学的、阿威罗伊学派式的调查研究,而主张围绕人的精神、人的生活和心灵进行调查研究。"①萨卢塔蒂的学生布鲁尼更是强调"以人文主义文学和人文学科为手段造就完整的人"②。加林通过对彼特拉克等人的柏拉图主义观点进行概括,大致将人文主义的思维特征和人生格调勾勒了出来。于是加林对瓦拉的世俗伦理思想,对马内蒂关于人的尊严的观点等做了进一步的分析。在第3章中又着重研究了新柏拉图主义的核心人物费奇诺的"智慧宗教"理论。这种理论说到底就是将诗性的智慧和哲学的智慧结合起来,从而告诉人们如何通过文学创作,通过爱的途径达到神圣的境界。以诗歌为例,它总是戴着一层面纱,既遮盖又通达神的奥秘。同时,上帝所创造的就是一首长诗,它存在于世人的精神和爱之中。③ 所以,费奇诺最关注的是如何用诗化的哲学去启明神圣的上帝。如果一个艺术家能够上升到超越的神圣境界,那么具体去创作怎样一个艺术作品也就成了自然而然的事情。以后米开朗基罗等艺术大家都在自己的艺术创作过程中实践了上述理念。那么何谓爱的途径? 这是新柏拉图主义又一个必须回答的问题。为此,佛罗伦萨的学者埃布雷奥在 16 世纪初相继发表了《论天堂的和谐》《爱的对话》等文章,集中阐释了神圣、爱、美等的关系问题。按照埃布雷奥的观点,上帝和世界就是一种神圣的爱的关系。有了这种爱,世界就表现出美,那么所谓美也就是"得到心灵的承认并使之愉快,进而激起爱慕之情

---

① 加林:《意大利人文主义》,第 22 页。
② 加林:《意大利人文主义》,第 40 页。
③ 参见加林:《意大利人文主义》,第 90—91 页。

的文雅"①。

《意大利人文主义》另一个学术探讨点就是亚里士多德主义。从文艺复兴时期人文主义者的思想及文化创作的实际情况看,绝对地用"柏拉图主义的影响"来加以概括不很贴切。固然,在中世纪占主导地位的是亚里士多德主义,而文艺复兴时期对人文主义影响较大的是新柏拉图主义,但在更多的情况下,两者是"相伴而行"。② 从文艺复兴时期的思想文化发展情况看,凡带有审美倾向研究人文学科的学者都不同程度地从柏拉图思想体系中寻找源流,甚至他们的种种精神危机也源自新柏拉图主义。一些注重经验传统的思想家如培根等人则更多的是接受亚里士多德的思想,有些科学家如布鲁诺等也深受柏拉图思想的影响,布鲁诺关于爱的论文就反映出上述影响。又例如达·芬奇就颇受亚里士多德的影响。再说要真正了解那时的小宇宙理论,也得弄清楚当时流行的亚里士多德主义之内涵。加林在第5章以人物思想个案探讨的形式对亚里士多德和灵魂问题做了分析。加林的基本观点是,亚里士多德主义在文艺复兴时期已经发生了变化,而且所谓以佛罗伦萨为中心的柏拉图主义和以帕多瓦为中心的亚里士多德主义之绝对对立状况也已经消失。为什么会发生上述思想的变化呢? 这是因为文艺复兴时期的文化人将思维的中心集中到了人的身上,"只要我们把注意力投向以人为中心这一初始特点上,就不难发现不同观点的聚集,比如费奇诺的《柏拉图神学》(*Theologia Platonica*)同蓬波纳齐(Pietro Pomponazzi)的《论灵魂不死》(*De immortalitate animae*)之间的相近"③。蓬波纳齐是16世纪亚里士多德主义的代表人物,曾研究

---

① 加林:《意大利人文主义》,第121页。
② 参见维斯:《意大利人文主义的传播》(R. Weiss, *The Spread of Italian Humanism*, Hutchinson University Library, 1964)第4章"柏拉图主义与亚里士多德主义"。
③ 加林:《意大利人文主义》,第131—132页。

过费奇诺的哲学,并逐渐确立以人为中心地位的研究思路。蓬波纳齐所坚持的观点是:不能脱离具体的人、具体的感觉来谈灵魂和神的问题;人就是形式和物质的统一;人必须置身于自然之中,然后才能领悟到神圣的世界。"这里蓬波纳齐向我们展示了他的思想上的转折:如果把一切都纳入经验和理智的轨道,那么一切都是可以解释并互为因果的。但是他在这样的限度内,继续保留着通向上帝的路。"①从蓬波纳齐的思想可以得出一个结论,文艺复兴时期柏拉图主义和亚里士多德主义都能为人学的研究提供思想的元素。

艺术史家还充分注意影响意大利文艺复兴时期人文主义艺术风格的种种因素,概括起来有以下几个方面。第一,技巧-透视法。风格离不开手段,我们应当充分估量艺术史上由于技术的变化而带来的一系列创作风格的更新。潘诺夫斯基《文艺复兴和西方艺术中的文艺复兴》一书对14世纪以前的欧洲文艺复兴情况做了详细的阐述。特别是该书捍卫了文艺复兴是一种风格的变化这样一个论题。② 其中第3章从技术的角度专门探讨了当时透视法在创作实践中的运用。第二,不同艺术庇护人的情趣和爱好各有特点。文艺复兴意大利之所以会出现艺术创作的繁荣局面,艺术庇护的法律严肃性、艺术庇护人的广泛性和独特个性等,都是重要的因素。第三,中世纪不同城市的文化氛围和艺术传统。第四,艺术家个人的思想情趣和创作手段。

四、 对人文主义思想文化变迁的研究

2000年,文艺复兴史出版重镇之一的耶鲁大学出版社发表了美国加

---

① 加林:《意大利人文主义》,第143页。
② 参见 E. Panofsky, *Renaissance and Renascences in Western Art*, Almquist & Wiksell, 1960, pp. 201–236。

州大学伯克利分校历史学教授鲍斯玛的封笔之作《文艺复兴的消退》。①
鲍斯玛用"消退"(waning)来形容更广泛意义上的人文主义风格退潮,试
图全面阐述文艺复兴时期人文主义的变化问题。鲍斯玛试图说明以人文
主义风格为特征的文化现象正在向另一种文化现象过渡,或者说人文主
义风格在思想文化领域的主导地位正在消退。这说明,人文主义对人的
地位之强调并未销声匿迹,而只是表现形式发生了变化。文艺复兴时期
的主流文化是以新柏拉图主义、个体主义为主要内涵的人文主义,它适应
了城市市民社会的发育、演变需求。但这种人文主义的内容和风格发展
到一定阶段,无法满足资本主义文明新的社会发展要求;无法适应科学技
术进步对思想文化的新的要求。因此鲍斯玛认为消退现象自然而然发生
了。文艺复兴时期,新柏拉图主义盛行。受此影响,科学理性在人文主义
者的眼里并不是衡量事物的最高尺度,那些带着诗意甚至神化的境界和
漫幻的情调更受人文主义者的青睐。② 在上述风格问题研究的大潮中,鲍
斯玛采用"自由解放"(liberation)一词来概括人文主义风格。"自由解
放"是文学艺术创作、审美等必备的条件。唯其如此,它才能传达一个意
蕴深远的、完整的人的内心世界。由此不难想见,何以文艺复兴时期对文
学艺术的重视程度要超过任何一门学科。过去人们比较注意人文主义风
格中和谐的一面,鲍斯玛还让人认识到人文主义风格中无拘无束的一面,
即那种充满野性、野趣的成分。也许,正是因为抓住了风格问题,鲍斯玛
才敢于说文艺复兴的消退。

在西方学术界,对人文主义的研究可谓硕果累累。对于想全面了解
欧洲人文主义发展的读者来说,布洛克《西方人文主义传统》不失为一本

---

① 本文引用的是平装本:W. J. Bouwsma, *The Waning of the Renaissance: 1550 - 1640*, Yale University Press, 2002。
② 参见文德尔班:《哲学史教程》(下),罗达仁译,商务印书馆1993年版,第489页。

雅俗共赏的好书,其中不乏真知灼见。弗格森《历史思考中的文艺复兴》①则从历史的角度全方位探讨了文艺复兴、人文主义等重要概念的内涵、影响和变化。狄更斯《人文主义与宗教改革的时代》②从14至16世纪的欧洲广阔历史背景来透视人文主义现象。对意大利以外人文主义研究的作品则有韦斯《意大利人文主义的扩散》③和《15世纪的英国人文主义》④、沃尔夫森《重评都铎朝的人文主义》⑤等。为了适应教学的需要,学者编订以人文主义为题的教科书如《人文主义的影响》⑥等。当然还有许多学者对人文主义和人文主义者做了专题性的研究,例如20世纪90年代出版的《基督教与文艺复兴:15世纪的思想与宗教思想》⑦一书对我们理解人文主义及人文主义者的神学观很有裨益;戈德曼《从波利齐亚诺到马基雅维里:意大利文艺复兴鼎盛期的佛罗伦萨人文主义》⑧以文化现象为引线展开论述。随着对人文主义探讨的深化,学者的解释思路不断开阔,可参见由马佐考编辑的论文集《对文艺复兴人文主义的解释》。⑨ 另

---

① Wallace K. Ferguson, *The Renaissance in Historical Thought: Five Centuries of Interpretation*, Houghton Mifflin Company, 1948. 作者还写过《文艺复兴》(*Renaissance*, Holt, Rinehart and Winston, 1967)等书。

② A. G. Dickens, *The Age of the Humanism and Reformation: Europe in the Fourteenth, Fifteenth and Sixteenth Centuries*, Prentice-Hall, Inc., 1972.

③ R. Weiss, *The Spread of Italian Humanism*, Hutchinson University Library, 1964.

④ R. Weiss, *Humanism in England during the Fifteenth Century*, Basil Blackwell & Mott LTD, 1957.

⑤ Jonathan Woolfson ed., *Reassessing Tudor Humanism*, Palgrave Macmillan, 2002.

⑥ Lucille Kekewich ed., *The Impact of Humanism*, Yale University Press with the Open University, 2000.

⑦ T. Verdon and J. Henderson, *Christianity and the Renaissance: Image and Religious Imagination in the Quattrocento*, Syracuse University Press, 1990.

⑧ Peter Godman, *From Poliziano to Machiavelli: Florentine Humanism in the High Renaissance*, Princeton University Press, 1998.

⑨ Angelo Mazzocco ed., *Interpretations of Humanism*, Koninklijke Brill NV, 2006.

有《中世纪与文艺复兴时期的人文主义》①、《文艺复兴人文主义的中世纪基础》②、《克莱门特七世朝廷的文艺复兴人文主义》③等。所有上述著作都从不同的角度阐述人文主义的特征、内涵及其与时代的关系,有助于人们全面认识人文主义的思想文化现象及其演变历程。

总之,我们要在扎实学术研究的基础上对文艺复兴时期的人文主义有一个通盘的理解,然后从近代西方文明史的总体进程去反思这种人文主义的内涵、价值和现实效应。④

读史札记
审慎定义"人文主义"概念

英国诗人、历史学家西蒙兹对文艺复兴时期意大利的人文主义概念做了这样一个界定:它是一个新的、生动的概念,强调人作为理性存在的尊严。⑤ 西蒙兹《意大利文艺复兴》第 2 卷的目录中有一个明确的提示,即"人文主义定义"(Definition of Humanism)。与此相对照,布克哈特在《意大利文艺复兴时期的文化》一书中也多次使用人文主义概念,但布氏全书并未就这个概念做定义性的解释。中文何新译本目录第 8 章下面有一个"人和人文主义概念"标题,这个标题

---

① Stephen Gersh and Bert Roest eds., *Medieval and Renaissance Humanism: Rhetoric, Representation and Reform*, Koninklijke Brill NV, 2003.

② Walter Ullmann, *Medieval Foundations of Renaissance Humanism*, Elek, 1977.

③ *Renaissance Humanism at the Court of Clement VII: Francesco Berni's Dialogue against Poets in Context*, Studies with an Edition and Translation by Anne Reynolds, Garland Publishing, Inc., 1997.

④ 还要注意一些文献学方面的参考书,如 G. Kohl, *Renaissance Humanism, 1300－1500: A Bibliography of Materials in English*, Garland Publishing Inc., 1985 等。

⑤ 参见 John Addington Symonds, *Renaissance in Italy*, Vol. II "The Revival of Learning", Smith, Elder, & Co., 1900, p. 52。

值得商榷。布克哈特该书的 1869 年定版即第二版①与米德尔莫尔 1878 年的英译本②均使用"人和人性的概念"(Die Menschheit und der Begriff des Menschen/Man, and the conception of Humanity)。这里,布克哈特自觉地意识到,用 19 世纪的人文主义概念去指称意大利文艺复兴时期人文学等问题的复杂性,所以避免以定义式语句来阐释人文主义概念。西蒙兹的文化史研究虽然带着强烈的观念史、19 世纪意识、个体理解等特点,并且用了定义式语句来勾勒人文主义的内涵,但在具体阐释时还是尽可能回到历史的语境中去。这样,西蒙兹对人文主义的定义与布克哈特对人、人性、人文学等的阐释有一个共同点,即都注意回到历史文化语境中进行解析。例如文艺复兴时期意大利的人文学者在如何看待人、人性等问题上带有非常世俗化的倾向,在强调人的尊严同时还主张极端个人主义的道德观等。这些在当时意大利特定的历史条件下都是流行的观念和文化现象。总之,西蒙兹、布克哈特阐释意大利文艺复兴时期人文主义等概念时重视概念史与历史语境关系相结合的学术视野,这对于今天的文艺复兴史研究学者来说是一种警示,即研究中注意慎用"人文主义"概念。

---

① Jacob Burckhart, *Die Kultur der Renaissance in Iitalien: Ein Versuch*, Verlag von E. A. Seemann, 1869.
② Jacob Burckhart, *The Civilization of the Period of the Renaissance in Italy*, tr. S. G. C. Middlemore, C. Kegan Paul & Co., 1878.

2

人文主义究竟给近代西方文化
带来了什么[*]

　　学术界早已习惯诸多颂扬人文主义的正面言辞。这些赞美包括:人
文主义主张人的全面发展;维护公民社会中人的自由和权利;尊重科学理
性;如此等等。同时认为这些人文主义的思想精华有助于近代文明的进
步。随着 20 世纪西方各种社会问题的出现,也出现了对人文主义批判和
忧虑的声音,认为人文主义一味以人为中心、强调绝对的个体主义、夸大
世俗情感和功利的力量等,这些社会主导意识已经并正在产生诸多负面
效应。甚至出现了这样的疑问:人文主义还有前途吗?[①] 在当今全球化时
代,各种文明之间的相互交流、渗透和融合不断加深。同时,文明之间的
各种冲突也屡见不鲜。为了对近代西方文化的特征、文明进程等做全方

＊ 本文原载《学海》2011 年第 3 期,其中论世俗性问题部分根据拙文《对文艺复兴世俗性文
化的历史评析》(《上海师范大学学报[哲学社会科学版]》2016 年第 5 期)修改补入。
① 布洛克《西方人文主义传统》(董乐山译,生活·读书·新知三联书店 1997 年版)一书末
章的标题即"人文主义有前途吗?"。

位的探讨,我们有必要首先回答这样一个问题,即人文主义究竟给近代西方文化带来了什么?

一、用历史的眼光分析"人文主义"概念

人文主义(Humanism)是一个动态的概念,其基本内涵产生于文艺复兴时期,并在往后的西方思想文化进程中传承发展,逐渐成为社会的主导意识之一。因此研究"人文主义究竟给近代西方文化带来了什么"之类的问题,就必须放眼整个近代西方文化、文明的进程。

通常,人们将人文主义视作文艺复兴时期的思想文化现象,这种看法需要做些补正。人文主义一词的英文是 Humanism,它源于拉丁文 Humanitas,是西塞罗为希腊文 encyclia paideia(即英文 encyclopedia)找到的拉丁文对译词,意为全面教育,或人文学科的教育。到了 16 世纪中叶,人们将讲授"七艺"(亦称人文学科)的学者称为"人文主义者"(Humanists)。[①] 到了 19 世纪,德国学者尼特哈默尔等人用德语 Humanismus 一词来指称那些人文主义者对人文学科教育的重视,以及通过人文学科教育塑造一个完美之人的重视。以后英语 Humanism 即由此派生而来。可见,人文主义的提法在文艺复兴时期是不存在的,它是启蒙、理性主义时代的学者对先前思想文化现象的概括,渗透着后人对人文主义的特定看法。举个例子,15 卷本《莫尔全集》的第 15 卷[②]有一个"保卫人文主义"(In Defense of Humanism)的题名,但这是编者加上去的,莫尔的著作中并未出现 Humanism 这个词。在文艺复兴时期,那些大学中讲

---

① 有些书籍甚至把"人文主义者"一词出现的确切年代提了出来,如富尔《文艺复兴》(冯棠译,商务印书馆 1995 年版)第 132 页上指出该词始见于 1539 年。

② *The Yale Edition of the Complete Works of St. Thomas More*, Vol. 15, ed. by Daniel Kinney, Yale University Press, 1986.

人文学科的教师都是些对古典文化十分爱好的文人,尤其钟情于古典希腊罗马时代的思想文化,亦看重人身心的全面发展。就这一层面而言,文艺复兴时期人文主义者的思想文化倾向和拉丁文 Humanitas 的意义非常接近。由此看来,就突出人本身和人的身心全面发展而言,后人用 Humanism 一词来概括那个时代的思想文化倾向,这兼顾了历史和现实两个方面。所谓现实的方面,就是理性主义者及近代西方各种派别对人的认识。这些认识涉及人性、自由、理性等内涵。

英国思想家波科克在《马基雅维里时刻》①一书里主张对一个概念、问题的理解必须回到特定的历史时期,注意当时的思想家使用这些概念的具体情况。显然,人性、自由、理性等近代西方人文主义的核心理念在不同时代有诸多不尽相同的阐释。需要指出的是,从文艺复兴到 20 世纪的西方文化,人文主义的基本精神如世俗性人学、双重真理说、诗性智慧等一直是社会的主流思想文化现象,并一直被保持、传承了下来。例如在启蒙时代,文艺复兴时期的人文主义内涵与当时各种新思潮相交融,使得一些观念产生了变化。但这一切并未改变文艺复兴时期人文主义的基本精神,相反还得到了强化。② 18—19 世纪的思想家适应时代的需要,试图在更深层面探讨人的内涵、认识特性等。与此相关,出现了理性主义、新古典主义、浪漫主义等思想文化现象。那些崇尚理性、自由的思想家对文艺复兴时期诸多文化人身上表现出的注重世俗性、企求信仰与理性和谐一体等特点十分赞赏。特别是文艺复兴时期文化人身上表现出的创造精

---

① J. G. A. Pocock, *The Machiavellian Moment: Florentine Political Thought and the Atlantic Republican Tradition*, Princeton University Press, 1975.

② 大英百科全书"人文主义"词条比较全面地梳理了人文主义的内涵,其中谈到人文主义的原始含义与人文学科有关,但人文主义还有它的特定精神、基本原则和主要倾向等,它们包括古典主义、现实主义、详备的批评态度、突出人和个体等。这种概括无疑是后人在新的思想文化背景下对文艺复兴时期文化人思想倾向的一种认识。

神,更为身处 19 世纪资本主义文明突飞猛进时代的思想家所敬崇。另外,文艺复兴时期文化人从古典时代希腊罗马文化中寻求思想源流的做法也一直是近代西方文化的重要风气。弗格森《历史思考中的文艺复兴》①第 4 章至第 6 章讨论理性主义、浪漫主义对文艺复兴的想法,认为新古典主义在理性思考的基础上仍强调复兴古典文化在文化史上的意义,浪漫主义则从主观的意义上强调人的自由、理想等表现生命意义的内涵。总之,我们在谈论人文主义与近代西方文化的关系时,既要看到人文主义基本精神的绵延不断,又要注意不同时期人文主义内涵的变化。

二、 人文主义世俗性人学内涵的文化反响

人文主义之所以影响深远,其首要因素就是世俗性人学内涵。这种世俗性一反中世纪时代基督教的禁欲主义,提倡用现实的、历史的眼光审视人和社会,也就是将世俗的人当作思考万事万物的出发点和中心。由此引出对人的感性需求、对自由权利等问题的高度关注。但世俗性人学内涵中以人为中心、个体主义等倾向也在 20 世纪引来诸多批评。

首先需要对文艺复兴时期的"世俗性"及"世俗性文化"等概念做些说明,布克哈特在《意大利文艺复兴时期的文化》一书中提到那个时期的意大利文化代表者身上所表现出的世俗性:"这些近代人,意大利文化的代表者,是生来就具有和其他中世纪欧洲人一样的宗教本能的。但是他们的强有力的个性使他们在宗教上完全流于主观,像在其他事情上一样,而内部世界和外部世界的发现在他们身上发生的那种巨大魔力使他们特

---

① Wallace K. Ferguson, *The Renaissance in Historical Thought*, Houghton Mifflin Company, 1948.

别趋向于世俗化。"①这里的"世俗化"一词德文原文为 weltlich②,英文对译为 worldly③。汉斯·巴伦在《早期意大利文艺复兴的危机》④一书中则提到意大利文 volgare 一词。该书第 15 章的标题是"Florentine Humanism and the Volgare in the Quattrocento"。此处意大利文 volgare 究竟应当如何翻译? volgare 有大众的、普通的、世俗的、低俗的等意思。如何在"大众的"与"世俗的"两词中进行选择很有讲究。如果译成大众的,那么中世纪也有大众文化。但中世纪的大众文化是在基督教社会内存在的文化现象。意大利早期的城市国家有别于中世纪的基督教社会。我们回溯历史:约 14 世纪左右,中世纪西方庄园、基督教会的宁静被十字军东征、黑死病、城市的喧闹声打破了。在此之前的中世纪基督教会势力强大:教会以经济实力为依托、以宗教信仰为纽带、以政治操控为手段全面主导中世纪的社会生活和社会意识。但这种情况在 14 世纪的意大利发生了变化,意大利的城邦国家具有政治上的相对独立性。在意大利的城市国家内,自由的市民个体是国家的基础。中世纪的意大利城市曾有过一个自下而上的社会发育过程,即从自由个体到行会再到城市机构的演变模式。这种世俗的政权与每一个自由市民的利益关系紧密。按照历史学家西蒙兹的描述,当时的意大利城市政治共同体中的各个政治成分如主教、人民(popolo)等在城市政治共同体(commune)中不断进行政治协调,由此形成相应的城市政治机构。例如当时的城市政治共同体大都出现了议事会之类的机构,并选出执政官来行使权力。每个市民(burgher)都有充分的政治表达权与明确的政治意识。即使在暴君统治的国度内,统治者也要将

---

① 布克哈特:《意大利文艺复兴时期的文化》,何新译,商务印书馆 1979 年版,第 481 页。
② Jacob Burckhardt, *Die Kultur der Renaissance in Italien: Ein Versuch*, Kroener, 1988, p. 359.
③ Jacob Burckhardt, *The Civilization of the Renaissance in Italy*, tr. S. G. C. Middlemore, Harper & Row, Inc., 1958, p. 473.
④ Hans Baron, *The Crisis of the Early Italian Renaissance*, Princeton University Press, 1966.

政治共同体组织得像个样子,否则就会倒台。一旦机会成熟,市民仍可以恢复原来政治共同体的局面,米兰就一度恢复了共和国。西蒙兹在分析米兰共和国时大致表达了这样一种观点,即家族统治延续了 200 多年,但老百姓依然认为自己是这个国家的统治者。[1] 不妨提一下,在中世纪后期的西欧其他地区也出现了大量的自由民。因为黑死病瘟疫的流行,使许多原本有着人身契约关系的农奴逃离故地,挣脱枷锁,来到新的居住地。他们脱离庄园和教区的各种控制,成为自由人。与上述自由的市民社会相对应,形成以个体精神为核心的世俗性文化,并由当时的市民人文主义者倡导之。例如布鲁尼等市民人文主义者就宣扬一种与以往基督教思想文化有区别的反映城市市民需求与欲望的文化。综上所述,再结合布克哈特、巴伦的阐述,将 weltlich、worldly、volgare 等译成中文"世俗的""世俗性"等比较妥切。相应地,标题"Florentine Humanism and the Volgare in the Quattrocento"可译为"佛罗伦萨的人文主义与 15 世纪的世俗性"。

　　从文艺复兴时期开始,人文主义者看待自身和社会的世俗性态度引起世人的极大关注。与中世纪传统的认识不同,世俗性态度主张人是一个小宇宙,表现世俗的人之情感是符合神意、自然的事情,因此值得赞颂。同时主张人们应当用现实经验和历史的眼光去观察、分析万事万物。于是,人文主义的世俗性成了新文化现象的焦点问题。[2] 巴伦《早期意大利文艺复兴的危机》一书比较全面地论述文艺复兴时期世俗性的本质及其历史现象,并联系当时整个意大利社会结构的变化情况进行阐述。作者的基本想法是,当时人文主义者开始走向世俗主义。这种世俗主

---

[1] Lieut-Colonel A. Pearson, *A Short History of the Renaissance in Italy: Take from the Work of John Addington Symonds*, Smith, Elder, & Co., 1893. p. 49.

[2] 参见 Henry Stephen Lucas, *The Renaissance and the Reformation*, Harper and Brothers Publishers, 1934。其中在文艺复兴部分以"新的世俗主义"作为论述的启端。

义在文化层面形成对传统的挑战,甚至是一种颠覆。到了15世纪,这种世俗主义在美第奇家族统治时期达到了高峰,也就是说社会生活中的一切都变得世俗化了。作者在结语中特别对书中使用"危机"(crisis)一词的意思做了解释,也就是以醒目的方式让读者了解到,世俗性在社会生活中所产生的巨大影响。其立意是,正处于萌芽状态的意大利资本主义文明就是一种世俗性的社会发展样式,而世俗性文化现象则是社会变动在意识领域里的表现。此类观点和分析方法在学术界有一定的代表性。①

在政治文化领域,与世俗性关系最为密切的就是人的自由、权利等问题。意大利文艺复兴时期的文化人非常注重世俗的个体自由权利问题,并在政治实践中努力捍卫公民的自由和权利。这种政治关注也影响到启蒙时期的自由权利等意识。启蒙学者通过人与国家关系的各种契约学说,使人的自由权利问题上升到如何确立人的政治主体地位之思想境界。但在具体看待自由的问题上,文艺复兴时期的思想家看法各异。英国思想家霍布斯认为自由出自人性,是绝对的。但这种人性的道德基础何在?能够用近代科学来说明吗?显然,霍布斯的看法是站在经验的事实上,即各种人性的经验事实决定了自由的必然性。从这层意义上讲,自由是必然的事实。还有一些思想家如布兰豪尔则认为,自由不是由什么必然因素所决定的,自由就是人的意志之选择。这些人的观点可以称作自由意志论(Libertarianism)。1645年在纽卡斯尔侯爵主持下,霍布斯与布兰豪

---

① 参见 M. P. Gilmore, *The World of Humanism: 1453–1517*, Harper & Row, Publishers, 1962。作者用很大的篇幅阐述欧洲的社会和政治结构发生了变化,由此进一步说明其他思想文化的变化。另见 J. W. Allen, *A History of Political Thought in the Sixteenth Century*, Methuen & Co Lit, 1957。作者认为16世纪是一个发展较快并具有革命性变化的时代。

尔就自由问题展开了一场大辩论。① 宽泛地讲,文艺复兴时期的人文主义者可以赞赏共和国制度下的自由,也可以认同暴君统治下的自由。虽然此类自由观在观点和表述上存在着种种差异,但就其世俗性内涵而言,都是为了凸显人的中心地位,由此构成对中世纪封建社会传统伦理道德的冲击。17 世纪以后,随着资本主义政治制度的逐渐定型,如何给出一个更完整的自由、权利问题的解释,这一直是政治讨论的核心。在启蒙思想先驱洛克看来,自由出自人性又受理性的规约。洛克认为,一个好的政体就是为了保障自由,而非限制自由。洛克的这些自由观点后来在卢梭的政治哲学中有了进一步的发挥,其精华就是个体自由权利神圣不可侵犯的社会契约理论。当 19—20 世纪资本主义制度和国家力量得到进一步强化,个体自由与国家的关系等问题又引起学者新的关注。在 20 世纪的西方思想界,伯林提出了积极自由和消极自由的观点;还有关于国家权力限度问题的讨论;如此等等。这里有必要提及诺齐克的个体自由权利理论。这一理论主张为了保障个人的自由,不能使国家权力过大,而应该使国家的权力保持在"守夜人"的状态。显然,诺齐克所强调的是近代人文主义所一以贯之的个体性原则,"对行为的边际约束反映了其根本的康德式原则:个人是目的而不仅仅是手段;他们若非自愿,不能够被牺牲或被使用来达到其他的目的。个人是神圣不可侵犯的"②。甚至在未征得个人同意的情况下,国家对其他地区和人群进行某种"倾斜"政策和"补偿"措施必然会侵犯到个人的天赋人权。

　　从根本上看,上述关于自由权利问题和国家权利问题的讨论都没有

① 参见 Vere Chappel, *Hobbes and Bramhall on Liberty and Necessity*, Cambridge University Press, 1999。

② 诺齐克:《无政府、国家与乌托邦》,何怀宏等译,中国社会科学出版社 1991 年版,第 39 页。

脱离文艺复兴时期以来"以人为中心",特别是以个体自由权利为核心内涵的人文主义世俗性思维轨迹。进入 20 世纪后,西方学术界对以人为中心的人文主义思考方式展开了批判性讨论。法国天主教思想家马里坦指出,以人为中心思考方式已经在历史的进程中显示出其局限性,因为它无法为人类的生存提供终极性的道路。① 马里坦先是追溯历史上人学的踪影:中世纪的结束及资本主义的兴起使人征服自然的力量得到强化,但文艺复兴以后的西方历史进程表明,人愈益被形式化的、表层的世界(诸如符号、功利等)所占据。② 人本真的一面被遮蔽了。显然,马里坦开出的药方是以神为中心的人文主义。马里坦的忧虑在西方很有代表性。甚至有学者将西方文化的衰落与人文主义关联在一起,认为人文主义以世俗性的态度对自然、理性、意志和个体精神的崇尚并未给西方人的心灵带来真正的慰藉。③ 因此要重新展开对人文主义的反思。④ 至少在一些学者看来,人文主义的传统如果被绝对化就会走向文明价值的反面。⑤ 特别是以人为中心包含强烈的个体主义倾向。这种个体精神在伸张人的个性、权利和创造力等的同时,是否也有消极的一面呢?⑥ 有学者也注意到人文主义以人为中心和强调个体主义所造成的负面道德问题。厄冈在《文艺复兴》⑦一书的第 7 章中着重论述文艺复兴时期意大利的人文主义现象,并就人文主义的弱点和贡献等问题加以评论。作者特别评述了人文主义

---

① 参见多雅:《马里坦》,许崇山译,中国社会科学出版社 1992 年版,第 240—247 页。
② 参见马里坦:《理性的范围》,见洪谦主编:《西方现代资产阶级哲学论著选辑》,商务印书馆 1964 年版,第 414 页。
③ 参见卡洛尔:《西方文化的衰落:人文主义复探》,叶安宁译,新星出版社 2007 年版。
④ 参见美国《人文》杂志社、三联书店编辑部编:《人文主义——全盘反思》,多人译,生活·读书·新知三联书店 2006 年版。
⑤ Terry Eagleton, *The Idea of Culture*, Blackwell Publishers Ltd., 2000, p. 68.
⑥ John Jeffries Martin, *Myths of Renaissance Individualism*, Palgrave Macmillan, 2004.
⑦ Robert Ergang, *The Renaissance*, D. Van Nostrand Company, Inc., 1967.

运动逐渐退出历史舞台的原因,其中有历史环境发生变化的原因,更重要的原因还在于人文主义者身上的道德弱点(如反常的孤傲、不诚实、过度的谄媚、道德约束力松弛、非宗教性等)已经为社会所诟病。早在 19 世纪,文艺复兴史研究的奠基人布克哈特就在《意大利文艺复兴时期的文化》一书中专门就文艺复兴时期道德混乱问题做了批评性论述。① 我们在评论文艺复兴时期的人文主义世俗性人学内涵时应当重视上述学者的批评声音。

世俗性人学观的另一种表现就是用现实的、自然的、历史的目光来审视人和社会的发展,认为历史上存在的并符合人性的事物必有其存在的道理。马基雅维里是上述社会历史意识的代表。学者邓宁指出,马基雅维里的政治科学方法论说到底是一种历史方法。② 正是根据历史上的人性事例,马基雅维里才得出结论:真正主导历史运动方向的是人性的现实力量和现实行动。为此马基雅维里指出,任何人想说明某种历史现象的永恒性,就需要有文字记载的证据,然后历史学家再对证据进行分析,以最终决定那种所谓的永恒现象的真实性。③ 以马基雅维里为代表的文艺复兴时期人文主义历史意识成为近代西方思想家的重要理论基础。在18—19 世纪的德国思想界,古典哲学的代表学者都力求在分析思想文化时做到逻辑的和历史的统一,这些代表人物有赫尔德、康德、黑格尔等。即使是像海涅这样的诗人,他之所以在《论德国宗教和哲学的历史》论著中对德国的思想文化现象做出深刻、开合自如的表述,其中的灵魂就是历史意识。马克思主义则将人文主义的历史意识提升到历史唯物主义的理

---

① 参见本书第二编第二篇文章。
② W. A. Dunning, *A History of Political Theories: Ancient and Mediaeval*, The Macmillan Company, 1930, pp. 291－293.
③ Machiavelli, *The Discourses*, trans. Detmold, Modern Library, 1940, p. 296.

论高度,这称得上是社会政治理论的革命性贡献。

　　世俗性还与强权政治理论、权力游戏挂钩。当时意大利国家政治的突出特点就是暴君统治。暴君在国家统治方面玩的是一场权力分配的游戏,同时靠实力说话。这里所说的实力主要指军队。意大利长期实行雇佣军制度。雇佣军与雇主的关系完全因利益而定,因此雇佣军与一个国家的内政没有直接的关系。雇佣军的害处十分明显。马基雅维里以当时的意大利为例,"弗朗切斯科·斯福尔扎为了能够享受和平年代的荣耀生活,不仅欺骗了曾支付他军事开支的米兰,还剥夺了米兰人的自由,成了他们的君主"①。从1499年到1500年,马基雅维里还数次被任命率领雇佣军围困比萨。在那里,马基雅维里殚精竭虑,处理各种棘手的事务,还险遭生命不测。马基雅维里得出结论:必须废除雇佣军的军事体制,代之以公民兵的形式。二者的最大区别就是公民兵的存在与国家政权的运作息息相关。在意大利以外,当时的法国之所以傲视群雄,其根本原因还在于有一支为国王掌控的强大军队。对此,马基雅维里也有充分的认识。在国际关系方面,西方正值开辟新航路、四处殖民的时期。所有这些世俗的、实际的政治状况需要政治理论家用世俗的政治眼光进行分析、阐述、辩护。

　　马基雅维里、格劳修斯等政治理论家给出了对此后西方政治实践有重要影响力的学说。马基雅维里之所以被视为近代西方政治科学的鼻祖,其根本的缘由就是他揭穿了政治是权力游戏的本质。在马基雅维里的政治思想体系中,人性、利益、实力、体制、手段等世俗性的现实因素是分析国家政治、国际关系的基本语汇。在文艺复兴时期,如何使城市国家

① Machiavelli, *Art of War*, translated, edited and with a commentary by C. Lynch, the University of Chicago Press, 2003, p. 14.

能够在复杂的国内外环境中生存下来,如何使城市国家发挥强有力的行政运作,这是马基雅维里等政治思想家所要解决的政治课题。① 事实上,马基雅维里对当时时代的变化,对一个强有力政府存在的必要性有很敏感的意识。② 马基雅维里为一个强有力的政府的运作提供了现实的方案。从表面上看,其方案显得如此不择手段、不讲人情,但正是在这种不择手段、不讲人情的背后包含了现代政治科学的全部含义。反映在《君主论》的写作上,就是马基雅维里对每一种政治现象、政治关系、政治治理的分析都以现实的政治利益关系和政治变化实际为宗旨,揭示政治权力运作的特征和内容。当马基雅维里站在国家政治权力运作的角度思考问题时,往往不在意具体的政治立场问题,例如不计较自己是站在意大利还是站在法国的立场上发表见解。马基雅维里只想回答什么是一个国家在征服另一个国家时必然会呈现的权力功能,以及什么是必须予以关注的权力使用方式。其中法国入侵米兰就是典型的事例。按照马基雅维里的政治设想,如果法国在征服意大利的过程中注意与征服相关的各个环节,那么就有可能取得最后的成功。但事实上法国犯了许多致命的错误。③ 在国家对内的权力运用方面,马基雅维里也做了全方位的权力功能研究。④ 其中对不同君主国政治权力分配、运作的出色研究最引人注目,也最集中地反映了马基雅维里政治理论的核心。

马基雅维里在研究政治制度时始终注意利益和权力的兼顾问题,这是马基雅维里在论及权力制衡问题时的又一个出彩之处。在马基雅维里的世俗性政治考虑中,权力制衡是在政治的形式上保证国家机器的正常

---

① 布克哈特:《意大利文艺复兴时期的文化》,第 59 页。
② 马基雅维里:《君主论》,潘汉典译,商务印书馆 1985 年版,第 118—119 页。
③ 马基雅维里:《君主论》,第 7 页。
④ 参见马基雅维里:《君主论》,第 10、12、24 章等。

运转,从内容上看,权力分配得当与否更具直接意义。美第奇家族对佛罗伦萨政治生活的控制之所以得心应手,核心之处就是美第奇家族的好几代掌门人注意在佛罗伦萨的权力分配问题。这些都涉及利益问题。国家权力的运作在很大程度上就是对利益集团的权益保障和分配。马基雅维里举古代斯巴达的政治家为例加以解释:"勒库古斯无疑是值得高度赞美的。他这样来组织斯巴达的政府,即给予国王、贵族和公民相应的权利和义务。于是,其政府样式在最稳定的状态中维持了近800年之久,这最大限度地得益于最初的立法家。另外的情况是,梭伦也给雅典立法,建立了其平民政府,但它的寿命很短,在梭伦去世前,僭主庇西特拉图就崛起了。尽管40年后,僭主的后继者们被驱逐了,雅典重新恢复了自由,平民也重新根据梭伦的法律恢复平民政府,但还是没有维持到百年的光景。期间采取了许多被梭伦忽视的法律以维持政府,以反对贵族的霸道和平民的特权。其实,梭伦的根本错误是,他没有协调好平民、国王和贵族三者间的权利关系,以致那种雅典政府的寿命与斯巴达相比是如此的短促。"①布克哈特也特别留意文艺复兴时期包括马基雅维里在内的人文主义者对权力分配的认识:"我们总是可以看到一些政治艺术家,他们想要用一种巧妙的分配和分割政权的方法,用一种最复杂的间接选举的方法,用设立名义职务的方法来建立事物的永久不变的秩序和对富人与穷人同样地予以满足或欺骗。"②此处布克哈特想说明的是,权力制衡在任何时候都不是主观设想的结果,而是客观的需求。马基雅维里正是在历史和现实中看到了政治制衡的重要性。例如从利益的角度分析,政治实践中一个利益集团想彻底摒弃另一个集团的做法,这往往是不可取的。马基雅维里

① Machiavelli, *The Discourses*, translated from the Italian by C. E. Detmold, p. 115.
② 布克哈特:《意大利文艺复兴时期的文化》,第83—84页。

在论述佛罗伦萨贵族和平民之间的争斗时,曾借用贵族之口表达了这样一种政治想法,即贵族与平民要保持一种利益均势。① 如果不同阶级之间的利益均势被打破,阶级之间的鸿沟扩大,这是十分危险的。政治实践和政治史的演变还表明,在许多情形下都存在着修补不平衡的可能性。马基雅维里的上述世俗性政治理念实际上就是近代西方政治学和政治实践的基本指导思想。当今美国的政治思想家仍在呼吁,要继续走马基雅维里的世俗性务实政治道路。②

文艺复兴时期的国际关系情景是,由强大的民族国家势力支撑的各种利益集团到处殖民。先抢到实利的一方往往将既得利益作为谈判的筹码,并与对方进行讨价还价。像莫尔这样的乌托邦思想家亦在自己的著作中为殖民、抢地盘进行辩护。这种理论与后来的殖民理论如出一辙。③说得通俗点,这叫强盗逻辑;讲得文雅点,这叫"前定利益"原则。④ 近代国家之间的冲突无不以"前定利益"和实力为基本的政治较量形式。从《托尔德西里亚斯条约》《萨拉戈萨条约》到"一战""二战"中的各重要协定,都体现出"前定利益"和实力互为一体的世俗化国际强权政治实情。近代以来,西方社会和文化走了一条世俗化的道路。在政治上,不仅今天西方仍走着这样一条以利益、实力等世俗性政治因素为原则的路途,只要未来根本的社会条件不变,今后西方还会这样走下去。我们应当以历史和现实的眼光对上述世俗化文化、社会的发展轨迹做一批判总结。

近代西方的历史进程曾出现三次世俗化浪潮,而每一次都产生负面的社会影响。

---

① 参见马基雅维里:《佛罗伦萨史》,李活译,商务印书馆 1982 年版,第 71 页。
② 参见 D. Morris, *The New Prince*, Renaissance Books, 1999。
③ 参见本书第一编第五篇文章。
④ 笔者在《悲剧精神与欧洲思想文化史论》(上海人民出版社 1999 年版)中对前定利益问题做了详细的阐述,此略。

第一次世俗化浪潮发生在文艺复兴和宗教改革时期,大致从 14 至 17 世纪。那时的人文主义思潮和新教伦理使现实感性的人从各种禁锢中解脱出来,世俗的人性得到宣泄。与此文化现象相对应的是资本主义文明的金钱原则取得了胜利。在逐利、享受尘世幸福的观念指导下,道德领域出现各种混乱的局面。与此同时,科学、理性的地位得到提升,人命令自然的意识开始显现。第一次世俗化浪潮在政治上的反映就是世俗政治权利与天主教的宗教权利脱钩。宗教归其精神层面的权威管理,世俗政权则管理现实的政治事务,由此提升了世俗国家的权限。这时,意大利的城邦国家间存在着近代西方最初的国家权力争斗。与此同时,西方民族国家开始崛起并启动向全球扩张的步伐。

第二次世俗化浪潮发生在工业革命时期,大致从 18 至 19 世纪。经过启蒙学者的鼓动,理性主义等对人的各种世俗化因素和权利进行推演、确认。进化论观念在各个领域延伸。这时期由科学带动的工业文明发展较充分之国家如英国、德国等领跑世界。由西方开启了世界范围内对自然资源的大规模掠夺。第二次世俗化浪潮在政治上的反映就是西方资本主义国家的政权机构进一步加固。同时将政治的世俗一面表露无遗。在国际上的表现就是帝国主义向全球扩张。

第三次世俗化浪潮发生在信息时代、全球化时期,大致从 20 世纪延伸至今。核能、信息等高科技凸显了人的理性力量。但战争、对自然资源的掠夺等使世人从科学理性的幻想中惊醒。需要警惕的是,在很多场合西方仍主张利益的选择、实力的后盾、科学的视野可以决定一切。在政治上的反映就是西方仍试图以自己的政治标准去处理不同文化、不同社会政治结构的国家关系。于是出现世俗性利益冲突与文化冲突交织在一起的复杂国际政治局面。

总之,与文艺复兴时期世俗性文化对应的近代西方乃至整个世界并不那么理想化。毕加索的《格尔尼卡》是一幅20世纪异化时代的肖像画，画面摄取的是西班牙内战中某一村镇遭到轰炸的瞬间。绝望、恐怖、惊慌的各种形象碎片般地被安排在各个角落。再环视当今西方世界，它正经历各种磨难：市场波动、介入战事、文明冲突，如此等等。在"占领华盛顿事件"中，人们举着这样的标语牌，上面书写着"Redistribution or Revolution：99%"，意思是财富已经被百分之一的金融寡头所垄断，在此情况下要么重新分配，要么革命。随着20世纪西方各种社会问题的出现，对文艺复兴以来的世俗性文化批判之声也波及各个层面，其中的观点有：批判一切，从局部的、势利的和经验的角度看待生存世界；批判人文主义一味以个人为中心并宣扬极端的个体自由；批判人对自然无穷的索取；批判盲从世俗情感和功利的动机（即唯金钱原则和强权原则是从）；如此等等。人们甚至发问：世俗性的人文主义还有前途吗？

应该看到，西方世界在回应世俗性负面问题时大致做了两个方面的努力。

其一，不回避世俗性的各种困境，力图从世俗性本身的因素中寻找自我拯救的路径。客观地讲，在上述负面因素不断出现、与近代西方走世俗化道路的同时，批判的理性主义还在发挥作用。理性主义者曾经做这样的思考，即人们能否直接从世俗性文化中寻找普遍的价值因素？早在文艺复兴时期，文学艺术家、思想家就有这方面的思想努力。拉斐尔有一题为《原德》（*Cardinal Virtues*）的艺术创作，画面展示人类的三种德性即坚韧（fortitude）、审慎（prudence）和节制（temperance）。由此引发世人对自身世俗性因素中高尚一面的重视。到了20世纪，那些坚持从人性、经验等思考伦理、政治问题的思想家试图进一步表明其理论的开放性、普遍性倾向。例如人要生存；人有激情；人需要安全；在现实中老人和孩子是弱势群体；人性中有许多不可测的因素；等等。基于这些因素的政治思考与那些囿于某种宗教价值观的政治观念相比更具有现实普遍性的意义。同时,这种政治理论所强调的不是抽象的终极之善,而是避免可能会出现的恶,此思考方式的现实意义亦十分彰显。这种冷静、现实地对待世俗性文化及其社会影响的态度值得学人做进一步的反思。它虽然是不得已之举,但还是表明人类在踏入世俗性泥潭之后的自我拯救态度。但上述对世俗人性的普遍性阐释还是遇到不少问题,特别是不同文化背景下的人群会对其中的价值标准给予不同的理解和阐释。笔者以为上述普遍的世俗性价值观要在承认文化多样性的前提下,通过教育、讨论逐渐形成一种共识,成为一种低限度的价值标准。

其二,彻底抛开世俗性一面,力图用宗教的超越性力量来拯救人类。法国天主教思想家马里坦指出,世俗化的人文主义已经在历史的进程中显示出其局限性,因为它无法为人类的生存提供终极性的保障。[①] 马里坦设想世人还是回到神的怀抱,以神为中心促进世界的和平与进步。但基督教并不是西方世界乃至人类世界普遍认同的宗教文化。基督教的价值标准还会遇到其他宗教文化的各种发问。

显然,我们要从文化史、社会史、政治史等各个角度来客观地评价文艺复兴世俗性文化的历史演变过程。当下,与世俗性文化相关的各种因素以一种强势的力量困扰着生活世界中的每一个人。我们可能无法改变或消除世俗性的负面影响,但通过认识和积极应对,至少可以使世俗性的负面因素减少到最低程度。对于中国学人来讲,我们更要挖掘传统文化中对当今社会发展能起推动作用的积极内涵。

---

① 参见多雅:《马里坦》,第240—247页。

三、 需要重新认识人文主义的双重真理意识和诗性智慧

在文艺复兴时期，人文主义者主张信仰和理性各有其存在的合理性，同时两者互相补充，构成人的认识真理性，这就是所谓双重真理说。双重真理说一方面为人的理性提供了坚实的认识基础，另一方面又对理性有所限定，表现出开放和批判性的认识特点。在生态失衡等诸多问题面前，人们应当重新思考、批判和定位双重真理说中的积极因素。

与封建文明相比较，资本主义文明对人的创造能力提出了无尽的需求。学人开始发问：人的理性能力能否满足上述时代的需求。在这方面，文艺复兴以来的人文主义者采用了传统的双重真理学说，并从人学的立场出发加以新的阐释。他们认为信仰和理性各有其存在的道理，它们互相补充，推动人们对自身和世界的认识走向理想的境地。这种意识为理性的地位正了名，由此促进了近代科学的发展。

早在中世纪的基督教哲学里就有双重真理的观念。随着文艺复兴时期科学的发展，双重真理的观念引起人文主义者的进一步关注。培根是双重真理的倡导者之一。在培根看来，信仰是所有知识和人生存在的根本保证，但上帝又让人按照理性去做符合自然规律的事情。由此使科学家在信仰和理性、科学之间找到一种理论上的平衡。培根还进一步提出"知识就是力量"的口号。这些鼓舞人们去认识自然、改造自然甚至征服自然，并对近代西方科学的进步起着特定的积极作用。

到了17—18世纪，理性主义者对理性认识形式的诸多内容予以全面的探讨，使理性认识的真理性地位得到进一步确认。笛卡尔、莱布尼茨、康德等理性主义者在分析认识问题时继续双重真理的观点。在康德的哲学体系里，理性具有形式的完满性。人们在思考一个问题时能够做到形

式的完满性亦不失为一种理想的选择,例如三权分立的政治理性等。应当看到,理性主义者在注重理性的同时,也对理性的地位做了限定,认为理性并不能解决所有的问题,它离开了感性的、情感的内容,那剩下的只是形式上的合乎规则而已。所以人文主义的理性观也有一个不断改进的过程。对理性加以限定的做法就是人类对自身认识能力的清醒认识。20世纪美国的自然主义哲学更强调一种开放的自然意识,认为尊重自然才是最大的自由。① 就理性与信仰的关系而论,许多理性主义者在看重理性时并未忽略或抛弃信仰。他们至少像康德所主张的那样要为信仰保留一个地盘。在理性主义者看来,道德领域中保持信仰显得尤为重要,因为信仰对提升道德水准、维系社会稳定起着其他思想意识所无法替代的作用。这些都是人文主义双重真理的理想形态。这些理想鼓舞着一代代的学者、科学家去完成举世瞩目的创造使命,同时又没有因丢弃基督教信仰而造成社会层面的精神失落感。20世纪的爱因斯坦曾就科学和宗教的关系发表演说,认为宗教和科学之间不应该是冲突的关系。科学涉及具体的经验事实,它要回答事物"是什么"的问题;宗教则超越具体的事实,回答事物"应当是什么"的问题,例如宗教信仰使人超越个体,看到更高的价值目标。以下是爱因斯坦的名言:"尽管宗教的和科学的领域本身是彼此界限分明的,可是两者之间还是存在着牢固的相互关系和依存性。虽然宗教可以决定目标,但它还是从最广义的科学那里学到了用什么样的手段可以达到它自己所建立起来的目标。可是科学只能由那些全心全意追求真理和向往理解事物的人来创造,然而这种感情的源泉却来自宗教的领域。同样属于这个源泉的是这样一种信仰:相信那些对于现存世界有

---

① 参见斯金纳:《自由与尊严之外》,白秀雄译,巨流图书公司1973年版。

效的规律是能够合乎理性的,也就是说可以由理性来理解的。我不能设想一位真正的科学家会没有这样深挚的信仰。"①

　　从近代西方文明的实际进程看,上述双重真理意识的理想还是遇到不少问题。例如在工业革命以来的诸多成就面前,人们并非始终对科学理性的限度等问题保持清醒的认识,时而产生过高估计人征服自然力量的倾向。其结果就是导致一系列灾难性现象的发生,如与人类征服自然成果相随的生态失衡、战争、贫富分化等。这些严酷的现实正在挑战人类生存状况的极限。

　　令人欣慰的是,人文主义双重真理学说从其产生的一开始就蕴涵着种种批判意识,诸如信仰与理性之间的划界意识、对理性的限定意识等。或者说,双重真理学说从本质上并没有封闭人们的批判性思考。特别是进入 20 世纪后,学人在上述严酷社会现实面前开始反思由强烈的科学理性自信心所带来的问题。同时人们对宗教之类的形而上学意识是否称得上真理的问题展开了批评。一些分析哲学家站在逻辑、经验的立场得出结论:认为那些基督教教义、形而上学命题除了还具有一些伦理的、心理的价值效应外,没有什么真理性意义可言。当然,站在基督教思想文化立场上的学者则坚持信仰的真理性。1948 年,英国广播公司邀请罗素和柯普立斯顿这两位观点相左的学者就上帝的存在问题进行公开辩论,但辩论结果仍各执一词。② 人们有理由认为,双重真理学说还会在 21 世纪的西方社会和文化进程中接受更严厉的批判,并在批判中显示其内在的思想活力。

---

① 爱因斯坦:《科学与宗教》,载《爱因斯坦文集》(第 3 卷),许良英、赵中立、张宣三编译,商务印书馆 1979 年版,第 182 页。

② 参见罗素:《为什么我不是基督教徒》,沈海康译,商务印书馆 1982 年版,第 146—170 页。

文艺复兴的夺目之处在于文学艺术的繁荣,这种繁荣与文艺复兴时期盛行的人文主义诗性智慧有密切的关系。诗性智慧之所以在近代西方文化史不断得到思想家的关注,其更深层次的意蕴在于启迪人们完整地认识人和思想文化的发展。

一个明显的事实是,从文艺复兴时期开始,西方的文学艺术创作出现了空前繁荣的局面。后来又相继出现浪漫主义、现代主义和后现代主义等的文学艺术创作高潮。究其因,与人文主义者喜欢文学艺术的诗性情调不无关系。有学者认为,"文艺复兴时代的思想家,本质上富有审美气质,对于概念科学的抽象性质不再感任何兴趣"①。"这里,可以看到人文主义的两个明显的特征:通过文学来表现人的价值和人性的真实社会性。"②这些评论点出了人文主义诗性智慧的风格特征,即人文主义者在其创作过程和成果中充满对美感的、和谐的神圣境界之诗性追求。直至今天,与人文主义诗性智慧相关的情感性力量及其艺术表现仍在文化和现实生活中发挥着特有的影响力。

人们势必要问:在诗性智慧的背后是否还存在着更深层次的人学意蕴? 否则何来深厚根基的文学艺术的繁荣? 何来巨大的思想影响力? 打开西方思想文化的史册,会发现有几次具有奠基性意义的思想文化创作繁荣时期,如前苏格拉底时期、文艺复兴时期和19世纪下半叶等。在上述几个时期,思想文化巨擘用带有直觉体认、浪漫想象、完美意境的诗性智慧去透视以往和思考未来。古希腊曾出现过诗性智慧的代表如荷马、赫西俄德、索福克勒斯等,他们对宇宙和人生赋予了诗意的想象。以后苏格拉底、柏拉图、亚里士多德等哲学家在前人诗意的想象成果上对宇宙、

---

① 文德尔班:《哲学史教程》(下),罗达仁译,商务印书馆1993年版,第489页。
② 加林:《意大利人文主义》,李玉成译,生活·读书·新知三联书店1998年版,第20页。

人生开始了思辨性的理解。再后就是统治思想文化领域长达千年的中世纪基督教哲学。到了文艺复兴时期,诗性智慧再次从沉闷的中世纪文化土壤中复苏。许多人文主义者如彼特拉克、费奇诺等都以诗意的思维形式去领悟柏拉图、奥古斯丁等先哲的心灵世界。于是,与诗性智慧密切相关的新柏拉图主义成为思想文化的主导形式。特别是新柏拉图主义那种既钟情于超越的神性世界,又通过现实的人去感悟超越神性世界的小宇宙理论,成为整个文艺复兴时期思想文化和批判意识的主导形式。即使到了 17 世纪初,这种思想文化的潮流仍在延续。它非常清楚地传达出文艺复兴时期诗性智慧的特点,即在内容方面追求神、自然与人的统一,在思维方式上追求艺术化的想象,如此等等。总之,那些人文主义者重新以诗性的智慧将古希腊罗马的诗性化思想文化内容复苏了。这种复苏是生气勃勃的个体之人的复苏,是人的无穷创造精神之焕发,亦是资本主义文明起步的标志。这样,诗性智慧就与人的觉醒、信奉古典传统、思想解放、怀疑批判精神等合成一股人文主义的思想文化潮流。文艺复兴后,诗性的艺术力量不断在文化领域升腾起来。在那些文化人的眼里,艺术成了克服现实世界与超越世界矛盾的力量,成为沟通现实世界和超越世界的桥梁。[①] 问题的另一面是,17 世纪以降的理性主义成为思想文化的主导力量。于是以哲学理性思辨为主导形式去认识世界的思维形式成了启蒙时期思想文化的核心。这种情况一直持续到 19 世纪西方非理性主义的兴起,像叔本华这样的意志论者认为应当打破理性主义的封闭性。于是用诗性智慧整体地认识人生的思维途径再次汇成思想文化的潮流。尼采提倡一种审美的人生态度,这是当时诗性智慧的集中体现。后来新马克

---

① 参见 Herbert Read, *Art and Alienation: The Role of the Artist in Society*, The Viking Press, 1969, "Rational Society and Irrational Art"。

思主义者马尔库塞进一步认为,审美不仅使人升华,也使人以一种美的完整态度去重新审视现实、批判现实。这样,审美还体现出它的社会功能。①以上就是对文艺复兴以来人文主义诗性智慧内涵、价值、影响等的历史透视。

总之,我们不仅要认识到文艺复兴时期起始的诗性智慧是西方文学艺术等美感力量不断强化的重要推动力量,更需要意识到这种诗性智慧对打开思想境界、启发人们认识一个更完整的人和社会所具有的作用。对于 21 世纪卷入信息社会浪潮并逐渐被各种高科技手段"单向度化"的人们来讲,上述意识显得尤为重要。

最后就"人文主义给近代西方文化带来了什么"这一重大思想学术问题做几点总结。(1) 人文主义是近代西方思想文化进程中的主流意识。人文主义注重人的全面发展之类的观念曾经并会在未来社会的发展中显示其文化的价值力量。(2) 人文主义世俗性人学内涵提升了人的主体地位,并逐渐成为西方社会的共识,推动人的自由权利不断由法制得到确认。但是极端个人主义、强权政治等因素对往后西方的历史不乏负面的影响。(3) 人文主义双重真理中信仰与理性相互协调的观点既保留了基督教的传统文化,同时又伸张了人的理性力量,特别是科学理性意识与工业革命等一起推动着社会的进步。当然,将理性放到绝对至上的地位同样会对社会文化的进步产生负面影响。(4) 人文主义的诗性智慧不断使人从深层的、整体性的角度来认识人和社会。(5) 同时人们应当冷静地思考以人为中心的价值基础,并从历史和现实的客观实际出发认识个体自由和社会全面发展之间的关系,应当客观谦逊地看待理性的认识作用

① 参见马尔库塞:《审美之维:马尔库塞美学论著集》,李小兵译,生活·读书·新知三联书店 1989 年版,第 211 页。

和限度,如此等等。当然,还有许多人文主义与近代西方文化、文明之间的关系内容需要历史工作者做进一步的分析。它们涉及人文主义与民族语言的形成,人文主义与教权、俗权的分离,人文主义与东西方文化的关系,等等。就当今中国的文化领域而言,我们在宣扬人文主义精神时,需要对上述情况有充分的、批判的理解,更不能唯西方人文主义是从,进而积极促使人文主义精神发扬光大。

读史札记

文痞阿雷蒂诺未得逞的一次计谋

人性是具体的,我们必须面对个案去分析人性的表现。诗人、历史学家西蒙兹曾活灵活现地描绘阿雷蒂诺的文痞形象:"他不只是在意大利文学领域,还在更多的方面被视作赫赫有名的人物。不管其具有多么毋庸置疑的天赋,但就性格、心灵中的粗鄙一面而论,阿雷蒂诺无法排在大师的行列。他是那个时代典型的流氓,而且将流氓作风发挥到极致。最高层次的文学、政治、教会领域竟然对那种流氓作风的成功表示欢迎,对那种傲慢顶礼膜拜,还沾沾自喜于这种容忍。其实他就是那个屈从于博尔贾家族社会中的文痞,他使意大利文学走向消亡。我们迫不得已将这种意大利范围的谴责堆在阿雷蒂诺的身上。"[1]在阿雷蒂诺那里,不管其文辞的对象是谁,当他落下文字时一定有其私意。有一件阿雷蒂诺与米开朗基罗书信往来的轶事。大致情节是,当米开朗基罗完成壁画《最后的审判》时接到了一封来自阿雷蒂诺的信件。他用阿谀奉承并带有指点性建议的笔触来评价米开朗基罗的《最后的审判》,其目的之一是为了得到米开朗基罗的一张草图或其他有价值的原创稿件。米开朗基罗"听话听声",用巧妙的文辞来应对阿雷蒂

---

[1] Lieut-Colonel A. Pearson, *A Short History of the Renaissance in Italy: Take from the Work of John Addington Symonds*, p. 288.

诺,使对方的意图落空。西蒙兹在《米开朗基罗传》中绘声绘色地记叙了此事。①
总之,这些粗鄙的人和事不只是阿雷蒂诺一个人的特点,当时的许多作家都在迎
合市民社会的低俗需求,他们的作品也因此染上市侩气息。

---

① 参见 John Addington Symonds, *The Life of Michelangelo Buonarroti: Based on Studies in the Archives of the Buonarroti Family at Florence*, 2 Vols., Second edition, John C. Nimmo, 1893, Vol. II, Chapter XI, Section III。米开朗基罗的应答信件参见 *The Letters of Michelangelo*, translated from the original Tuscan, edited & annotated in two volumes by E. H. Ramsden, Stanford University Press, 1963, Vol. II, p. 3。

3

论文艺复兴时期人文主义的
个体精神*

　　人们总是要问:为何会有那么多的思想文化巨擘在文艺复兴的历史舞台上先后亮相? 其中固然有民族的、技术的等因素在起作用,但根本的推动作用无疑是充满活力的个体精神。历史并非大方地向每一个时期的世人提供个体精神的丰腴土壤,恰恰文艺复兴时期的人们享受到了这份礼物。但究竟什么是文艺复兴时期的人文主义个体精神? 这种个体精神除了是创造的源泉外还给当时带去了什么、给后人留下了什么? 这些是文艺复兴史研究过程中无法回避的学术问题。在我们倡导人文精神的今天,更有必要去重新研讨上述问题。下面就以文艺复兴研究奠基人布克哈特的著作和观点为线索展开评论。

一、 人文主义个体精神与社会历史背景

　　14 至 17 世纪上半叶的文艺复兴主要是以意大利为中心的思想文化

---

* 本文原载《学海》2008 年第 1 期。

现象,我们分析个体精神的视角理应聚焦意大利。布克哈特曾就人文主义个体精神问题做过专门的论述,指出"人成了精神的个体,并且也这样来认识自己"①。14世纪伊始,亚平宁半岛上出现了一批人文主义者:他们崇尚古典希腊罗马的人文传统,极力倡导、实践一种以人为中心的精神文化内容;他们又极富想象力,敢于冲破一切精神桎梏,并以各自独特的精神境界面对人生和世界。"远在很久以前,我们就能在意大利随处发现一种自由人格的发展,……但在13世纪末,意大利开始充满具有个性的人物。"②一言以蔽之,上述现象就是个体精神的体现。正是在这种个体精神的鼓动下,人文主义者在文学、艺术、教育、科学等领域创造出无数具有划时代意义的成果。不仅在意大利,在英法等国也有大量受人文主义影响的有个性的人和富有个性的文化创造。有两本培根传记作品,分别为波文《弗兰西斯·培根:一个有禀性的人》③和马修斯《弗兰西斯·培根:一部性格扼杀的历史》④,书名和书中的内容一起活脱脱地勾勒出一位个体精神十分强烈的人文主义者形象。其他类似题名的著作还有很多,不一一列举。

布克哈特早就看到了人文主义个体精神与时代之间的关系,"在共和国城市里边,情况也是对于个人性格的发展有利的,只是方式上有所不同"⑤。为了说明问题,我们不妨详细回顾一下与个体的人、个体精神有密切关系的政治社会变化。14世纪始,西欧城市中的世俗力量迅速上升。以意大利佛罗伦萨为例,城市日益成为世俗社会的经济中心,并孕育出新

① 布克哈特:《意大利文艺复兴时期的文化》,何新译,商务印书馆1979年版,第125页。
② 布克哈特:《意大利文艺复兴时期的文化》,第124—125页。
③ Catherine Bowen, *Francis Bacon: The Temper of Man*, Little, Brown and Company, 1963.
④ Nieves Mathews, *Francis Bacon: The History of a Character Assassination*, Yale University Press, 1996.
⑤ 布克哈特:《意大利文艺复兴时期的文化》,第127页。

的生活方式。市民、社区、行会、城市国家为一体的政治结构逐渐成为政治社会的主导样式。当时突出的社会问题是：个人和行会如何从法的角度确保自己的经济利益不受侵害。因此行会之间相互协调磋商，产生能够体现各自经济利益的政治机构。在佛罗伦萨大约5万的人口中逐渐形成6000名称作"公民"的选民，这些人都是年过25岁有专长者，并且是行会成员。他们经过资格审查机构确认后获得选民的资格。选举人当选后即刻成立两个议事机构即公社会议和人民会议，它们分别由200名公民和300名公民组成。还有大量分散选出的议事会，处理特别的政治事务，其中就包括立法机构（"十二善者"）和外交事务机构（"十人战事委员会"）等。城邦政府另设置一个小型的行政机构即执政团，由一群阁僚组成，并由一名正义旗手作为执政团的领导。

以上就是佛罗伦萨由下而上的政治发育过程。与中世纪庄园社会的封闭性和领主统治相比，上述城市政治生活中的公民个人权利主体身份体现得非常充分，其自由和利益在政治生活中始终离他们很近。1428年列奥纳多·布鲁尼就这样评论他的故乡城邦："所有人分享着自由——他们都一样希冀着高位和腾起。"①总之，个体在资本力量的驱动下通过改变政治结构而提升自己的政治地位。这些就是与个体精神密切相关的社会因素。另外，世俗经济、政治社会也使一大批学有专长者脱颖而出。那时候的学问人（包括教师、律师、医生等）有不菲的收入和较高的地位。与上述情况相呼应，人文主义者还用自然法理论为个体权利进行申辩，认为自然法对于所有的人和所有的国家而言应当有相等的认同感和权威。任何个人包括君主在内都不能认为自己具有超出自然法的权利，并以此去统治另一部分人。

---

① Michael White, *Machiavelli: A Man Misunderstood*, Abacus, 2004, p. 38.

但上述个体精神并非那么超然。人文主义者中有相当一部分人是为庇护人（patron）工作、服务的，或者说他们必须听庇护人的指使。诚如布克哈特所言，"从人文主义者本身来说，他是不能不具备多方面的造诣的，因为事实上，他的学问不仅限于研究古代经典的理论知识，还要为日常生活的实际需要服务"①。例如达·芬奇就是其中的典型，他不仅要去干艺术活，有时还得受政治、军事首领指使去搞些军事设计。大约有 15 年时间他在为独裁者路多维柯·斯福查服务，还与暴君切萨雷·博尔贾有交谊，更为佛罗伦萨攻打比萨而设计、实施河流改道工程，等等。对于当时的人文主义者来讲，他们在选择庇护人时如果要挑剔对方的道德问题那就难以找到工作，更不用说维持生计。同样，人文主义者身上所表现出的个体精神也会受到上述雇佣关系的影响，即一方面人文主义者会抛开道德问题去迎合庇护人、雇主的各种需求，另一方面人文主义者也会在道德约束力很弱的环境下使自己染上恶习。再说艺术创作等实践本身与道德世界也有一定的距离，或应当保持一定的距离。由此，人文主义者的个体精神和言行举止往往反映出道德价值标准混乱的情况。人们经常看到这样一些情景：大家在背后互相攻讦，做事随心所欲，有时甚至敢于违背庇护人的意志和指使，这方面切利尼就是一个典型。这种个体精神的负面因素到了理性主义时代受到了主观和客观条件的制约。

二、 追求完美的个体精神与各种文化因素混杂

就个体精神的主要特征而言，它体现为文艺复兴时期人文主义者对完美个体的追求。通常我们所看到的就是"多才多艺"的个体。布克哈特这样描述道："当这种对于最高的个人发展的推动力量和一种坚强有力、

---

① 布克哈特：《意大利文艺复兴时期的文化》，第 132 页。

丰富多彩并已掌握当时一切文化要素的特性结合起来时,于是就产生了意大利所独有的'多才多艺的人'——l'uomo universal(全才)。"①我们要对此进行理论开掘的话,就必须提到当时流行的思潮即新柏拉图主义。或者说,人文主义者崇尚个体精神的理论基础就是新柏拉图主义。② 从文艺复兴时期的思想文化发展情况看,凡以审美倾向研究人文学科的学者都不同程度地从柏拉图思想体系中寻找源流,有些科学家如布鲁诺等也深受柏拉图思想的影响。新柏拉图主义主张人是一个小宇宙,小宇宙论在文艺复兴时期同样很流行。③ 据此,即使是神也有一个"原型"高高地站在上面,而神所创造的万事万物其实就是原型的体现。因此文化人不要脱离个体的人去讲什么超越性、神圣性。真正有力量的人既懂得人的个性,又懂得如何超越个性的限制并达到柏拉图所谓理念的境界。人应当调动自己所有的感情、智慧因素与最高的存在即原型相感悟。

　　这种新柏拉图主义在当时真正起到了思想和个性解放的作用。它给了人文主义者相当自由自在的一个思想境界,即你可以是一个基督教徒,也可以同时是一个异教徒或具有各种各样思想情操的人。因为说到底基督教中的神也只是理念、原型的一个缩影而已,人可以在自我及自然界的一切事物中去感悟理念、原型,并享受由此带来的一切快乐。④ 按照布克哈特的总结,我们必须看到新柏拉图主义给个体精神注入了自由解放气息,使人文主义者看到了一个更广阔的精神世界,从而推动文艺复兴的文

---

① 布克哈特:《意大利文艺复兴时期的文化》,第131页。
② 新柏拉图主义一直是学术界关注的重要课题。参见权威著作 Nesca A. Robb, *Neoplatonism of the Italian Renaissance*, George Allen & Unwin Ltd, 1935。
③ 参见 G. P. Conger, *Theories of Macrocosms and Microcosms in the History of Philosophy*, Russell & Russell, 1967。
④ 关于柏拉图主义和人文主义精神之间的关系可参见布克哈特:《意大利文艺复兴时期的文化》,第536—543页。

化繁荣。这些就是人文主义者个体精神的思维力度和生命力所在。就这层意义而言,文艺复兴时期的人文主义个体精神与通常道德层面所讲的"个人主义"不能同日而语。

与个体精神相观照的人群中有许多都是思想文化史上的大家。在人文主义者的心目中,奥古斯丁是极具丰富内在情感世界和细腻审美感受力的思想家。奥古斯丁就曾号召人们调动自己所有的感情、智慧因素与最高的存在交融在一起。所以,奥古斯丁一方面要做灵与肉的分离,使人看清楚自己灵魂的高贵;另一方面又回到整体性的个人,让一个有血有肉的活生生的个体通过审美的、身心交融的体验方式在各种象征中领悟上帝的存在,并升华人的存在意义。① 简言之,奥古斯丁的哲学思想就是不回避个体,又试图超越个体。在奥古斯丁的影响下,人文主义者强调发展个人的完整能力,并通过文学艺术等手段呈现完整的人的个性。文艺复兴时期新柏拉图主义的思想泰斗是费奇诺,费奇诺与柏拉图一样将精神、灵魂等超越性的因素视作人的真正本质。但稍有不同的是,柏拉图贬抑感官的东西,费奇诺则强调人要达到超越性的境界就必须从个体的感官感应入手。从自然中见精神,从精神中升华个体的感性自然。② 所以,费奇诺不过分依赖于柏拉图对理念(idea)所做的深邃辩证思考,而是热衷于柏拉图思想中对灵魂所做的神秘的和富有诗意的描述,意在使个体的人及其艺术创作更具美的外观和意境。

可见,新柏拉图主义也带有某种神秘的意蕴。按照这种理论,启示的意义要远大于说理,这些同样深深地影响着人文主义个体精神的表现样式和内涵。从形式上看,我们发现以人文主义之父彼特拉克为代表的人

---

① 参见蒙哥马利:《奥古斯丁》,于海、王晓平译,中国社会科学出版社1992年版,第108、133页。
② 参见 *The Letters of Marsilio Ficino*, Shepheard-Walwyn, 1975。

文主义作品风格都具有这样的特点,即不喜欢用逻辑思辨的形式进行说理,而是用带有情感式的笔触去表达一种和谐的境界。"这里,可以看到人文主义的两个明显的特征:通过文学来表现人的价值和人性的真实社会性。"①这种风格在于点点滴滴的呈现而不在于体系化的结论,在于感觉而不在于说理。我们常常感到人文主义的作品有一种"漫幻"的色彩,即漫无边际、富于想象。为此,彼特拉克、费奇诺等人文主义者大都喜欢用比喻、体验的方式来把握和分析个体的人和个体精神。这些决定了人文主义风格和个体精神的另一面,即在人文主义者的作品中科学理性并不是衡量事物的最高尺度。"文艺复兴时代的思想家,本质上富有审美气质,对于概念科学的抽象性质不再感任何兴趣。"②就人文主义者作品的具体内容而言,人文主义者更多呈现给大家的是人与神、人与自然相互对话的境界,或者说如何通过人神交融的适度境界使作品生出无穷的意蕴。这些作品并不希望给出什么结论,有时甚至前后观点相背、内容混杂。著名哲学史家柯普立斯顿曾就新柏拉图主义者的思想特点作如是总结:这些新柏拉图主义者并不是用一种哲学去对抗另一种哲学,而是将各种有价值的观点(异教的、基督教的等)结合起来表示对实在的看法。③ 我们还会发现许多乖戾、扭曲的内容,薄伽丘的《十日谈》、拉伯雷的《巨人传》等就是这方面的典型。

显然在新柏拉图主义的影响下,人文主义的个体精神往往表现为科学、宗教等多种文化因素相混合。即使是科学家也不例外。非常有意思的是,哥白尼《天体运行论》的"引言"是用美感、神学、科学合而为一的语言来打开天体的宏大和神秘的。在哥白尼看来,缺乏对天体的默思冥想,

---

① 加林:《意大利人文主义》,李玉成译,生活·读书·新知三联书店1998年版,第20页。
② 文德尔班:《哲学史教程》(下),罗达仁译,商务印书馆1993年版,第489页。
③ 参见 F. Copleston, *A History of Philosophy*, Vol. III, Image Books, 1993, pp. 210-211。

人就达不到美和神圣的境界;相反,缺乏美和神圣的强烈感情也无法走进宇宙苍穹。① 顺便指出,在哥白尼的时代,人们常常将天文学和占星术相混淆。这是我们在研究时要十分留意的现象。布鲁诺曾经为探索神学的信仰框架而加入多明我会,后信从加尔文教和路德教。由于其信服哥白尼学说而与天主教正统理论发生冲突,最终被处以极刑。然而,布鲁诺对神的信仰是坚定的,他的哲学思想极其复杂,掺杂着各种神秘的成分。叶芝认为像布鲁诺等文艺复兴时代的思想家,其科学思想抑或其整个思想体系都渗透着非常浓厚的非科学思想成分。② 文德尔班则如是评述:"在布鲁诺的作品中,爱好艺术的文艺复兴时期的世界欢乐歌唱着哲学的热情赞歌,在他的诗境里散发着宇宙神教的乐观主义的迷人气氛。"③总之,在当时的思想文化界,科学理性还不是一种主导性的力量。科学理性只是"混合物"中的一个分子而已。打开培根这位近代欧洲实验科学始祖的著作,扑面而来的却是一个有神论者浓浓的宗教气息。择其名言有:"一点点儿哲学使人倾向于无神论,这是真的;但是深究哲理,使人心又转回到宗教去。"④作为一名深受人文主义影响的近代思想家,培根的学术使命就是想从各个角度提升人的力量。人可以凭其自然理性去完成自然实践的任务,当人试图去完成道德实践的任务时,就必须由信仰将一个完美无缺的神的形象从另一个世界放到人的内心里。当然,这种科学、宗教多重思想文化因素相混杂的情况也同样刻上了个体随意性、世俗性的印记。⑤

---

① 哥白尼:《天体运行论》,叶式辉译,陕西人民出版社2001年版,第10—11页。

② 参见 Frances Yates, *Giordano Bruno and the Hermetic Tradition,* The University of Chicago Press, 1964。

③ 文德尔班:《哲学史教程》(下),第501页。

④ 培根:《培根论说文集》,水天同译,商务印书馆1983年版,第57页。

⑤ 布克哈特:《意大利文艺复兴时期的文化》,第481页。

总之,文艺复兴时期的人文主义个体精神是极有生命力的创造源泉,但新柏拉图主义本身和受新柏拉图主义影响的个体精神又是一个容纳万物的盛器,各种思想文化成分特别是科学和宗教的成分都混合在一起。这就使个体精神刻上了非常复杂的色彩,与科学理性占主导地位的各种精神样式有相当的差异。

三、 个体的自由批判精神与道德体系的混乱、重建

从上文的分析中我们自然而然地会得出这样一个结论,即个体精神充满自由批判精神。布克哈特曾高度评价存在于佛罗伦萨的自由精神、批判精神,认为但丁相信自由意志[①],佛罗伦萨有优越的批判主义精神[②],等等。后来英国人弥尔顿还做了进一步的发挥,认为法律不可能也不能将人的自由本性都限制住,"上帝赋给他理智就是叫他有选择的自由,因为理智就是选择"[③]。文艺复兴时期意大利和西欧其他地区的自由精神、批判精神集中表现在怀疑精神方面。布克哈特曾指出西塞罗对当时怀疑精神的影响。[④] 彼特拉克早就将怀疑与真理问题结合在一起考虑:"我一意追求的是真理。……我不相信那些院士之言,不确信任何事物,我怀疑每一个具体的事例,但只有一个例外,那就是'我相信'这件事本身是对怀疑的亵渎。"[⑤]蒙田是怀疑批判精神的代表人物。通过怀疑,蒙田试图了解一个完整的个体。蒙田认为只有一个完整的个体才真正配得上与上帝的交流。没有这个完整的个体,那么连祈祷也会丧失真实性,进而丧失正

---

① 参见布克哈特:《意大利文艺复兴时期的文化》,第489—490页。
② 参见布克哈特:《意大利文艺复兴时期的文化》,第73页。
③ 弥尔顿:《论出版自由》,吴之椿译,商务印书馆1958年版,第23页。
④ 参见布克哈特:《意大利文艺复兴时期的文化》,第489—490页。
⑤ Petrarch, *A Letter to Francesco Bruni, Papal Secretary in Avignon, Milan, October 25, 1362,* from *Renaissance Philosophy of Man*, The University of Chicago Press, 1984, pp. 34 – 35.

当性。① 但完整的个体本性非常难以认识,甚至比认识神的本性还要困难。② 所以蒙田号召带着怀疑和批判的目光去审视人、审视个体。著名的德国人文主义者伊拉斯谟更是用怀疑、批判的自由自在精神去挑战教会权威。③ 可以这么认为,人文主义的个体精神处处散发着自由、批判的气息。如果没有这种精神,瓦拉就不可能在 1440 年撰文指出历史上的《康斯坦丁赠赐》是一部伪造文件,如此等等。

这里想着重指出的是,人文主义者在倡导自由精神、批判精神和怀疑主义的过程中并没有建构起被社会普遍认同的道德价值体系。那时的社会道德力量非常不稳定,主流道德意识变幻无常。相反,古代的斯多葛主义、伊壁鸠鲁主义、犬儒主义等对人文主义者影响颇深。有时在一个人的身上可以有多种道德信仰并存,瓦拉就是这方面的典型。④ 可以这么说,意大利的文艺复兴时期是道德价值体系混乱的时代:在人文主义者的具体言行中,人们经常看到玩世不恭、诽谤中伤、见利忘义等情况。许多有知识、有教养的新兴市民阶层身上也沾染上市侩习气,阿雷蒂诺是其中的代表。"阿雷蒂诺从完全公开发表上获得了他的一切利益,这在某种意义上可以被看作是近代新闻业的前辈。"⑤ "和 18 世纪的尖刻辛辣的作家们相比,阿雷蒂诺的有利条件是他不受原则之累,既不受自由主义、博爱主义或任何其他道德之累,甚至也不受科学之累;他的全部货色只有一句有名的格言,'直言招恨'。"⑥ 那时的人们甚至不觉得有必要对此进行道德

---

① 参见蒙田:《蒙田随笔全集》(上卷),潘丽珍等译,译林出版社 1996 年版,第 56 章"论祈祷"。
② 参见蒙田:《蒙田随笔全集》(上卷),第 242 页。
③ 参见 P. S. Allen, *The Age of Erasmus*, Russell & Russell, 1963。
④ 关于瓦拉的思想可参见克利斯特勒《意大利文艺复兴时期八个哲学家》第 2 章中的评论。
⑤ 布克哈特:《意大利文艺复兴时期的文化》,第 161 页。
⑥ 布克哈特:《意大利文艺复兴时期的文化》,第 162 页。

抨击。在上述境况下,基督教的道德约束力开始松弛。布克哈特论及文艺复兴时期道德问题时以具体的实例指出以下几点。(1)荣誉感与私欲混合在一起。(2)想象力与没有拘束的利己主义联系在一起。那时出现了近代第一批大规模赌博者,奇博与枢机主教利阿里奥的两次赌博输掉14000多金币。当时有一种大摇彩银行,使人民习惯于这种赌博的刺激。佩蒂在自己日记的字里行间向人们透露,他除了是商人、政治代表和外交人员外,还是职业赌徒。(3)想象力与伤害、侮辱等联系在一起。有一则事例,说的是3个小孩在玩绞刑的游戏,结果有一只狼来了,在脖子上系着绳索并吊在树上的孩子因下方支撑他的孩子逃离而被勒死。当死者的父亲知道是哪个孩子之过后就把该男孩杀掉,并取下肝脏作为下酒菜来招待该男孩的父亲。(4)对私通的同情。这在当时的文学作品中有大量的表述。按照布克哈特的说法,文学作品中的情景是现实生活的反映。马基雅维里的《曼陀罗花》[1]就是以喜剧的形式来表现那种情感。(5)抢劫、谋杀盛行。布克哈特特别举了一些教士杀人、强奸的例子。(6)绝对不道德的例子:为犯罪而犯罪。举其一例,有个叫布拉乔的人极端仇视教会,看见僧侣唱赞美诗就会发怒,有一次索性将僧侣从钟楼上扔下去。[2]道德危机的另一表现就是抑郁病发作。伯顿是一个抑郁派诗人,撰写了大部头作品《抑郁的解剖》[3]。伯顿认为其中抑郁病的重要病因之一就是基督教的理想化世界与个体现实世界之间的冲突。总之,极端的个人主义可能是当时文化繁荣的一个条件,但无疑是当时社会的根本缺陷。[4] 许多有知识、有教养的新兴市民阶层身上也沾染上市侩习气,那时的人们甚

---

① Machiavelli, *Mandragola*, tr. Anne and Henry Paolucci, The Library of Liberal Arts, 1957.

② 参见布克哈特:《意大利文艺复兴时期的文化》,第424—444页。

③ Robert Burton, *The Anatomy of Melancholy*, 3 Vols., J. M. Dent & Sons Ltd., 1932.

④ 参见布克哈特:《意大利文艺复兴时期的文化》,第445页。

至不觉得有必要对此进行道德抨击。布克哈特明确指出:"马基雅维里在他的《曼陀罗花》的有名的序言中正确地或者错误地提到了道德力量显而易见地堕落成为一般说坏话的习惯,并威胁他的诽谤者,告诉他们说,他能够像他们一样地说出尖刻的语言来。"①布克哈特还特别就文艺复兴时期意大利的极端个人主义问题进行了剖析。他在提到极端个人主义伟大一面的同时严厉地指出了其中的根本缺陷,认为极端个人主义在考虑和做每一件事情时都以自己的荣誉或利益、激情或算计、复仇或认为哪一个在心里占上风而定,结论是:"如果广义的和狭义的利己主义都同样是一切恶行根源,那么由于这个理由,更高度发展了的意大利人比起那个时代的其他民族的成员来更趋向于不道德。"②这种道德力量十分弱化的情况也反映在社会的各个层面。当时从上到下道德沦丧的景象并不罕见。教皇亚历山大六世之残暴、淫乱人所共知,其后果是基督教的道德约束力受到影响。社会上抢劫、杀戮等行为如同儿戏一般。用更严重的语言讲,这是一种"危机"。文艺复兴史学者鲍斯玛就曾指出人文主义自由、解放思想文化背后所潜伏的危机。许多人文主义者在一个封闭的个体精神中找不到出路。当然,布克哈特在指出意大利的上述现象时,仍然认为意大利民族是当时欧洲最健康、最有天赋的民族。③ 这提醒我们对精神文化现象进行判断时不要偏于一个角度,而要进行全方位的思考。但明显的一点是,在往后的西方文化、社会发展中,个体主义还与自由主义、意志主义等思潮结合在一起,成为无法调节诸多思想、社会矛盾的一个根源。当然,人文主义个体精神中的道德危机与社会的道德危机之间并非因果关系所能解释,不如说两者互为因果。另外从伦理道德的发展历程看,当一种新

---

① 布克哈特:《意大利文艺复兴时期的文化》,第157页。
② 布克哈特:《意大利文艺复兴时期的文化》,第445页。
③ 参见布克哈特:《意大利文艺复兴时期的文化》,第431页。

的文化在生成时总会出现批判、否定，甚至无序的矫枉过正现象。在这种情况下，某些过激言行也许对冲破旧的社会体制和文化束缚是必要的前提。因此我们要从历史的角度来全面地看待、分析上述危机。这种危机既是历史的必然产物，也将随着时代的发展而得到纠正。17 世纪以降的西欧历史图景发生了诸多变化：与资本主义文明相适应，各个国家的政治体制逐渐制度化；国际社会在资本力量的推动下也在建立近代的国际关系秩序；更重要的是随着工业文明的发展，理性和科学的力量逐渐上升；如此等等。与此相应，基督教的道德哲学与理性主义指导下的功利主义道德价值体系相互呼应，逐渐成为西方社会稳定的主流道德意识。所有这一切汇聚成一个思想和时代的主题即鲍斯玛所说的"秩序"。此"秩序"不是对个体精神的排斥，文艺复兴时期的人文主义个体精神在近代西方的思想文化史上一直延续了下来。即使是今天，西方思想文化仍旧在很大程度上受着个体精神的推动。但到了启蒙时代，理性主义开始成为社会的主导意识。在制度化的政治结构中，个人与社会的契约关系有了政治的强力制约。鲍斯玛不时提到 16—17 世纪人们对确定、稳定的强烈意识。① 鲍斯玛在自己的研究中还谈到了艺术中的秩序问题，认为艺术与道德的关系正在受到越来越多的批评家的关注。

　　我们发现，17 至 19 世纪那些思想文化巨擘的创作风格与文艺复兴时期相比已发生了很大的变化。其思维风格总体上可归入洛克、笛卡尔、斯宾诺莎等类型框架。他们做学问的目的，以及他们做人的格调都与彼特拉克存在着很大的距离。思想家已经不满足于怀疑主义，他们更企求科学的确定性原理，企求理性的指导。在哲学上，随着启蒙运动的展开，理

① 参见 W. J. Bouwsma, *The Waning of the Renaissance: 1550 – 1640*, Yale University Press, 2002, p. 198。

性主义思维方式逐渐为学人和世人公认、效仿。按照笛卡尔的观点，"理性是一种普遍的工具，可以使用于任何一种场合"①。在政治思想方面，原来自然法中的理性因素得到进一步的论证。康德认为人类最初处于自然状态之中，是人的内在理性驱使人类进入法律社会，使人与人之间发生权利关系。②显然康德的这种理性化社会契约理论更强调理性自觉的作用。为此，康德还用"对人权"概念来表达这种理性自觉，"这仅能通过积极的转让或让予，才获得一种对人权，这只有通过公共意志的办法才能做到；用这种办法，种种对象便进入一人或他人的权利之内"③。也就是说，权利个体都必须在理性思考的前提下通过法的中介相互进行权利交换。合法婚姻就是这种权利交换的集中体现。在科学认识方面，人文主义之父彼特拉克提出怀疑原则，认为怀疑是最高意义上的对自我的确认。笛卡尔接过这个话题，认为怀疑所要达到的目标是思维的确定性，尽管这个确定性中同样有上帝，但这时的上帝存在是为了给人的主体性和理性提供一种终极意义上的保证。在人学理论方面，马克思主义经典作家在《论犹太人问题》《关于费尔巴哈的提纲》《德意志意识形态》等一系列著作中，非常全面地阐述了个体的人与全面发展的人、个体的人与社会的人之间的关系，这些提示我们必须将个体精神与社会发展密切关联起来，我们的理论分析也应当将两者结合起来进行探讨。

综上所述，过去我们曾对文艺复兴时期的人文主义个体精神做了简单化的处理，现在应当在布克哈特等人的观点基础上重新做些梳理、阐释，并引出进一步的思考：人文主义个体精神是商品经济为主导的社会之

---

① 笛卡尔：《方法谈》，载北京大学哲学系外国哲学史教研室编译：《十六—十八世纪西欧各国哲学》，商务印书馆1975年版，第155页。
② 参见康德：《法的形而上学原理》，沈叔平译，商务印书馆1991年版，第133页。
③ 康德：《法的形而上学原理》，第88—89页。

必然产物,是由那个时期意大利国家状况、民族精神和新柏拉图主义等因素综合地培植而出;从文艺复兴的具体文化创造实践看,个体精神又是孕育并产生天才人物的重要因素,个体精神也是保持、推动自由批判意识的重要条件;但个体精神的负面因素也应当充分予以考虑;人们愿意看到的是个体精神、法治社会和理性意识的相互协调完善,并在此前提下促进社会进步、文化昌盛。

读史札记
彼特拉克是书信体作者也是文人

　　彼特拉克是近代早期用其独特书信体写作的学者。继彼特拉克的书信风格后,巴尔吉扎(Barzizza)成为书信体这一典雅文学分支的奠基人。① 鉴于彼特拉克书信的重要性,学者罗宾森《彼特拉克:第一位近代学者与文人》②以彼特拉克的书信为对象进行专题研究,并在副标题中对研究对象做了提示。书中认为彼特拉克并不是古代书信体的简单模仿者,他在接触西塞罗等的书信体之前已经确立了自己的书信风格。与古代的西塞罗一样,彼特拉克与文艺复兴时期大多数意大利学者一起通过书信来传达文人的理想和特征。③

　　根据上述两位作者的提示,我们还可以进行更深入的研究。正是由于彼特拉克对古典学问的爱好,以及他将古典文化与基督教的教义两个看似有冲突的因素结合了起来,学术界给了他人文主义奠基者等称号。④ 罗宾森在提到 man of letter

① 参见 Lieut-Colonel A. Pearson, *A Short History of the Renaissance in Italy: Take from the Work of John Addington Symonds*, Smith, Elder, & Co., 1893, pp. 141–142。
② J. H. Robinson, *Petrarch: The First Modern Scholar and Man of Letters: A Selection from His Correspondence with Boccaccio and other Friends*, 1970.
③ 参见 J. H. Robinson, *Petrarch: The First Modern Scholar and Man of Letters*, pp. 229–231。
④ 参见 *The New Encyclopaedia Britannica*, Vol. 9, Encyclopaedia Britannica, Inc., 1993, term "Petrarch"。

即"文人"一词时,始终围绕彼特拉克的书信创作进行论述,认为彼特拉克的书信是理解意大利文艺复兴时期思想不可或缺的来源。(见该书"导论",第55页。)这里有必要就"文人"一词进行辨析,这有助于学人理解西蒙兹的创作乃至文艺复兴史的相关历史现象。我们不妨发问:在文艺复兴时期的意大利人是怎样看待、怎么解读"文人"一词的? 英语man of letters概念在19世纪流行开来,大致指那些有文学修养、搞文学创作、知识广博的人。在文艺复兴时期经常提到的文人概念是拉丁语literati,英文的letter一词就是从这个词根演变而来。中世纪乃至文艺复兴时期,人们会这样思考一位男子的工作状况和地位:你是干哪个行当的?写写字、写写书信,这是古代中世纪有学问人的一个标志。在那时动笔头的人,甚至在整个中世纪时代能够写书信都是件了不起的事情。这和诸多因素有关,例如造纸术的运用要到很晚才推广开来。所以中世纪写信的人就是后人所说的文人(literati)。中世纪还有一门口授技术,主要是王公贵族、政权机构需要有人代拟书信、公函等,甚至有钱人要写封情书也需要代笔,于是有学问的人就执笔代言。当时的书信撰写者很多是政权机构中的秘书,彼特拉克也在教廷机构中当过秘书。这种现象到了文艺复兴时期的意大利仍是一种常态。那时搞创作的情况比较复杂,有的写诗者,人们称其为诗人;有的则钟情于人文学科的修辞技艺,特别是将其运用在写书信、写演讲稿等方面。对于后一种创作者而言,书信体是基础,其体裁还可以运用到更广泛的写作实践之中。例如彼特拉克就创造了独特的书信体裁,还包括以第二人称来叙事的形式。所以我们回到文艺复兴时期的意大利来谈文人概念就要联想当时人对书写者的观念。简言之,那时所谓会写作的人大致是指书信创作者。

　　罗宾森启示我们,如果回到那个时代来理解man of letters概念,我们就应当想到彼特拉克是一位书信体作者。当然译成"书信体作者"的话,今人会说不确切,怎么把文人译成了书信作者呢? 但在那个时代的语境里,人们就是这样考虑文人概念的。由此再来讨论西蒙兹的文人概念就不难发现,西蒙兹心目中的文人更多带有19世纪知识人的特征。布克哈特也是19世纪的文人。但西蒙兹和布克哈特都是有历史意识的学者,因此当西蒙兹和布克哈特回看文艺复兴时期意大利的文人时都注意到他们与书信体作者的关系。布克哈特在《意大利文艺复兴时期的文化》中专门就书信、口授技术等加以专题论述。

4
对文艺复兴时期人文主义诗性智慧的
历史透视[*]

文艺复兴时期人文主义的风格之一就是众多人文主义者善用诗性智慧去认识世界,去指导文学艺术等思想文化的创作实践,并以其创作成果的特殊感召力影响世人的审美情趣。何以一种诗性的智慧和文化实践会产生如此广泛的社会时代效应及深远的历史影响? 本文将以艺术史、史学史等为线索解答上述问题。

一、 文艺复兴时期人文主义者对诗性智慧的感悟

每一个对文艺复兴史感兴趣的读者都会意识到这样一种现象,即诗性智慧在文艺复兴时期十分流行,并产生了无可估量的文化影响。但诗性智慧的真正本质究竟是什么? 其思想的根基又何在? 要回答这些问题,需要先回到文艺复兴时期来回顾那时的文化人如何领悟诗性智慧的

---

* 本文原载《史学理论研究》2010 年第 4 期。

历史境况。英国文人菲利普·锡德尼爵士(Sir Philip Sidney,1554—1586)
曾留下一篇重要的文学评论文章,题为《为诗辩护》。其中有这样一个观
点,即诗歌是引领人类走向文明和创造新文明的重要文学艺术表现形式,
"因为诗,在一切人所共知的高贵民族和语言里,曾经是'无知'的最初的
光明给予者,是其最初的保姆,是它的奶逐渐喂得无知的人们以后能够食
用较硬的知识"①。他举了古希腊文化的创立者荷马、赫西俄德等诗人的
创作成果。接着谈到,近代使意大利语上升为艺术宝库的还应归功于但
丁、薄伽丘、彼特拉克等诗人。② 也就是说,正是意大利文学三杰的语言实
践,特别是诗歌创作活动影响了文艺复兴时期意大利人的思想文化实践。
锡德尼如此看重诗歌和诗性智慧,其理由是:诗歌在提供知识方面,在使
人感动行善的方面要胜过历史和哲学。③ 说到底,"诗所隶属的那种模仿
是一切中最为符合自然的"④。锡德尼的这些观点启发我们思考:应该如
何从西方思想文化的漫长历史中去探索文艺复兴时期诗性智慧的深层次
思想文化本质。

　　在西方思想文化史上,曾有几次重要的并对后来文明发展有奠基性
意义的文化创造和繁荣时期,如前苏格拉底时期、文艺复兴时期和 19 世
纪下半叶。在上述几个时期,正是那些具有诗性智慧的思想文化巨擘建
构起一座座文化殿堂。诗性智慧带有直觉体认、浪漫想象、完美意境的思
维特征,一种新文化的创造正需要这种博大的智慧去透视以往、思考未
来。古希腊诗性智慧的代表如荷马、赫西俄德、索福克勒斯、前苏格拉底
思想家等,他们对宇宙和人生给予了诗意的想象。以后苏格拉底、柏拉

① 锡德尼:《为诗辩护》,钱学熙译,人民文学出版社 1998 年版,第 4 页。
② 参见锡德尼:《为诗辩护》,第 4—5 页。
③ 参见锡德尼:《为诗辩护》,第 27—29 页。
④ 锡德尼:《为诗辩护》,第 29 页。

图、亚里士多德等哲学家在前人诗意想象成果的基础上对宇宙、人生开始
了新的思辨性理解。再后就是统治思想文化领域长达千年的中世纪基督
教哲学。到了文艺复兴时期,社会的变化需要人们重新从整体上去认识
现实的人生和世界。于是诗性智慧再次从沉闷的中世纪文化土壤中复
苏。无论是彼特拉克还是费奇诺,人文主义者都以诗意的思维形式去领
悟柏拉图、奥古斯丁等先哲的心灵世界。这样,与诗性智慧密切相关的新
柏拉图主义成为思想文化的主导形式。特别是新柏拉图主义那种既钟情
于超越的神性世界又通过现实的人去感悟超越神性世界的小宇宙理论,
成为整个文艺复兴时期思想文化的主导形式。即使到了17世纪初,这种
思想文化的潮流仍在延续。1617年,英国学者弗卢德(Robert Fludd)在他
的著作中使用了一幅插图,取名为"自然之镜和艺术的想象"。这幅插图
将世界上万事万物都有机地包容在一个圆形的图案里,意谓世界是上帝
的艺术品,而人是世界的中心。① 它非常清楚地传达出文艺复兴时期诗性
智慧的特点,即在内容方面追求神、自然与人的统一,在思维方式上追求
艺术化的想象,如此等等。总之,那些人文主义者重新以诗性的智慧将古
希腊罗马诗性化的思想文化内容复苏了。这种复苏是生气勃勃的个体之
人的复苏,是人的无穷创造精神的焕发,亦是资本主义文明起步的标志。
这样,诗性智慧就与人的觉醒、信奉古典传统、思想解放、怀疑批判精神等
合成一股人文主义的思想文化潮流。对宇宙、人生进行诗意的领悟,这从
形式上看有许多无拘无束、充满想象的美感外表。就内容而言,这种思考
直接与整个人的感性生命有关,同时又以感性生命为中心点向无限的世

---

① 参见 E. W. Tayler, *Nature and Art in Renaissance Literature*, Columbia University Press, 1964, p. 2。

界开放。在这个世界中,蕴涵着纵横交错的现实与超越内容。正是这种与人相关的博大内容,使后来的哲学思辨有了一个特定的空间和支撑点。到了 17 世纪,理性主义成为思想文化的主导力量。于是以哲学理性思辨为主导形式去认识世界的思维形式成了启蒙时期思想文化的核心。这种情况一直持续到 19 世纪西方非理性主义的兴起,用诗性智慧去认识人生的思维途径又逐渐形成思想文化的潮流。以上就是我们对文艺复兴时期诗性智慧的内涵、价值、影响等的历史透视。

　　既然文艺复兴时期诗性智慧有如此重要的思想文化地位,那么与诗性智慧直接相关的文学艺术的繁荣也在情理之中。文学艺术的繁荣也体现为人的觉醒、人的表现。由此观之,我们不仅要理解当时三行诗、十四行诗、田园诗等诗歌形式,还应当看到这些诗歌、诗性智慧背后的人文意识。它们正是文艺复兴人文主义思想文化的真正魅力之所在。例如,我们要对文学三杰的诗性智慧和作品有深层次的认识。以但丁为例,其诗歌十分迷人,但其诗歌中所表露的思想同样深刻。但丁的皇皇巨篇《神曲》以诗性的智慧提出了人的理性世界和信仰启示世界之间的关系,但丁还在其他的著作中系统地发挥了这些思想。它们成为日后双重真理学说的重要思想启端。对此,学术界还需要从哲学的高度加以深入的思考。彼特拉克和薄伽丘是文艺复兴时期最初一批有历史学眼光的人文主义学者。他们对古典作品有浓厚的兴趣,并着手搜集、整理、研究。彼特拉克以其诗性的智慧领悟到柏拉图哲学的语言形式、思想形式的内在活力,于是他特别主持了荷马史诗的翻译事宜。此事是文艺复兴新柏拉图主义兴起的重要历史事件。薄伽丘则在创作之余凭着对但丁的敬慕之情撰写了《但丁传》。薄伽丘在《但丁传》及其他作品中对诗歌和诗性智慧给予了高度评价。薄伽丘在作品第 2 章"但丁的出生和教育"中指出,但丁是想通过诗来认识所有的世界知识。① 同时就诗学与神学的关系做了阐释,"我说在主题相同时,神学和诗学或许就是同一件事情。我还要进一步说,神学就是一首上帝的诗"②。薄伽丘的最高境界是诗与神的合一,这种想法在文艺复兴时代颇具代表性。文艺复兴时代的人文主义者所刻意追求的就是捍卫诗的地位,并通过人这个小宇宙将诗性与神性结合起来。对于薄伽丘的诗歌理论,布克哈特作如此评论:"在艺术上,表现了一种反对中世纪所创造出来的一切东西的成见,并且人文主义者是以自己勃兴之日为新纪元的。薄伽丘说:'我开始希望并且相信,上帝怜悯了意大利的名誉,因为我看到:他的无穷仁爱使意大利人的内心里具有和古代人同样的精神—— 用掠夺和暴力以外的方法取得荣誉的精神,而且说得更正确一些,是在诗歌道路上使人们成为不朽。'"③此论十分精当。

如果从史学史的角度看待文艺复兴时期的诗性智慧,那么艺术史的研究成果理应成为分析的重点。比较完整地记录那些由诗性智慧主导下进行艺术创作实践的人和事,当首推瓦萨里(Giorgio Vasari,1511—1574)《最出色的画家、雕塑家和建筑家生平传记》④一书。瓦萨里不仅用优美的文笔撰写传记,其本人还是著名的画家和建筑师。他曾拜米开朗基罗为师,两人保持了终身友谊。瓦萨里的艺术生涯还得到过很有文学艺术才情的美第奇家族的支持。瓦萨里在《最出色的画家、雕塑家和建筑家生平传记》中始终以诗性的智慧去感悟、面对和评价诸位艺术巨匠,向人们展示一幅幅将诗性智慧与艺术至上相结合的文化景象。在瓦萨里的心目

① Giovanni Boccaccio, *Life of Dante*, Hesperus Press Limited, 2002, p. 12.
② Giovanni Boccaccio, *Life of Dante*, p. 52.
③ 布克哈特:《意大利文艺复兴时期的文化》,何新译,商务印书馆1979年版,第201页。
④ 该书初版于1550年,1568年又出版内容大量扩充的版本,为后人提供了大量第一手史料。

中,体现诗性智慧的艺术是一个独特的精神世界,并且是有别于科学技术的精神世界。他认为艺术只能由充满个体艺术精神的天才来创造。这些想法对以后唯美主义、艺术至上论、形式主义艺术批评等艺术观都有影响。瓦萨里在其传记作品的"序言"中提到,艺术是一种有"创造力的人的行为",它具有"完美性"的特点,是"时间和自然的神圣建筑",只有艺术家才能将完美性呈现出来。① 例如我们千万别忽视了瓦萨里把契马布埃选为传记第一篇的理由,即契马布埃走到艺术世界本身中去了,他使绘画艺术得到了新生。笔者以为就是要懂得与诗性智慧相关的艺术美。当然,要到乔托才真正打开了艺术伟大和艺术完美的大门。② 瓦萨里在著作中不时运用诗性的手笔进行点评、总结等。例如他如此评论达·芬奇:"一般说来,好些男男女女天生就具有各种了不起的质地和才华。但用超验的眼光看,偶尔会发现有这么一个人,他由上苍绝妙地赋予了如此丰满的美质、优雅和才气,他远远地离开了世俗之地,他所有的行为都富于灵气,事实上他做的每一件事情显然都是神圣的,而非人之作为。"③ 又例如,在瓦萨里的心目中,只需米开朗基罗一人就能让所有人领略什么叫具有诗性智慧的、最完美的艺术创作,④并指出这位艺术家有"真正道德哲学的知识和诗化表达的天赋,于是每个人都会尊崇和跟随他,视其为生命、作品和行为中所有努力的完美榜样,他应该被称作神圣的"⑤。他还借用卡斯蒂利奥内的诗句来总结拉斐尔的人生。⑥

---

① 参见 Giorgio Vasari, *Lives of the Artists*, Vol. I, A Selection translated by George Bull, Penguin Books, 1987, pp. 25, 31。
② 参见 Giorgio Vasari, *Lives of the Artists*, Vol. I, p. 55。
③ Giorgio Vasari, *Lives of the Artists*, Vol. I, p. 255.
④ Giorgio Vasari, *Lives of the Artists*, Vol. I, p. 325.
⑤ Giorgio Vasari, *Lives of the Artists*, Vol. I, p. 325.
⑥ Giorgio Vasari, *Lives of the Artists*, Vol. I, p. 324.

我们有理由认为瓦萨里的评传本身就是一首优美的诗歌,或者说是瓦萨里与其评判对象之间的诗性智慧对话。这种诗性化的评传风格在19世纪又有英国诗人约翰·西蒙兹在其《意大利文艺复兴》一书做了新的发挥。

诗性智慧的感人之处就在于它的真。我们不妨提一下文艺复兴时期著名的自传作品即切利尼(Benvenuto Cellini, 1500—1571)的《自传》(*Autobiography of Benvenuto Cellini*)。① 布克哈特认为切利尼作品的真正力量之所在或者说诗性智慧的真正力量之所在就是要表现一个完整的人,这要比那些道德家来得更真实,"本韦努托·切利尼的自传在内省方面并不比庇护二世的自传为多,但它却以惊人的真实和详尽的手法描写了整个的人……他是一个能够做和敢于做一切事情的人,他有他自己的衡量标准。无论我们喜欢他或不喜欢他,他依然如故地作为一个近代精神的重要典型而活下去"②。切利尼在自传中不时传达自己的诗人气质。例如切利尼告诉读者,他的父亲是天生的诗人,由此使人感受到切利尼从小受到的诗歌熏陶。也正是神圣的诗歌,使切利尼在生命的低谷找到了生的勇气。③

当然,诗性智慧最直接的感人之处是其美感特征,它通过美的形式来传达整体的人之内在世界,这使得文艺复兴时期的思想文化产生独特的精神魅力,甚至成为人文主义的重要特征。不过,诗性智慧的某种朦胧性、象征性等特点也更加重了人文主义囿于个体精神而产生的复杂、矛盾、彷徨的内心世界。于是相应地出现了一批与此内心世界相关联的著

---

① 《自传》由英国文艺复兴史研究学者西蒙兹翻译,文笔优美流畅,为人称道,版本不计其数。中文译本有平野译《致命的百合花》(中国展望出版社1986年版、河北教育出版社2002年版、上海人民出版社2008年版)。

② 布克哈特:《意大利文艺复兴时期的文化》,第330页。

③ 参见切利尼:《致命的百合花》,平野译,河北教育出版社2002年版,第9页、第12章。

述。例如 16 至 17 世纪的英国文坛就有这样一些作品留世:抑郁派诗人伯顿创作了《抑郁的解剖》①,该作品将文艺复兴时代个体主义的一面即偏重内在完美世界的塑造、钟情孤独彷徨的愁思等情绪表现得淋漓尽致;沃尔顿(Izaak Walton,1593—1683)的《垂钓全书》②则将人的心灵安顿在闲暇恬适的自然之中;布朗(Thomas Browne,1605—1682)的作品又是一种情调,其《医生的宗教》将科学与宗教两个世界的对峙和交感的复杂心理状况加以戏剧化的描摹。③ 诸如此类,不胜枚举。诗性智慧、新柏拉图主义等甚至还与当时的各种异端精神、迷信等结合起来,从而影响当时的社会风尚。对此,布克哈特曾做过深刻的剖析。④

二、 理性主义时代哲学家、历史学家对文艺复兴时期诗性智慧的开掘

　　从 17 世纪开始一直到 19 世纪,理性主义在思想文化领域居主导地位。在 18 世纪的史坛还没有出现文艺复兴史的专题研究,但这一世纪的文化史研究也不乏精品。与伏尔泰(Voltaire,1694—1778)生活年代大体相当的欧洲大陆史学界活跃着不少具有诗性智慧的文化史研究思想大家。德国考古学家和艺术史家温克尔曼(J. J. Winckelmann,1717—1768)、法国思想家孔多塞(Condorcet, 1743—1794)、德国文化哲学家赫尔德(Herder,1744—1803)就是其中的代表。相比之下,温克尔曼文化史学术成就和文化史观点影响最大。他的《古代艺术史》⑤主张从历史的过程看

① R. Burton, *The Anatomy of Melancholy*, 3 Vols., J. M. Dent & Sons Ltd., 1932.
② I. Walton, *The Compleat Angler*, Oxford University Press, 1927.
③ Sir Thomas Browne, *Religio Medici and Other Writings*, J. M. Dent & Sons Ltd., 1906.
④ 参见布克哈特:《意大利文艺复兴时期的文化》,第六篇"道德与宗教"。
⑤ J. J. Winckelmann, *Geschichte der Kunst des Altertums*, Hermann Boehlaus Nachfolger, 1964.

待艺术创作及其历史,特别提出要注意艺术的风格问题。温克尔曼的文化史研究思路为以后这方面的研究奠定了理论和方法的基础。所有这一切又与18世纪出现的浪漫主义思想文化现象有关。于是诗性智慧在理性启蒙时代仍受到人们的重视。这里我们需要提及维柯(Giovanni Battista Vico,1668—1744)的《新科学》一书。在这部重要的美学作品里,维柯对诗性智慧在人类最初的创造性活动中所发生的作用做了精到的论述:"因此,诗性的智慧,这种异教世界的最初的智慧,一开始就要用的玄学就不是现在学者们所用的那种理性的抽象的玄学,而是一种感觉到的想象出的玄学,像这些原始人所用的。这些原始人没有推理的能力,却浑身是强旺的感觉力和生动的想象力。这种玄学就是他们的诗,诗就是他们生而就有的一种功能(因为他们生而就有这些感官和想象力)……"①维柯在书中仔细分析了诗性特征(poetic character)、诗性伦理(poetic morality)、诗性形而上学(poetic metaphysics)、诗性政治(poetic politics)等问题。维柯的功绩是使我们历史地完整认识诗性智慧的特征、地位等。维柯对诗性智慧的讨论早已引起学术界广泛的关注。②

但不能否认,在理性启蒙时代,人们对理性的清晰性、科学性寄予无限向往,认为确能按照理性的逻辑去构造世界的发展过程。以黑格尔为例,他最终将美当作理性的感性显现。世界万事万物都是绝对理念的辩证发展过程。与黑格尔理性主义相对立的唯意志论者叔本华则再次高屋建瓴地为诗、诗性智慧正名。叔本华和上述理性主义时期的思想大家都称不上是文艺复兴史的研究专家,但文艺复兴史研究者却不能忽视那些思想大家对诗性智慧的认识。叔本华认为诗人所表现的才是真正的人的

---

① 维柯:《新科学》,朱光潜译,人民文学出版社1986年版,第161—162页。
② M. Lilla, *G. B. Vico: The Making of an Anti-Modern*, Harvard University Press, 1993.

内心世界,是真正的历史。① 又说:"诗人却在一切关系之外,在一切时间之上来把握理念,人的本质,自在之物在其最高级别上恰如其分的客体性。"②还强调"诗里比在历史里有着更多真正的、道地的内在真实性"③,所以从某种意义上说,正是诗性智慧、艺术展示出更深层次、更广博的生命底蕴。这些思想对后来布克哈特文化史观的形成影响很大。

　　与上述对诗性智慧的认识相呼应,在文艺复兴史研究领域出现了对诗性智慧的自觉意识和阐释。19 世纪称得上是具有划时代意义的文艺复兴史研究时期。首先应该提及的两位大家是瑞士人布克哈特(Jacob Burckhardt,1818—1897)和英国人西蒙兹(John Addington Symonds,1840—1893)。布克哈特是叔本华思想崇拜者尼采的忘年交,他对艺术特别是对建筑艺术情有独钟。这从一个侧面使其对文艺复兴时期诗性智慧的价值有深刻的认识。布克哈特明言,那些人文主义巨擘以"诗歌的形式来代替教义的形式"④。布克哈特对诗性智慧的总体认识是,这种智慧表现了人的精神,对事物做了总体的观察和描述。文艺复兴时期的人文主义者即使对世界有什么概念性的判断的话,也是由于诗歌的力量而强化了其认识的地位。于是布克哈特首先分析诗歌:"我们将首先谈谈 14 世纪的伟大诗人的诗作,他们是无拘束地描写人类精神的范例。"⑤他以但丁为例,认为但丁的伟大正是凭借其诗性智慧对人、对世界的万事万物做了探测:"在他的一切作品中洋溢着个人的力量,使读者除对主题产生兴趣之外,不禁为之神往。《神曲》这一篇长诗的前后一致和完整无瑕的精心结构需

① 参见叔本华:《作为意志和表象的世界》,石冲白译,商务印书馆 1982 年版,第 338—346 页。
② 叔本华:《作为意志和表象的世界》,第 339 页。
③ 叔本华:《作为意志和表象的世界》,第 340 页。
④ 布克哈特:《意大利文艺复兴时期的文化》,第 482 页。
⑤ 布克哈特:《意大利文艺复兴时期的文化》,第 303 页。

要一种多么坚强的魄力啊！如果看一看这篇长诗的内容,我们就会发现:在整个精神的或物质的世界中,几乎没有一个重要的主题没有经过这个诗人的探测,而他对于这些问题的发言—— 往往只是很少几句话—— 也没有一句不是他那个时代的最有分量的语言。"①认为《神曲》和《浮士德》一样是一种高度综合的作品。② 布克哈特还意识到人文主义者创作拉丁诗歌的意义:"人文主义者主要引以为骄傲的是他们的近代的拉丁诗歌。至少就它足以代表人文主义运动的特征来说,它是在本书的讨论范围之内的。……导使他们这样做的一定有一个重大的原因。这个原因就是对于古典文化的崇奉。"③即使是田园诗、散文创作等,我们仍可以找到人文主义的情感理想,"这些作品的风格无论是诗歌或散文,都是卓绝、优美的,但是在这些作品里边,田园生活不过是给一种属于完全不同的文化领域里的感情披上一件理想的外衣而已"④。布克哈特进一步分析文艺复兴时期诗性智慧的理论支撑点,认为"多少是根据柏拉图的理念学说想象出来的灵魂先在上帝身上存在的学说,很久以来就是一个共同的信仰,甚至于也曾为诗人所引用"⑤。甚至在一些有文化眼力的当政者看来:"洛伦佐已经深窥柏拉图哲学的一切奥秘,并且说明他确信没有柏拉图就很难做一个好的基督徒或一个好的公民。围绕在洛伦佐周围的一群著名学者由于这种对于一个更高尚的唯心主义的哲学的热情而团结在一起,并卓然超出一切其他这类集团之上。只有在这样一个团体里边,一个像皮科·德拉·米朗多拉那样的人才会感到幸福。"⑥所以人文主义者在诗性

---

① 布克哈特:《意大利文艺复兴时期的文化》,第 131 页。
② 布克哈特:《意大利文艺复兴时期的文化》,第 321 页。
③ 布克哈特:《意大利文艺复兴时期的文化》,第 253 页。
④ 布克哈特:《意大利文艺复兴时期的文化》,第 346 页。
⑤ 布克哈特:《意大利文艺复兴时期的文化》,第 537—538 页。
⑥ 布克哈特:《意大利文艺复兴时期的文化》,第 216 页。

智慧里找到了精神的栖息之地。

西蒙兹则是一位很有诗才、个性极强的历史学家。他的7卷本《意大利文艺复兴》①差不多与布克哈特的著作同时发表,并提出了许多相同的看法。西蒙兹善于从广阔的层面来探索文艺复兴时期艺术家的心灵和创作实践,其人物评传如对米开朗基罗的研究堪称典范。② 与布克哈特的《意大利文艺复兴时期的文化》相比,西蒙兹的著作补充大量艺术创作的部分,还写了反宗教改革(counter-Reformation)的内容,由此更全面地反映了文艺复兴的历史史实。需要注意的是,作为诗人的西蒙兹以其诗性智慧和情怀投身《意大利文艺复兴》的整个写作过程。具体地讲,西蒙兹是用诗性智慧与文艺复兴时期的诗性智慧进行意识互动。西蒙兹诗意地将佛罗伦萨命名为"智慧的城市"(the city of intelligence)。③ 西蒙兹在"思想的信奉"章节里不无见地地指出:"真正说来,意大利人从美学的角度来评判才气要甚于道德性的批判。"④西蒙兹还特别关注文艺复兴时期佛罗伦萨思想家费奇诺诗意地理解柏拉图哲学的情况:"柏拉图那些有巨大影响的理论和那种渗入灵魂本质解释中的神话,也就是柏拉图意识中那些带有诗意的思想,这些对于费奇诺来讲是更有价值的东西,要胜过柏拉图理念论中那些由逻辑的理解形式呈现出的深刻问题。"⑤正是基于对文艺复兴时期诗性智慧的认识,西蒙兹在评论具体人物如文学三杰时同样

---

① J. A. Symonds, *Renaissance in Italy*, Smith, Elder & Co., 1875—1886. 本文使用的是新版,另有现代文库(Modern Library)的通行3卷本,西方出版界还在不断印制该书,目前尚未译成中文。

② J. A. Symonds, *The Life of Michelangelo Buonarroti: Based on Studies in the Archives of the Buonarroti Family at Florence*, Two Vols., University of Pennsylvania Press, 2002, originally published by J. C. Nimmo and Charles Scribner's Sons, third edition, 1911.

③ J. A. Symonds, *Renaissance in Italy*, Vol. I, Smith, Elder & Co., 1904, p. VIII.

④ J. A. Symonds, *Renaissance in Italy*, Vol. II, Smith, Elder & Co., 1906, p. 25.

⑤ J. A. Symonds, *Renaissance in Italy*, Vol. II, p. 237.

带着诗性的智慧和笔触予以勾勒:"因为有了但丁,近代世界的智慧才能笑傲一切,才能自信地去创造自己的时尚;因为有了彼特拉克,同样的智慧才能穿越黑暗的海湾,才能去重新估量以往宏大的传统;因为有了薄伽丘,那些智慧才能展露世界的壮丽,才能展露青春、力量、爱和生命的美好,同时无惧地狱的恐怖和死亡迫近的阴影。"①以上就是一位充满诗性智慧的历史学家与文艺复兴时期人文主义诗性智慧的互动。黑尔对西蒙兹的这种互动做了有见地的评述,认为文艺复兴时期的历史震撼着西蒙兹的心灵,他在那段时期发现了高度完美的个性,发现了完整的人。② 人们可以指责西蒙兹诗性智慧引领下的历史写作带有何种主观性,但事实上缺乏此种诗性智慧的历史学家又怎么能写出真正有力度的文艺复兴史作品? 今天我们有理由去重新评估和认识西蒙兹作品的内涵、价值。

　　19 世纪还有一个才气十足、性格乖戾的艺术批评家佩特(Walter Pater,1839—1894)。佩特是唯美主义者,主张为艺术而艺术。其文艺复兴艺术史方面的代表作《文艺复兴》已译成中文出版。③ 英文版的书前有西蒙兹写的"导论",西蒙兹通过对佩特梦幻情调的赞叹来结束自己的导论,"他一意向往的是让他的心灵'像一个孤独的囚徒那样沉浸在自己的梦幻世界里',正是这种囚徒式的梦幻世界成了这位作家思索、永恒追求的全部工作"④。《文艺复兴》其实是一部人物个案研究汇集。其中所涉及的人物有些我们比较熟悉如波提切利、米开朗基罗等,有些如 16 世纪

① J. A. Symonds, *Renaissance in Italy*, Vol. I, p. 9.
② J. Hale, *England and the Italian Renaissance*, chapter 8 "John Addington Symonds", Fontana Press, 1996, p. 189.
③ 佩特:《文艺复兴》,张岩冰译,广西师范大学出版社2000年版,但该译本没有注明究竟根据哪个英文本翻译。
④ W. Pater, *The Renaissance*, The Modern Library, Boni and Liveright, 1919, p. XXIV.

法国画家杜倍雷等一般读者可能不太了解。书中还有对艺术史家温克尔曼的精彩评论。所有评论都体现了佩特自己的艺术史独特想法。贯穿全书的佩特所一贯坚持的文学艺术创作理念是：作家去捕捉、呈现的都是美的形式和理想世界，反过来说，任何东西只要以艺术的形式展示出来就必定是一种形式化的理想。为此，佩特着重分析文艺复兴时期的人文主义者如何用其直觉想象力将古代的知识、基督教的信仰等调和起来，从而去开创一种思想，"它留给后世的东西就是去想象一种真正的方法，即如何用想象、传说去实现将基督教情感和异教诗歌、哲学中的世界理论加以科学有效地调和的方法"[1]。为此，佩特还就柏拉图主义等相关问题做了细致的研究，其讲稿集结后以《柏拉图和柏拉图主义》[2]的书名出版。从某种意义讲，佩特的一生就是一部唯美主义作品的展现。

三、20 世纪学术界对文艺复兴时期诗性智慧的文化反思和批判

20 世纪是文艺复兴史研究的深耕、扩播和全面收获的时期，涌现出像黑尔、克利斯特勒、加林、布鲁克尔、伯克等大家。其中不乏对诗性智慧进行文化反思和批判的著述，由此深化了对人文主义思想文化的认识。

首先要提到克利斯特勒（Paul Oskar Kristeller, 1904—1999）的论著和观点。[3] 克利斯特勒代表作有：《文艺复兴思想：古典的、经院的和人文主

---

① W. Pater, *The Renaissance*, p. 38.
② W. Pater, *Plato and Platonism*, Macmillan, 1928.
③ 在文艺复兴思想文化史研究方面人们经常会提及克利斯特勒和加林两位学者的名字，参见塞仁查《意义模糊了的意大利文艺复兴》（Christopher S. Celenza, *The Lost Italian Renaissance: Humanists, Historians, and Latin's Legacy*, The Johns Hopkins University Press, 2004）第 2 章对克利斯特勒和加林研究成果的评价。

义的变更》①、《文艺复兴思想和它的源流》②(此为克利斯特勒退休后重新集结修订出版)等等。克利斯特勒在《文艺复兴思想和它的源流》中指出:"当然,对于人文主义者来说特别重要的是捍卫自己的研究兴趣,反对其他条条框框的束缚,其中最要紧的是反对神学的束缚,不过偶尔也反对医学和其他领域中的东西。这种文学意蕴在'为诗辩护'的标签下著称于世。……在捍卫研究古典诗歌、反对神学批评的名义下,人文主义者也使用一些由教父哲学发展来的观点,并始终认为包含在这些观点中的异教性诗歌和神话具有寓言性的含义,它们根本上是和基督教神学真理相一致的。"③书中还选了"哲学与修辞学"的长篇论文,其中谈到文艺复兴时期的修辞学不同于古代,古代是为了政治的目的,而人文主义者的修辞学则主要与诗性的各种文学领域相关联。④ 同时克利斯特勒为了深究人文主义的思想本质、诗性智慧等,以费奇诺研究为突破口,著有《费奇诺的哲学》⑤一书。克利斯特勒发现了人文主义受诗性智慧的新柏拉图主义影响而表现出的共同兴趣。⑥ 在新柏拉图主义的影响下,诗性智慧成为人文主义思维方式和创作实践的典型风格。洛布《意大利文艺复兴时期的新柏拉图主义》是这方面权威的研究著作,至今还没有一部更好的著作来取代它。我们从洛布的阐述中得知,正是与当时文学、艺术创作有直接关联性的新柏拉图主义造成了诗性智慧的浪漫性,"新柏拉图主义具有明显的和有价值的贡献,是形成了时代性的艺术与文学。或许果真是它召来了

① Paul Kristeller, *Renaissance Thought: The Classic, Scholastic, and Humanist Strains*, Harper Torchbooks, 1961.
② Paul Kristeller, *Renaissance Thought and Its Resources*, Columbia University Press, 1979.
③ Paul Kristeller, *Renaissance Thought and Its Resources*, pp. 201 - 202.
④ Paul Kristeller, *Renaissance Thought and Its Resources*, p. 242.
⑤ Paul Kristeller, *The Philosophy of Marsilio Ficino*, Peter Smith, 1964.
⑥ 参见克利斯特勒:《意大利文艺复兴时期八个哲学家》,姚鹏、陶建平译,上海译文出版社1987年版,第4—5页。

那些支撑浪漫主义的因素"①。新柏拉图主义认为世界万事万物之上存在着一个最高的、完满的形式化世界即"理念"（idea）或"原型"（archetype），教父哲学家普罗提诺称之为"一"。"一"就像光一样通过灵魂传递到人的身上。反过来说，人以及万事万物蕴涵着"理念""原型""一"等因素，人通过灵魂与最高的存在相交融。这样，人就是一个小宇宙。小宇宙论在文艺复兴时期非常流行。② 人应当调动自己所有的感情、诗性智慧与最高的存在相感悟。人还可以通过艺术美的外观去感悟上帝的存在。在人文主义者的心目中，柏拉图、奥古斯丁、弗兰西斯等就是感悟到人的总体性、神圣境界的思想大家和大智慧者。人文主义者十分欣赏柏拉图用"迷狂"感悟最高理念的诗性智慧境界。③ 他们还将奥古斯丁当作极具丰富内在情感世界和细腻审美感受力的思想家。在奥古斯丁的影响下，人文主义者强调发展人的完整的能力，并通过文学艺术等手段呈现完整的人的个性。

在 20 世纪的文学批评界，还有一些学者注意到诗性智慧与西方传统的形而上学思想文化之间的密切关系。早在文艺复兴时期，英国诗人多恩及形而上学诗就引起了同行的关注。那时的英国诗人加莱甚至将多恩推崇为"阿波罗的首席，上帝的最后祭司"④。以多恩为代表的 17 世纪英国形而上学诗歌创作群体将形而上学的宗教意识视为诗歌创作的基础。他们的理论非常简单，诗歌本身就是一个形式化的超越世界，它也必须与

---

① N. A. Robb, *Neoplatonism of the Italian Renaissance*, George Allen & Unwin Ltd., 1935, p. 270.

② G. P. Conger, *Theories of Macrocosms and Microcosms in the History of Philosophy*, Russell & Russell, 1967.

③ *The Letters of Marsilio Ficino*, Vol. I, translated from the Latin by members of the Language Department of the School of Economic Sicence, Shepheard-Walwyn, 1975, pp. 42–48.

④ 转引自王佐良：《英国诗史》，上海译文出版社 1988 年版，第 124 页。

超越的意识相结合,而形而上学和宗教意识是最高的超越世界。诗人的任务就是用熟练驾驭形式化诗歌的本领将神圣的意识传播开来。按照诗歌的框架如语言结构进行表达都可能是最恰当的。多恩的所谓形而上学诗就是用最合适的诗歌语言进行创作。具有宗教意识的诗人,可以将最高意义上的神圣存在、情感融化到最恰切的诗歌语言中去。或者说,诗是神圣的,同时所有的感情可以通过诗而神圣化。问题的另一面是,为了适应诗本身的神圣,人必须有神圣的感觉。1921 年格里尔森教授编辑出版《形而上学抒情诗和 17 世纪的诗歌:从多恩到布特勒》,①并在选本前附上长篇导论。同年,诗人兼文学批评家 T. S. 艾略特发表《形而上学派诗人》。② 艾略特从哲学的角度全面评述了形而上学意识与诗歌创作的关系问题。由此,一个传统的哲学名词 metaphysics 被赋予了新的内涵,并受到文学批评界的广泛关注。自从柏拉图确立了形而上学的思辨传统后,整个西方思想文化可以视作柏拉图思想的延伸。在西方的思想文化氛围内,对超越的、形式化的世界如基督教宗教世界的追求渐渐成为一种主流。在文艺复兴这个人性解放的时期,新柏拉图主义成为思想文化的主流。有一批诗人在新柏拉图主义的感召下进行形而上学诗歌创作的实验。所谓形而上学的诗歌创作就是将形式化的人性感觉配之以鲜明、瞬时、出人意料的意象,使人性世界深层中流出的意象通过诗歌长留文学天地。史密斯特别就文艺复兴时期的形而上学智慧问题进行专题研究③,认为这种带有诗性的智慧根植于人文主义的心灵深处,它引发了对即时性与永恒性、身体与心灵、人与神等一系列关系的思考,由此去发现情感世

① H. J. C. Grierson, selected and ed. with an Essay, *Metaphysical Lyrics and Poems of the Seventeenth Century: Donne to Butler*, Oxford University Press, 1921.

② T. S. Eliot, *The Metaphysical Poets*, from *The Norton Anthology: English Literature*, vol. II, 1993.

③ A. J. Smith, *Metaphysical Wit*, Cambridge University Press, 1991.

界中复杂的传统精神因素。上述研究从不同角度打开了人们研究文艺复兴诗性智慧的视野。例如，诗歌是那个时代的一个缩影，这就启示学者从社会历史的广阔背景去分析某种诗体背后的文化内涵。英国学者洛著有《农田诗革命》①一书，围绕英国16至17世纪诗人对农田诗的态度和创作情况做文学社会学的分析，使人们认识农田诗诗性智慧的真正价值所在。甚至有学者如哈林认为，我们需要从诗性智慧的角度去认识哥白尼、开普勒科学认识的起源和过程，并特意撰写《世界的诗化结构》②予以阐释。作者从柏拉图对天体构造想象开始，从历史和时代的双重角度全面地论述了那些带着梦幻般的宇宙诗意认识。这种认识其实很符合欧洲思想文化的特点和文艺复兴时期的科学实际状况，即科学与宗教内在地关联在一起。我们不难发现，哥白尼的著作浸透着诗性智慧。非常有意思的是，《天体运行论》的"引言"用美感、神学、科学合而为一的语言来打开天体的宏大和神秘。在哥白尼看来，缺乏对天体的默思冥想，人就达不到美和神圣的境界；相反，缺乏美和神圣的强烈感情也无法走进宇宙苍穹。③

　　研究文艺复兴时期的诗性智慧问题还要提及20世纪艺术史家如贡布里希、默雷④、哈特⑤等的艺术史研究成果。其中贡布里希的不少著作如《文艺复兴：西方艺术的伟大时代》⑥等已译成中文出版。贡布里希在

① A. Low, *The Georgic Revolution*, Princeton University Press, 1985.
② F. Hallyn, *The Poetic Structure of the World: Copernicus and Kepler*, translated by Donald M. Leslie, Zone Books, 1993.
③ 参见哥白尼：《天体运行论》，叶式辉译，陕西人民出版社2001年版，第10—11页。
④ 默雷著有文艺复兴艺术史三部曲，其中之一是 L. Murray, *The High Renaissance*, Praeger Publishers, 1967。
⑤ 哈特的《意大利文艺复兴艺术史》(F. Hartt, *History of Italian Renaissance Art*, fourth edition, Harry N. Abrams Inc., Publishers, 1994)是20世纪关于意大利文艺复兴艺术史研究方面的重要著作。
⑥ 贡布里希：《文艺复兴：西方艺术的伟大时代》，李本正、范景中编选，中国美术学院出版社2000年版。

研究艺术创作时亦注意艺术与诗歌、诗性智慧、柏拉图主义等的关系问题。①

　　我们可以从不同的角度去认识文艺复兴时期的诗性智慧,但有一种评价也许是共通的,即文艺复兴是人性觉醒的时期,它需要思想家以人性为中心去整体地认识人和世界。这时恰逢人文主义者高度重视人性及相关世界的内涵,并选择诗性的智慧来率真地加以认识和表述。这种诗意的人论对认识和颂扬现实的人的本质、情感、力量等有着独特的作用。当然,仅仅以人性等来把握人和世界的本质也会在历史观等方面产生一些褊狭的认识。稍后理性主义的兴起正是人文主义诗性智慧的合理补充。

　　最后,我们以柯林武德的观点提示历史研究与重视文艺复兴时期诗性智慧研究之关系。柯林武德曾就历史学家的人格、学术涵养提出中肯的看法,主张为了能与历史上各种人物进行对话去"重演"历史,历史学家的心灵必须具备一种"全部的能力"和"全部的知识",也就是说,历史学家要具备理解各种历史现象的能力。② 为此,柯林武德本人很在意诗性智慧,并特别撰写了《艺术原理》③一书,其中充分揭示艺术与人性、情感、个体、想象、创造之间的关系。他将艺术、艺术家和艺术创作的过程都当作个体情感的一种想象,这正是艺术的魅力所在。今天的历史工作者,以及试图在文艺复兴思想文化领域畅游一番的学人就应当像柯林武德所主张的那样,将研究的"能力"和"知识"逐渐完善起来,其中诗性智慧是格外重要的能力和知识。只有这样,我们才能去"重演"诗性智慧占主导地位的人文主义思想文化。

---

① E. H. Gombrich, *Art and Illusion*, Princeton University Press, 1969, pp. 191－192.
② 参见柯林武德:《历史的观念》,何兆武、张文杰译,中国社会科学出版社1986年版,第244页。
③ 柯林武德:《艺术原理》,王至元、陈华中译,中国社会科学出版社1985年版。

读史札记

文艺复兴时期艺术创作的商业性

　　文艺复兴时期意大利的艺术创作往往在师徒共聚的工作室中开展。当时工作室里的创作活动很多是商业行为,大家赶工赚钱。一幅画的创作往往是分工合作的集体成果,你一笔他一笔,或个体创作,或流水线似的创作,很难分得清是谁的手迹。有一个现象值得一提,即师傅带徒弟的过程中,形成一个工作室特有的画风。威尼斯画派贝利尼家族绘画事业有不少传承者,乔尔乔内(Giorgione da Castelfranco, 1477—1510)、提香(Titian/Tiziano, 1480—1576)和丁托列托(Tintoretto, 1518—1594)就是前后相继的画家。提香是威尼斯画派的代表,一生创作颇丰。他曾在乔凡尼·贝利尼门下学画,但不久放弃了贝利尼的风格。从乔尔乔内与提香画作的比较中,学人可以生动形象地感受到这两种画风何其相像。提香对师兄乔尔乔内的画极其欣赏,并极力加以模仿,甚至模仿到有些画难以辨认是两人中何者创作的程度。① 艺坛上常有关于两人合作画画的佳谈,最为典型的合作成果就是《酣睡的维纳斯》(现藏德累斯顿美术馆)。该作品由乔尔乔内创作,提香完成。这方面的许多艺术佳谈源自瓦萨里的传记作品。总之,上述情况可以引出许多关于文艺复兴的艺术社会学思考。

　　另外,文艺复兴创作肖像画的艺术行为可以引出许多艺术社会学的思考。在前摄影时代,艺术家为消费者创作肖像画很有市场,收入不菲。能够为谁画肖像也成了艺术家身价的一个重要标志。另外,艺术家通过创作肖像画及各种画作打开各自周旋于社会上层的门径,像画家鲁本斯就是出色的外交家。学人可以通过文艺复兴时期画家的上述行径去了解、分析诸多不为人知的社会历史现象。小霍尔拜因为英国都铎王朝君主画肖像的经历就是其中生动的一例。小霍尔拜因(Hans Holbein, the Younger, 约 1497—1543)是德国画家,他交游甚广,与伊拉斯谟、莫尔等人文主义者都有接触,还当了亨利八世的宫廷画家。他的《伊拉斯谟

---

① 参见 Giorgio Vasari, *Lives of the Artists*, Vol. I, p. 444。

像》《莫尔像》《亨利八世像》《爱德华六世像》《莫尔家庭像》《托马斯·克伦威尔像》《丹麦的克利斯丁娜像》等堪称那个时期肖像画的经典。但问题来了,当时欧洲的宗教环境与政治环境很复杂,英国社会政治和文化亦很复杂,小霍尔拜因游走于这些复杂的环境之中,创作谋生很不容易。那么他作为一位肖像画家如何达到目的呢? 笔者的结论很清楚,他具有今天所说的职业画家的人生态度和技巧。我们在谈论文艺复兴时期的艺术家时应当充分认识到当时职业画家的生存情况。① 由此,学人还可以引申出进一步的思考,即许多人文主义者也是为了挣钱谋生的职业文人。职业艺术家、文人的情况在中世纪就有,到了文艺复兴时期成为时尚。伊拉斯谟、阿雷蒂诺等人的身上都存在着职业文人的要素。关于"职业文人"之类的课题可以做些展开式研究。

① 参见 Derek Welson, *Hans Holbein: Portrait of an Unknown Man*, Phoenix, 1997。

5

对莫尔乌托邦政治理念的新认识^①

英国政治思想家莫尔(Thomas More,1478—1535)在其荣耀又坎坷的政治生涯中留下许多耐人揣摩的话题,而最难评价的莫过于莫尔政治思想的核心概念即"乌托邦"。长期以来,中国学术界习惯于用"空想"来对应地称呼、诠释"乌托邦"概念。这样的词语转换是不妥切的。西方学术界对莫尔乌托邦概念的思考也仁者见仁、智者见智。本文试从莫尔的理想政治观出发对乌托邦问题做一个整体性的评述。

一、 "空想社会主义"译名中存在的问题

莫尔的代表作《乌托邦》于 1516 年完成出版。拉丁文"乌托邦"(Utopia)一词由莫尔自撰而成,它源自希腊文,原意是"无何有之乡"。《乌托邦》出版后曾被译成多国文字,广为流传。对《乌托邦》一书及乌托

_____

① 本文原载《上海师范大学学报(哲学社会科学版)》2009 年第 2 期。

邦社会主义的各种解释和批评也成了政治科学和政治社会实践的中心议题之一。为此,学术界同仁经过长期的学术研究、考释,编订了不少有学术价值的善本①,以正本清源。我们应当在研读这些一手资料的基础上对莫尔的乌托邦进行学术评判。

我们用"空想社会主义"来对译 Utopian Socialism,以至于"空想社会主义"成了司空见惯的政治概念。当然,我们的许多著述在具体阐述空想社会主义问题时都力图避免理论的片面性,但使用"空想"译名本身已表明在理解莫尔的政治思想时出现了片面性的情况。中文"空"的字面意思一般与"虚""无"关联在一起,因此"空想"等于是无中生有,甚至可以贬为"大白天说梦话"。引申开来的话,莫尔的乌托邦从根本上讲是一种不切实际的政治理念。这样评价莫尔的乌托邦都是不确切的。我们发现,国内早期的一些《乌托邦》译本和《乌托邦》评价并未使用空想概念,亦未向空想的方向进行思考。刘麟生在其翻译的《乌托邦》书前写有"导言"一篇,其中对乌托邦的理想成分和积极意义做了充分的肯定,大致的意思是:莫尔的乌托邦是一种社会改良的理想,对人们的社会改造有积极的指导和鼓舞意义,它能调动起人们的想象力,并为实现乌托邦的理想而努力。他还指出,乌托邦中的理想未必全部能实现,但人们总是需要理想,

---

① 较好的英文评注本有亚当斯翻译、编辑的《托马斯·莫尔爵士的乌托邦》(*Sir Thomas More Utopia*, translated and edited by R. M. Adams, W. W. Norton and Company, 1992)。目前权威的莫尔著作集是耶鲁版 15 卷本《莫尔全集》(*Complete Works of St. Thomas More*, Yale edition)。其中第 4 卷是《乌托邦》的专卷,另外耶鲁版的第 15 卷也涉及《乌托邦》著作。该全集每卷都由学术性导论、评论、图片、重要名词(包括拉丁文在内的考释)等组成。还有各种《乌托邦》的单行本,如 Thomas More, *Utopia*, The Harvard Classics, Vol. XXXVI, 1910; Thomas More, *Utopia*, edited by G. M. Logan and R. M. Adams, Cambridge University Press, 1989; Thomas More, *Utopia*, introduction and notes by A. R. Wayne, translated by R. Robinson, Barnes & Noble Classics, 2005,该译本附有罗珀的《莫尔传》;等等。最新的莫尔研究情况可参见盖伊《托马斯·莫尔传》(J. Guy, *Thomas More*, Arnold, 2000)。

并去实现部分的理想。① 同时刘麟生始终未用空想来描述乌托邦。现在学术界用空想来对译乌托邦,这可能受到经典著作翻译的影响,而经典著作翻译过程中所使用的译词、译文,其影响不容小觑。恩格斯于 1876 至 1878 年间撰写了《反杜林论》一书。书中"引论"的第 1 章和第 3 编"社会主义"的第 1、2 章集中论述与社会主义问题相关的政治思想问题。1880 年,恩格斯应拉法格的请求,将这三章改写成一部单本的著作,最初以法文出版,名为《乌托邦社会主义和科学社会主义》(*Socialisme Utopique et Socialisme Scientifique*)。1883 年出版了德文版,取名《社会主义从乌托邦到科学的发展》(*Die Entwicklung des Sozialismus von der Utopie zur Wissenschaft*),现在通行的英文译法 *Socialism from Utopian to Scientific* 即由德文而来。中文译为《社会主义从空想到科学的发展》。这里先做个提示:法、德、英等文本都使用了"乌托邦"一词,而没有代之以其他形容词。实际上恩格斯在著作中始终没有用其他短语来取代 Utopian Socialism 概念。另外商务印书馆 1982 年版的《乌托邦》一书前有戴镏龄所撰"序言"一篇,其中指出:"乌托邦社会主义却成为空想社会主义的同义词,乌托邦在后代被人们和空想等同起来。这也许非莫尔始料所及。"②"他的乌托邦缺乏科学根据,只能是一种'空想'。"("序言",10—11)译者的这种看法在国内学术界很具代表性。对于上述译法和看法,我们应进一步加以分析。

从逻辑的角度讲,空想确实不是一种科学的态度。因为科学所涉及的对象是经验事物,并通过实验、逻辑推理等手段对经验事物进行观察分析,最后得出有规律性的结论。就此而言,莫尔乌托邦一词的内涵不能视

---

① 参见莫尔:《乌托邦》,刘麟生译,商务印书馆 1939 年版,第 8—13 页。
② 莫尔:《乌托邦》,戴镏龄译,商务印书馆 1982 年版,"序言"第 3 页。以下引用此书随文标注页码。

为与科学完全没有关联性：因为乌托邦的观念和内容得自文艺复兴时期思想、文化和社会现实；因为对乌托邦观念的分析处处以人的自然性和理性为指导；因为乌托邦观念中的结论符合未来社会发展的基本方向，具有现实的指导意义。所以从根本上讲，乌托邦观念所体现的是一种社会理想。① 在科学哲学领域和其他人文学科领域，从理性的角度出发提出一种理想性的模式等，这对于推进学术进步、社会进步不无重要的意义，甚至是其中的一个重要环节。乌托邦作为一种理想，其中充满了理想和现实两难的内容，有些目标很难实现，或者目标本身还存在这样那样的问题，也可能是实现目标的某种条件很难达到之故。因此我们可以说乌托邦的某些方面缺乏科学性，但不能说乌托邦就是空想。因为至少许多目标都不是空想出来的。再则，如果条件、手段等发生了变化，那么原本是理想的目标就可能实现。莫尔的乌托邦同样如此，它可能在某些方面流于理性设计的表面，但整体上则是照应现实的理想社会模式。考茨基《莫尔及其乌托邦》②一书对乌托邦做了这样的解释：莫尔所缺乏的是达到这种目的的手段，所以才称其为乌托邦。"有关乌托邦的全部叙述中，只有一个因素是一种幻想，甚至莫尔本人也并不确信这一幻想有实现的可能：那并不是他企图要达到的目的，而是怎样才可以达到这个目的的方式和方法。"③"我们管它叫空想的或乌托邦社会主义，倒不是因为目的不能实

---

① 学术界已经注意到从哲学的高度重新认识乌托邦概念的重要性，可参见张彭松：《超越现代性：乌托邦观念的批判性重建》，《西南师范大学学报（人文社会科学版）》2005 年第 3 期；邬晓燕：《科学乌托邦主义的问题提出和概念内涵》，《自然辩证法通讯》2007 年第 6 期；刘慧：《自由主义的批判与乌托邦观念的合理性》，《教学与研究》2007 年第 10 期；等等。

② Karl Kautsky, *Thomas More und Seiner Utopia: mit Einer Historischen Einleitung*, Verlag JHW Dietz Nachf, 1947.

③ 考茨基：《莫尔及其乌托邦》，关其侗译，生活·读书·新知三联书店 1963 年版，第 264 页。

现,而是在于他所拥有的或想加以利用以达到目的的手段不充分。"①(注意这里的中文译文又出现了"空想"一词,笔者查考了考茨基的德文原著,其中空想的德文词是 Unerreichbarkeit,该词在德英词典中的对应释义词有 inaccessibility、unattainability、unavailability、unapproachability 等,都是"难以实现"的意思,并不见得是空想。)当然对于考茨基的解释笔者并不完全认同,因为莫尔的理想目标中确实存在着理论上和实际内容上的不尽完善之处。但考茨基至少提醒我们,莫尔的乌托邦社会主义可能在诸多环节上有问题,但从整体上考虑不应以空想论之。我们甚至可以说,正是乌托邦理想中存在着与科学有关联性的因素,所以社会主义从乌托邦到科学的发展才有可能。按照恩格斯的看法,乌托邦社会主义是一种不成熟的社会主义学说。在其最初产生的时候,因为资本主义的种种弊病和本质的特征尚未充分地表现出来,所以像莫尔乌托邦之类的学说也只能从已有社会所表露出来的一些情况出发,并根据理性的原则在头脑中去设想未来社会主义的图景。这造成了最初的乌托邦社会主义学说中带有一些不切合实际的因素。恩格斯想要说明的是,人们不应该去嘲笑那些乌托邦社会主义的学说,如果说那些学说还存在着如此这般不科学的地方,那是由特定的历史情况决定的。随着历史条件的变化,社会主义理论就会向更科学的方向发展,因此人们要从历史的特定条件出发去认识和把握那些学说。总之,莫尔的乌托邦观念有其特定的理想性、历史性和现实性一面。

为了对莫尔的乌托邦有一个全面的认识,我们再来看看西方学术界的各种观点。在西方,对莫尔的研究规模可以用"莫尔学"来概括。以乌

---

① 考茨基:《莫尔及其乌托邦》,第 264 页。

托邦问题为例就有不计其数的论著和论文。① 大致有这样几种评判的立场。第一,历史上有些学者未对乌托邦问题给予高度的理论关注。莫尔的女婿罗珀在其《莫尔传》②中甚至根本就没有提及《乌托邦》一书。莫尔研究专家雷诺斯从天主教的立场出发撰写成《心安理得:托马斯·莫尔的生与死》一书,其中对乌托邦问题做了轻描淡写的处理,认为只是莫尔个人喜好的产物。③ 对于这类不屑一顾的态度,苏联学者奥西诺夫斯基颇有微词,并给予了批评。④ 第二,试图从思想文化源流等学术层面来开掘乌托邦思想,弄清楚乌托邦的真正含义。在这方面首先要提及钱伯斯的研究成果。他的《托马斯·莫尔》⑤可以说是 20 世纪对莫尔生平思想进行学术性研究的一个里程碑,其中的许多观点和研究成果已被学术界采纳。第三,立足文艺复兴的历史现实来诠释乌托邦思想。赫克斯特《莫尔的乌托邦:一部思想传记》⑥、艾米斯《公民托马斯·莫尔和他的乌托邦》⑦、马留斯《托马斯·莫尔传》⑧和勒斯里《文艺复兴乌托邦和历史问题》⑨等著作提醒我们从莫尔的生平、文艺复兴特定的历史背景等角度去把握莫尔

---

① 代表性的作品有 J. O. Hertzler, *The History of Utopian Thought*, Cooper Square Publishers, Inc., 1965; F. E. Manuel ed., *Utopias and Utopian Thought*, Houghton Mifflin Company, 1966; W. E. Campbell, *More's Utopia & His Social Teaching*, Russell & Russell, 1973; 等等。
② William Roper, *Life of More*, Everyman's Library, 1906. 此书与 Anne Manning, *The Household of Sir Thomas More* 合订出版。
③ 参见 E. E. Reynolds, *The Field is Won: The Life and Death of St Thomas More*, The Bruce Publishing Company, 1968, p. 115。
④ 参见奥西诺夫斯基:《托马斯·莫尔》,杨家荣、李兴汉译,商务印书馆 1984 年版,第 101 页。
⑤ R. W. Chambers, *Thomas More*, The Bedford Historical Series, 1957.
⑥ J. H. Hexter, *More's Utopia—The Biography of An Idea*, Harper & Row, Publishers, Inc., 1965. 赫克斯特参与了《莫尔全集》的编定。
⑦ R. Ames, *Citizen Thomas More and His Utopia*, Princeton University Press, 1949. 该书将莫尔的乌托邦思想与莫尔的中产阶级地位进行了关联性的研究,提示学人必须更关注现实的因素对莫尔思想的影响。
⑧ R. D. Marius, *Thomas More—A Biography*, Alfred A. Knopf, Inc., 1985. 马留斯的这本评传作品已经成为 20 世纪莫尔研究中不可或缺的学术参考著作。
⑨ M. Leslie, *Renaissance Utopias and the Problem of History*, Ithaca, New York, 1998.

的思想。凡此等等都在启示人们要从多维的角度去思考乌托邦,而不要用简单的否定性评语就草草了结完事。也就是说,乌托邦问题牵涉到对莫尔整个生平思想的理解,牵涉到对隐藏在乌托邦一词背后的整个思想文化的理解,牵涉到对非常富于现实意义的理想社会政治的理解,等等。

二、 乌托邦观念是文艺复兴时期人文主义进步理想的集中体现

莫尔乌托邦理想政治观的产生有因有源,绝非空想。在 14 至 16 世纪的欧洲出现了"文艺复兴"历史现象。这一现象的核心内容是人文主义思想文化。当时许多人文主义者(包括莫尔在内)在复兴古典文化的同时,从现世的人出发重新考虑人与神的和谐关系,力图实现人的完美个体之理想境界。与这种理想境界相适应,在政治学中出现了各种乌托邦的理论。莫尔的好友伊拉斯谟同样有浓重的乌托邦情结。[①] 培根这位大科学家也留下了一部乌托邦之类的著作即《新大西岛》。由此看来,莫尔的乌托邦思想和著作只是 15 至 16 世纪各种人文主义乌托邦潮流中的一朵浪花。当然就影响而言,莫尔的乌托邦思想首屈一指。

作为人文主义者的莫尔又处处体现出作为一名信仰坚定的基督教徒所特有的情感。[②] 他的基本宗教立场是:《圣经》是基督教整体思想文化的核心,但不是全部;教皇、基督教会及基督教礼仪存在发展的历史就是其中不可或缺的组成部分。这种思想在莫尔与路德的论战中得到最充分

---

① 参见 D. Wootton ed. and trans., *Thomas More, Utopia with Erasmus's The Sileni of Alcibiades*, Hackett Publishing Company, 1999。

② 参见 Thomas More, *Dialogue of Comfort against Tribulation*, Sheed and Ward, 1951; *The Last Letters of Thomas More*, edited and with an introduction by Alvaro De Silva, William B. Eerdmans Publishing Company, 2000,这时期的信件使人领略既始终如一又复杂深邃的莫尔内心世界; *Thomas More's Prayer Book: A Facsimile Reproduction of the Annotated Pages*, Yale University Press, 1969,莫尔在监狱中仍不忘读《圣经》、记感受,此书是相当考究的原本照相复制本。

的体现。① 所以莫尔的乌托邦理想中有很浓厚的基督教人文主义色彩。从人文主义之父彼特拉克起,将完美个体与人神和谐境界关联在一起的想法是文艺复兴时期人文主义的重要特征之一。莫尔的乌托邦理想正是特定时期的思想文化写照。在中世纪的西方社会,基督教社团是社会结构中的重要组成部分。从某种意义上讲,莫尔的乌托邦理想就是从现实社会中的基督教社团引申而来。当时的许多人文主义者的乌托邦王国都带有基督教社团的性质,或以基督教社团为原型,如康帕内拉《太阳国》、安德里亚《基督城》等。从基督教社团的角度讲,财产公有、人与人之间相互尊重、社会公共管理等都是很正常的事情。这些均可视作有限度的乌托邦历史实践。我们应当充分认识基督教社团的存在对西方政治社会及公民社会各个方面的影响。莫尔以基督教社团为原型的乌托邦理想政治,其核心观点是把完美的人及其道德性当作政治社会的基础,从而使现实社会中的人有了与自己生活相观照的理想政治模式指引,并以此为基础去批判现实社会、改造现实社会。这种理想政治观念和理想政治活动也是推动近代西方文明进程的重要因素之一。然而在莫尔的时代,还有人试图将基督教社团的理想放到整个国家范围进行实践,其结果当然是以失败告终,意大利佛罗伦萨修士萨沃那洛纳的政治实践、日内瓦加尔文的政治实践就是其中的典型。

　　莫尔受柏拉图思想的影响很大。这在《乌托邦》书中多有表示,比如莫尔提到了柏拉图的哲学王的概念(33—34),又从柏拉图财产公有理论中引出废除私有制的设想(44),等等。这自然就牵涉到对柏拉图理想政治观的评价问题。柏拉图一直以为,任何事物都是对绝对完美的形式

---

① 参见 *The Yale Edition of Complete Works of St. Thomas More, Vol. 5 Responsio ad Lutherum*, Yale University Press, 1969。

（idea，又译为理念）之模仿。这一思想对西方的知识理论影响很大。也就是说任何事物除了其物质的一面，还有事物之所以是该事物的形式的一面，或者说任何事物都有存在的样式、结构等。政治社会也是如此。政治家、思想家必须以理性为指导，找到政治社会结构的最佳模式。过去人们多半以否定的态度来看待柏拉图政治理论的观念论色彩。但现在有更多的学者注意到其中合理的一面。因为至少柏拉图用理性的态度来看待政治学（例如在分析国家时就要注意国家的性质、国家的结构、国家权力的运作等），这就使政治学走上了分析的、知识化的道路，即产生了政治逻辑。后来亚里士多德虽然强调在进行政治分析时不能脱离对一个个城邦具体实际情况的分析，但还是把政治形式和结构的优先地位凸显了出来。例如，人的政治性、国家的优先地位都是第一位的，不同的城邦政治治理形式决定了不同的城邦政治性质，等等。这些思想对于政治科学来讲都是十分重要的。所以我们不仅要看到柏拉图的思想对莫尔乌托邦政治观的影响，而且要注意这种影响的主要内容是什么、影响的方式是什么等。我们发现，莫尔所描绘的是一幅完整的乌托邦政治图景，其中就涉及以理性为基础的完美国家结构、法制、国家权力形式、公民社会的存在方式等。这样，人们就可以用理性去观照莫尔的理想政治内容。另外，柏拉图主义在文艺复兴时期成了人文主义思想的重要理论基础。柏拉图主义使人文主义者了解到，人是宇宙的中心。因此人文主义者一般都会从现世社会中的人出发去构想社会政治的内容。总之，受柏拉图和柏拉图主义的影响，莫尔的乌托邦政治社会呈现出两个鲜明的特征：第一，实现完美个体之人的需求是政治理想的基础；第二，以完美个体之人为中心设计形式上符合理性要求的国家政权体制。当然，莫尔在柏拉图和柏拉图主义影响下而产生的乌托邦政治理论不可避免地带有种种不切实际的因素。莫尔过于看重从基督教社团引申出来的形式化理想政治一面，或者说政治的道德理想一面成了乌托邦的基础。这在某种程度上妨碍了莫尔对诞生之初的近代国家政治本质的认识。同时代的意大利政治思想家马基雅维里则很少受到柏拉图主义等超越性的理念影响,这从一个方面促使马基雅维里将政治目光始终聚焦于现实的国家政治运作。我们要注意对上述两位政治思想家的比较。①

　　前已论及,莫尔思想体系的核心是要塑造一个完美个体之人。文艺复兴时期人文主义所指的完美个体之人首先是指有美德、有品行、有能力、有健全体格的人,当然更是一种能听从自然理性使唤的人。按照莫尔的设想,要实践上述品行就必须笃信上帝,就必须接受教育如古典文化教育等,从而成为"高度有文化和教养的人"(50)。只有此等完美的个体才富有个性和创造性,《乌托邦》里用一技之长的概念来表示人的创造性。(56)莫尔还认为要实现上述目标,就必须以健康的身体作为基础。(78—79)这些都是人文主义孜孜追求的人之最高理想境界。莫尔为什么批判私有制,其理由之一就是私有制将人身上最优秀的因素给扼杀掉了。(44)当然,作为人文主义者的莫尔与一般的基督教信徒又有区别。莫尔的宗教情怀或人的宗教信仰是以人的自然性和理性为基石。对神的信仰不是一个简单的宗教问题,它所体现的是一个人如何保持自己的尊严。(106)莫尔在《乌托邦》里经常提到人的自然性和理性问题:"探索自然,于探索中赞美自然,是能够为神所接受的一种礼拜形式。"(108)"乌托邦人给至善下的定义是:符合于自然的生活。上帝创造人正是为了使其如是生活。乌托邦人说,一个人在追求什么和避免什么的问题上如果服从理性的吩咐,那就是遵循自然的指导。"(73)"而理性首先在人们身上燃

---

① 参见 E. Harris Harbison, "Machiavelli's *Prince* and More's *Utopia*", in W. H. Werkmeister ed., *Facets of the Renaissance*, Harper & Row Publishers, 1963。

起对上帝的爱和敬,我们的生存以及能享受幸福是来自上帝。其次,理性劝告和敦促我们过尽量免除忧虑和尽量充满快乐的生活;并且,从爱吾同胞这个理由出发,帮助身边其他人也达到上面的目标。"(73)这里是在高度赞美理性,即使是宗教的原则也是因为有了理性才使人们承认那些原则。(73)于是乌托邦里的每一个人都欣赏基督的品德,都愿意过基督教社团的共同生活,"他们听说基督很赞同他的门徒的公共生活方式,又听说这种方式在最真正的基督教团体中还保持着"(104)。所以我们在乌托邦社会中所看到的人并未脱离现世,在莫尔的眼里,一个世俗之人就必须讲究精神快乐。精神快乐是第一位、最重要的。(80)这里强调了身心要保持住快乐的状态(78—79),即感性的因素和理性的因素之结合(75)。国王也必须是一个完美的人。《乌托邦》中对国王的个人素质提出了一系列的要求。(39—40)然后莫尔提出如何去塑造完美个体的途径,其中的三个要素是教育、劳动和品德培养。

由此看来,乌托邦理想社会以完美个体之人为基础,这是人文主义理想的生动体现,也为现世中的人提供了努力追求的现实目标。汉索在《完美与进步:乌托邦思想的两种模式》一文中总结道,古典的和近代的乌托邦在理想目标上存在差别,前者追求抽象的完美,后者追求现实的进步。①这不失为中肯之论。后来马克思在《1844年经济学哲学手稿》《德意志意识形态》等著作中进一步论述了人的全面发展和社会进步的关系问题。由此可见从人出发进行社会历史探讨的合理性。

---

① E. Hansot, *Perfection and Progress: Two Modes of Utopian Thought*, The MIT Press, 1974.

三、 乌托邦观念强调人与社会的共同进步，渗透着社会批判、
改造之现实内容和困境

莫尔作为一名当时权位仅次于国王的政治家,其政治视野始终没有脱离现实社会的各种发展情况。莫尔《乌托邦》处处观照英国现实社会的状况。众所周知,莫尔对当时英国圈地运动中"羊吃人"现象展开了批判。(21)莫尔的一系列著作表现出对政治秩序、社会和谐与渐进改革的理想追求,认为政治不能脱离道德和法律秩序,这反映了当时人文主义政治观的特点。其中有些观点是保守的,例如莫尔认为凡现存的政治秩序都不能轻易地进行更改,这造成了莫尔对当时英国政治秩序认识的失误。人们还不难发现,莫尔虽然对当时的国际背景和英国的现实有一定的认识,但他始终被宗教的沉重包袱制约着,最后成为一名为教会荣誉和权力殉情的悲剧人物。莫尔的上述想法在《理查三世史》①等著作中得到了充分的体现。

下面我们择其要者分析莫尔乌托邦理想政治观中的现实内容及理想和现实两难的内容。

其一,国家和社会必须从自然人性或自然法出发设定最高的政治伦理准则,尽管这些准则中含有很难企及的超越性、理想性和完美性因素。为此莫尔就上帝命令和人类法律之间的关系做了探讨。莫尔发现,实际的情况是人类在按照自己的法律行事,但莫尔又提醒不能不顾及上帝的命令而擅自行事。(25—26)其实,这就是一个道德律令的问题。我们过

---

① *St. Thomas More: The History of King Richard III and Selections from the English and Latin Poems*, edited by R. S. Sylvester, Yale University Press, 1976,这是耶鲁出版社在编辑《莫尔全集》的同时编辑的莫尔选集。从莫尔的《理查三世史》中可体会到莫尔的历史观和历史写作特点。

去总是认为乌托邦的原则是超出于现实之上的思想,但事实上并非这么简单。莫尔一方面遵循柏拉图的想法,将完美的国家理念当作政治社会的指导;另一方面又认为完美的东西很难在现实社会中一一实现,因此人们必须在法的基础上建立有各种社会区分的国家制度。有学者指出,莫尔的这种乌托邦设想与其他人的共同福利思想相比,有着根本的差别。①但莫尔内心的矛盾是,想用现实中的手段如法律来维系一个社会,总不是最完美的。因为法律等只是从形式的表面来制约一个人的行为,而不能从根本上使人回归宗教世界。因此要设想一个全新的、完善的乌托邦世界。莫尔对人的自然本性充满信心,认为只要任何人、任何国家以最简单的发自人的自然本性的东西来约束各自的行为,那么一切就是和平与友善。(92—93)在莫尔看来,当实定法烦琐到人民无法卒读的程度,并想以此法律来约束人民,这是极不公正的。(91)莫尔这里是在提醒政治家注意道德和法制在国家治理中的双重杠杆作用。接着就在国际法问题上导致了如下乌托邦的设想,即乌托邦人不与其他国家定约,因为"条约有什么用,莫非自然本身还不能将人们紧密地联系在一起?难道对自然不尊重的人还会重视用文字写的东西吗?"(93)从表面上看,这种想法纯属异想天开。但就文艺复兴时期的国际关系及后来的国际法实践而言,这种想法并非没有现实意义。它想说明的是,国家之间的关系和人群之间的关系一样,必须以自然平等的关系为基础。只是莫尔对国家之间的关系不抱太大的希望。这里提出了一个问题,即国际法必须在有主体权利的国家之间签订,而主体国家又必须以自然法为准则。对一个没有达到对自然法理性认识的国家而言,与其签订协议是无效的。莫尔自己也给出

---

① 参见 J. W. Allen, *A History of Political Thought in the Sixteenth Century*, Methuen & Co Lit, 1957, p. 153。

了一个例证,他认为在基督教信仰和教义盛行的欧洲国家,国与国的协议
是有效的。(93)但莫尔还是不赞成乌托邦与其他国家签订协议,因为即
使在基督教盛行的区域出现了遵守协议的情况,也是以教皇的权威和国
王的明智这样一些先决条件为基础的。以此推论,一旦这些条件失效,那
么协议也失去了保证。"天然产生的伙伴关系须取代条约,能更好更牢固
地把人们团结在一起的是善意而不是协定,是精神而不是文字。"(94)所
以协议的有效性必须有自然法、道德理性等的基础。正是在这种政治观
念的支配下,莫尔还意识到战争的不可避免。甚至认为,一旦战争出现,
乌托邦人就利用最小牺牲的办法去赢得战争的最后胜利。其中策略和勇
敢等是获胜的重要保证。(94—103)有时莫尔又从自然规则的角度去理
解自然法,并由此出发探讨国与国之间的关系。莫尔提出人口扩张、殖民
和战争三位一体的理论。莫尔设想,当一个乌托邦国家的人口压力过大,
超过了规定的数量,这时就可以向邻近荒地殖民。如果邻近地区的人愿
意与乌托邦人合作共同开发,那么一切安然无事,大家都有利可图。如果
邻近地区的人自己不按照自然法的原则去很好地利用土地,同时又不让
按照自然法去利用土地的乌托邦人去开垦土地,这时,乌托邦人就可以用
战争去解决问题。(61)这种理论与后来的殖民理论如出一辙。由此观
之,搞清莫尔的乌托邦理论不是用理想、空想之辨就能解决问题,其中涉
及诸多由理想和现实的两难境地引起的复杂政治问题。

其二,建立与人的进步相一致的公民社会样式。近代西方的国家制
度等多半是从公民社会的环境中自下而上发育而成。按照莫尔的设计,
乌托邦是一个公民社会,每一个公民都必须遵守乌托邦的法律。乌托邦
社会有权继承的单位即家庭。每三十户每年选一名官员,称"摄护格朗
特"。然后再由"摄护格朗特"推举"总督"。(54—61)最后形成国家、家
庭和个体三者完美结合的公民社会。所以联系具体的公民社会内容来考

虑国家制度等是莫尔乌托邦理想政治的又一特点。其中涉及的公民社会内容有:官员选任问题、工作与社会保障问题、法律制裁与道德教育的关系问题、家庭伦理问题、工作与业余生活的关系问题,甚至还有不同城市之间的布局问题等,所有这一切都与现世的人关联在一起。与上述问题相对应,《乌托邦》中提出了如下设想。

1. 官员采取选任制(54—55),这是西方公民社会延续至今的政治内容。2. 人人劳动和6小时劳动制的设想(56),此设想在18世纪法国的乌托邦社会主义者那里得到进一步的发挥,且在一定程度上成为当今社会的普遍现象。3. 为年老无力工作的人建立社会保障(30),这种社会保障的观念在文艺复兴时期的欧洲已经超出了设想的层面,在现实社会中得到了许多贯彻,比如在意大利的威尼斯和伊丽莎白一世治理下的英国就有引人瞩目的相关政策措施等。4. 盗窃是生活所迫,关键不是惩罚,而要给予盗窃者谋生之道(18),这里涉及法律惩戒之效力和限度的问题对司法界不无启示意义。5. 在刑事处罚中莫尔提出"为公众服劳役"(27)以及法律不能让那些拒绝认罪、继续作恶的人占到任何便宜(28)的设想,人们不难看见这些设想在后来直至今天的司法界得到了广泛的采纳。6. 公民必须重视社会伦理道德如婚姻伦理道德等(88—89),不崇尚那些虚浮的荣誉(76);而要如上文所言使每个人成为有品行的公民,重视这些问题无疑对公民社会的稳定能起到积极的作用。7. 工作和业余爱好要兼顾(57),一方面从事体力劳动,另一方面要有充裕的时间去开拓人的精神自由(60);这些想法虽是人文主义理想的产物,但对后来工业社会发展与人的进步之关系具有根本性的指导意义。8. 还有各种细化的内容如各城市之间的布局要位置距离恰当、城市本身的建筑要注意美观(50—53)等。总之,上述内容不仅是对现实社会的思考,而且充分估计到实行的可能性。后来的文明发展和社会制度实践是最好的证明。

莫尔的乌托邦社会主义不可避免地带有想象、幻想等不切实际的一面，但乌托邦社会主义是历史的产物，更是一种与现实社会关系相关联的理想政治，其对未来社会的许多憧憬和设想都代表了社会进步的潮流。在全球化的今天，有些乌托邦社会主义的内容正在变成现实，有些内容则对现实社会的道德伦理等发生着强有力的影响。因此我们应当用新的视野对乌托邦社会主义，当然更有必要对科学社会主义内容加以全方位的认识。

读史札记

"人性反对神性"质疑 *

我国思想学术界在评述欧洲文艺复兴运动时长期流行着一个观点，即认为人文主义者持"人性反对神性"的立场。由于人文主义者的人神关系理论是整个人文主义思想体系的重要组成部分，故本文特就"人性反对神性"一说提出商榷如下。

我们不妨先检视一下在国内各种书籍中出现的"人性反对神性"提法。陈小川等人编著的《文艺复兴史纲》是一部颇具特色又较全面的专题教科书。该书认为人文主义者的人神观决定他们"在社会上广为宣传以人道反对神道，以人性反对神性的思想"[1]，类似说法在众多哲学教科书里亦天经地义般跃然纸上。如全增嘏主编的《西方哲学史》写道："人文主义者用'人道'来反对'神道'。"[2]其他像陈修斋、杨祖陶合编的《欧洲哲学史稿》[3]，冒从虎等编著的《欧洲哲学通史》[4]等无一不如是说。至于一般的大学世界通史教科书更不乏人云亦云者。周一良、吴于廑主编的《世界通史》可作为代表。该书"中古分册"明言："他们提倡人性以反

---

* 本文原载《历史教学问题》1997 年第 6 期。

[1] 陈小川等编著：《文艺复兴史纲》，中国人民大学出版社 1987 年版，第 51 页。

[2] 全增嘏主编：《西方哲学史》（上），上海人民出版社 1983 年版，第 355 页。

[3] 参见陈修斋、杨祖陶编：《欧洲哲学史稿》，湖北人民出版社 1983 年版，第 172 页。

[4] 参见冒从虎等编著：《欧洲哲学通史》（上），南开大学出版社 1985 年版，第 271 页。

对神性。"①其他例子不胜枚举。在辞典类书籍中也有大同小异者。如权威性的《中国大百科全书》(哲学卷)"文艺复兴时期人文主义者的伦理思想"条目这样定义:"这一时期人文主义者的……基本特点是以人道反对神道。"由此看来,"人性反对神性"已成了定评。

或许有些学者意识到直接提"人性反对神性"过于简单化,所以也想对此定评做些修正和补充。在朱寰主编的《世界中古史》中使用了较为婉转的"赞美'人性',贬抑'神性'"的提法,并补充说"他们多数人没有否认神的存在"。② 刘明翰主编的《中世纪史》先是说"他们还提倡'人道'以反对神道",接着提出"并不反对宗教和上帝也从未否定过基督教教义"。③ 但问题是上述作者都不愿抛弃"人性反对神性"的观点。只要这个大前提存在,那么所有补充说明不仅说明不了什么,反而会增添矛盾。到了朱寰主编《世界上古中古史》时就放弃了那些补充说明,而径直提"人性反对神性"。④

我国学术专著中对人文主义人神观作比较严肃深入思考的是张椿年《从信仰到理性——意大利人文主义研究》一书。作者用批判而又有几分隐晦的口吻指出:"在我国的一些史学论著中既有把一定时期内的宗教观或某个人文主义者的宗教观概括为一般,以偏概全的情况,也有把一个'反对'上升到另一个'反对'的情况。"⑤按照作者的观点,人文主义者对神的看法经历了三个阶段:上帝人情化、上帝保护幸福、上帝被排除在人间事务之外。⑥ 该书对人文主义者人神观复杂性的自觉意识表明我国文艺复兴史研究的深化。但"三阶段"尚有武断的嫌疑,特别是上帝被排除在人间事务之外的提法更欠妥当。再说没有明确对"人性反对神性"加以辨析,这又是一种理论缺憾。由此看来,弄清"人性反对神性"与

---

① 周一良、吴于廑主编:《世界通史》,人民出版社 1962 年版,第 216 页。
② 参见朱寰主编:《世界中古史》,吉林人民出版社 1981 年版,第 531、533 页。
③ 参见刘明翰主编:《中世纪史》,人民出版社 1986 年版,第 442 页。
④ 参见朱寰主编:《世界上古中古史》(下册),高等教育出版社 1986 年版,第 296 页。
⑤ 张椿年:《从信仰到理性——意大利人文主义研究》,浙江人民出版社 1993 年版,第 86 页。
⑥ 参见张椿年:《从信仰到理性——意大利人文主义研究》,第 85 页。

正确认识人文主义者的人神关系理论是相辅相成的两个方面。

为了更全面地分析"人性反对神性"一说和人文主义者的人神观,不妨看看欧美学者的说法。在欧美的文艺复兴研究著作和教科书中很少见到"人性反对神性"这样的用词。布克哈特《意大利文艺复兴时期的文化》一书是学术界公认的文艺复兴研究权威性著作。书中作者惊叹道:"一个奇怪的事实是,这个新文化的某些最热心的提倡者是最虔诚地敬上帝的人乃至是禁欲主义。"①"所有这些倾向的结果就是:佛罗伦萨的柏拉图学院有意识地以调和古代精神和基督教精神作为它的目标。这是那个时代的人文主义中一个引人注目的绿洲。"②也就是说,人文主义者既注重人性的因素又不忽视神性的内容;既讲究世俗的文化又不背弃基督教精神。布克哈特的这一思路得到了众多学者的响应。哈伊指出:"这几个世纪中知识领域里最明显的特征……是它本质上既是'世俗的',又是'天主教的'。"③《新编剑桥世界近代史》亦认为:"这种对于人类尊严的歌颂,并不意味着反对宗教……大多数人文主义者具有真正的宗教感情。"④这种双重立场决定了人文主义者不会提出类似"人性反对神性"的观点,或采取这种态度和立场。反过来说,人文主义者将以新的人学观来重新解释和融合人神关系。柯普立斯顿的多卷本《哲学史》是当今欧美通行的哲学史参考书,书中明确指出人文主义者没有将人和神分开。⑤ 著名文艺复兴思想史专家克利斯特勒在《意大利文艺复兴时期八个哲学家》一书中作如是概括:"人文主义者并不站在自己的立场上来反对宗教和神学;毋宁说,它创造了大量的与神学和宗教共存的世俗学问、文学和思想。"⑥至

---

① 布克哈特:《意大利文艺复兴时期的文化》,何新译,商务印书馆1979年版,第490页。
② 布克哈特:《意大利文艺复兴时期的文化》,第491页。
③ 哈伊:《意大利文艺复兴的历史背景》,李玉成译,生活·读书·新知三联书店1988年版,第36—37页。
④ 波特编:《新编剑桥世界近代史》(第1卷),中国社会科学院世界历史研究所组译,中国社会科学出版社1988年版,第136页。
⑤ 参见 S. J. Fredrick Copleston, *A History of Philosophy*, Vol. 3 Part 2, Image Books, 1993, p. 206。
⑥ 克利斯特勒:《意大利文艺复兴时期八个哲学家》,姚鹏、陶建平译,上海译文出版社1987年版,第193页。

于那些在我国流传比较广的欧美哲学史专著和教科书亦不乏上述观点。梯利的《西方哲学史》就谈到了人文主义者如何以《圣经》本身为权威从而与上帝互相沟通的思想情感。他说:"这同样独立的精神也显现在宗教中。个人扔掉教会的枷锁,要求以《圣经》和良知为准则。他拒绝承认他和上帝之间的人的中介,渴望亲自同他所信仰的对象发生神交。"①其他像罗素的《西方哲学史》、伯恩斯等编著的《世界文明史》等都注意到了人文主义者关于人性和神性相互交融的方面。这些似乎也已成定论。《美国哲学百科全书》的"人文主义"条目、《不列颠百科全书》的"文艺复兴"条目、《美国百科全书》的"文艺复兴"条目等都有大致相似的看法,即人文主义者既坚持人性又不排斥神性。《简明不列颠百科全书》"人文主义"条目可视为对上述辞典内容的浓缩:"更为适当的提法是,凡重视人与上帝的关系,人的自由意志和人对于自然界的优越性的态度,都是人文主义。"②即使是在苏联思想比较僵化的时期也很难在著述中发现"人性反对神性"的提法。由敦尼克等主编的多卷本《哲学史》是苏联较有影响的哲学史专著。该书在阐述文艺复兴时期的哲学思想史时着重指出了人文主义提倡个性、批判封建主义和教会权威,但避免谈人性反对神性之类的观点。③ 五卷本《辩证法史》中的《十四—十八世纪辩证法史》一书指出,人文主义者反对经院哲学将神和人、神和自然分开的二元论倾向,使神接近人,使神和人统一。④ 在其他苏联时期的艺术史类著作中(如《文艺复兴欧洲艺术》等)也少有"人性反对神性"一语。

以上分析表明,欧美学者对人文主义者人神观的看法与我国流行的"人性反对神性"理论可谓大相径庭。究竟谁是谁非,应由文艺复兴时代人文主义者及其著作本身来回答。

---

① 梯利:《西方哲学史》,葛力译,商务印书馆1975年版,第259页。
② 《简明不列颠百科全书》(6),中国大百科全书出版社1986年版,第761页。
③ 参见敦尼克等主编:《哲学史》,中共中央马克思恩格斯列宁斯大林著作编译局译,生活·读书·新知三联书店1958年版,第1卷第4章。
④ 奥伊利尔曼主编:《十四—十八世纪辩证法史》,钟宇人、朱成光等译,人民出版社1984年版,第35、51、52页。

　　1550 年意大利著名艺术史家瓦萨里在《意大利最优秀的绘画家、雕塑家和建筑家》一书中首次使用 rinascita 即"再生"一词（后来通用法语 renaissance），意指古希腊罗马辉煌的艺术曾随罗马帝国灭亡、基督教兴起而被湮没，至 13 世纪后又获新生。虽然"再生"这个词本身就是宗教用语，但给人们的感觉似乎是人文主义者跳过中世纪基督教思想文化而直接复苏古希腊罗马思想文化。事实上任何思想文化运动都不可能是突发现象，它与以前的传统思想文化必定有千丝万缕的联系。大概出于同一考虑，也随着学术研究的深化，后来有更多的哲学思想研究学者和文艺复兴史研究学者注意到文艺复兴与中世纪基督教思想文化有内在的关联性。文德尔班指出："没有一个时代像当时那样经历过如此众多、如此大胆、如此雄心勃勃的改革和图新。然而，如果我们仔细观察而不让自己受骗……那么表现得十分明显的是，整个多种形式的活动都在古代和中世纪传统的范围内进行着。"[1]哈斯金斯也认为 15 世纪的文艺复兴在 12—13 世纪时已经产生。[2] 我们不必全盘接受上述学者的观点，但对其中富于启示意义的地方不能视而不见，即文艺复兴运动及人文主义者的各种创作活动都不是抛开了基督教思想文化传统而进行的。就艺术创作而言，布鲁奈莱斯奇的建筑作品《佛罗伦萨育婴院》就是古罗马和中世纪建筑样式相结合的典范。[3] 这种样式之后被广泛采用。其他像众多以"圣母领报""基督受难"等宗教题材为创作内容的绘画、雕塑作品怎么能排除其中的宗教情感呢？就哲学、社会思想而言，斯宾诺莎视上帝、神为无限完满的实体，他说："神是一个被断定为具有一切或无限多属性的存在物，其中每一种属性在其自类中皆是无限圆满的。"[4]正因为如此，神在人文主义者的心目中就成了人的认识真理性的前提和最后确证力量。笛卡尔的理性主义对此做了独特说明。[5] 不

---

① 文德尔班：《哲学史教程》（下），罗达仁译，商务印书馆 1993 年版，第 474—475 页。
② 参见哈伊：《意大利文艺复兴的历史背景》，附录。
③ 参见朱伯雄主编：《世界美术史》，山东美术出版社 1990 年版，第 6 卷第 2 章。
④ 斯宾诺莎：《神、人及其幸福简论》，洪汉鼎、孙祖培译，商务印书馆 1987 年版，第 138 页。
⑤ 参见笛卡尔：《方法谈》，载北京大学哲学系外国哲学史教研室编译：《十六—十八世纪西欧各国哲学》，商务印书馆 1975 年版，第 150 页。

仅如此,神还是人类理想社会的规划者和引导者。莫尔在《乌托邦》一书里始终设定有一个最高的存在即神,并希望乌托邦人倾听基督的指引。① 安德里亚也通过《基督城》一书告诫人们,是上帝指点和规定着理想的"基督徒"的生活样式。② 也就是说,神是伦理道德中完善者的象征。按照欧洲思想文化的传统,现实中的人受七情六欲控制,总有不完善之处,故伦理道德标准中的完善者只能认定为超出人之上的神。不过在人文主义者看来,神并不脱离人。设定神是为了提升人性、完善人性。培根说:"人也是这样,当他信赖神灵底保护及恩惠,并以之自励的时候,就能聚积一种力量和信心来,人性所赖以自拔于人类底弱点的助力。"③

当然,人文主义者不反对神性,并不意味着其神学观、人神关系理论是中世纪的。人文主义者是以人为中心,重新审视神,重新确立神的地位,重新揭示神的内涵。人文主义者的人神关系理论是将基督教经院哲学体系中被排除在真实世界之外的人,重新确认其真实存在的,乃至中心的地位。或者说是人在呼唤神而不是以往的神超出人;是人性和神性的统一而不是以往的神性贬抑人性。因此人文主义者的人神观和中世纪基督教经院哲学的神人观之间是批判的继承、批判的更新。人文主义者反对经院哲学家用肯定性命题证明上帝存在的认识方法④,主张神仅仅是信仰的对象。这就对神的存在特性和地位做了新的限定。反过来说,文艺复兴时代的人文主义者也没有充足的理论依据去否定神、反对神。

综上所述,说人文主义者用人性反对神性,这显然不符合历史和思想史的事实。笔者以为,在今后论及人文主义者的人神观时能否用"以人为中心的人神统一"来取代"人性反对神性"的传统说法。以上为一管之见,望同仁指正。

① 参见莫尔:《乌托邦》,戴镏龄译,商务印书馆1982年版,第104页。
② 参见安德里亚:《基督城》,黄宗汉译,商务印书馆1991年版,第110页。
③ 培根:《培根论说文集》,水天同译,商务印书馆1983年版,第60页。
④ 参见库萨的尼古拉:《论有学识的无知》,尹大贻、朱新民译,商务印书馆1988年版,第56—57页。

第二编
文艺复兴史研究领域的拓荒者

本编由四篇论文组成。主要论述文艺复兴史研究领域三位学术拓荒者即皮尼奥蒂、布克哈特、西蒙兹的研究成果。以拓荒名之,意在强调他们的研究在理念、方法、内容择取等方面的开创性地位。

第一篇着重梳理意大利诗人历史学家皮尼奥蒂尚不太为人所知的学术研究成果。"新雅典"概念是贯穿皮尼奥蒂代表作《托斯卡纳史》的灵魂,意在表明古希腊雅典是那个时代及之后西方文化发展的源流,而佛罗伦萨及托斯卡纳则接续这个源流,成为近代意大利学问复兴时代及近代西方文化史进程的中心。第二篇评介布克哈特这位广为人知的学者在其《意大利文艺复兴时期的文化》等著述中的某些重要观点。布克哈特强调文化是个性、精神的表达,文化是构成历史进步的重要元素,意大利文艺复兴时期文化的独特性及其繁荣局面就是民族精神的一种体现。第三、四两篇则比较详细地研究了英国诗人历史学家西蒙兹的生平及其文化史创作状况。西蒙兹是一位有性倒错倾向的文人,他的人生和所有的文化创作都试图传达性格与文化的互动关系。对西蒙兹的研究大致反映了笔者目前的学术水准。因为这位学者在国内学术界还比较生疏,故笔者着墨较多,以引起关注。

1

一部沉寂两个世纪的文艺复兴史研究拓荒之作

——皮尼奥蒂《托斯卡纳史》评介*

19 世纪的西方史学界有多部广为人知的意大利文艺复兴史研究著作。学人在津津乐道于布克哈特《文艺复兴时期的意大利文化》、西蒙兹《意大利文艺复兴》时,对意大利历史学家皮尼奥蒂的《托斯卡纳史》则未必了然于胸。为了深化文艺复兴史学术研究,也为了更全面地把握史学界在此领域的研究脉络,有必要就皮尼奥蒂其人、其著等做一整体性的批判研究。

一、 发问文艺复兴史研究领域拓荒之作的学术命运

200 年前,意大利历史学家洛伦佐 · 皮尼奥蒂(Lorenzo Pignotti, 1739—1812)向学界奉献了一部近百万字的巨著《托斯卡纳史及科学、文

---

* 本文原载《史学理论研究》2018 年第 4 期。

学、艺术自发端到复兴的各种论述》(以下简称《托斯卡纳史》)①。它比公认的文艺复兴研究奠基之作即布克哈特的《意大利文艺复兴时期的文化》②还要早半个世纪问世。皮尼奥蒂大半人生都花在此书的写作上,直到晚年仍逐字逐句完善文稿。因此,《托斯卡纳史》是皮尼奥蒂人生、学识的结晶。1823 年,该书英文版与读者见面。③ 从学术生涯的整个过程看,皮尼奥蒂应属 18 世纪的历史学家。他生于意大利托斯卡纳地区阿诺河上游的富裕小镇费蓝。后在比萨、佛罗伦萨等地的著名学府求学。皮尼奥蒂的知识涉猎面甚广,在医学、哲学、文学、史学等方面多有建树。1774年,皮尼奥蒂继担任佛罗伦萨高等学院自然哲学学部主任一职后,又担任比萨大学自然哲学学部主任职务。1807 年,他获得托斯卡纳学界的最高荣誉即被任命为皇家比萨大学的总监。④ 皮尼奥蒂在政治上倾向共和政体,在人文意识上崇尚自由精神。上述思想立场和学养使皮尼奥蒂成为研究文艺复兴时期那段历史的恰当人选。

　　文艺复兴史研究离不开对三部分核心历史内容即学问复兴史、佛罗

① 该书 1813 年出版,总共 5 卷。笔者使用的版本是:Lorenzo Pignotti, *Storia Della Toscana, Sino Al Principato Con Diversi Saggi Sulle Scienze, Lettere E Arti*, Niccolo Capurro, 1815,以 5 卷 10 册的形式呈现。

② J. Burckhardt, *Die Kultur der Renaissance in Italien: Ein Versuch*, E. A. Seemann, 1869. 初版于 1860 年,1869 年版是布克哈特亲自修改的最后定稿。

③ 由长期居住在意大利的英国学者勃朗宁译成英文出版,Lorenzo Pignotti, *The History of Tuscany, Interspersed with Essays by Lorenzo Pignotti*, tr. and with the Life of the Author by John Browning, Young, Black, and Young, 1823。(本文引用 1823 年版时简称 *The History of Tuscany*。)1826 年出第 2 版:*The History of Tuscany, from the Earliest Era; Comprising an Account of the Revival of Letters, Science, and Arts, Interspersed with Essays on Important Literary and Historical Subjects; Including Memoirs of the Family of the Medici*, tr. by John Browning, Young, Black, and Young, 1826。此英文版副标题中的"美第奇家族回忆录"是由英译者添加的。但这不是随意的添加,皮尼奥蒂全书用很大的篇幅描述美第奇家族的历史境况,尤其是第 3 卷的核心内容就是叙述美第奇家族的历史。

④ 详细情况参见皮尼奥蒂《托斯卡纳史》第 1 卷英译者的"皮尼奥蒂小传"(J. Browning, *The Life of the Author*, from L. Pignotti, *The History of Tuscany*, Vol. I, pp. l‐li)。

伦萨史及美第奇家族史的梳理和评析。皮尼奥蒂《托斯卡纳史》整部著作围绕一个中心即托斯卡纳如何成为近代早期意大利文化的源流展开,并辅之以两条线索即文化的线索(包括语言的形成、学问的复兴等)与美第奇家族史的线索(包括美第奇家族重要成员之内政外交手段以及对文学艺术繁荣的促进作用等)。与先前相关的历史著作相比,《托斯卡纳史》在处理上述三部分核心历史内容时的文化视野、编撰体例、书写方式等均有不同程度的建树,并给史学界同仁留下诸多值得进一步反思的因素。

一个令人费解的现象是,在近代西方史学史研究领域很少有学者提及皮尼奥蒂的《托斯卡纳史》。① 以 19 世纪为例,纳皮尔②、特劳罗佩③、维拉利④等重要历史学家笔下的佛罗伦萨史著作均未重视皮尼奥蒂的研究状况,更谈不上采纳皮尼奥蒂的学术成果。到了 20 世纪,上述境况依然如故。⑤ 上文提及皮尼奥蒂《托斯卡纳史》的线索之一是叙述当时意大利学问复兴(revival of learning)⑥即通常狭隘意义上的文艺复兴历史内容。那么检点相关领域的学术回响又如何呢? 结果同样令人失望。涉及那个

---

① 如古奇《十九世纪历史学与历史学家》(耿淡如译,商务印书馆 1989 年版)、汤普森《历史著作史》(孙秉莹、谢德风译,商务印书馆 1992 年版)等均未提及。

② H. E. Napier, *Florentine History, from the Earliest Authentic Records to the Accession of Ferdinand the Third, Grand Duke of Tuscany*, 6 Vols., Edward Moxon, 1846. 纳皮尔在著作中只提了一次皮尼奥蒂的名字,参见该书第 1 卷,第 50 页。

③ T. A. Trollope, *A History of the Commonwealth of Florence, from the Earliest Independence of the Commune to the Fall of the Republic in 1531*, 4 Vols., Chapman and Hall, 1865.

④ P. Villari, *The Two First Centuries of Florentine History: The Republic and Parties at the Time of Dante*, 2 Vols., T. Fisher Unwin, 1894.

⑤ 参见贝克尔《转型期的佛罗伦萨》(M. B. Becker, *Florence in Transition*, 2 Vols., The Johns Hopkins Press, 1967, 1968)、黑尔《佛罗伦萨与美第奇》(J. Hale, *Florence and Medici*, Phoenix Press, 2001)等著作的文献部分。

⑥ 《托斯卡纳史》第 2 卷有专门的"学问复兴"(Revival of Learning)章节。

时代文化状况的诸多权威性文艺复兴史研究著作几乎不谈皮尼奥蒂的著作。① 那么是因为皮尼奥蒂的著作没有贴 renaissance 这个文艺复兴研究领域通用的概念标签吗？文艺复兴的基本含义就是指古典学问的再生。翻开《托斯卡纳史》的版权页和扉页,其副标题就涉及"再生"(revival)的意思。后来西蒙兹《意大利文艺复兴》②第 2 卷的标题也用了"学问复兴"一词。另外,皮尼奥蒂的著作虽然没有贴不久便流行起来的 renaissance 标签,但其书中涉及学问复兴内容时则用意大利语 rinascimento(复兴)③概念来详述相关史实。rinascimento 概念源于文艺复兴时期对学问复兴的用语。当然在皮尼奥蒂的时代,甚至在今天,renaissance 与 18—19 世纪的 rinascimento 两个概念间还是有一定区别的。但就还原历史情境而言,严肃的文艺复兴史研究者更应当关注类似皮尼奥蒂著作中的用法。总之,要搞清楚上述不予理会的学术缘由,唯一的办法就是细细品读皮尼奥蒂的近百万字巨著,然后做出应有的反馈。

二、 富于独创性的文艺复兴史编撰体例与研究理念

研读皮尼奥蒂著作后,不难发现其中的史学创新性因素。

1. 新的编史体例:"编年-文化主线"合体

从表面上看,皮尼奥蒂沿袭并维护着古希腊罗马就已流行且在文艺复兴时期得到进一步发挥的编年体传统。但与以往不同的是皮尼奥蒂探

---

① 20 世纪文艺复兴史通论性的巨著《文艺复兴时代》(*The Age of the Renaissance*, ed. by D. Hay, Thames & Hudson, 1967)便是其中一例;另参见 P. Burke, *The Italian Renaissance: Culture and Society in Italy*, Polity Press, 1987;加林:《意大利人文主义》,李玉成译,生活·读书·新知三联书店 1998 年版;等等。

② J. A. Symonds, *Renaissance in Italy*, 7 Vols., Smith, Elder & Co. 1875 – 1886.

③ 意大利版第 4 卷有专论"科学、文学及艺术的复兴"(Rinascimento Delle Scienze, Lettere E Arti),参见 Tomo Quarto, pp. 94 – 237。

索以编年体叙事的形式并穿插文化的主线来呈现托斯卡纳（包括佛罗伦萨）、学问复兴及美第奇家族的历史等。这里的关键是如何看待文化史的内容。文艺复兴时期各种关于佛罗伦萨史的编年体著作并非不提及那些文化名人，如维拉尼的《佛罗伦萨编年史》就有专门论述诗人但丁的内容。[①] 但总体上看，文化史的内容不是主线，或者说维拉尼（当然还得算上马基雅维里和圭恰迪尼各自所撰写的编年体《佛罗伦萨史》等著作）最为欠缺之处是未将文化的因素有机地融合进去，这无疑影响到对佛罗伦萨历史地位演变线索之钩稽。皮尼奥蒂试图表达这样一种历史观点，即托斯卡纳的各种学问的复兴及其繁荣与托斯卡纳的历史地位上升之间存在着内在的关系。从 19 世纪西方涉及文艺复兴内容的编年体史学著作撰写情况看，未曾出现类似皮尼奥蒂以编年史为基本框架并糅合文化史主线的研究体例，包括上面提到的纳皮尔《佛罗伦萨史》、特劳罗佩《佛罗伦萨共和国史》等著作。在 20 世纪的史学领域，海耶特与谢维尔的著作[②]试图在"编年-文化主线"合体方面做些探索。谢维尔开始加入一些文艺复兴史研究的当代概念，并在专题研究方面下了不少功夫。海耶特则对佛罗伦萨的历史梳理得比较清晰，并尝试在佛罗伦萨史的撰写方面加入许多文化史的内容。但与皮尼奥蒂的著作相比，两者所缺乏的仍是文化史方面能够穿引全书并提升全书质地的总框架。确实，文艺复兴史研究在融通编年与文化主线关系方面会遇到各种两难的棘手问题。离开编年的文化主题探讨会丧失历史的厚度，而离开文化中心线索的史实罗列又

---

① *Selections from the First Nine Books of the Croniche Fiorentine of Giovanni Villani, Translated for the Use of Students of Dante and Others by Rose E. Selfe*, ed. by Philip H. Wicksteed, M. A., Book IX, Sections 136.

② 海耶特《佛罗伦萨：它的历史与艺术》（F. A. Hyett, *Florence: Her History and Art to the Fall of the Republic*, Methuen & Co., 1903）；谢维尔《中世纪与文艺复兴时期的佛罗伦萨》（F. Schevill, *Medieval and Renaissance Florence*, 2 Vols., Harper & Row Publishers, 1963）。

会导致见木不见林现象的发生。皮尼奥蒂的创作方法恰恰在上述两个方面找到了一个平衡点。皮尼奥蒂在著作中将文化史的内容以"论说"（essay）的形式分布在4卷的各个恰当位置上。① 它们就像一个个网结将托斯卡纳历史上的文化状况与其他史实串联起来，使全书纲举目张。这可以视为体例上的创新。

2. 与创新体例对应的文化史观

说到底，编撰体例是历史观在历史方法上的体现。皮尼奥蒂的文化史观强调从历史的过程来看待文化所具有的优先地位、作用等。皮尼奥蒂认为，历史（包括文化史）与自然界的规律一样都有一个漫长的演变过程，都要经历春夏秋冬、新陈代谢的发展周期。皮尼奥蒂指出："人间事物（包括物质的和道德的）的命运都有一个从幼年、青年、壮年再到老年的周期发展过程，即使是艺术、文学都不例外，它们会达到优美的顶峰，其限度就是看能否被超越，或者是否朝下走了。"② 这个看似简单的文化史与自然现象的比拟其实不乏深意。在西方史学史上，历史学家通过自然现象来引申史观，这古已有之，近代以来也不乏其例。关键是不同的历史学家在运用自然现象进行历史比喻时的侧重点不同，由此引申出的史观亦各有亮点。在18世纪的西方史学领域，像皮尼奥蒂那样将自然现象与文化现象结合起来进行历史分析，并试图找寻近代早期意大利从学问复兴到文化衰退的发展规律，这并不多见。《托斯卡纳史》是上述文化史观的完

---

① 相关"论说"包括：第1卷中的"论中世纪时代的战争技艺"和"论说 I-意大利语的起源与演变"（Essay on the Art of War in the Lower Ages; Essay I-Upon the Origin and Progress of the Italian Language）；第2卷中的"论说 II-论学问的复兴"（Essay II-Upon the Revival of Learning）；第3卷中的"论说 III-托斯卡纳的商业"（Essay III-Tuscan Commerce）；第4卷中的"论说 IV-15世纪末至16世纪初的科学、文学与艺术状况"（Essay IV-State of Science, Literature and Arts, at the end of the Fifteenth and Beginning of the Sixteenth Centuries）；等等。

② L. Pignotti, *The History of Tuscany*, Vol. II, p. 82.

整诠释。不过皮尼奥蒂将阐释的重点放在佛罗伦萨作为文化中心的形成和演变过程,大致包括希腊古典文化在托斯卡纳地区的历史积淀、佛罗伦萨与其他城邦的文化交流与竞争、但丁等文化巨擘的天赋和创造力、学问复兴的繁荣局面等等。至于佛罗伦萨文化中心地位的逐渐消退问题,皮尼奥蒂则比较关注其中文化创造力下降的主观因素。

3. 融历史批判意识于叙事之中的书写方式

皮尼奥蒂对当时托斯卡纳学问复兴的文化现象及相关社会现象并非一味赞扬,而是以历史批判的目光审视之。同时,《托斯卡纳史》在表达批判意识及相关史观时多采用寓论于史的方法。例如作者通过叙述 1530 年左右帝国军队入侵时佛罗伦萨青年人如何动员起来为自由而战的场景①,让读者自己在阅读过程中体验共和自由立场。这种相对审慎的历史书写方式与皮尼奥蒂所秉持的历史客观主义态度有关。皮尼奥蒂比较在意史家的看法与历史事实之间的距离问题。在皮尼奥蒂看来,后人的评论与曾经发生的历史事件之间存在着许多不相对应的状况。例如后人称呼科西莫·德·美第奇为“祖国之父”,事实上这种称呼掩盖了当年科西莫·德·美第奇操纵佛罗伦萨政局的各种排他性手段。② 为此皮尼奥蒂在叙述科西莫·德·美第奇从外乡返回佛罗伦萨事件时没有做过多的渲染,只是借他人之口来表示对“祖国之父”科西莫的态度。③ 总之,批判与叙事有机结合的书写方式为《托斯卡纳史》的创新之点刻上严谨、客观等印记,使原本思想性较为浓厚的文化史内容能够在信史的光环下传递给读者。

---

① L. Pignotti, *The History of Tuscany*, Vol. IV, p. 173.
② L. Pignotti, *The History of Tuscany*, Vol. III, p. 77.
③ L. Pignotti, *The History of Tuscany*, Vol. III, p. 73.

三、"新雅典"名下的学术亮点

"新雅典"一名究竟由谁最先在历史著作中提出,这尚待考证。至少到了19世纪,西方史学界将古代雅典与近代佛罗伦萨对比已屡见不鲜。[①]但作为穿引全书的概念,作为一种独特史观和体系下的新雅典概念运用则不能不首先提皮尼奥蒂在《托斯卡纳史》中的阐释。按照皮尼奥蒂的观点,意大利经历3个辉煌的时期:第一个时期主要是希腊文化在托斯卡纳的积淀;第二个时期是奥古斯都年代;第三个时期就是托斯卡纳的学问复兴年代,其中佛罗伦萨作为"新雅典"以其光辉照亮整个欧洲。[②] 可见,皮尼奥蒂笔下的新雅典概念更注重文化的源流。按照作者的想法,古代的雅典铸造成后来的西方文明,近代的雅典同样是近代以来西方文化的发源地。皮尼奥蒂需要阐述清楚这种新文化的主要内容和特征,而托斯卡纳是分析新雅典的恰当范围。皮尼奥蒂在阐述时的基本构想是:新雅典的确立主要得益于商业、政治和文化的综合实力,其中新的文化起到了关键作用。这种新文化是城邦生活的需要,也是文学艺术巨擘天赋的体现。具体而言,皮尼奥蒂"新雅典"概念有如下学术亮点。

1. 立足托斯卡纳,放眼意大利和欧洲,再现新雅典的历程

究竟是立足托斯卡纳看佛罗伦萨,还是以佛罗伦萨为中心带过托斯

---

① 特劳罗佩在处理历史资料时将雅典与佛罗伦萨做比较,参见 T. A. Trollope, *A History of the Commonwealth of Florence*, Vol. I, p. 7。另见 H. E. Napier, *Florentine History: From the Earliest Authentic Records to the Accession of Ferdinand the Third, Grand Duke of Tuscany*, Vol. I, p. IX。西蒙兹则在《意大利文艺复兴》第1卷就古代雅典和近代佛罗伦萨的政治、文化等做精辟的比较分析,参见 J. A. Symonds, *Renaissance in Italy*, Vol. I "The Age of the Despots", Smith, Elder & Co., 1898, pp. 185–186。

② L. Pignotti, *The History of Tuscany*, Vol. II, p. 80.

卡纳,这两者之间区别很大。从史学史的发展状况看,皮尼奥蒂的托斯卡纳视野要比其他佛罗伦萨史撰写者的视野更为宽阔。在历史上,希腊文化不是向佛罗伦萨一个城邦国家渗透,而是向整个托斯卡纳地区,甚至意大利的扩散。皮尼奥蒂在著作中比较妥善地处理托斯卡纳各城邦国家应有的历史地位。皮尼奥蒂使学人理解,佛罗伦萨的优势不是一个城邦的优势,而是托斯卡纳的优势。历史上刚走出中世纪的托斯卡纳逐渐形成比萨、锡耶纳、卢卡、佛罗伦萨等城邦中心,作为新雅典的佛罗伦萨是融合了比萨、卢卡、锡耶纳等托斯卡纳地区各城邦的因素而成。尤其是没有比萨的成就,佛罗伦萨的辉煌亦不成气候。在托斯卡纳近代早期的历史上,比萨之所以在托斯卡纳地区首先脱颖而出,这与其率先脱离封建体制有直接的关系。① 总体上看,美第奇家族统治下的佛罗伦萨懂得如何开掘和发挥包括比萨大学在内的教育优势。② 后来大洛伦佐将佛罗伦萨的高等学院迁往比萨,由此可见一斑。至于比萨大学的起起落落、佛罗伦萨与比萨大学的关系、佛罗伦萨与周边地区教育状况的关系等,皮尼奥蒂均做了比较细致的叙述。凡此等等,皮尼奥蒂比较客观地向读者展示佛罗伦萨最终成为托斯卡纳中心的历史过程,也使人看到佛罗伦萨这个新雅典兴起的各种合力:佛罗伦萨成为商业贸易的中心,佛罗伦萨成为意大利举足轻重的政治平衡因素,美第奇家族势力在意大利渗透,等等。显然,这些合力并不局限在托斯卡纳。皮尼奥蒂在行文中始终以托斯卡纳为一个聚焦点来透视整个意大利,并注意意大利的因素(包括精神层面的因素)对托斯卡纳的作用力。其中特别注意到有一种文化的力量如意大利天赋

---

① L. Pignotti, *The History of Tuscany*, Vol. I, p. 270.
② L. Pignotti, *The History of Tuscany*, Vol. IV, pp. 233 - 237.

（genius）的刺激力量。① 又考虑到意大利的地理环境，皮尼奥蒂将新雅典的历史发展过程与整个国际环境紧紧关联在一起，即从国际环境来反观意大利、托斯卡纳、佛罗伦萨的各种历史现象。例如在看待托斯卡纳的诗歌发展时，皮尼奥蒂尤其注意普鲁旺斯诗人及其诗歌创作对意大利，进而对托斯卡纳的影响。② 在上述以托斯卡纳为支点的国际视野下，皮尼奥蒂更有说服力地将历史上新雅典中心的佛罗伦萨地位凸显出来，即就国际关系层面的合力而言，佛罗伦萨作为新雅典的中心地位是通过与国际社会的各种竞争，通过学问复兴的国际交流过程逐步确立的。

2. 强调学问复兴的历史积淀因素和历史演变进程

皮尼奥蒂在新雅典概念下对托斯卡纳地区学问复兴的进程做了全方位的梳理，尤其关注其中的文化积淀和演变。《托斯卡纳史》4 卷的重点是后 3 卷，即我们通常所说的文艺复兴时期的托斯卡纳史。第 1 卷论述学问复兴的历史底蕴以及在中世纪慢慢崛起的各种因素。皮尼奥蒂的基本观点是：托斯卡纳从古代起就与希腊文化有联系，并就伊特拉里亚语与希腊语之间的关系做了研究。③ 到了罗马时代和中世纪这种联系又有发展，比萨大学是其中的桥梁。再则，托斯卡纳在近代意大利语形成中具有不可替代的地位，其中提到托斯卡纳语经过但丁、薄伽丘等学者的创作成果，从而成为一种学问性的语言、一种可以用来写作的语言。④ 比较而言，皮尼奥蒂更看重薄伽丘作品在语言创造中的作用。⑤ 正是在众多学者的努力下，一种在意大利具有扩散力的托斯卡纳语逐渐形成。在中世纪被

---

① L. Pignotti, *The History of Tuscany*, Vol. II, p. 87.

② L. Pignotti, *The History of Tuscany*, Vol. II, p. 137.

③ L. Pignotti, *The History of Tuscany*, Vol. I, p. 67.

④ L. Pignotti, *The History of Tuscany*, Vol. I, p. 253.

⑤ L. Pignotti, *The History of Tuscany*, Vol. II, p. 199.

视为第一部用意大利语写成的《马拉斯皮纳〈历史〉》(*History of Ricordano Malaspina*)中，由托斯卡纳语记载的文件成为史实的主要来源。[1] 如此语言优势累积过程为以后学问复兴和文化繁荣奠定了基础。第2卷主要涉及学问复兴的问题以及佛罗伦萨、比萨、锡耶纳等的地位变迁。也正是从第2卷起，该书的研究内容与我们学术界通常讲的文艺复兴史十分贴近，其中意大利文版第3卷"论说 II"的标题是"科学与文学的复兴"(*Del Rinascimento delle Scienze e Lettere-Saggio Secondo*)。[2] 皮尼奥蒂在论述学问复兴时将法学和医学的复兴放在首要地位进行叙述、评析。同时比较注重自然科学方面的内容，为此还特别提到当时亚里士多德著作的影响。[3] 这些均符合文艺复兴时期的实际历史情况。一般而言，学问的复兴离不开大学的教育，而中世纪大学对神学、法学、医学等尤为重视，并授予相应的博士学位。特别是法学和医学的发展与市民社会的实际需求关系密切。所以将法学、医学作为起点认识当时佛罗伦萨、托斯卡纳乃至整个意大利的学问复兴过程不失为回归历史的研究态度。第3卷主要叙述美第奇家族与佛罗伦萨成为新雅典中心地位的历史。其中在描述美第奇家族成员如科西莫、大洛伦佐等的性格特征时提及他们对文学艺术的保护、促进作用。此外作者还论及手工业、贸易等在新雅典地位中的作用，并辟

---

① L. Pignotti, *The History of Tuscany*, Vol. I, p. 250. 详细的语言变迁情况可参见 L. Pignotti, *The History of Tuscany*, Vol. I, "Essay I-Upon the Origin and Progress of the Italian Language"。

② 参见意大利文版第 4 册(Tomo Quarto)，第 93—237 页。英文版第 2 卷的相应翻译为 "Essay II-Upon the Revival of Learning"。需要指出的是，即使到了今天，对皮尼奥蒂的 Rinascimento 一词进行英译，也只能使用 revival，尽管今天的意大利语 Rinascimento 已经有了与 Renaissance 对等的意思。

③ L. Pignotti, *The History of Tuscany*, Vol. II, p. 119.

专章论之。① 第 4 卷的主体是与新雅典全盛时期相关的科学、文学、艺术等创作情况。② 至此,皮尼奥蒂所谓的新雅典历史由文化史穿引的托斯卡纳地区史画上句号。

3. 站在托斯卡纳文化土壤上重新审视美第奇家族的历史作用

就单独的美第奇家族史这一主题而言,在皮尼奥蒂的时代已经有威廉·罗斯科的《大洛伦佐传》和《利奥十世传》③以及少数几本有分量的美第奇家族评传、回忆录等。④ 皮尼奥蒂的许多观点、想法(如对佛罗伦萨城邦特点的认识等)未必独一无二,纳皮尔的著作在谈及佛罗伦萨时亦提及诸如和平、贸易、独立、自由等观点。⑤ 特别是大洛伦佐对当时国际、国内局势掌控问题方面的认识,也是学术界、思想界普遍关注的现象。那么皮尼奥蒂笔下的美第奇家族史有何亮点呢? 这里仍需要回到皮尼奥蒂的托斯卡纳视野。皮尼奥蒂在第 3 卷中对美第奇家族的治国之道加以详细的叙述,但这些叙述只是一个铺垫,作者对美第奇家族史的整个叙述都放在托斯卡纳的文化背景下展开。作为一名注重史实的历史学家,皮尼奥蒂不时用婉转的笔触提醒人们,不能对美第奇家族的作用过分渲染。从

---

① L. Pignotti, *The History of Tuscany*, Vol. III, "Essay III-Tuscan Commerce". 在这部分内容中,皮尼奥蒂就佛罗伦萨手工业、贸易等的历史做了详细论述。

② 英文版这方面的内容大概占第 4 卷的一半左右,相当于意大利文版的整个第 10 册。

③ W. Roscoe, *The Life of Lorenzo de Medici, called the Magnificent, with the Poesie del Magnifico*, J. M'Creery, J. Edwards, 1795; W. Roscoe, *The Life and Pontificate of Leo the Tenth*, two vols., David Bogue, 1846.

④ 荷兰学者滕豪夫《美第奇家族回忆录》(M. Tenhove, *Memoirs of the House of Medici: From Its Origin to the Death of Francesco, the Second Grand Duke of Tuscany*, G, G. and J. Robinson, 1797)、英国学者诺布尔《显赫的美第奇家族回忆录》(M. Noble, *Memoirs of the Illustrious House of Medici: From Giovani, the Founder of Their Greatness, Who Died in the Year 1428, to the Death of Giovani-Gaston, the Last Grand Duke of Tuscany, in 1737*, T. Cadell, Jun. and W. Davies, 1797)等。

⑤ H. E. Napier, *Florentine History: From the Earliest Authentic Records to the Accession of Ferdinand the Third, Grand Duke of Tuscany*, Vol. II, p. 531.

历史的角度看,佛罗伦萨、托斯卡纳对文学艺术的重视早已形成气候,只是在大洛伦佐等的推动下才迎来文化的美第奇时代。① 又例如薄伽丘去世后至美第奇家族的科西莫回佛罗伦萨前,托斯卡纳地区有许多值得一提的文人在进行富有成果的文化创作活动,如萨卢塔蒂、布鲁尼、曼内蒂等。在这方面,皮尼奥蒂还修正、补充了罗斯科《大洛伦佐传》中的一些观点。② 皮尼奥蒂真正想说的是如果没有托斯卡纳的文化底蕴,即使美第奇家族有何雄才大略,新雅典的地位也不会形成。也就是说托斯卡纳的文化土壤是必要条件。当然美第奇家族的政治、文化等建树也是新雅典地位形成的条件之一。皮尼奥蒂就提到大洛伦佐身上文人雅士的一面,还指出其善用人才从事文化教育事业,由此奠定新雅典的基础。③ 但所有这些都是充分条件。皮尼奥蒂在著作中始终把握住托斯卡纳文化与美第奇家族两者之间的主次关系。从根本上讲,是历史过程中文化的活力使新雅典赢得意大利乃至欧洲范围的声誉。

四、学术拓荒结硕果

上文提到,学术界对皮尼奥蒂的《托斯卡纳史》和学术成果少有论及。但通过比较分析不难发现,皮尼奥蒂的历史研究与后来的文艺复兴研究之间的关联和承继关系。试分析如下。

1. 基本概念的延续

这里主要就皮尼奥蒂与西蒙兹各自著作中的概念使用情况进行比

① L. Pignotti, *The History of Tuscany*, Vol. IV, p. 229.
② 参见 L. Pignotti, *The History of Tuscany*, Vol. IV, pp. 229–230, note。在这个长注里,皮尼奥蒂质疑罗斯科过分地将学问复兴内容堆积到美第奇家族的做法。认为在运用托斯卡纳语的复兴方面确实应当更多地提及美第奇家族的功劳,但佛罗伦萨各种样式的学问复兴一直在进行之中,不是事事都关联到美第奇家族。
③ L. Pignotti, *The History of Tuscany*, Vol. IV, pp. 234–237.

较。在一些文艺复兴史研究的基本概念方面,西蒙兹《意大利文艺复兴》中的诸多概念与《托斯卡纳史》中的相关概念之间存在着藕断丝连的关系。试举几例:其一,暴君(tyrant,despot)概念。皮尼奥蒂在书中多次提到暴君概念,并指出暴君无视人的尊严。① 西蒙兹则直接将《意大利文艺复兴》第1卷的标题命名为"暴君的时代"(The Age of the Despots),在对暴君的评议中就包含恐怖性局面的意思。② 其二,"意大利人的天赋"(Italian genius)概念。皮尼奥蒂认为意大利人的天赋也有一个从无知起步的阶段,但它具有自身独特的力量③,例如但丁那种崇高天赋所具有的力量等④。皮尼奥蒂又认为,像但丁、达·芬奇、米开朗基罗等的创作都是创新的、大胆的、宏大的,并无法仿制。⑤ 西蒙兹同样认为文学巨擘的作品无法替代。⑥ 因此像米开朗基罗的作品也是独特的,只有了解其个性才能把握其作品的底蕴。⑦ 其三,"三杰"(triumvirate)概念。皮尼奥蒂将但丁、彼特拉克、薄伽丘视为托斯卡纳、意大利文化的奠基者,并称其为"三杰"。⑧ 西蒙兹则在著作中以"三杰"为题并用整整一章评述三位巨擘的成就。⑨ 其四,"佛罗伦萨与雅典"(Florence and Athens)比较。皮尼奥蒂在《托斯卡纳史》中明言"佛罗伦萨是新雅典"(Florence a new Athens)。⑩

---

① L. Pignotti, *The History of Tuscany*, Vol. II, p. 370.

② J. A. Symonds, *Renaissance in Italy*, Vol. I "The Age of the Despots", Smith, Elder & Co., 1898, p. 92.

③ L. Pignotti, *The History of Tuscany*, Vol. II, p. 87.

④ L. Pignotti, *The History of Tuscany*, Vol. II, p. 162.

⑤ L. Pignotti, *The History of Tuscany*, Vol. II, pp. 160 - 161.

⑥ J. A. Symonds, *Giovanni Boccaccio: As Man and Author*, John C. Nimmo, 1895, pp. 2 - 3.

⑦ J. A. Symonds, *The Life of Michelangelo Buonarroti: Based on Studies in the Archives of the Buonarroti Family at Florence*, Vol. I, Charles Scribner's Sons, 1893, p. XX.

⑧ L. Pignotti, *The History of Tuscany*, Vol. II, p. 204.

⑨ J. A. Symonds, *Renaissance in Italy*, Vol. II "The Revival of Learning", Smith, Elder & Co., 1898, Chapter II "triumvirate".

⑩ L. Pignotti, *The History of Tuscany*, Vol. II, p. 80.

西蒙兹将佛罗伦萨与雅典的关系比作月亮借助太阳之光的关系,如果说古代雅典是黄金时代,那么佛罗伦萨的复兴则是白银时代。① 如此等等。

2. 文化史编撰体例的承继与创新

皮尼奥蒂之后的文艺复兴史研究除继续看重文化史的内容外,在编撰体例上又有诸多创新。大致有三种情况:第一,皮尼奥蒂体例的扩展。这里特别要提及与佛罗伦萨三足鼎立的另两个城邦即威尼斯与罗马的历史撰写情况,其中的代表是摩尔蒙第的《威尼斯史》②与格里格罗维乌斯的《中世纪罗马城邦史》。摩尔蒙第《威尼斯史》从历史的角度和各个典型的文化侧面将文艺复兴时期威尼斯色彩斑斓的历史呈现给读者。如果说皮尼奥蒂突出的是文化主线(即新雅典文化演变)上的各个关节点,那么摩尔蒙第呈现的是文化板块(经济与社会生活板块、文学与艺术板块等)之间相互呼应的历史境况。格里格罗维乌斯《中世纪罗马城邦史》以编年体的方式,脉络清晰地将罗马的历史、教皇的生平历史、罗马文化的历史传达出来。从文艺复兴史研究的角度看,格里格罗维乌斯对文艺复兴时期文化部分的描述能抓住本质性的内涵。例如作者对于当时的异教主义、世俗主义等做了考察,并在这个文化大背景下面来呈现教廷、各个教皇与文学艺术家之间的关系。③ 第二,另辟蹊径,开创新的主题式文化史研究体例,并在"文艺复兴"标题下进行广泛的文化探讨。瑞士历史学家布克哈特《意大利文艺复兴时期的文化》分成各个主题撰写文艺复兴史

---

① J. A. Symonds, *Renaissance in Italy*, Vol. II "The Revival of Learning", p. 31.

② P. Molmenti, *Venice: Its Individual Growth from the Earliest Beginnings to the Fall of the Republic*, tr. H. F. Brown, 6 Vols., John Murray, 1907.

③ F. Gregorovius, *History of the City of Rome in the Middle Ages*, tr. by A. Hamilton, Vol. VIII, Part I, George Bell & Sons, 1902.

的内容,开了主题式研究文艺复兴历史的先河。① 往后模仿者不少,20世纪克洛宁的著作就是其中的代表。② 第三,"编年-文化主线"合体。西蒙兹《意大利文艺复兴》第2卷《学问的复兴》几乎是一部借鉴编年史体例写成的文艺复兴时期人文主义发展史,称得上皮尼奥蒂体例的一种延续和改进。但就整个7卷而言,西蒙兹又借鉴布克哈特的文化史写作特点,围绕着他心目中的核心学术难题(如民族性格与文艺复兴关系等)进行全方位的文化解读。这称得上是皮尼奥蒂与布克哈特先前体例基础上的又一次创新,很难用某个概念来形容此项史学创新之举,反复思忖后笔者用"编年-文化主线"合体来概括。

3. 批判意识的深化

如果以21世纪历史学发展的水准,并在皮尼奥蒂已有的研究成果上进一步研究文艺复兴的各种史实,那么最需要的无疑是批判的眼光,并在批判意识下重新阐释新雅典的历史进程。纵观文艺复兴以来西方的历史和世界的历史进程,最值得思考的历史现象之一是社会变化、学问复兴、文化创造过程中的世俗化因素。世俗化与近代西方市民社会的生长相呼应,是历史发展的必然趋势。世俗化中包含积极的内容,例如世俗性文化对人、对理性的尊重就具有进步的意义。但世俗化亦不乏负面的因素。皮尼奥蒂对负面因素的认识大致有以下两个方面:其一,皮尼奥蒂对当时佛罗伦萨及意大利世俗社会中的政治暴力现象持批判性的立场。从文艺复兴时期意大利的实际状况看,世俗化负面因素在政治舞台上的表现就是不择手段和暴君政治,在新雅典共和国的政治环境下也难脱政治专横

---

① 布克哈特《意大利文艺复兴时期的文化》分成6个专题书写,分别是:(1)"作为一种艺术工作的国家";(2)"个人的发展";(3)"古典文化的复兴";(4)"世界的发现和人的发现";(5)"社交与节日庆典";(6)"道德与宗教"。

② V. Cronin, *The Florentine Renaissance*, E. P. Dutton & Co., Inc., 1967; V. Cronin, *The Flowering of the Renaissance*, Collins Clear-Type Press, 1969.

的窠臼。《托斯卡纳史》对科西莫·德·美第奇在佛罗伦萨实施的专横统治有如下描述:"放逐那么多的显赫市民,毁灭、剥夺那么多富有家族及其财产,这对于自由的城邦国家来讲,可递上罪行一词来形容。城邦充满恐怖、惊慌的气氛,至少呈现给我们的是暴君政府的格调。……国家快要给剥夺了。然而科西莫说,'剥夺总比丧失要强'。"①其二,皮尼奥蒂对新雅典商业文化方面的世俗化现象亦有关注,并特别提到做庇护人是一种时尚的问题。② 当时的许多文化创作是在市场、庇护人与文化人之间的商业契约下进行的。在此等契约下的艺术创作会某种程度地降低审美的格调。拉斯金及"拉斐尔前派"对意大利文艺复兴艺术中的世俗化因素之批判便涉及道德与艺术关系的本质问题,值得今人借鉴。③ 皮尼奥蒂还就市民文学中迎合社会低俗需求的现象进行批判性评论,哪怕是新雅典文化的领军人物亦在其审视之列。皮尼奥蒂认为像薄伽丘这样的作者,在其著作中也不可避免地存有诸如此类瑕疵。皮尼奥蒂鼓励人们更应当去学习薄伽丘作品中优美、自然等因素。④ 后来西蒙兹则直言当时的文化市侩气很浓。⑤ 总之,皮尼奥蒂看到了存在于新雅典世俗化社会中的某些负面现象,至于本质性的问题并未全面深究。布克哈特、西蒙兹等学者对意大利文艺复兴时期暴君政治、个体主义、道德混乱等的批判远远超出皮尼奥蒂的认识。这是批判意识深化的标志。⑥

---

① L. Pignotti, *The History of Tuscany*, Vol. III, p. 77.

② L. Pignotti, *The History of Tuscany*, Vol. IV, p. 230.

③ 参见 J. Ruskin, *Pre-Raphaelitism*, The Waverley Book Company, Ltd., 出版年月不详;*Pre-Raphaelitism: A Collection of Critical Essays*, ed. and with an introduction by J. Sambrook, The University of Chicago Press, 1974;等等。

④ L. Pignotti, *The History of Tuscany*, Vol. II, pp. 188 – 189.

⑤ J. A. Symonds, *Renaissance in Italy*, Vol. V "Italian Literature", Smith, Elder & Co., 1898, p. 158.

⑥ 参见拙文《对文艺复兴世俗性文化的历史评析》,《上海师范大学学报(哲学社会科学版)》2016 年第 5 期。

以上是对皮尼奥蒂《托斯卡纳史》的简略评介。毋庸讳言，作为一部落笔于 18 世纪的历史著作不免存在诸多不足之处，特别是这部著作还不是作者生前的最后定稿。因此在如何完善这部作品的问题上，当时学界和出版界存有各种意见。① 在笔者看来，尚不论定稿与否，至少有些阐释还不够全面。例如在新雅典的文化消退问题上尚未给出令人信服的解释，从而影响到托斯卡纳史的叙事完整性。特别是 20 世纪以来的文艺复兴史学领域十分强调经济社会史、大众文化史、人文主义批评史等的研究。从这些新的历史学视角出发更能见出《托斯卡纳史》的局限性。但瑕不掩瑜，皮尼奥蒂围绕托斯卡纳学问复兴几部分核心内容所展现出的史识、识才和史学等仍不失其文艺复兴史研究拓荒意义上的价值。皮尼奥蒂的史学创作实践还留给学人这样一个课题，即能否在文艺复兴史已有研究成果基础上撰写一部新史观指导下的"编年-文化主线"合体之意大利文艺复兴史。

读史札记

罗斯科《大洛伦佐传》珍本与大洛伦佐的称呼

在皮尼奥蒂著作发表前的 1795 年，英国历史学家、政治家威廉·罗斯科《大洛伦佐传》②一书初版，如今已成为这一研究领域的经典作品。坊间有一珍本，为当年罗斯科亲笔签名后赠予其朋友，即银行家、诗人、文坛庇护人萨缪尔·罗杰斯的私藏。书前有罗斯科 1813 年的肖像。1856 年（即罗杰斯去世后的第二年）此书由佳士得拍卖行公开上拍出售，拍卖介绍等文字记于书后。几经辗转，最终由

---

① L. Pignotti, *The History of Tuscany*, "Preface by the Italian Editors", Vol. I, pp. XXIV-XXV。

② W. Roscoe, *The Life of Lorenzo de Medici, called the Magnificent, with the Poesie del Magnifico*, J. M'Creery, J. Edwards, 1795.

陋室接纳。笔者一直认为,研究文艺复兴除语言等基本学术素养外,在入门时要配好3把钥匙:(1) 大洛伦佐的生平;(2) 佛罗令金币等的币值换算;(3) 罗马共和国和教皇国的政治版图。而研究大洛伦佐是研究文艺复兴的第一把钥匙。

从历史上人们对美第奇家族大洛伦佐(Lorenzo the Magnificent)的看法到学界的传统观点,再到西蒙兹等学者对大洛伦佐的批判性评述,读者对"大洛伦佐"这个译名需要有一个整体的理解。中文的"大"有伟大、宏大、博大等多种含义,这似乎与 magnificent 一词很贴近。在意大利 14 至 16 世纪那个年代的通信来往礼节中,相互用 the Magnificent 来称呼是很普遍的现象,它大致表示对一个人的尊敬之情(英文中有 honourable 的用词①),即"尊敬的某某""某某大人"等意思。而"大洛伦佐"称呼中的"大"已经超出了通常尊称的范围,更是对洛伦佐人格、实际能力、作为的赞誉。扬在其《美第奇家族史》一书第 8 章"大洛伦佐"中说:"洛伦佐的才干达到了他家族的顶峰。或许没有人能够像他那样具备如此宏大的才气:国家统治者的眼力和判断力;政治家的智慧和决断力;影响众人的能力;对古典作家深邃的知识;领略意大利语主要发展变化的诗人和作家;对各门艺术所具有的艺术鉴赏力和评判力;对农事、人民生活需求和国家需求的理解,在所有这些方面洛伦佐都是出色的。人们通常赋予其'大'的称号,并不是他私生活中有什么值得炫耀的地方,事实上他的私生活不值得去炫耀。""他之所以被如此称呼,是因为他非凡的能力、他无比的宽容、他为公众利益而一掷千金以及他渗透进佛罗伦萨的生命辉煌。"②所以,那个称呼让我们想到的不是什么个人的夸耀,而是造就佛罗伦萨宏大的因素。

以上就是西方对"大洛伦佐"的传统释义。我们虽然无法确切地说历史学界何时在上述意思下使用 the Magnificent,至少 19 世纪已普遍使用。中文"大洛伦佐"的译法应该是一个既与历史、传统见解相匹配又有一定伸展性的翻译。因为笔者觉得"大"字能容纳更多的意思。西蒙兹等学者对大洛伦佐不乏批判的用

---

① 参见 J. B. Fletcher, *Literature of the Italian Renaissance*, Kennikat Press, Inc., 1964, p. 114。
② Colonel G. F. Young, C. B., *The Medici*, Modern Library, 1930, pp. 149 - 150.

意,这提示今人在理解这个翻译中的"大"字时最好从中文俗语"了不得"之类的角度去考虑,说明这位历史人物干什么事都有能耐。这就是历史理解中的"古"与"今"两个维度。布克哈特《意大利文艺复兴时期的文化》何新本译为"豪华者洛伦佐",花亦芬本译为"辉煌者洛伦佐·梅迪西"。无论怎样翻译,都需要从两个理解的维度上考虑 Lorenzo the Magnificent 这个词的意思。唯其如此,在进行美第奇家族史、佛罗伦萨史及文艺复兴史等学术研究时才能避免偏颇。

2

文化是个性与精神的呈现

——布克哈特论意大利文艺复兴*

在布克哈特(Jacob Burckhardt, 1818—1897)的代表作《意大利文艺复兴时期的文化》①发表 150 周年之际,我们重新围绕该书内容对布克哈特

---

* 本文原载《上海师范大学学报(哲学社会科学版)》2010 年第 3 期,有增补。

① 商务印书馆出版的何新译本(1979 年版,以下简称《意文化》,引用时随文标注页码)是根据英文本(Jacob Burckhardt, *The Civilization of the Period of the Renaissance in Italy*, tr. S. G. C. Middlemore, C. Kegan Paul & Co., 1878)的 George G. Harrap & Co. Ltd. 第 15 版转译的。现在很难找到英译初版,笔者有私藏,后来英译本究竟再版过多少次很难说清楚。目前经常使用的英译本是 Jacob Burckhardt, *The Civilization of the Renaissance in Italy*, tr. S. G. C. Middlemore, Harper & Row, Inc., 1958。2007 年联经出版事业股份有限公司出版了花亦芬译《意大利文艺复兴时代的文化——一本尝试之作》。该译本根据布克哈特 1869 年亲自校订的定本(*Die Kultur der Renaissance in Italien: Ein Versuch*, Verlag von E. A. Seemann, 1869)翻译,后来多种版本大多据 1869 年版本再版。比对花亦芬译本与何新译本,会发现两者有诸多不同之处。例如,英译本、何新译本将德文版书名(*Die Kultur der Renaissance in Italien: Ein Versuch*)中的副标题"Ein Versuch"(一本尝试之作)略去。其实,这个副标题恰恰是布克哈特用新的历史书写方法来传递文化史内容的提示,略去是不应该的。花亦芬本将其补上非常恰当。另外,布克哈特非常注意回到意大利文艺复兴时期的历史现实来阐释各种概念(如人文主义概念等),译者花亦芬慎重对待布克哈特此等历史观下使用的各个概念,例如将德语人文主义(Humanismus)概念译为"人文学"等等。这些要比何新译本考虑周到。最后,花亦芬博士长期留学 (转下页)

的文化史观作整体性的勾勒，想必有助于学界关于布克哈特历史思想研究和文艺复兴史研究的深化。试评述如下。

一、 布克哈特文化史著述举略

19 世纪是文艺复兴史作为一个专门研究领域的奠基时期。其中有两个标志性的事件：一是瑞士历史学家布克哈特的《意文化》于 1860 年发表；二是英国历史学家西蒙兹的 7 卷本《意大利文艺复兴史》[①]在 19 世纪末适时间世。为了完整地了解布克哈特的文化史观，这里先就布克哈特的生平及文化史、历史著作的编撰情况做一简要的介绍。

布克哈特生于瑞士巴塞尔一个信奉新教的贵族家庭。从 1836 年到 1843 年，布克哈特在巴塞尔大学和柏林大学学习神学、历史学和哲学。他曾受业于兰克，也受到艺术史家库格勒、温克尔曼和大文豪歌德的影响。其中特别值得一提的是，布克哈特还受到同时代大思想家叔本华的悲观主义影响，与尼采则是忘年交。从 1843 年到 1893 年的近半个世纪里，布克哈特几乎都在巴塞尔大学讲授艺术史和文化史。即使是柏林大学向他发出邀请，让其继任兰克的教席，布克哈特也婉言谢绝。其生前曾发表三部重要的著作：《君士坦丁大帝的时代》（1852）、《意大利艺术指南》（1855）、《意文化》（1860）。布克哈特去世后，其德文版著述编撰、出版情

（接上页）德国，在布克哈特研究、艺术史研究等领域造诣颇深，因此译本对布克哈特其人、其思想观点及布氏著作中的诸多难点做了详细的评述、注解等，极大地方便了读者的理解。花亦芬译本前还有译者的长篇绪论，介绍了作者的求学、研究和翻译经历。其中许多关于布克哈特生平、学术方面的介绍值得细细品味。另外，绪论用充满情感的语句写成，极富诗意。译本最后的附录包括布克哈特生平大事记、参考书目、文艺复兴重要家族世系表、中外译名对照表、索引等内容，这些是研究者不可或缺的材料，也反映出译者的精益求精态度。

① J. A. Symonds, *Renaissance in Italy*, 第 1 版由 Smith, Elder & Co. 从 1875 到 1886 分卷出版，以后有各种新版面世，目前尚未译成中文。

况如下。

1929 年至 1934 年分卷出版的 14 卷本,简称"JBGA"本①。从第 1 到第 14 卷分别是:第 1 卷《早期论文选》;第 2 卷《君士坦丁大帝的时代》(已有根据英文译出的中文本);第 3、4 卷《意大利艺术指南》;第 5 卷《意大利文艺复兴时期的文化:一篇论文》,德文原名 *Die Kultur der Renaissancein Italien: Ein Versuch*,后来英译者米德尔莫尔(S. G. C. Middlemore)取英译名为 *The Civilization of the Renaissance in Italy*,而米德尔莫尔的英译是由布克哈特审阅后认可的。显然,在原作者和英译者的心目中,"文化"(Kultur)和"文明"(civilization)两个概念可以对译。这里有一个情况必须予以说明:德国的史学界长期以来有使用 Kultur 的习惯,似乎这个词更能反映人的精神创造能力等。布克哈特的著作也体现出喜欢使用 Kultur 的倾向。布克哈特《意文化》的德文版和其他语种的版本还在不断出现。但历史上的盖格尔(Geiger)注释本即莱比锡(E. A. Seeman,1913)版本和格兹(Goetz)注释本如斯图加特(1922)版本是比较重要的。盖格尔本有比较详细的注释,格兹则以为盖格尔的有些注释并不能代表布克哈特的本意,所以要还较早版本的面貌。但事情并非那么简单。布克哈特与盖格尔有学术交往,而最初经布克哈特认可的英译本又是参照盖格尔本翻译的。按照笔者的想法,我们不妨做这样的认定:盖格尔本和格兹本都有其特定的版本价值,反映了人们对布克哈特《意文化》的历史理解;第 6 卷《意大利文艺复兴时期的艺术》;第 7 卷《世界史的思考》(已有根据德文版译出的中文本)、《历史断想》;第 8 至 11 卷《希腊文化史》;第 12 卷《意大利艺术史的贡献》;第 13 卷《古代艺术》《文艺复兴时期的雕塑》《回忆鲁本斯》;第 14 卷《演说集》。除了布克哈特的书信集、短篇论文和少数几

---

① *Jacob Burckhardt-Gesamtausgabe*, Stuttgart, Berlin, Leipzig, 1929—1934.

种著作外，大部分重要的著作都已编入。这个本子是以后各种单行本和汇编本的基础。

出版于 20 世纪 50 年代的布克哈特著作 10 卷本①。这个本子是在 JBGA 本的基础上再加以遴选而成，即剔除论文等，保留重要的著作。

贝克（C. H. Beck）和施瓦贝（Schwabe）出版社的布克哈特著作集，共 27 卷，是到目前为止最全的布克哈特著作汇编本（目前还在陆续编撰出版过程中）。

其他汇编本和各种单行本：《布克哈特书信集》②（注意前面有卡凡 [Kaphann]的长篇导言）、《世界史的思考》③、《意大利艺术指南》④、《艺术与文化史讲稿；回忆鲁本斯》⑤、《意文化》⑥、《希腊文化史》（插图本）⑦、《希腊文化史》节选本⑧、《意大利文艺复兴祭坛画》⑨（为 8 开精美装帧

---

① *Jacob Burckhardt Gesammelte Werke*, Wissenschaftliche Buchgesellschaft, Darmstadt, 1955—1959.

② Jacob Burckhardt, *Briefe*, Dieterich'sche Verlagsbuchhandlung, Leipzig, 1935.

③ Jacob Burckhardt, *Weltgeschichtliche Betrachtungen, Historische Fragmente*, Kroener, 1978; Dieterich'sche Verlagsbuchhandlung, Leipzig, 1985.

④ Jacob Burckhardt, *Der Cicerone*, Kroener, 1986.

⑤ Jacob Burckhardt, *Vorträge zu Kunst und Kulturgeschichte, Erinnerungen aus Rubens*, Dieterich'sche Verlagsbuchhandlung, Leipzig, 1987, 英译本为 Jacob Burckhardt, *Recollections of Rubens*, The Phaidon Press, 1950, 有编者导言、鲁本斯书信选等。

⑥ Jacob Burckhardt, *Die Kultur der Renaissance in italien: Ein Versuch, Kroener*, 1988, 该书目前通用的英文本是 Jacob Burckhardt, *The Civilization of the Renaissance in Italy*, Harper & Row, Inc., 1958。这之前的全本还有 Jacob Burckhardt, *The Civilization of the Renaissance in Italy*, The Phaidon Press, 1944, 但这个本子只有寥寥无几的注。

⑦ Jacob Burckhardt, *Kulturgeschichte Griechenlands*, Paul Arete Verlag GMBH, 1934.

⑧ Jacob Burckhardt, *Griechische Kulturgeschichte*, Insel Verlag 2003, 顺便提一下，某些英译本《希腊文化史》也是节选本，如 Jacob Burckhardt, *History of Greek Culture*, Dover Publications, Inc., 2002。

⑨ Jacob Burckhardt, *The Altarpiece in Renaissance Italy*, edited by Peter Humfrey, The Phaidon Press, 1988.

本)、《意大利文艺复兴时期的建筑》①（有详细黑白色建筑图片和注释,该
书是布克哈特钟情建筑艺术特别是文艺复兴时期建筑艺术的学术写照）
等等。但史家更应注意的是,尽管布克哈特主要是一位艺术史家,其一生
的贡献也主要是在艺术史的方面,并且他注意探究艺术背后的精神所在,
但布克哈特始终提醒自己与那些十分注重概念演绎的艺术哲学家保持一
定的思想距离。例如在评点古希腊文化时,布克哈特无处不以事例来对
形象艺术、诗歌音乐,甚至哲学思考等文化现象进行具体的说明考察,同
时揭示古希腊城邦政治和民族、宗教、生活的各种特性。这些在《希腊文
化史》一书中得到了充分的展示。

二、 贯穿文化史理念的《意文化》结构

《意文化》是布克哈特文化史观的一个缩影,因此分析《意文化》的篇
章结构是理解布克哈特文化史理念的关键所在。

《意文化》第1篇题为"作为一种艺术工作的国家"。在布克哈特的
笔下,文艺复兴时期的意大利出现了与以往不同的社会景象。布克哈特
在进行历史分析时比较注重与人的活动密切相关的国家、文化、宗教等因
素,其中文化是人的个性之体现。但人的文化活动又离不开国家、宗教等
因素,于是布克哈特就把分析的眼光直接指向当时的国家。布克哈特发
现,当时的意大利各个城邦国家有不同于以往的政治形态,也就是各个国
家都必须最大限度地发挥国家的功能,以使自己在错综复杂的外交事务
和各种政治斗争中立于不败之地。这样,国家的治理便成了一门技艺。
这种国家治理不仅体现在政治权力的运作方面,即使像统计这样的具体

---

① Jacob Burckhardt, *The Architecture of the Italian Renaissance*, ed. with an introduction by Peter Murray, translated by James Palmes, The University of Chicago Press, 1985.

事情也显示出近代文化的特点,"这种对于事物的统计观点以后在佛罗伦萨得到了更高的发展。它的值得注意的一点是,我们能够一般地看到它与更高的历史形势、艺术和一般文化的联系"(77)。这样的国家类型和功能就给个人才能的发挥创造了非常有利的客观条件。又由于个性在国家政治中的发挥,从而使国家成为活的有机体。布克哈特高度评价马基雅维里在《佛罗伦萨史》中的国家有机体观点,认为马基雅维里是近代第一个具有这种观念的人。(80—81)布克哈特通过佛罗伦萨和威尼斯两个典型的近代国家来说明上述观点。

第 2 篇题为"个人的发展"。第 1 篇分析国家问题,这既与布克哈特总体的文化史观有关联,又体现了其敏锐的历史眼力。根据上文所述,国家的发展、特征、精神等都关系到个性的发展和个人精神的发展等,于是布克哈特就将分析的重点转向了人、个体。那么当时意大利特定历史情境下的国家和人、个体的关系究竟如何呢? 要回答这一问题就必须回到当时国家和个人互动关系中来考察。就人而言,充分表现个性并使人成为完美的个体,这是最为突出的人的精神特征。其外在表现有重视声誉等形式,其内在的思维特点则有机智、讽刺等形式。需要说明的是,布克哈特充分认识到各种机智、诗文的意义和价值,认为这是文化成熟的一种表现。第 2 篇的篇幅虽短,但却是全书的核心观念之所在,即布克哈特要告诉世人,文艺复兴时期出现了一种新人和新的文化。

第 3 篇题为"古典文化的复兴"。布克哈特需要进一步探讨和回答这样一个问题,即那种充分体现个性的、崇尚完美的人的文化之基础何在。于是布克哈特在第 3 篇中探讨了人文主义问题,认为当时的文化创造者都在古希腊罗马的古典文化中寻找精神的支柱。布克哈特通过古城遗迹、古代著作的搜寻翻译、人文主义的促进者、拉丁文书信等的仿效、近代拉丁诗歌的诞生等多维角度加以诠释。

　　这里有必要就布克哈特所理解的人文主义问题进行展开。大致可归纳为三个方面。其一,人文主义首先体现为文化人对古典文化特别是希腊罗马文化的崇尚,认为古典文化"在最绝对的意义上被认为是一切知识的源泉"(182)。布克哈特还以翔实的史料描述了人文主义者崇尚古典文化的情景。其中大学和学校中崇尚古典文化的情景尤为突出。而崇尚古典文化的目的是为了抒发和表达个体的精神。其二,文化人在古典作品中发现纯粹的美的形式,特别是人与自然、人与神和谐美的形式,并以此指导文学艺术创作实践。布克哈特在叙述时经常提到美的形式问题,例如布克哈特在谈到古代神话与当时诗歌创作的关系时指出,那些神话成了诗歌中可以利用的"美的形式"(255)。又例如布克哈特这样评价本波的诗句,认为"本波以最美丽的诗句写出了这个人文主义的纤巧华美的作品,并以一篇能够引起任何诗人的嫉羡的对于维吉尔的致词作结束"(256)。而崇尚古典文化的目的是为了抒发和表达个体的精神。其三,文化人利用古典作品中的知识为现实的社会服务。其历史背景是:"意大利人在14世纪以前并没有表现出对于古典文化的巨大而普遍的热情来。这需要一种市民生活的发展,而这种发展只是在当时的意大利才开始出现,此前是没有的。这就需要贵族和市民必须首先学会在平等的条件下相处,而且必须产生这样一个感到需要文化并有时间和力量来取得文化的社交世界。"(170)接着布克哈特点出了人文主义文化的实际用途:"不管怎样,一个人文主义者不论是对于共和国,还是对于君主或教皇之所以成为不可或缺的,是因为他有两项用途,即为国家草拟公函和在公开而庄严的场合担任讲演。"(226)就此而言,文化人是用新的眼光去看待和接受以往的知识。这种知识的接受就是一种创造,是"新生"。布克哈特说:"文艺复兴不仅是片段的模仿或零碎的搜集,而是一个新生……"(170)像皮科之类的人文主义者甚至呼吁不要片面地崇拜古典文化。(198)

　　第4篇题为"世界的发现和人的发现"。如果说第3篇着重讲人文主义的内涵和所体现的精神、价值，那么从第4篇开始就要从各个角度研究与人文主义精神相关的历史创造活动。用布克哈特的话讲，"于是他们的思想就转向外部世界的发现，并表达之于语言和形式中"（280）。布克哈特通过"意大利人的旅行""意大利的自然科学""自然美的发现"三章来描述外部世界问题。接着通过"诗歌中对于人的内心的描写""传记""民族和城市国家的描写""人的外貌的描写""生活动态的描写"等章节来说明当时的人文主义者如何用语言等形式来表达自己完美个体的情感世界。这一章的最后一句话"你身上带有一个宇宙生命的萌芽"是一个伏笔，它点出了当时人文主义者之所以会有那么一种思想的力量来冲破以往的精神桎梏并创造出新的文化，是因为他们找到了思想的武器即人是一个小宇宙的哲学观。等到全书结尾时，布克哈特告诉读者，这种哲学观的思想来源就是新柏拉图主义。

　　第5篇题为"社交与节日庆典"。文化反映在广泛的社会层面尤其是社交的层面上。布克哈特试图说明，文艺复兴时期完美自由的人文主义个体精神在社交中得到充分的体现。与黑格尔用绝对理念来构造历史、说明历史不同，布克哈特所理解的人的精神如完美自由的个体精神等不是玄虚的说理，而是生动的社会现实。于是就有阶级平等化、生活外表的美化、社交语言、社团、社交家等的描述。甚至人文主义的情趣还体现在家政、妇女地位、节日庆典等方面。

　　第6篇题为"道德与宗教"。按照布克哈特的文化史观，人的文化创造与宗教有着千丝万缕的内在联系。也就是说，任何一种文化都必须在宗教问题上给出一种态度。如果一种文化无法在宗教问题上形成独特的看法，那么这种文化也是不完整的。布克哈特要通过道德和宗教去追问人文主义精神境界的本质。而事实上人文主义者也确实在宗教观上有自已独到的解释。布克哈特《意文化》最后一段话是:"有神论的思想方式的一个主要中心是佛罗伦萨的柏拉图学院,……当中世纪的人们把这个世界看作是一个把教皇和皇帝安置在那里以防止基督之敌到来的涕泣之谷时,当文艺复兴时代的宿命论者们动摇于忽而精神奋发,忽而迷信异端,忽而愚蠢地顺从命运之间时,这里,在这一群优秀的人物中间所主张的学说是:这个有形的世界是上帝以爱来创造的,是在上帝心中先有的一个模型的仿制,上帝将永远是它的推动者和恢复者。人能够由于承认上帝而把他吸引到自己灵魂的狭窄范围以内来,但也能由于热爱上帝而使自己的灵魂扩展到他的无限大之中——这就是在尘世上的幸福。中世纪的神秘主义的回响在这里和柏拉图学说合流了,和一种典型的现代精神合流了。一个关于世界和关于人的知识的最宝贵的果实在这里已经成熟,只是由于这一点,意大利的文艺复兴就必须被称为是近代史的前驱。"(542—543)笔者对上文稍作解释:人文主义者有明显的异教精神,那么在如此强大的基督教传统文化社会里,人文主义者没有从根本上否定基督教,相反还与神的世界取得某种和谐。那么人文主义者的某些异教精神、人文主义者的人神和谐理想究竟是怎样一种状态呢?人文主义究竟怎样在塑造自己精神世界的同时又不忘记与传统的基督教文化达成和解呢?布克哈特发现,新柏拉图主义给了人文主义者上述想法的理论基础,"所有这些倾向的结果就是:佛罗伦萨的柏拉图学院有意识地以调和古代精神和基督教精神作为它的目标。这是那个时代的人文主义中一个引人注目的绿洲"(491)。按照新柏拉图主义的理论,即使是上帝创造世界,也要按照一种先定的模型来完成。所以人文主义者思想境界就显得更为开放。这种境界容得下基督教,与基督教的教义相安无事,也容得下其他宗教理论和学说。所以在人文主义宗教理论的背后,我们看到了更广博的一个精神世界或精神安顿之处。进一步讲,人文主义者也能在尘世中找到更广阔、更踏实的生存空间。

以上想法使我们清楚地了解到布克哈特研究文艺复兴思想文化现象时的历史思维深度。

三、 文化体现人的个性自由和个人、民族之精神

由上述分析可知,描述并寻找文化创造成果及其原因是《意文化》的主线。这个深层次的因素包括个性自由和民族精神等。布克哈特从以下几个方面来表达自己的观点。说到个人,"我们的任务并非要褒贬谁,而是要在这个时代的一切精力充沛的人物身上了解时代精神"(217)。"文艺复兴于发现外部世界之外,由于它首先认识和揭示了丰满的完整的人性而取得了一项尤为伟大的成就。如我们已经看到的,这个时期首先给了个性以最高度的发展,其次引导个人以一切形式、在一切条件下对自己做最热诚和最彻底的研究。的确,人格的发展主要在于对自己的和别人的人格的承认上。《意文化》曾谈到古代文学对这两大过程的影响,因为对于个人和一般人性的理解和表现的方法受到这种影响感染和得到刻画。但是这种理解和表现的能力仍是那个时代和那个人民所具有的。"(302)说到意大利民族,则其"受想象力支配较任何其他民族为多"(437,参见482)。说到具体的城市,"我们现在并不是要写这座著名的城市国家的历史,而只是要对佛罗伦萨人得之于这个历史的精神上的自由和独立作一些说明"(73)。"最高尚的政治思想和人类变化最多的发展形式在佛罗伦萨的历史上结合在一起了,而在这个意义上,它称得起是世界上第一个近代国家。在暴君专制的城市里属于一家一姓的事情,在这里是全体人民所勤奋研究的问题。那种既是尖锐批判又是艺术创造的美好的佛罗伦萨精神。"(72)说到党派,"任何其他意大利城市的党派之争也不像此地这样激烈和起源之早、持续之久。关于这些党争的叙述固然为时

较晚,但很清楚地证明了佛罗伦萨批判主义精神的优越性"(73)。凡此等等,均围绕个性和精神阐述文化的内涵。

　　布克哈特之所以看重个性和精神之类的文化因素,个中理由是:布克哈特认为历史是人的历史,人的行为不仅受自然性驱使,还受思想的指导,具体体现为个性和精神,并通过具体的文化创造活动来体现这种个性和精神。或者说,个性、精神是文化的核心所在。总之,人之所以为人就在于个性、精神和相应的文化。历史研究就是要展现事件表层背后人、民族、国家的个性、精神和文化。布克哈特又认为,人的个性和精神在文艺复兴以前被诸多虚幻的概念薄雾笼罩住了,而文艺复兴时期的意大利人则试图唤醒人的个性和精神,使人在现实生活中真正找回自己。"在中世纪,人类意识的两方面——内心自省和外界观察都一样——一直是在一层共同的纱幕之下,处于睡眠或者半醒状态。这层纱幕是由信仰、幻想和幼稚的偏见织成的,透过它向外看,世界和历史都罩上了一层奇怪的色彩。人类只是作为一个种族、民族、党派、家族或社团的一员——只是通过某些一般的范畴,而意识到自己。在意大利,这层纱幕最先烟消云散,对于国家和这个世界上的一切事物做客观的处理和考虑成为可能。同时,主观方面也相应地强调表现了它自己。人成了精神的个体,并且也这样来认识自己。"(125)①布克哈特理想中的那种充满个体精神的人是十分完美的,"一个目光敏锐和有观察经验的人可能看到 15 世纪期间完美的人在数目上逐步地增加"(130)。在《意文化》的另一处,他又提出"多才多艺的人"(l'uomo universal)概念(130—131)。正是基于这种思想,布克哈特高度评价但丁的文化创作成就及其地位:"但在 13 世纪末,意大利开始充满具有个性的人物;施加于人类人格上的符咒被解除了;上千的人

────────────

① 关于文艺复兴时期的个体精神问题可参见本书第一编第三篇文章。

物各自以其特别的形态和服装出现在人们面前。但丁的伟大诗篇在欧洲的任何其他国家都是不可能产生的,单只提它们还处在种族诅咒下这一理由就足以说明。对于意大利来说,这位堂堂诗人,由于他显示出来的丰富的个性,是他那个时代的最具有民族性的先驱。"(126,参见131)我们通常说但丁是近代第一位诗人,其真正的内涵就是布克哈特所理解的表现人、表现人的个性。

布克哈特特别观照意大利的文艺复兴现象,并提醒学界不应该宽泛地使用文艺复兴这个历史名词。(166)①那么布克哈特是如何解释意大利文艺复兴特征的呢?又例如,意大利文艺复兴时期是人文主义者争奇斗艳、文化空前繁荣的岁月,《意文化》评价人文主义者的基本思路是什么呢?布克哈特为何那么看重但丁、马基雅维里等人文主义者的文化地位呢?依笔者之见,对上述问题还需要做些细致的研究、探讨。即使是像贡布里希这样的艺术史家,其对布克哈特研究意大利文艺复兴的思路也未必解释得很清楚。②

历史学家布克哈特的个性、学业和思想形成过程决定了其对文化史、对意大利文艺复兴的重视,这些情况已经由各种史评著作进行阐释。特别是到了21世纪,史学史研究必须高度关注布克哈特这样充满诗性智慧

---

① 许多文艺复兴史专著如卢卡斯的《文艺复兴与宗教改革》(Henry S. Lucas, *The Renaissance and the Reformation*, Harper and Brothers Publishers, 1934)等在论著的起首、导论部分都要对文艺复兴概念做各种必要的说明,以免引起歧义。

② 参见贡布里希:《文艺复兴:时期还是运动》,载贡布里希:《文艺复兴:西方艺术的伟大时代》,李本正、范景中编选,中国美术学院出版社2000年版。这篇文章在学术界影响很大,该文与贡布里希诸多文艺复兴史评论都未就布克哈特的意大利文艺复兴史研究思路做全面的梳理。可以留意贡布里希的文艺复兴史研究系列著述《贡布里希论文艺复兴》(*Gombrich on the Renaissance*)。

的历史学家对相关历史的独特解读方式。① 这里需要强调的是,布克哈特非常反感从概念来到概念去的历史思辨哲学。他赞赏从历史现实和诸多历史个案中梳理问题,并通过这种梳理将文化中的精神本质找寻出来。他发现意大利文艺复兴之所以文化昌盛、人才辈出、个性鲜明,这与当时意大利的城邦政治实践及由此形成的民族精神密切相关。在这一观点的指导下,布克哈特要回答两个问题:其一,为何在那个时代出现了数不尽的多才多艺者? 其二,为何那么多的文化人要从古代的文明中去寻找自己精神的栖息地? 这第二个问题即所谓意大利文艺复兴的实质。

与其他历史学家一样,布克哈特也很在意当时意大利邦国林立的情况。但布克哈特更关心的是,从 14 世纪开始,那些大大小小、政治体制各异的城市国家已经摆脱封建制度的约束(2),或者说其时的城邦统治者与中世纪欧洲封建时代的庄园主不同,他们脱离了封建的臣属关系。因此在政治的性质上,意大利的城市国家已经具备近代意义上的国家形态。国家与国家之间的关系也具备了近代国际关系的要素(86—87)。在这种情况下,各个城市国家(无论是君主国还是共和国)都需要用现实、有效的政治手段来统治自己的国家,并在纷繁复杂的国与国关系中保持自己领土的安全稳定。如果统治不力,其结果就是在弱肉强食的政治环境中落得下风。因此国家治理艺术问题凸显了出来,也就是说统治者必须用世俗的政治眼光来研究国家中的各种政治势力,然后用世俗的政治力量来调节、平衡各种政治势力。这里起作用的是国家政治自身的规律。布克哈特称此类近代的国家为"艺术工作的国家"(参见《意文化》第 1 篇标题)。当然,在意大利出现的许许多多近代国家中不乏暴君、暴君家族和

---

① 布克哈特对诗性的文化与历史之间的关系有自己独到的看法,这些还需要我们做进一步深入的研究。参见 John R. Hinde, *Jacob Burckhardt and the Crisis of Modernity*, McGill-Queen's University Press, 2000, pp. 161 - 162。

暴君统治。在具体的政治实践中,暴君们唯我独大,政治利己主义盛行,统治者的美德与恶行交替出现。(14)其中米兰维斯孔蒂家族的统治引人注目。布克哈特的历史评语是:"14世纪的最安全的和最富于启示性的暴君专制的典型,毫无疑问是从乔万尼大主教去世(1354)以后米兰维斯孔蒂家族的专制。"(10)不过还应当看到,上述近代意义上的国家也为统治者和公民个性的发展创造了条件,"统治者的个性是如此地得到了高度的发展,它往往具有如此深刻的意义并代表着那一时代的情况和需要"(14)。与此同时,近代意义上的国家也对个人的才能提出了新的要求,即统治者需要用能力来参与、维系国家的存在,公民则需要以其能力来为国家服务并体现自己的个性。布克哈特说:"个人的才具、身价和能力比当时在西方其他各地通行的一切法律和习惯都更为重要。"(19,参见6—7)许多君主的能力过人,还十分在意文化方面的追求,因此被大家当作意大利的理想人物。(47)一个平民出身的人只要有能力就可以当上雇佣兵队长,再经过自身的努力甚至能成为君主。(20)除了君主专制的国家外,布克哈特还特地就威尼斯和佛罗伦萨这两个共和国的治国状况做了详细的分析。在讲威尼斯时肯定了这个国家组织得井井有条,很稳定。但威尼斯精神更多的是与物联系在一起。佛罗伦萨共和国的组织机构则充分体现了人的个性,布克哈特甚至用上了"佛罗伦萨在当时是人类个性发展得最为丰富多彩的地方"(10)这样的赞美语,由此造就佛罗伦萨的文化繁荣。总之,近代意义上的意大利城邦为个人才能的发挥创造了条件。

　　上述意大利的政治状况体现出近代西方鲜明的世俗性市民社会的特征。在布克哈特看来,这种市民社会的特征只有在14世纪的意大利得到了发展和体现。(170)与这种世俗性相关联的就是所谓近代的世俗精神,即一切以现世的、逐利的、个体的认识和行为为标准。在当时的许多文化人身上都体现出世俗性的特点。(关于布克哈特及学术界对近代世俗精神的总体看法需要我们做专门的研究、评论,因为这种世俗精神一直影响着近代西方社会历史的走向,甚至在今天仍影响巨大。)于是文化人就到同样带着世俗性文化特点的古代希腊罗马文明中去寻找各种理论的源流,这就是所谓向古代学习,让古代世界中的诸多文化因素再次复活,意大利"文艺复兴"(rinascita,今天通用法语 renaissance)即由此而来。当然,那时的文化人还不可能摆脱基督教社会的影响,例如但丁的作品就是平行地考虑基督教与异教两个世界。(200—201)但仅仅这样考虑问题,意大利文艺复兴的特征尚未得到充分说明,因为在中世纪的意大利和欧洲其他文明区域也不时出现学习古代文化的历史情景。这里还可以对布克哈特的研究做些补充,即欧洲从 11 世纪始兴起各种类型的城市,与此相伴随的就是世俗性的市民生活。在这种市民生活面前,中世纪基督教的那套说辞已经难以满足新的文化需求。因此,古代世界的一些文化内容如医学、法学、修辞学等亦在大学等领域受到学人的关注,其中萨勒诺医学院就是典型的例子。[1] 现在问:何以布克哈特没有将文艺复兴研究的注意力放到法国、英国、西班牙、德国等欧洲国家,也不使用法国文艺复兴、西班牙文艺复兴和英国文艺复兴等历史概念,而始终盯着意大利,并将意大利文艺复兴作为文艺复兴的典型历史事例来剖析。或者说,亟须弄清楚什么是布克哈特心目中的意大利文艺复兴。在此,我们不得不随着布克哈特的历史视野再去看看当时意大利社会历史中还存在着什么特殊的因素。

从中世纪起,意大利的政治状况就十分复杂。由于神圣罗马帝国和

---

[1] 这里提供两种文献:Doctor Pietro Capparoni, *"Magistri Salernitani nondum Cogniti": A Contribution to the History of the Medical School of Salerno*, John Bale, Sons & Danielsson, Ltd., 1923; Regimen Sanitatis Salerni, *The School of Salernum*, The English version by Sir John Harington, Ente Provinciale Per Il Turismo, 1966. 著名文艺复兴史专家克利斯特勒在其 1956 年出版的论文集里用专文论述萨勒诺医学院的情况。

教皇国的存在,意大利四分五裂的政治格局十分突出。这使得意大利的各个城市国家在对内和对外的关系上处于非常不稳定的状态。因此意大利慢慢滋生出向往统一的民族国家之政治情绪和意识。布克哈特如此评论:"显然,14 和 15 世纪期间意大利一般政治上的不稳定引起当时的优秀人物一种出于爱国的厌恶和反对情绪。但丁和彼特拉克在当时曾经宣称,一个共同的意大利是她的所有儿女们的最崇高的奋斗目标。"(123)①这里,布克哈特敏锐地捕捉到其时意大利历史的独特因素,并在《意文化》中不时提到"民族精神"(166)②、"近代意大利精神"(168)③、"人民的精神"(171)、"时代精神"(217)、"爱国主义"(124)④等词汇。而上述民族精神及相关的政治文化现象在 14 世纪初的欧洲其他国家尚未形成气候。正是在意大利民族精神的刺激下,意大利的文化精英以巨大的热情到古典世界的文化中去找寻精神世界的源流:"人民的精神这时已经觉醒到认识到了自己的存在,并要寻求一个可以依以存在的新的稳固的理想……

---

① 一般的意大利史著作都不会遗漏对这种情感及其产生缘由、复杂性的分析。这种情况在 14 世纪的意大利非常突出,参见《牛津意大利史》(*The Oxford History of Italy*, edited by George Holmes, Oxford University Press, 1997),第 63 页。萨尔瓦托雷利《意大利简史》(沈珩、祝本雄译,商务印书馆 1998 年版)第 8 章提到了"意大利的复杂性和意大利的统一性"问题。

② 这里想就"民族精神"的中文翻译问题做个说明。1988 年克勒纳(Kroener)德文版第 127 页上出现了 nation 与 italienischen Volksgeist 两个词。1958 年哈珀与罗(Harper & Row)英文版第 175 页分别用 national mind 和 genius of the Italian people 来对译。花亦芬中文译本第 214 页则译为"民族心灵"与"意大利民族性格"。花亦芬一般不使用"民族精神"这个词。何新根据英文译为"民族精神"和"意大利人民的天才"。这些译法还是有所考虑的。这里需要强调的是,在布克哈特的上述语境中,nation 的意蕴更要上位一些。如果将此指称民族精神的话,那么它包括了整个民族的气质、行为在内的特性,或者说整个民族内在的部分受到了刺激。这种用意还需要结合整部著作细细品味。"民族"作为形容词修饰时,布克哈特会用 Nationalgefühl(民族情感,德文版第 130 页)等形式。注意,德文 italienischen Geistes 和 Volksgeist 不时被哈珀与罗英文版和何新译本翻译成"民族精神"。笔者以为,读者在阅读这些概念时必须留意上述 nation 这个词。

③ 此处"近代意大利精神"德语原文为 der modern italienische Geist。

④ 在《意文化》第 82 页布克哈特还提到佛罗伦萨的爱国主义。

对古代罗马的追怀不失为对于这种民族感情的一个有力的支持力量。以它的文化重新武装起来的意大利人不久就感觉到他自己是世界上最先进国家的真正公民。"(171)文化精英如但丁、彼特拉克、薄伽丘、马基雅维里等都是怀抱着这种民族的精神、爱国热情向古代文明学习:"在15世纪里敞开无限崇奉古代文化的门户的恰恰是那些意大利民族精神最伟大的代表者本人。"(200)①如果将目光转向整个欧洲,那么结论无疑是:上述在民族精神刺激下的文化复苏在欧洲其他地区是找不到可比对象的。最简单的一个事实是,像英国和法国这样的国家要通过百年战争(1337—1453)才逐渐有民族感情的苏醒。它们先前的历史状况也与意大利不同,特别是不曾出现过一个罗马人治下的统一的国家政治局面,因而不像意大利其民族感情不时受到各种分裂因素的刺激。其他国家如德国、西班牙等在民族感情问题方面又情况各异。(123)但即使在那些地区的民族感情苏醒了,是否会出现像意大利那样的文艺复兴历史现象呢?

　　布克哈特研究意大利文艺复兴的历史时始终坚持这样一个基本观点,即意大利的人文主义者将古代罗马及与此相关的历史当作今日意大利文明的故土,甚至把古代的罗马神圣化了:"在那个时代,对于古代文化的享受和一切其他享受一起使得罗马生活具有一种独特的神圣化的特征。"(180)也就是说,意大利的近代生活与古典文化之间存在着密切的关系。所以,当时意大利的人文主义者在民族精神的支配下到古代罗马世界的世俗性文化中所要寻找的不仅仅是外表性的东西,而是精神文化的支柱,这种精神之间的合流才是意大利文艺复兴的本质。布克哈特指

---

① 此处"意大利民族精神"的德语原文为 italienischen Geistes。花亦芬译本则译为"意大利文化界深具影响力的"。

出："在意大利则无论有学问的人或一般的人民,他们的感情都自然而然地投向了整个古典文化那一方面去,他们认为这是伟大过去的象征。"(168)人民"相信古典文化是意大利所拥有的能使它获得光荣的一项最高贵的事业"(203)。具体而言,意大利人文主义者在古罗马西塞罗的作品中、在古代优美的拉丁文中、在罗马的古迹中都能发现刺激民族精神的文化因素。在人文主义者的心目中,西塞罗的作品体现着意大利精神。(249—250)人文主义者也以无比崇敬的态度看待与罗马文化关系密切的希腊文化,布克哈特描述彼特拉克以宗教虔诚的态度来保存希腊文荷马史诗。(183)再来察看近代政治科学奠基人马基雅维里的著述、思想情况。马基雅维里不是一般地推崇古罗马史学家李维所写的《罗马史》,而是要在李维的著作中寻找佛罗伦萨共和国的立国之本和治国方略,并写成重要的政治学著作《李维史论》。① 而在同时期的其他欧洲文明区域,虽然文化人和学校教育也崇拜并学习西塞罗、李维等古罗马作家的拉丁文作品,但那种学习不是将拉丁文当作本民族的语言。它更多的是与社会交往等实用目的有关,与意大利人家园感的学习不能相提并论,更不能与马基雅维里等在古罗马作品中寻找治国方略的情景相提并论。

　　不妨再谈谈人文主义者造访古代罗马城和其他意大利古迹的盛况。在初读《意文化》时,读者往往会觉得布克哈特的历史写作很零散,例如作品为何要花那么多笔墨去谈人文主义者到罗马等意大利古代遗址瞻仰的情景。其实布克哈特著作中那些看似零散的笔触始终围绕着一个中心,即试图从各个历史的视角去论证什么叫意大利文艺复兴。那些人文主义

---

① Machiavelli, *The Discourses*, translated from the Italian by C. E. Detmold, Modern Library, 1940. 目前有多种中文译本,如马基雅维里:《论李维》,冯克利译,上海人民出版社 2005 年版等。

者是带着新的近代精神、民族精神去游览古迹,并在古迹中唤起历史的理想。(173、175、177)学人可以进一步联想,即其他欧洲文明区域的文化人也崇敬罗马、意大利的文化,也会到罗马城等古代遗址去旅行,但那种旅行与意大利人视古代罗马文化为自己文明源流的旅行相比,在情怀上就有差距。

总之,意大利文艺复兴是一道独特的精神文化风景线。西塞罗、李维等是意大利文化人心目中的精神导师、民族精神之象征,拉丁文是意大利人自己的语言,古代罗马城是意大利文明的发源地,如此等等。布克哈特在著作中还考察分析了意大利历史、意大利文艺复兴的其他特殊现象。例如意大利人的宗教调和倾向,以及用新柏拉图主义调和古代文化与基督教文化的情景等,这些使意大利避免了走欧洲其他地区宗教改革的道路,并使人大胆地、踏实地去追求享受尘世的幸福。又例如在布克哈特的文化史观中,文艺复兴时期(另外还有古代的希腊)是文化与健康的人性、精神相融合的历史时期,"意大利人,尽管他们过的是一种放纵的生活,仍然在体格上和精神上是欧洲最健康的和最有天赋的民族,并且一直以进步的道德保持着这种地位直到我们自己这个时代"(431)。再说意大利民族更受想象力的支配。(437)诸如此类的特殊历史因素最终汇聚成意大利文艺复兴的潮流。

了解上述情况,我们就会很容易去理解布克哈特在《意文化》一书的人物评价原则。有两类人引起布克哈特的关注,一类就是所谓多才多艺者,他们大多精神世界丰富,具备各种创作才能并在某些专长领域有独到的贡献。同时个性突出,身上带着世俗性的风气。这些多才多艺者有建筑家阿尔伯蒂(Leon Battista Alberti,1404—1472)、近代最大的讽刺文学家阿雷蒂诺(Pietro Aretino, 1492—1556)、自传体作家和雕刻家切利尼(Benvenuto Cellini,1500—1571)等。在评价这些天才时,布克哈特说了许多人物在个性、文化成就方面的内容。甚至不回避许多人物如阿雷蒂诺身上的世俗性精神。顺便指出，布克哈特是以历史的、批判的、客观的眼光并用叙事的语调来描述那些人物个性的。另一类是布克哈特详加论述的真正意大利文艺复兴的代表，如但丁、彼特拉克、薄伽丘、马基雅维里等。这些人物也具有人文主义者的一般特征，但更重要的是他们的生平、思想和文化创作与意大利的民族精神、政治理想有千丝万缕的联系。布克哈特甚至认为，是否具有这种民族精神是衡量当时文化精英的重要标志。例如但丁是"那个时代的最具有民族性的先驱"（126），是"把古代文化推向民族文化的最前列的人"（200）。布克哈特在分析但丁时还非常注重其政治理想方面的表现。（74—75）显然，但丁等人的政治理想始终围绕着意大利的过去、现在和未来展开。布克哈特还注意到，那些文化精英的民族热情有多种表现形式，例如但丁不仅爱佛罗伦萨和期待统一的意大利，也在政治构想中钟情于神圣罗马帝国。① 几乎不会有专门的评论著作漏掉对上述但丁人生理想的分析。② 但丁在《君主国》（也有译作《论世界帝国》等）里就论述了这个世俗的帝国如何存在的问题。我们可以进一步设想，在当时的德国、西班牙等国家，君主们也惦念着这个神圣罗马帝国，但那是一种政治得失的算计，与但丁由爱国情怀引申出去的关于意大利和整个世界的构想不能同日而语。

　　马基雅维里的爱国热情更是溢于言表，令人百感交集。③ 到了马基雅维里的时代，意大利及欧洲的政治格局发生了新的变化。中世纪西

---

① 参见赫德、韦利编：《意大利简史》（上册），罗念生、朱海观译，商务印书馆1975年版，第112—115页。作者指出但丁在意大利统一观念上的复杂性。

② 参见 Thomas Caldecot Chubb, *Dante and His World*, Little, Brown and Company, 1966, pp. 17 - 18。

③ 从学术史和政治批评的角度分析马基雅维里的爱国热情及相关思想可参见本书第四编第二篇文章。

方的政治发展表现为典型的王朝政治共同体模式,那时取得王位的家族势力、其他家族的势力、教会的势力、地方乡绅的势力、城市市民的势力等都在相互博弈之中。英法等国的议会就是各种政治势力相互博弈并取得相对平衡的结果。即使后来的君主专制时代也没有摆脱共同体的性质。到了文艺复兴时代,随着民族国家的兴起,民族国家政治共同体的整体功能开始显现,谁的民族国家整体功能发挥得更充分,谁的经济、政治、国际地位等的优势也更明显。那时的王权已经转变为国家的象征而非家族势力的象征。意大利早在中世纪时代就到处是城邦国家政治共同体,特别是行会与行会、家族与家族等的政治共同体。但在民族国家政治共同体的发展方面,意大利落后了。也就是说,意大利的民族国家的政治功能还没有得到表现。那时意大利特别有政治敏感力的政治思想家也意识到民族国家政治共同体是一种国家发展趋势。像马基雅维里这样的政治思想家,经历了漫长的外交实践生涯,对刚刚显露强大政治共同体功能的民族国家有十分敏感的认识。所以他的政治思想阐释任务非常明确:一是把国家政治共同体的特征等讲清楚;二是呼吁意大利尽快在一位称职的君主领导下实现统一。他寄希望于像切萨雷·博尔贾这样的强权人物来统一意大利,也希望美第奇家族能够出一位有才气者来领导意大利,而所有这些希望又具体反映在保住佛罗伦萨共和国的生存并不断强大起来这个政治焦点上。《君主论》最后一章就是这种爱国热情的集中体现。马基雅维里带着强烈的爱国之心期盼着一位能够拯救意大利的君主出现,"因此,这个时机一定不要错过了,以便意大利经过长时期之后,终于能够看到她的救星出现。我无法表达:在备受外国蹂躏的一切地方,人们将怀着怎样的热爱、对复仇雪耻的渴望、多么顽强的信仰,抱着赤诚,含着热泪来欢迎他!……请你的显赫的王室,以人们从事正义事业所具有的那种精神和希望,去担当这个重任,使我们的祖国在她的旗帜下日月重光……"①布克哈特充分注意到在马基雅维里身上所表现出的爱意大利、爱佛罗伦萨的高贵品质,并将此作为分析马基雅维里政治思想的线索。布克哈特评论道:"他在佛罗伦萨建立一个新的政治制度的最完整的方案是在他上教皇列奥十世的陈情书中提出来的;这篇陈情书是在乌尔比诺大公小洛伦佐·美第奇(死于1519年)死后写成的;他曾经把他的著作《君主论》献给这位大公。那时国家正处于穷途末路、腐败不堪的状态中,而所提出来的挽救办法未必都合于道德;但最有趣的是:我们看到他如何希望建立起一个温和的民主形式的共和国以为美第奇家族之续。"(84—85)布克哈特分析马基雅维里这个人物时的出彩之处也就在这里。作者不是人云亦云地去谈论马基雅维里那些关于政治手段的想法,也不是从某种政治立场出发或赞扬或指责那种政治之"恶",而是以历史的眼力将马基雅维里的政治思想、政治举动与人文主义者对人性的关注联系起来,更与时代精神、爱国热情等挂起钩来:"他把现存势力看作是有生命的和能动的,对于可能采取的方法,观察得广泛而精确,既不想自欺也不想欺人。……对他来说,危险并不在于他冒充天才或思想体系的错误,而在于他自己显然也难于控制的强有力的想象力。他的政治论断的客观性,其坦率程度有时令人吃惊,但它是危急存亡之秋的时代标志。"(83—84)

　　布克哈特既然认为意大利文艺复兴有其自身的特征,那么构成这种特征的种种因素在后来发生了诸多变化,于是意大利文艺复兴逐渐衰落下去也就不难理解了。在诸多衰落的原因中,人文主义者爱国热情的逐渐丧失是根本性的。布克哈特分析道,16世纪的意大利是文艺复兴的盛期,然而这时出现的诸多因素却不利于爱国主义热情的发展,这些因素有

---

① 马基雅维里:《君主论》,潘汉典译,商务印书馆1985年版,第124—125页。

"文学艺术乐趣的享受,生活的舒适和高雅以及对于自我发展的无上兴趣"(124),等等。当然还与存在于人文主义者身上的各种弱点有关,如人文主义者身上的极端个人主义不利于新的道德文明的生长。① 意大利的人文主义者原来崇拜古代文化的优点,但当其发展到极端的形态,也就是人文主义者将自己迷失在古代世界和古代文化的路途之中,这就物极必反,最终不利于新的文化之生长。布克哈特用批判的语气诟病人文主义者:"正是因为他们教条地去理解古典——也就是把它看作一切思想、行动的典范——它在这一点上的影响就是有害的。但是,那样一个极度热情崇拜古代世界及其作品的时代,其存在并不是一些个人的过错。它是历史天命的产物,它所继承的以前各个时代的文化,以及未来各时代的文化就奠基于它是这样的情况,奠基于当时一切人生目的除此而外都被有意地撇在一边的这个事实上。"(270—271)总之,意大利文艺复兴的特征决定了那个时期的历史文化的基本走向。

结论是:在当时城市国家的政治环境中出现多才多艺者,这是与近代市民社会、近代城市国家政治相关的一般文化现象。但与意大利民族精神相关的文艺复兴现象则是当时意大利特殊的文化现象。相应地在文化上就有布克哈特所说的"作为个人和作为民族的人"(95)。《意文化》的第2编着重论述这个问题。

这里再提示一下,布克哈特在书中没有详细展开对艺术领域诸多天才(其中包括艺术三杰在内)的分析。这不是布克哈特的疏忽,按照布克哈特对政治与文化关系的理解,政治与现实社会中各种强势的力量有关,因而政治的强势性会对思想文化等产生特定的影响。但文化与政治不是一一对应的关系。文化是自由自在的个体心灵世界之展示,因而文化人

---

① 参见本书第一编第三篇文章。

的创作活动和成果等有自身的独特性,它们并不反映政治现象的整个结构。也就是说,文化本身并不是完全贴切地呼应政治现象。正如上文所述,与文化昌盛相对应的却是爱国热情的减退。到了15世纪的下半叶,各种政治势力的干涉又使意大利面临危机的历史境况,于是民族感情再次以保护地方城邦利益的形式被唤起,可这些已经不能与14世纪唤起的民族感情相比拟了。(124)所以《意文化》不高歌颂扬艺术三杰、不完整地去描述意大利的艺术史,这些对于阐明"意大利文艺复兴"的起源、本质和主要内容不会产生实质性的影响。

　　在西方学术界,学人对布克哈特意大利文艺复兴史研究状况的了解愈益深入,在文艺复兴概念的界定和使用方面也越来越谨慎。如果将文艺复兴这个术语界定为对古典时期文化的向往和学习,那么确实可以说欧洲历史上有12世纪文艺复兴、①法国文艺复兴、②英国文艺复兴、西班牙文艺复兴,如此等等。如果从欧洲文明的变化角度来思考文艺复兴,那么给某个时期的欧洲历史贴上文艺复兴的标签似乎有一定的道理。事实上,《新编剑桥世界近代史》③等许多著作都已经这么做了。然而应当引起关注的是,现在有更多学者不满意贴文艺复兴标签的做法。上述学界的情况会让人进一步反思布克哈特《意文化》的研究思路。如果像布克哈特那样将文艺复兴放到意大利的历史背景上考虑,并将14至16世纪意

① 参见 Charles Homer Haskins, *The Renaissance of the 12ᵗʰ Century*, Harvard University Press, 1927。
② 仅以法国文艺复兴为例,各种观点及相应的著述不断面世,如 Franco Simone, *The French Renaissance-Medieval Tradition and Italian Influence in Shaping the Renaissance in France*, Macmillan, 1969; *The French Renaissance and Its Heritage: Essays Presented to Alan Boase by Colleagues, Pupils and Friends*, ed. by D. R. Haggis, Methuen & Co Ltd., 1968; Lucien Febvre, *Life in Renaissance France*, ed. and trans. by Marian Rothstein, Harvard University Press, 1977。
③ 波特主编:《新编剑桥世界近代史》,中国社会科学院世界历史研究所组译,中国社会科学出版社1988年版,第1卷"文艺复兴1493—1520"。

大利的文化现象界定为民族精神鼓动下学习古典时期的文化,并在那些文化中找到精神的支柱,那么学人就能心领神会地在不同场合有区别地使用文艺复兴这个历史名词。至少能注意到一个现象,即意大利文艺复兴的诸多特征和内容是欧洲范围内其他年代、其他地区所不能比拟的。

寻着以上思路进一步探讨人文主义的内涵,我们不难发现文艺复兴时期的人文主义者之所以钟情古典的文化,其深远的意义就是使古典文化和其他因素合在一起形成一种精神如"意大利精神"(168)等。布克哈特说:"人民的精神这时已经觉醒到能够认识到自己的存在,并要寻求一个可以依以存在的新的稳固的理想。……对古代罗马的追怀不失为对于这种民族感情的一个有力的支持力量。以它的文化重新武装起来的意大利人不久就感觉到他自己是世界上最先进国家的真正的公民。我们现在的任务是对这个精神运动做一个概述,当然不是巨细靡遗,而是要指出它的最突出的特征,尤其是它那早期开始时的面貌。"(171)布克哈特的这种文化观点体现了德国思想文化的传统,也反映出布克哈特长期受德国思想文化熏陶、影响的情况。在布克哈特的笔下,正因为人和人的精神是历史最主要的内容,而人的精神又富有创造力、千姿百态,并通过每一个有个性的人物生动地创造反映出来,因此精神世界不是千篇一律的原则,而是独特的家园。布克哈特还注意到心灵与语言的关系;注意到发生学意义上的语言丰富性;注意到文学艺术对人性的创造性自由表现;如此等等。① 简言之,历史处处有其独特的地方。就每一个历史时期而言,人性、自由个性的力量表现为和存在于具体特定的国家、宗教、文化等形式之中。在人性力量的支配下,国家、宗教、文化等力量相互作用,使社会呈现

---

① 参见 Jacob Burckhardt, *Force and Freedom: An Interpretation of History*, edited by James Hastings Nichols, Meridian, 1955, pp. 125 – 129。

秩序状态,形成某种特征。其中文化是人的自由个性的总体体现。国家等强势的力量不能以牺牲文化为代价。布克哈特对国家主义等持反对的态度。① 所以历史学家有无判断人性-文化大势的眼力显得格外重要。历史学家有责任去把握住历史的特征,从而有的放矢地观看其他社会历史现象,并敏锐地在各种社会历史现象中找到思想文化深层的内容。人类历史的命运是:人逃不出盲动人性的制约,但人们可以用自由的精神文化为人性创造提供一个暂时的住所,使人性呈现美的外观。为此,布克哈特强调文学艺术对人性、人的自由性、个体精神的整体反映。就此而言,诗人、诗歌等既有现实的素材又有超越现实的因素,从而更能反映由个体的人及其活动构成的历史真实。② 如果将历史缩小到人这个小宇宙来考察,那么历史也是活的有机体:它无时不在表现自己的生命、维持自己的生命、延续自己的生命。活的有机体的任何部分的变化都反映了生命整体的变化。历史上伟大的人物都对时代精神、对社会现实有独特的感悟。同时,这些历史人物充满想象力,有自己独到的社会政治理想。所以每一个人及其精神创作活动都有其特定的价值。历史学家同样要成为这样一个人,将历史的独特性通过历史学家直觉的本领展现出来。从这一点看,也许历史学家更伟大,他不仅在创造思想文化,他还要与历史人物及其思想进行对话,并将其展现出来。

　　如上文所言,德国文化传统注重对文化的认识,特别强调个体、民族

---

① 参见 James Hastings Nichols, "Jacob Burckhardt", from Jacob Burckhardt, *Force and Freedom: An Interpretation of History*, p. 49。

② 参见 Jacob Burckhardt, *Force and Freedom: An Interpretation of History*, pp. 124, 127 – 128; 亦可参见 James Hastings Nichols, "Jacob Burckhardt", from Jacob Burckhardt, *Force and Freedom: An Interpretation of History*, pp. 60 – 61。

精神等因素。① 这里,我们特别就布克哈特《意文化》中关于文化(Kultur)
和文化知识(Bildung)两个概念的使用情况作些具体分析、说明。《意文
化》中的 Kultur 指与人的精神世界相关的文化世界,而 Bildung 除文化知
识外还有文化教育、文化涵养等内容。前已指出,布克哈特将文化
(Kultur)视作人的个性和人、民族精神的表现。布克哈特也是从这一视角
来谈论但丁和意大利文化之间的关系:"还是从但丁开始吧。如果说有很
多有同样天才的人曾经支配了意大利文化,无论他们的性格中从古代吸
收到什么样的成分,他们也仍然会保有一种富有特征的和鲜明的民族烙
印。"(200)此处"意大利文化"的德语是 italienische Kultur②。所以撰写文
化史就要开掘思想和精神的内在含义、发展过程。布克哈特有言:"写文
化史的一个最严重的困难就是为了无论如何要使人理解而必须把伟大的
知识发展过程分成许多单一的,和往往近似武断的范畴。"(1)这段中文
的翻译是值得商榷的。德文原文是:Es ist die wesentlichste Schwierigkeit
der Kulturgeschichte, dass sie ein grosses geistiges Kontinuum in einzelne
scheinbar oft willkürliche Kategorien zerlegen muß, um es nur irgendwie zur
Darstellung zu bringen。③ 英译为:It is the most serious difficulty of the history
of civilization that a great intellectual process must be broken up into single,
and often into what seem arbitrary categories in order to be in any way
intelligible。④ 在上面两段文字中,"伟大的知识发展过程"分别是 grosses

---

① 参见埃利亚斯在《文明的进程》(第 1 卷,王佩莉译,生活·读书·新知三联书店 1998 年
版;第 2 卷,袁志英译,生活·读书·新知三联书店 1999 年版)中的论述。
② 参见 Jacob Burckhardt, *Die Kultur der Renaissance in Italien: Ein Versuch, Kroener*, 1988,
p. 146。
③ Jacob Burckhardt, *Die Kultur der Renaissance in Italien: Ein Versuch*, p. 3.
④ Jacob Burckhardt, *The Civilization of the Renaissance in Italy*, Vol. I, Harper & Row, Inc.,
1958, p. 21.

geistiges Kontinuum 和 great intellectual process，中文应当译为"伟大的思想（或精神）发展过程"。这样才与布克哈特的原意相一致，也就是说文化所体现的是一种精神。就 Bildung 而言，它当然也牵涉到人的精神，但它涉及具体的文化知识情况，是很容易被人具体感受得到的。例如具体的文学、艺术作品等都可以归在 Bildung 的概念之下。再例如，说某个人是文化知识的领袖，其实就是指某人在具体的文化知识的创作群体和创作实践中起着关键的指导、资助等作用。在这种具体的文化层面上，布克哈特将美第奇家族的老柯西莫、大洛伦佐等视为"文化领袖"①（215）。又例如布克哈特在谈到"生活和文化"的关系时亦使用了 Lebens 和 Bildungs 一组概念（132）。② 其他还有"财富和文化"③（127）等。所以有时布克哈特说某些人是"意大利文化的代表者"④（481）、"高级文化人"⑤（399）时，这里的文化、文化人都是在具体文化知识、文化教育、文化涵养的意思上使用的，故都用 Bildung。顺便指出，英译本通用 culture 来对译德文的 Bildung 和 Kultur 两个概念。显然这是一种语言沟通上的理解缺憾，它不免影响到对布克哈特文化观的深入理解。

　　正因为精神是文化中的核心部分，这就使文化的传承有了可能。"古代哲学家对于意大利文化的影响，有时看来是巨大的，有时是轻微的；当我们考虑到亚里士多德的学说，主要是从他的伦理学和政治学中引申出

---

① Gebiete der damaligen Bildung, see Jacob Burckhardt, *Die Kultur der Renaissance in Italien: Ein Versuch*, p. 156.

② 参见 Jacob Burckhardt, *Die Kultur der Renaissance in italien: Ein Versuch*, p. 104。

③ Reichtum und Bildung, see Jacob Burckhardt, *Die Kultur der Renaissance in Italien: Ein Versuch*, p. 101.

④ die Träger der Bildung des damaligen Italiens, see Jacob Burckhardt, *Die Kultur der Renaissance in Italien: Ein Versuch*, p. 359.

⑤ höhere Bildung, see Jacob Burckhardt, *Die Kultur der Renaissance in Italien: Ein Versuch*, p. 293.

来的学说——二者在早期都传播得很广——竟成受过教育的意大利人的共同财产，以及整个的抽象思维的方法怎样受他支配时，它的影响就是巨大的；当我们记起古代哲学乃至那热心的佛罗伦萨的柏拉图主义者对于一般人民的精神上的教义影响是如何不足道时，它就是轻微的。那些看来像是这种影响的东西，大抵不过是一般新文化的以及意大利思想的特殊成长和发展的一种结果。"（245—246）这里是在谈精神的传承问题，因此"意大利文化"的德文仍使用 italienische Kultur 一词。我们知道，布克哈特的历史研究非常看重古典时代的希腊文化和文艺复兴时期的意大利文化。虽然这并不表示他完全赞同这两个时期的所有文化内涵，但布克哈特在这两个时期的文化发展中得到了他想得到的启示，即一个国家、宗教、文化在怎样的情况下与个体的自由发展相一致。布克哈特一生所探讨的就是这样一个问题。布克哈特热爱巴塞尔、雅典、佛罗伦萨，而这几个地方都是地域不广的城邦国家。但恰恰是这种城邦国家诞生了最辉煌的文化：雅典成为西方文化的源流；佛罗伦萨成为近代西方思想文化的源流；而巴塞尔是布克哈特努力使之成为近代西方文化的样板。现在要问：为何这种城邦国家诞生了辉煌的文化，而布克哈特独具慧眼地研究这些城邦国家的文化又是何种历史观在驱使？

四、文化的价值及其评判

顺理成章的是，因为有了个性、精神等因素的作用，所以文化包括具体的文化知识都会体现出特有的价值："我们所生活的这个时代已经高声地宣布了文化的价值，特别是古代文化的价值。但对古代文化如此热诚崇奉，承认它是一切需要中的第一个和最大的需要，则除了15世纪和16世纪初期的佛罗伦萨人之外，是在任何其他地方都找不到的。"（217）当然，布克哈特在谈论文化价值之类问题时有明显的历史主义倾向。布克哈特与黑格尔等人相比少了一份形而上学思辨的情趣，或者说，布克哈特没有使自己沉浸在哲学的理性抽象思辨之中。但布克哈特通过对一件件历史事例的把握，进而概括出文化、时代的特征等。他在评价文艺复兴时期的古典文化追求和宗教之间的关系时指出："复兴了的古典文化并不是通过任何学说或哲学理论，而是通过它所培育出来的一般倾向来强有力地影响着宗教。"（496）其他像"宗教气质"等问题也"不能用任何一般的回答来解决"（483）。布克哈特所一意追求的是历史中充满个性的、自由的人和人的创造活动，或者反过来说，憧憬体现充满个性的、自由的人和人的创造活动的历史。①《意文化》不放过每一个生动的历史事例，甚至像人文主义者买书、藏书等情况也给予了详尽的、充满感情的描绘。（184）这启示文明史和文化史的研究不仅要有总体的目光，更要从文明的整体特征出发对某一现象（艺术的、生活的等）进行细致入微的观察。

　　布克哈特对文化特别是渗透在文化中的精神进行概括时也表现出一种谨慎的态度。在布克哈特的心目中，文化从一个整体上反映了一个民族的精神气质，文化中有很玄妙的东西，例如"古典文化和文艺复兴之间的整个神交是非常微妙和神秘的"（345），它藏在一个民族心灵的深处，人们想用某个概念去判断、限定文化都会很困难。布克哈特用结论性的语气说："关于世界上各民族如何对待人生的最高目的、上帝、美德以及永生不朽的问题，人们可以研究到某种程度，但绝不能对它们作绝对严密的和准确的比较。似乎我们在这些问题上的证明显得越清楚，我们就必须越发谨慎，以免做出不适当的假定和草率的判断。"（421）"事实上，要想

---

① 参见布克哈特：《意大利文艺复兴时期的文化》，何新译，商务印书馆1979年版，第2篇"个人的发展"中的第1章"意大利的国家和个人"。

在性格和感情的领域里对其他民族做出公平的判断,那是一件极端困难的事情。"(431)布克哈特注意到,人们在感受文化时都会带有个体精神的因素,"任何一个文化的轮廓,在不同人的眼里看来都可能是一幅不同的图景,而在讨论到我们自己的文化之母,也就是直到今天仍对我们有影响的这个文化时,作者和读者就更不可避免地要随时受个人意见和个人感情的影响了"(1)。这更需要历史学家在历史的事例中而不是在思维的原则中去寻找各种问题的答案。

当然,历史学家不是去呈现散漫的历史事例。正如上文所言,文化是有特征的。《意文化》也不时在勾勒文化和时代的特征。于是有了人文主义、世界的发现、个人的发现等带有文化、时代特征的评价。正是由于抓住了特征,《意文化》整部著作有了主线,做到开合自如。许多学人感到读《意文化》一书有一种零碎的感觉,这多半是没有很好地领悟布克哈特文化史观既注重历史主义的观察又注重勾勒文化特征的文化史理念。布克哈特的文化史观提示我们,历史学家在分析和描述千变万化的历史事例时要做到形散而神不散,并用生动的语言将历史事例呈现出来。在这方面,布克哈特与其忘年交尼采的观点颇为相似,认为最贴近生活的语言是最为生动的语言。那种体系化的语言和概念则是生动世界褪色的象征。历史学家一方面要懂得历史中生动的情景,另一方面要善于运用生动的语言去展示那个生动的世界。①《意文化》的语言使用也颇为讲究。

总之,我们要懂得布克哈特文化史观的核心内容和方法,从而得心应手地去思索文艺复兴时期的历史和文化。

---

① 参见 Jacob Burckhardt, *Force and Freedom: An Interpretation of History*, p. 125。

读史札记

罗马城邦、教廷、教皇国

　　研究文艺复兴意大利的历史状况必须搞清楚罗马城邦国家、教廷、教皇国等概念。这些概念之间有交结的关系。严格地讲，罗马就是一个城邦国家。但罗马与佛罗伦萨、威尼斯等城邦国家不同，其政府的运转受到教廷的牵制。例如在14世纪时，罗马由两个教皇任命的大法官来掌管国家事务。后来罗马也学习佛罗伦萨的政府体制形式，即通过行会之间的协调来完善国家机构，并由执政官来主导政府运转。不过，此执政官最后仍由教皇批准任命。总之，罗马的城邦国家机器无论多么独特与形式多样，到头来都甩不掉教廷、教皇的制约。以上情况可参见萨尔瓦托雷利《意大利简史》（沈珩、祝本雄译，商务印书馆1998年版）第254页等。那么教廷是否只管辖罗马呢？这就涉及教皇国（papal state）概念。教皇国是教廷在意大利的领地，起自历史上的"丕平献土"。此领地范围的大小与教皇统治力的强弱直接有关，故经常变更。其中的问题太复杂，布克哈特自己也没有给出一个明确的阐释，认为需要参考兰克《教皇史》、格里格罗维乌斯《中世纪罗马城邦史》等作品，这一观点可参见布克哈特《意大利文艺复兴时期的文化》（何新译本）第99页。现在所说的梵蒂冈国家要到20世纪上半叶才最终确立。

　　我们从下面所选两幅地图的教皇国势力范围看，1450年至1500年左右的势力范围要远大于1559年左右的区域。尤其是经过1527年罗马洗劫事件，教会权势与各世俗权势的博弈处于何去何从的历史十字路口，教皇不能再像中世纪盛期那样发号施令了。于是，教皇国逐渐收缩统治区域范围。

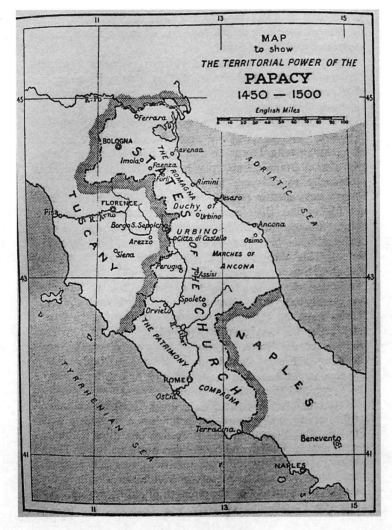

1450—1500 年的教皇国

选自 E. L. S. Horsburgh, *Lorenzo the Magnificent and Florence in Her Golden Age*, Methuen & Co., 1908, p. 31。

1559 年时的教皇国及意大利政区图

选自 *The Oxford History of Italy*, Edited by G. Holmes, Oxford University Press, 1997, p. 81。

3

"悲凉的维多利亚人"

——英国诗人历史学家西蒙兹及其文化史研究 *

"悲凉的维多利亚人"是格罗斯库特为其美国版《西蒙兹传》取的正标题。① 此处"悲凉"一词寓意深远,它点出英国诗人历史学家约翰·阿丁顿·西蒙兹(John Addington Symonds,1840—1893)一生的困惑色彩。西蒙兹是一个同性恋者,这在 19 世纪的欧洲文化氛围下,多少会在人生的历程中使他蒙受各种压抑。西蒙兹又自感在柏拉图式的精神和艺术感召下忘我地进行包括历史学在内的各种人文学科创作,并为世人留下诸多内涵丰富、充满美感的作品。可这种创作的成就与人生困惑的关系又如何?为此西蒙兹很纠结。他需要探索发生在自己身上亦存在于历史之中的那些精神困惑和文化成就之间的关系等。从某种意义上讲,西蒙兹的学术人生就是一种文化的自我解困和拯救。在学术圈内外,西蒙兹曾

---

* 本文原载陈恒、洪庆明主编:《观念发明与思想形态》,上海人民出版社 2015 年版。

① Phyllis Grosskurth, *The Woeful Victorian: A Biography of John Addington Symonds*, Holt, Rinehart and Winston, 1964.

经是人们津津乐道的对象,但事实上人们对其人生和作品的深层一面未必说得很透。即使是一些传记作者在呈现西蒙兹的个人形象时也有所保留。① 在后现代的文化和史学氛围下,有必要围绕西蒙兹的人生和著述及其文化史评叙风格作一整体性的评介。

一、 一位在性倒错与诗人理想境界中挣扎的 19 世纪文人

西蒙兹是同性恋者,同时又是属于他那个时代的重要文人(man of letter)。格罗斯库特编辑的《西蒙兹回忆录》有一个副标题"一位 19 世纪重要文人的隐秘同性恋生平"②。这个副标题集中地展示了西蒙兹这位在性倒错与诗人理想境界中挣扎的 19 世纪文人形象。读西蒙兹的回忆录,不时发现作者以文人和性倒错来提示其人生,认为自己作为一个文人理应将同性恋这件纷繁复杂的事情呈现出来。③ 从文人这一面看,西蒙兹

---

① 西蒙兹去世后,经常为人提及的传记作品有:布朗根据西蒙兹书信等汇集、撰写的《西蒙兹传》(Horatio F. Brown, *John Addington Symonds: A Biography*, 2 Volumes, John C. Nimmo, 1895,后来又出 1 卷本 H. F. Brown, *John Addington Symonds: A Biography*, John Murray, 1903);布鲁克斯《西蒙兹生平研究》(Van Wyck Brooks, *John Addington Symonds: A Biographical Study*, Grant Richards Ltd., 1914);格罗斯库特《悲凉的维多利亚人:西蒙兹传》(Phyllis Grosskurth, *A Biography of John Addington Symonds*, Longmans, Green & Co., 1964)。在前两部传记问世后的近半个世纪岁月中鲜有思想独到、学术品味浓厚的西蒙兹传记与读者见面。直到格罗斯库特的《西蒙兹传》才打开僵局。该书"序言"中提到,布朗的传记作品是有所隐藏的,而布鲁克斯的传记也未见得有何超越。当然仁者见仁智者见智。笔者以为布鲁克斯的有些想法也试着打开西蒙兹隐匿的内心世界,例如他认为西蒙兹在各个领域都被人提及,但人们未必清楚西蒙兹内心中粗糙(vague)、冲动(impressionable)、混杂(chaotic)、激情(ardent)的一面,或者说对那个充满诗情、创造性的西蒙兹还不甚了。参见该书第 VII—IX、32—33 页。其他还有一些围绕西蒙兹学术成果的纪念文,如 Frederic Harrison, *John Addington Symonds*, Macmillan and Co., 1896,等等,此略。

② *The Memoirs of John Addington Symonds: The Secret Homosexual Life of a Leading Nineteenth-Century Man of Letter*, ed. and intro. by Phyllis Grosskurth, Random House, Inc., 1984.

③ 参见 *The Memoirs of John Addington Symonds*, pp. 182–183。

所创作的一些人物评传作品也被选入约翰·墨雷主编的"英国文人丛书"①系列。这里我们首先要搞清楚西蒙兹对近代文人的看法。在西蒙兹的心目中,所谓文人的品性具有以下特点:第一,他们个性鲜明,有自己的思想。以彼特拉克为例,西蒙兹在评价时不时向学人展示彼特拉克身上呈现出的各种个性。② 当然,还评价包括彼特拉克在内的文学三杰作品中所体现的强烈个性。西蒙兹在评价文学三杰的著作之所以具有划时代意义时指出,他们的创作除了在内容方面特别关注自然和现实的生活外,还在形式上有独创性,别人只能加以模仿而不可能替代。同时将作者强烈的个性渗入作品的字里行间。③ 读者不难发现,被西蒙兹加以深层次学术探讨的各个时代文人身上均有上述品性的闪光点。就文艺复兴时代精神层面而言,正是人文主义者的各种文人个性铸成了时代"新精神"。根据西蒙兹的概括,"新精神"的内容主要有:思想洞察力与道德独立性的复苏;崇尚自然主义和理性批判精神;异教精神;等等。④ 第二,文人还应具备广博的人文学科知识。西蒙兹选择诸多文艺复兴时期的文人作为文化史的个案研究对象,其用意就在于那个时期的文人具备多才多艺的特征。第三,文人理所当然应具备诗性的智慧和创造力,通过诗一样的笔触带给

---

① *English Men of Letters*, ed. by John Morley, Macmillan and Co. 分卷出版。
② Lieut-Colonel A. Pearson, *A Short History of the Renaissance in Italy: Take from the Work of John Addington Symonds*, Smith, Elder, & Co., 1893, p. 135. 为了历史地呈现西蒙兹的生平、著述情况,本文在引用西蒙兹原著时会考虑具体情况采用第 1 版及西蒙兹生前的修订版。同时考虑到国内对西蒙兹了解甚少的情况,在引用版本时做了些必要的说明。
③ 参见 John Addington Symonds, *Giovanni Boccaccio: As Man and Author*, John C. Nimmo, 1895, pp. 2 - 3. 后来有各种再版、重印本。西蒙兹原来创作此文的目的是为《十日谈》的英译本做个导论。这篇评传后来也确实作为导论收入里格所译的薄伽丘《十日谈》版本(*The Decameron of Giovanni Boccaccio*, tr. by J. M. Rigg with An Essay by John Addington Symonds, The Medici Classics, 1950)。
④ 参见 J. A. Symonds, *Last and First—Being Two Essays: The New Spirit and Arthur Hugh Clough*, Nicholas L. Brown, 1919, pp. 20, 23, 24, 27, 35, 37, 57。

世人美的享受。基于对这种诗性智慧的认识,西蒙兹不仅在各种研究作品的文字感染力方面留下点睛之笔,而且将历史上的诗人也当作其一生的研究重点,从古希腊到 19 世纪的许多重要诗人都在西蒙兹的研究视野之内。

我们不妨先来品味西蒙兹文人个性养成的经历。西蒙兹曾撰写一篇族谱。① 根据西蒙兹的记叙,其家族属于世袭的名门望族。这一显贵家族的历史甚至可以追溯到威廉征服时期。不过,西蒙兹家族的"显贵"更体现在融融的文化氛围上。到了西蒙兹的父辈,身为名医的父亲(西蒙兹父子同名同姓)仍显示出很高的文人素养,留下《文集》②、《诗集》③等作品。《文集》中收有《美的原理》④一文,注重美与道德的关系,可见其显著的文人品性。《诗集》中有写给儿子的诗歌,父子俩亦父亦诗友的情谊见诸笔端。⑤ 有些诗句的境界与后来西蒙兹在各种诗集中表达的境界何其相像。也正是凭着父亲的亲笔信,西蒙兹结识了对其文人个性养成有影响的学界名人、牛津大学教授詹姆斯·乔伊特。作为西蒙兹业师的乔伊特以柏拉图研究著称学界。乔伊特曾将柏拉图的著作译成英文,并附有许多译评,为学界称道。⑥ 乔伊特十分信服柏拉图的哲学理想,并以此为切入口

---

① J. A. Symonds, *On the English Family of Symonds*, privately printed, 1894. 这部家族史被布朗《西蒙兹传》收作附录,并增加族徽图案 1 页。此家族史的史料价值极其珍贵。该附录到布朗《西蒙兹传》第 2 版时删掉了,不知是何原因。虽然第 2 版增加了一个索引,但删掉家族史和一些照片(第 2 版时只剩 1 张),这多少有些遗憾。

② 西蒙兹特地为父亲编撰文集,即 *Miscellanies by John Addington Symonds, M. D.*, selected and edited, with An Introductory Memoir by His Son., Macmillan and Co., 1871。

③ J. A. Symonds, M. D., *Verses*, published privately 1871, reprinted by Isha Book, 2013.

④ 参见 *Miscellanies by John Addington Symonds, M. D.*, "The Principles of Beauty", pp. 1 – 48。其实就是一部论美的小册子,文后还附有从简到繁的人体比例图。

⑤ 参见 J. A. Symonds, M. D., *Verses*, "To J. A. S. After the Oxford Commemoration, 1860", p. 74。

⑥ 参见 *The Dialogues of Plato, Vol. III*, "Republic, Timaeus, Critias", tr. by J. Jowett, Oxford University Press, 1892。

分析人生社会的变化。乔伊特这位将学术视为天职的学者身上有着理性、刻苦、宁静的气息。西蒙兹的一生坚守着导师培育的理性、努力等品行，不忘理性的适度。除恩师的理性风范外，西蒙兹还服膺理性主义的集大成者黑格尔，在写《希腊诗人研究》时不忘感激黑格尔的《历史哲学》。① 在《思索与设想》中，西蒙兹专门就科学性问题发表看法，认为19世纪上半叶最重要的思想成就即对世界的科学认识。这种科学认识是3个世纪以来实验、哲学运思的结果，并最终以进化论的成就展示出来。② 从某种意义上讲，文艺复兴就是理性力量的复苏。《意大利文艺复兴》在谈到人的解放时特别将理性的解放作为一种标志。③ 布鲁克斯也认为西蒙兹是英国最早对科学表示乐观态度的文人之一。④ 甚至可以这么说，西蒙兹的人品之一就是尽量让理性来平衡自己生活中的各种困惑，并以近似于自我折磨的文化创作来进行心理拯救。与乔伊特的巨大影响相比，牛津大学诗人克劳夫、康宁顿等人对西蒙兹的诗性智慧感染和文学熏陶也毫不逊色。布鲁克斯在传记中提到导师乔伊特后，随即提及同在牛津大学的诗人克劳夫。⑤ 克劳夫与西蒙兹两家的情谊甚为笃厚。至于康宁顿对西蒙兹的影响，布鲁克斯如此评论："乔伊特引导西蒙兹如何去写作，而康宁顿则引导西蒙兹明白，'文学是内在性的东西，它不是色彩斑斓的云霞之

① 参见 J. A. Symonds, *Studies of the Greek Poets*, Smith, Elder, & Co., 1873, "Preface"。
② 参见 J. A. Symonds, *Essays, Speculative and Suggestive*, Vol. I, Chapman and Hall, 1890, p. 1, 最初为两卷本，1893年再版时合为1卷。再版时西蒙兹还在世。现在使用比较普遍的是第3版 J. A. Symonds, *Essays, Speculative and Suggestive*, Smith, Elder, & Co., 1907。
③ 参见 J. A. Symonds, *Renaissance in Italy*, Vol. I "The Age of the Despots", Smith, Elder, & Co., New Edition, p. 5. 本文考虑到学术界的习惯，许多《意大利文艺复兴》英文版的出处还是用的新版，并标上 New Edition 字样，省略具体的出版年份，下同。
④ 参见 Van Wyck Brooks, *John Addington Symonds: A Biographical Study*, Grant Richards Ltd., 1914, p. 231.
⑤ Van Wyck Brooks, *John Addington Symonds: A Biographical Study*, p. 33.

一部分,而囊括了我们所有对爱的崇信'。"①在牛津期间,西蒙兹还为康宁顿编撰文集(2卷)②。受上述环境、人物的影响,西蒙兹喜欢将理性的能力与诗性的风骨结合起来,追求文艺复兴人文主义者所倡导的完美境界。他在诗文中将理性、意志、情感称作"三姐妹"。③ 在评论近代的进化论成就时,也将布鲁诺、歌德等的诗性呈现(poetic utterance)与形而上学家黑格尔等的逻辑表达(logic expression)放在一起。④ 西蒙兹的人生理念和实践就是要体现神、理性、情感等融合在一起的大气。西蒙兹经常在各种人物研究中提及"完美"(perfect)一词,其心中的理想跃然纸上。1893年西蒙兹谢世,在墓碑下方有他翻译的古希腊斯多葛派哲学家科林西斯(Cleanthes)的诗句:"你们——上帝、法则、理性、情感、生活——指引着我/要用相似的名称来呼唤你们都是徒劳/你们指引我吧,我俯首听命/如果我有何反抗,到头来还是盲从!"⑤这些诗句中蕴涵的思想其实就是西蒙兹一生的座右铭。在西蒙兹的心目中,任何人包括释迦牟尼、苏格拉底、基督等都只能说出宇宙现象的相对一面,而那个恒久的世界是人们看不透的,大家只能听命而行。这里再次透露出西蒙兹内心中的斯多葛主义倾向,也可以算是一种宗教情怀。⑥ 就文人个性而言,西蒙兹认为美国诗人惠特曼对自己的影响最大。从西蒙兹遴选那些大气的文人(如但丁、

---

① Van Wyck Brooks, *John Addington Symonds: A Biographical Study*, p. 37. 注:本文涉及西蒙兹引文的内容,凡不标明译者的部分均为笔者所译。

② John Conington, *Miscellaneous Writings of John Conington*, Two Volumes, ed. J. A. Symonds with A Memoir by H. J. S. Smith, Longmans, Green, and Co., 1872.

③ 参见 J. A. Symonds, *Vagabunduli Libellus*, "*Three Sister: Reason, Will, the Heart*", Kegan Paul, Trench, & Co., 1884, p. 89。

④ 参见 J. A. Symonds, *Essays, Speculative and Suggestive*, Vol. I, p. 2。

⑤ Horatio F. Brown, *John Addington Symonds A Biography*, Vol. II, p. 364.

⑥ 一些思想史家注意到西蒙兹对人天性中宗教情怀的重视,参见 L. E. Elliott-Binns, *English Thought 1860-1900: The Theological Aspect*, Longmans, Green and Co., 1956, p. 12。

雪莱、惠特曼等)作为人物研究对象,大致也看得出其内心的向往。

西蒙兹喜欢柏拉图的著作,一生沉浸在精神恋爱之中。在《蓝之抒怀及其他文论》等一系列的作品中都涉及对柏拉图之"爱"的探讨。[①] 如何开掘这位同性恋者的精神世界? 这成了西蒙兹研究的关键点。上文提到的西蒙兹研究专家格罗斯库特在《悲凉的维多利亚人》中做了有益的尝试,该书最具启示意义的内容就在于把西蒙兹曲折的人生和艰巨创作间的关系传达了出来。作者力图将一个在精神世界中如何自我解救的西蒙兹完整形象公之于众。就文字与个体的生命体验关系而言,西蒙兹的创作生涯就是解答同性恋的生理、心理问题的历史探索过程。甚至可以认为,西蒙兹一生的笔耕就是以同性恋者、文人、诗人历史学家多重身份所进行的同性恋文化史创作过程。只是考虑到他个人情况的特殊性以及时代的容忍性,西蒙兹还不能堂而皇之地撰写以同性恋为主题的历史作品。为此他采取三种手段书写之:第一,撰写伦理问题报告;第二,撰写文学批评史及人物评传;第三,撰写书信、回忆录等。西蒙兹同性恋史创作的最终目的既是为了拯救自我,也是为了请世人重新认识同性恋现象,使同性恋者正常地回归社会。其顺带的成果是,西蒙兹渗透着同性恋内容的研究留给世人一笔厚重、丰硕的精神文化遗产。笔者以为,要深入西蒙兹的内心世界,最佳的研究途径就是回到西蒙兹的私人信函、回忆录等原始资料。其中有:沉默近一个世纪才面世的《西蒙兹回忆录》;由舒勒和比德斯编辑的《西蒙兹书信》3 卷,约 200 万字左右[②];还有一些回忆在瑞士的生

---

① 参见 J. A. Symonds, *In the Key of Blue and Other Prose Essays*, Elkin Mathews, 1893, pp. 61, 83。

② *The Letters of John Addington Symonds*, ed. by Herbert M. Schueller and Robert L. Peters, Wayne State University Press, Vol. I, 1967; Vol. II, 1968; Vol. III, 1969. 舒勒的学术专长就是西蒙兹研究,其博士论文为《作为理论与实践批评家的约翰·阿丁顿·西蒙兹》(*John Addington Symonds as a Theoretical and as a Practical Critic*)。

活等文字。① 面对这些生动记录人生的文字,连他的朋友布朗都惊讶其书写量之巨。在上述反映私人世界的文函中已经点点滴滴向世人吐露那些隐秘的信息。《西蒙兹回忆录》用"痛苦"(painful)一词来形容他在哈罗学校的生活,也就是学校在表现同学感情方面粗糙的环境与西蒙兹所向往的柏拉图精神境界之间存在着巨大的反差。② 到了 1883 年,西蒙兹私人印了 10 本《希腊伦理问题》③,书中讨论性倒错现象。1891 年,西蒙兹又私人印制《近代伦理问题》④一书。两书叠加便是一部同性恋史专题研究著作。《近代伦理问题》从不同的角度探讨性倒错现象,其中占较大篇幅的是对文学中的性倒错问题做了系列研究,包括专题评论惠特曼诗歌中所表露出的性倒错象征。⑤ 有意思的是,《近代伦理问题》认为文学史上对性倒错问题研究的最初两位学者是德国人迈尔(M. H. E. Meier)和"一位用英语撰写的英国人"(an Englishman in English,即作者西蒙兹自己),其隐晦的心态可见一斑。⑥ 根据西蒙兹在该书中的说法,19 世纪德

---

① John Addington Symonds and His Daughter Margaret, *Our life in the Swiss Highlands*, Adam and Charles Black, 1892.

② *The Memoirs of John Addington Symonds*, ed. and intro. Phyllis Grosskurth, chapter 5.

③ 《希腊伦理问题》(*A Problem in Greek Ethics: Being An Inquiry into the Phenomenon of Sexual Inversion, Addressed Especially to Medical Psychologists and Jurists*)1883 年只私人印了 10 本。即使是 1901 年的版本也不过 100 本。现在学人包括笔者在内能够得到的也就是 1901 年版。更具体的情况参见 Percy L. Babington, *Bibliography of the Writings of John Addington Symonds*, John Castle, 1925, p. 49。

④ J. A. Symonds, *A Problem in Modern Ethics: Being An Inquiry into the Phenomenon of Sexual Inversion, Addressed Especially to Medical Psychologists and Jurists*, London, 1896. 其出版情况非常类似《希腊伦理问题》。1891 年私人印了 50 部。1896 年重印 100 部。其中的第 7 节"Literature: Polemical: Karl Heinrich Ulrichs"收入《性倒错》的附录。

⑤ 参见 J. A. Symonds, *A Problem in Modern Ethics: Being An Inquiry into the Phenomenon of Sexual Inversion, Addressed Especially to Medical Psychologists and Jurists*, pp. 115 – 125。这部分内容其实就是西蒙兹所著《惠特曼研究》(J. A. Symonds, *Walt Whitman: A Study*, John C. Nimmo, 1893)一书的第 5 章。

⑥ 参见 J. A. Symonds, *A Problem in Modern Ethics: Being An Inquiry into the Phenomenon of Sexual Inversion, Addressed Especially to Medical Psychologists and Jurists*, pp. 75 – 76。

国法学家乌尔里希斯（Karl Heinrich Ulrichs）在 1864 至 1870 年的系列著述中对性倒错问题给予严肃、同情的对待和研究。① 那么这位 an Englishman in English 又如何呢？从某种意义上讲，西蒙兹生前的所有研究都或多或少与同性恋问题有关，他择取的希腊文化、文艺复兴文化及诸多个案研究的内容都涉及同性恋问题。西蒙兹力图证明，或者说西蒙兹内心世界想的是，同性恋从心理学、人的自然本性的角度看是一个性倒错的问题。同性恋是自然的，特别是同性恋中包含的爱与文学艺术、形而上思考中的爱关联在一起，会引申出意蕴无穷的审美意境。这种研究的特征与西蒙兹的生活理想密切相关。从文化的角度看，一些有文化品位的同性恋者不时将唯美的境界当作人生的希望，并通过各自的文化手段来呈现那种超越的美感天地。正是有了这些试图将人性底层的一面呈现出来的文人之劳作，人类文化的个性斑斓色彩才得以展现出来。西蒙兹在诗歌集《新与旧》中有一诗篇，题名"艺术就是一种爱"。其中这么说艺术与爱的关系："要明白艺术多么像恋爱/那爱恋者尽管情感交织/抿起嘴唇、扬动卷发、交手相拥着婚爱/但他们的灵魂却相互分开/两者的躯干也不是一体/多么的苦楚/他们企求每一种成分都不要分离/崇高地合而为一/在艺术中我们扣紧永恒不变的美之形式/我们抓住她亲吻、颤动/同时永不松手/直至硕果累累/这时我们的灵魂就融化在美的形式中/它是在求爱、是始终的等待/一种难以言表的等待。"②可见真正的爱是一种期待，期待着肉体、灵魂结合在一起的超越之爱，艺术就是对超越之爱的一

---

① J. A. Symonds, *A Problem in Modern Ethics: Being an Inquiry into the Phenomenon of Sexual Inversion, Addressed Especially to Medical Psychologists and Jurists*, p. 84.

② J. A. Symonds, *New and Old: A Volume of Verse*, James R. Osgood and Company, 1880, p. 66.

种期待。甚至艺术能伸张人的道德本性并拯救人的心灵,"我们不要自欺欺人。艺术紧紧缠着人的精神力量。我们能够从文艺复兴和苏格拉底时代雅典学到的东西是:当人在其他领域看似无法得救时,唯有艺术能够伸张人的道德本性"①。这些表明,西蒙兹希望爱与艺术之间具有内在关系。西蒙兹在作品中涉及历史上有同性恋、柏拉图精神恋爱之类倾向的文人时,多半向学人展开美的、道德的一面,或者朝着与艺术精神的升腾、艺术创作的过程引申过去。读西蒙兹笔下的但丁、米开朗基罗、惠特曼等文人的一生经历,在读者心中所唤起的是美的灵魂。今天,我们可以去追问柏拉图式的爱与充满美感的艺术创作之间的关系究竟如何,更要记得历史上就有将两者联系在一起的文人及喜欢将两者联系起来进行评论的学者。西蒙兹的一生都在努力实践其作为一名同性恋者的生活哲学宗旨,即那种充满爱意的生活需要文学艺术等人文学科创作的补充。需要指出的是,西蒙兹受歌德生活哲学影响很大,认为生活的意蕴要比理论、文学创作等能够容纳和展示的意蕴深切得多,或者说同性恋引起的所有生活问题远不是文学创作能够回答。西蒙兹也意识到自己的研究成果与其实际的生活、情感等是不能同日而语的。② 不过,这种将人文学科研究与人生课题相结合的态度正是文艺复兴以来人文主义潮流的重要指向之一。西蒙兹去世后的 1897 年,由埃利斯与西蒙兹合编的《性倒错》③一书正式面世。其中收有西蒙兹的《希腊伦理问题》。在《性倒错》一书中,西

① J. A. Symonds, *Essays, Speculative and Suggestive*, p. 107.
② 格罗斯库特在《悲凉的维多利亚人:西蒙兹传》注意到这一问题。参见 Phyllis Grosskurth, *The Woeful Victorian: A Biography of John Addington Symonds*, p. 3。
③ *Sexual Inversion: A Critical Edition, Havelock Ellis and John Addington Symonds*, ed. by Ivan Crozier, Palgrave Macmillan, 2008.

蒙兹的好友埃利斯举了一些个案,其中就有反映西蒙兹自己性倒错的案例。① 以上情况表明,西蒙兹在向世人吐露自己的同性恋情况时顾左忌右,这在西蒙兹生活的年代是可以理解的。再说西蒙兹一直努力使家庭生活保持和谐的状态,这更增添几份愁绪。从他女儿玛格丽特所著《消逝的时光》②中可以见出家庭的融洽、和睦氛围。由此可见,西蒙兹是用多大的毅力进行文化的自我拯救。然而,西蒙兹毕竟都说了出来,并且是近代西方第一个以文字形式将个人性倒错内容及其与文化创造之间关系公之于世的文人大家。值得玩味的是,恰恰是西蒙兹对性倒错的独特认识,使其相关著述引起文坛、世人的特别关注。③ 在一些关于近代文人同性恋的评述、文选里,西蒙兹的著述及个案情况会成为首选或者成为必不可少的资料。④

尤其值得一提的是,西蒙兹是一位纠结于性倒错心理世界的诗人,可将其人生视为一首从心底流出的爱情十四行诗。他十分看重诗在人文学科中的地位,认为诗所关注的是整个人生。他如是歌颂诗人:"诗人伟大的有力证明是:他的身上有最适宜的人性;他用道德的和谐去体验感觉、情感、意志、思想的平衡;他有能力关注整个的生命并呈现生命所有的底蕴。"⑤其具体的创作成果有:第一篇获奖诗作《埃斯考利亚》(*Escorial*)⑥。

---

① 在《性倒错》的"案例 XVIII"中,对西蒙兹的同性恋情况做了历史的回顾和具体的分析,内容已经很袒露了。参见 *Sexual Inversion: A Critical Edition, Havelock Ellis and John Addington Symonds*, ed. by Ivan Crozier, pp. 142–147。

② Margaret Symonds, *Out of the Past*, John Murray, 1925.

③ J. A. Symonds, *Male Love: A Problem in Greek Ethics and Other Writings*, Centennial Edition, Pagan Press, 1983.

④ 参见 Paul Robinson, *Gay Lives: Homosexual Autobiography from John Addington Symonds to Paul Monette*, University of Chicago Press, 1999; Byrne R. S. Fone, *Hidden Heritage—History and the Gay Imagination: An Anthology*, Avocation Publishers, Inc., 1980。

⑤ J. A. Symonds, *Essays, Speculative and Suggestive*, p. 323.

⑥ J. A. Symonds, *The Escorial: A Prize Poem, Recited in the Theater, Oxford, June 20, 1860*, T. and G. Shrimpton, 1860. 该诗集很短小,一般介绍是 16 页,其实是 15 页,应去掉最后的空页。

诗歌描述的是西班牙城堡埃斯考利亚(建于1563—1584年之间)内的西班牙皇室成员面对入侵的各种心态、举止,诗中涉及许多历史、文学、艺术中的人物,这些人物也成为日后作者研究的中心。西蒙兹生前还出版过好几部诗集,除《新与旧》《情深意长》这些经常被人提及的本子外,还有《十四行诗集》①、《花颂》②、《流浪者》③等值得进一步去品味的诗歌集。西蒙兹写十四行诗很有新柏拉图主义的境界,又有点模仿文艺复兴时期人文主义者喜爱的十四行诗格调。在西蒙兹生前,部分诗歌被选入同时代名家编撰的十四行诗集。④ 就技巧而言,西蒙兹的诗歌细腻、缠绵、深情,充满神意。《情深意长》中有一首"生命情歌",诗人如此歌吟:"我独自漫步穿过林间/听着夜莺在低语呻吟/我思忖那声音不像是大人、孩童、飞鸟、妇人发出,而是万籁合音/恐怕只有在天堂能有此完美的声响/是天使合唱回声中的谐音/是两队天使面对着蓝色神座上的基督与玛利亚在对唱;/我独自漫步穿过林间/听着夜莺在低语呻吟/在穿过林间小道时来了一个小伙/只见那未曾有过的白净和充满情感的双眼/他唱诵着,听上去是欢庆/但又充溢着死去活来的爱之烦恼/悲恸哀怨的歌吟;/我独自漫步穿过林间/听着夜莺在低语呻吟/爱在明净的双眼中燃烧/死亡的顿挫之声又是那般哀悯/在野森林的树下穿过时不免颤抖/听着那断续的沙哑歌唱:向着死亡走去的爱情/然后一切安静下来/直到灌木丛中飞鸟又开始那唤醒灵魂的调音。"⑤西蒙兹不只是单纯的诗人,准确地讲他是融化在历史中的诗人。西蒙兹希望用诗的眼力去审视人生、社会和历史,又希

① J. A. Symonds, *Animi Figura*, Smith, Elder, & Co., 1882.
② J. A. Symonds, *Fragilia Labilia*, Thomas B Mosher, 1902, reprinted by Isha Books, 2013.
③ J. A. Symonds, *Vagabunduli Libellus*, Kegan Paul, Trench, & Co., 1884.
④ 如西蒙兹"威尼斯的朝阳"等7首十四行诗入选诗集 *Sonnets of This Century*, edited and arranged with A Critical Introduction on the Sonnet by W. Sharp, Water Scott, 1886。
⑤ J. A. Symonds, *Many Moods: A Volume of Verse*, Smith, Elder, & Co., 1878, p. 176.

望通过历史来升华诗的意境、解答人生的难题。为此,西蒙兹以诗为中心进行多种历史研究。为了探索诗的源流,他对古代希腊的诗人和诗歌进行专门的历史研究,写就巨著《希腊诗人研究》。① 西蒙兹还与同时代诗人一起呼吸诗的纯真气息,写就《雪莱评传》《惠特曼研究》等。西蒙兹还为编辑出版一些诗人的著作出了不少力。除上文提到的《康宁顿著述汇编》外,还协助克劳夫的夫人编辑《克劳夫遗诗文集》(2 卷)②等。

西蒙兹继承了文艺复兴人文主义的精神遗产,即文人必须是无所不能的全才,为此广泛涉猎人文学科研究的领域。在西蒙兹女儿的回忆录中,不乏对父亲具有广博知识的称道。③ 除诗歌外,戏剧也是西蒙兹的研究强项,在前莎士比亚英国戏剧史研究方面留下沉甸甸的篇章——《英国戏剧史上的莎士比亚前辈们》。④ 如果从文学史全面、完整角度讲,那么西蒙兹没有必要再去写一本戏剧史。西蒙兹在书中特别提到的伍德《英国戏剧文学史》就有 3 厚卷,150 万字的分量。⑤ 西蒙兹之所以有如此冲动肯定是想补充点什么。西蒙兹在《英国戏剧史上的莎士比亚前辈们》一书的第 2 章中特别就戏剧与时代、英国民族性等之间的关系发表了系列

① 该书出版情况比较复杂,1873 年第 1 卷出版:J. A. Symonds, *Studies of the Greek Poets*, Smith, Elder, & Co., 1873。该书并未注明"第 1 系列(First Series)"字样。到了 1876 年出第 2 卷时才有第 2 系列(Second Series)的标注。后来第 1 卷在 1877 年再版,打上 First Series 的提示。第 2 系列在 1879 年也出了第 2 版。两个系列不完全按照时间顺序进行内容安排和人物选择,后来出美国两卷整套版时(J. A. Symonds, *Studies of the Greek Poets In 2 Volumes*, Harper & Brothers, 1880),作者从历史的角度对两个系列的内容等做了些新的调整,基本内容未变。所以引用该书的西蒙兹生前英国版,可以见出作者文化史创作中的某种学术选择性;而引用其美国版,又可以看出创作者的历史态度。

② *The Poems and Prose Remains of Arthur Hugh Clough: With a Selection from His Letters and a Memoir*, edited by His Wife, Macmillan and Co., 1869.

③ 参见 Margaret Symonds, *Out of the Past*, p. 31。

④ J. A. Symonds, *Shakespeare's Predecessors in the English Drama*, Cooper Square Publishers, Inc., 1967.

⑤ Adolphus William Ward, *A History of English Dramatic Literature to the Death of Queen Anne*, Macmillan and Co., 1899.

看法。西蒙兹认为英国戏剧的全盛时期正处于英国历史的一个转折时期，那时人们对中世纪还留着些思念，而对未来的英国社会则怀着憧憬。时代赋予人们充分想象的空间。① 这使我们想起布克哈特评价莎士比亚的话语："一个明显的回答是：全欧洲只产生了一个莎士比亚，而这样的人是不世出的天赋奇才。更可能的是：当意大利戏剧正要完成一些伟大的事业时，反宗教改革运动爆发了，再加上西班牙对那不勒斯和米兰的统治及其间接地对整个半岛的统治之助，使得意大利精神的最美丽的花朵濒于枯萎。很难想象，在西班牙总督的统治下，或者在罗马宗教裁判所的旁边，或者甚至在几十年以后莎士比亚自己的国家里，在英国革命时期，能产生一个莎士比亚。达到完美地步的戏剧是每一个文明的晚期产物，它必须等待它自己的时代和运会的到来。"②但西蒙兹还要深究：不是任何一个国度的人们有如此时代的背景都能产生出如此发达的戏剧以及莎士比亚这样伟大的剧作家。西蒙兹以为这需要民族的天赋。正是英国的语言、英国人的诗性智慧选择了舞台来展示其中的魅力。③ 这样，戏剧与诗歌的结合问题也成了西蒙兹这部作品的核心主题之一。西蒙兹在书中对众多诗人戏剧家做了评叙。其中对李黎和马洛的评叙最为全面。除此之外，西蒙兹还为一些戏剧大家的作品作序，如为《马洛戏剧集》④、《韦伯斯特和特纳戏剧集》⑤、《海伍德戏剧集》⑥等作序。其他像哲学、艺术等西蒙兹都

---

① 参见 J. A. Symonds, *Shakespeare's Predecessors in the English Drama*, p. 21。

② 布克哈特：《意大利文艺复兴时期的文化》，何新译，商务印书馆 1979 年版，第 310—311 页。

③ 参见 J. A. Symonds, *Shakespeare's Predecessors in the English Drama*, pp. 3, 7, 10 - 11。

④ *Christopher Marlowe*, ed. by Havelock Ellis, with a General Introduction on the English Drama during the Reigns of Elizabeth and James I. by J. A. Symonds, Vizetelly & Co., 1887.

⑤ *Webster & Tourneur*, ed. by Havelock Ellis, with an Introduction and Notes by J. A. Symonds, Vizetelly & Co., 1888.

⑥ *Thomas Heywood*, ed. by A. Wilson Verity, with an Introduction by J. A. Symonds, Vizetelly & Co., 1888.

有深入的研究。学人知道,布克哈特因为其对建筑、绘画艺术的爱好而留下几部文艺复兴史的个案研究专著①,深得学界的赞许。同样,西蒙兹的文艺复兴史个案研究成果也将随着探讨的深化而彰显其文化研究的魅力。

在英文里,文人(man of letter)一词的基本含义是指那些能够通过深厚造诣的语言来表达人性境界的有识之士。在这方面西蒙兹亦才华出众。除母语英语外,西蒙兹还熟谙希腊文、拉丁文、意大利文、德文、法文等。再加上西蒙兹诗人的情怀和历史理性的冷静,因此西蒙兹在各种著述、译事中常能传神地表达各种情景。以译事为例,西蒙兹的许多作品往往一经面世就成为该译事中的经典,广为传诵。在中世纪与文艺复兴史的译作方面,西蒙兹为读者留下《美酒、女人与唱诵》《切利尼自传》等作品。西蒙兹在《切利尼自传》译文前有一个"导论"。② "导论"对先前各种译本的不足之处做了评论。③ 从中也可见出西蒙兹的用心之苦。正是

---

① 这些学术个案研究成果有:《意大利文艺复兴祭坛画》(J. Burckhardt, *The Altarpiece in Renaissance Italy*, ed. by Peter Humfrey, The Phaidon Press, 1988);《意大利文艺复兴时期的建筑》(J. Burckhardt, *The Architecture of the Italian Renaissance*, ed. and intro. by Peter Murray, trans. by James Palmes, The University of Chicago Press, 1985);《回忆鲁本斯》(J. Burckhardt, *Vorträge zu Kunst und Kulturgeschichte, Erinnerungen aus Rubens*, Dieterich'sche Verlagsbuchhandlung, 1987. 英译本为 Jacob Burckhardt, *Recollections of Rubens*, The Phaidon Press., 1950. 有编者导言、鲁本斯书信选等)。

② *The Life of Benvenuto Cellini*, tr. by J. A. Symonds, John C. Nimmo, First Edition, 1888; Fourth Edition, 1896.

③ 在西蒙兹之前,《切利尼自传》的译本大致有:歌德译的德文版、勒克朗谢译的法文版、纽金特译的英文版、罗斯科译的英文版等。西蒙兹略提德文版和法文版的不足,对于罗斯科的英译则用较大篇幅进行英、意两种文字的比较研究,一一指出其中的瑕疵。以上参见 *The Life of Benvenuto Cellini*, tr. by J. A. Symonds, "Introduction", John C. Nimmo, Fourth Edition, 1896, pp. XLVIII – LIV。但西蒙兹未对纽金特的英译本加以评论。笔者通过西蒙兹译本与纽金特译本(*The Life of Benvenuto Cellini: A Florentine Artist, Containing a Variety of Curious and Interesting Particulars, Relative to Painting, Sculpture and Architecture; and The History of His own Time*, Written by Himself in the Tuscan Language, and Translated from the Original by Thomas Nugent, Published for T. Davies, 1771)的比较分析,发现西蒙兹译本与纽金特译本在基本内容传达方面非常接近。不过纽金特译本在文字上比较平实,而西蒙兹的译文更雅致些。

西蒙兹译笔的独到功力,使《切利尼自传》英文版出版后受到学术界与读者的一致认同。可能出版商有点保守,第 1 版仅出了 750 本。但读者的反应远远超出预想,一时洛阳纸贵,3 个月后就出了第 2 版,不久又出第 3 版。至此,西蒙兹总算有了欣慰的感受。[1] 西蒙兹还受邀承担《卡罗·高兹伯爵回忆录》[2]的翻译任务。面对此项译事,最初西蒙兹有点犹豫,但最终还是接受了任务。高兹是 18 世纪意大利威尼斯的剧作家,以喜剧作品传世。但在当时,英国学术界(包括西蒙兹在内)对高兹所知甚微,涉及高兹的著述也只有维农·李《18 世纪意大利研究》[3]一本。根据西蒙兹的各种学术判断,《卡罗·高兹伯爵回忆录》应该被介绍给英语世界的读者。[4] 出于这种学术的兴奋点,西蒙兹用了 4 年左右的时间完成译事,然后限量出版。译作前有作者写的近 200 页篇幅的导论,几乎是一部简明的意大利喜剧史和高兹评传。由于西蒙兹的译笔,加上卡罗·高兹的丰富人生,因此读《卡罗·高兹伯爵回忆录》与读《切利尼自传》一样精彩。当然,作为历史学家的西蒙兹文笔富有诗意,又不失历史研究的严谨。西蒙兹的许多研究都有大量档案资料作为铺垫。他的人物个案研究代表作《米开朗基罗传》还特别在标题上注明根据档案材料写成。[5] 西蒙兹的文化史创作十分用心,其著述一经付梓往往就此定型,很少再版时做大的修改。这些从一个侧面反映出西蒙兹的创作态度、学养等。

---

① 参见 *The Life of Benvenuto Cellini*, tr. by J. A. Symonds, John C. Nimmo, Fourth Edition, "Translator's Preface to Third Edition"。

② *The Memoirs of Count Carlo Gozzi*, tr. by John Addington Symonds, John C. Nimmo, 1890.

③ 即 Vernon Lee, *Studies of the Eighteenth Century in Italy*,而且是根据二手材料转述的,参见 *The Memoirs of Count Carlo Gozzi*, tr. by John Addington Symonds, p. XI.

④ 参见 *The Memoirs of Count Carlo Gozzi*, tr. by John Addington Symonds, "Preface"。

⑤ J. A. Symonds, *The Life of Michelangelo Buonarroti: Based on Studies in the Archives of the Buonarroti Family at Florence*, 2 Vols., Second Edition, Charles Scribner's Sons, 1893.

在文人性情的陶冶方面,西蒙兹像其时的许多文人一样,喜欢在山山水水中净化心灵。西蒙兹对阿尔卑斯山情有独钟并在达沃斯安家落户。到了冬天,也能感受带有原始气息的达沃斯氛围。[①] 从身体状况这一面讲,西蒙兹受肺病的折磨不浅。他认为在阿尔卑斯山定居、旅游对治疗肺病会有相当的帮助。[②] 他浪迹意大利和希腊等地,生前出版过《意大利希腊游记》[③]、《意大利游记、研究》[④]、《意大利侧记》[⑤]等 3 部带有游记性质的作品,去世后被合编出版,冠以《意大利、希腊研究游记》之名。[⑥] 游记内容广泛,旁及法国、瑞士等地的风土人情。其游记感情真挚、文笔优美,如对阿尔卑斯山的歌颂,对达沃斯小镇的描述,等等。作为文人的西蒙兹还将大量文化内涵渗透进游记的字里行间,如"佛罗伦萨与美第奇家族""意大利对圣诞节的想法""雅典记"等游记就穿插了历史溯源、诗人追怀、哲学思考等文化内容。"雅典记"甚至就是一部简约得不能再简约的古希腊文化史。[⑦] 这些是西蒙兹游记创作中的独特一面。甚至可以这么认为,西蒙兹的游记是以地理为穿引的意大利、希腊文化史。笔者以为,西蒙兹的心灵和文风在其游记创作中得到最大程度的发挥。这些游记与《意大利文艺复兴》《希腊诗人研究》具有同等的文化史创作地位。正因

---

① 参见 J. A. Symonds and His Daughter Margaret, *Our Life in the Swiss Highland*, pp. 48 - 49。

② 参见 J. A. Symonds and His Daughter Margaret, *Our Life in the Swiss Highland*, p. 1。

③ J. A. Symonds, *Sketches in Italy and Greece*, Smith, Elder, & Co., 1874.

④ J. A. Symonds, *Sketches and Studies in Italy*, Smith, Elder, & Co., 1879.

⑤ J. A. Symonds, *Italian Byways*, Smith, Elder, & Co., 1883.

⑥ 3 卷本《意大利、希腊研究游记》(J. A. Symonds, *Sketches and Studies in Italy and Greece*, Smith, Elder, & Co., 1898)是将前面 3 卷重新编排而成,基本内容未动,删掉了《意大利游记、研究》后面的附录"白话体诗歌研究"内容。以后重印的版本即以此为底本。由于这个编排是按地理位置的顺序展开,适应旅游者的阅读习惯,逐渐流行开来。但必须指出,西蒙兹生前只有《意大利游记、研究》的书名上写有 Study 的字样。事实上也只有这一本游记的内容真正配得上"研究"一名。

⑦ 参见 J. A. Symonds, *Sketches in Italy and Greece*, pp. 207 - 233。

为有上述优点,一些评论家(如哈里森等)对西蒙兹的游记曾给予高度的评价。① 顺便提一下,旅行、写游记也算是西蒙兹的文人家风。西蒙兹与女儿玛格丽特合著《我们在瑞士高地的生活》②,此书其实就是一部瑞士游记。后来玛格丽特还撰写《佩鲁贾游记》③等作品。西蒙兹的夫人则帮助其姐姐——一位女旅行家玛丽安妮·诺斯编撰环球旅行记。④ 这些文人个性方面的种种氛围有助于我们更全面地体会西蒙兹的各种文化史研究成果。

由于西蒙兹的文化史研究、创作数量巨大,这对于一般想了解西蒙兹人生、作品、思想的读者而言颇费神思。为此前人做了许多删繁就简的工作:出版著述汇编本⑤;将多卷本编为简本,如《简明意大利文艺复兴》⑥;等等。当然就研究本身而言,仍要回到原始的文献之中。我们期待着一个完整的文人形象走进今天中国读者的世界。当然最先要做的事情是将西蒙兹的各种代表著述译成中文。这需要学界的通力合作。

二、 历史研究等创作中的文化史评叙风格

当提及西方文艺复兴史研究这一课题时,学人不会忽略英国诗人历

---

① 参见 Frederic Harrison, *John Addington Symonds*, p. 9。
② J. A. Symonds and His Daughter Margaret, *Our Life in the Swiss Highlands*.
③ Margaret Symonds and Lina Duff Gordon, *The Story of Perugia*, J. M. Dent & Co., 1900.
④ *Recollections of a Happy Life Being the Autobiography of Marianne North*, ed. by Mrs. John Addington Symonds, Macmillan and Co., 1894. 诺斯曾与达尔文、霍克等航海家有交往,并用其画笔记录各种植物、环境等,成为著名的女性环球航行者。在这部游记中,作者提到了西蒙兹在达沃斯的居住、疗养和著述等情况。参见该书第 2 卷第 83 页。
⑤ *Letters and Papers of John Addington Symonds*, coll. and ed. by Horatio F. Brown, Charles Scribner's Sons, 1923.
⑥ Lieut-Colonel A. Pearson, *A Short History of the Renaissance in Italy: Take from the Work of John Addington Symonds*, Smith, Elder, & Co., 1893.

史学家约翰·阿丁顿·西蒙兹的名字,因为西蒙兹为学界留下一部巨著即《意大利文艺复兴》。从某种意义上讲,该书是一位 19 世纪的文人与 14 至 16 世纪文人之间的文化对话。这是一本真正意义上的文化史著作。大英百科全书在提到西蒙兹的时候用了"文化史"(cultural history)一词。其实早在 18 世纪的德国史学界就已提到文化史的概念。在英国、法国等国家的学术著作中,更多以文明史的概念出现。从史学史的角度看,文化史写作方式的出现就是为了补充通史、断代史、编年史等的不足。以往的一些历史写作方法往往难以揭示生动的人之精神及在人的精神主导下的创作行为、成果。就文艺复兴史的创作而言,许多著作标有文艺复兴的字眼,但就其内容而言,仍称不上文化史著述。最明显的例子就是法国史丛书之一《文艺复兴的世纪》①,该书完全以王朝顺序罗列历史事件。我们还是看看西蒙兹如何回答"文化"概念,以便搞清楚其文化史创作的思想指导所在。他在《文化的定义》文中对文化概念提出了自己独特的看法,认为文化是一种自我的造作(self-effectuation)。与天赋(genius)必然朝着某个方面发展不同,文化是隐藏在人背后的一种自我发展的能力(talent)。也就是说,一个人具有将自己的思维能力调教到最为完善的程度,从而去创造超出预想的精神财富。文化强调的不是一般意义上人类的能力,而是个体身上存在的能力,是活生生的个体通过精神的努力发展自己才华的能力。然后用此才华去表现自己、投身生活。这里的自我造作(self-effectuation)一词是关键所在。所以文化更强调个人才能的发挥,使人可能成为何种人,而非必须是何种人。② 例如西蒙兹在与乔伊特、康

---

① Louis Batiffol, *The Century of the Renaissance*, William Heinemann, 1921.

② 参见 J. A. Symonds, *In the Key of Blue and Other Prose Essays*, pp. 196–199。

宁顿等大家的接触过程中不断地升华自己的文人品性,从而成为具有个性的诗人、历史学家、文学评论家等。正是在这种文化观的指导下,西蒙兹的历史研究和其他各种研究更突出人物的个性和人物的精神创造过程,更在意现实的生活本身。所以在西蒙兹看来,要写出一般意义上的意大利文化史是困难的,其复杂性就在于文化史必然要涉及个体。最佳的办法还是回到个案上来,例如要处理人文主义文化的复杂性,就直接从彼特拉克入手,从当时佛罗伦萨的美第奇家族、从佛罗伦萨等城市的图书馆入手等等。① 再者,文化涉及一个人、一个民族的精神,并且是动态性的精神因素。由此看来,文化史就是展现个人与时代的精神主线、个人创作活动过程及其成果的历史研究方法。

由于文化史研究的性质决定了研究过程中作者与书写对象的对话特点,因此文化史的写作特点必然带有评叙的风格。但如何撰写文化史?如何进行评叙? 西蒙兹、布克哈特等人的作品给出了很好的答案。② 西蒙兹在《意大利文艺复兴》第3卷"文艺复兴时期的艺术"之"序言"中明确点题:"我不是去追溯意大利艺术的历史,而是要弄清楚艺术与主流文艺复兴文化运动的关系。为了做到这一点,我所有著作的主要目的更强调试着去解释艺术在其启端时与中世纪基督教的依赖关系,它们又如何从教会的控制下逐渐解放的过程,以及它们最后在古典文化复兴鼎盛时期所获得的自由。"③很清楚,西蒙兹的这套文化史巨著有明确的思想主线,

---

① 参见 J. A. Symonds, *Renaissance in Italy, Vol. II "The Revival of Learning"*, New Edition, pp. 116 – 117。

② 关于布克哈特的情况,本人已在多种学术场合做了评述,如《文化是个性与精神的呈现——写在布克哈特〈意大利文艺复兴时期的文化〉发表150周年之际》,《上海师范大学学报(哲学社会科学版)》2010年第3期,等等。

③ J. A. Symonds, *Renaissance in Italy, Vol. III "The Fine Arts"*, Smith, Elder, & Co., 1882, p. V。

它需要在历史叙事中探讨诸多文化问题,非常突出"评"与"叙"的结合。由于《意大利文艺复兴》在西蒙兹学术研究中的突出地位和历史影响,不妨先就该系列著述的出版情况做一介绍。这里有必要先提示一下,早在1863年,西蒙兹就发表概要性质的小册子《文艺复兴:一篇论文》①。以后从1875年到1886年历10年而成7卷本《意大利文艺复兴》,由史密斯与埃尔德(Smith, Elder & Co.)出版公司分卷出版。它们分别是:第1卷《暴君的时代》(1875年),第2卷《学术的复兴》(1877年初版,1882年再版),第3卷《美术》(1877年初版,1882年再版),第4、第5卷《意大利文学》(1881年)②,第6、第7卷《天主教会反应》③(1886年)。以上第1、2、3卷在西蒙兹生前再版时,除第1卷稍有变动外,其他两卷原封未动。第1卷中有涉及天主教会的内容。西蒙兹觉得应当用专门的卷数来处理这些历史事实。这样,就有了第6、第7卷《天主教会的反应》的构思、写作和出版。从实际的出版情况看,前5卷是一个整体,并在第5卷后附有索引。第6、第7卷亦是一个整体,并在第7卷后附有索引。第6、第7卷《天主教会反应》虽然是前面5卷的补充,但又是前面的继续。在第6、第7卷中,西蒙兹向读者完整地叙述了天主教会在那段时期的历史,也向读者展示人文主义者在16世纪时的文化创作行为。在西蒙兹的叙述中,文艺复兴到1527年已经衰落了,其中的原因及以后的历史都要涉及天主教会的所作所为。不妨这么认为,与以前相比,整个氛围已发生很大变化。另外,

① J. A. Symonds, *The Renaissance: An Essay Read in the Theatre*, Henry Hammans, 1863.
② 要找一本文艺复兴时期意大利文学史方面的学术著作并不容易,鉴于此,西蒙兹的意大利文学史部分算得上是不可多得的学术参考文献。
③ 英文原文为 *The Catholic Reaction*,笔者用"反应"一词译 Reaction,主要考虑是,西蒙兹想说明天主教会面对当时的形势采取的各种应对措施。如果译"反动"的话,似乎偏于一切反向行动,这太绝对。用"反应"能比较全面地以天主教会为视角去勾画当时的意大利文艺复兴历史。

出版社没有在西蒙兹生前将其余各卷再版,也没有将7卷作为一个整体进行编排出版。以后的各种版本大致上是西蒙兹生前版本的汇集。西蒙兹去世后为学人经常引用的7卷本(仍由埃尔德·史密斯出版公司从1898年起分卷出版,并标以"New Edition"的字样)仅在版式上做了些变动,在内容上与西蒙兹生前出版的版本相比除页码、索引编排有调整外其余未见任何增减。新版在第7卷正文后附上全书索引,这极大方便了研究,且价格便宜,逐渐在学术界普及开来。显然在引用新版时要充分注意西蒙兹生前版本的用意。如果从还原历史的角度看,使用第1卷的第二版及其他各卷的第1版是最为恰当的引述态度。在写作《意大利文艺复兴》的过程中,西蒙兹参考、借鉴了当时的许多相关学术成果。以第1卷为例,参考文献包括西斯蒙第《意大利共和国史》、米什莱《法国史》、格利格罗维乌斯《中世纪罗马城邦史》、布克哈特《意大利文艺复兴时期的文化》等。尤其是布克哈特的著作,尽管西蒙兹在得到该研究成果时已经开始了自己的创作,仍使作者感到受益匪浅。[①] 当然更不用说在撰写《意大利文艺复兴》"艺术卷"时参考瓦萨里的成果等。顺便提及,西蒙兹的许多著作(包括《意大利文艺复兴》)都有美国的版本。就《意大利文艺复兴》而言,美国版也只是页码不同,其他都相仿。[②] 1935年,美国"当代丛书出版社"又编辑出版了2卷本的《意大利文艺复兴》,方便了阅读。下面我们从几个方面来分析西蒙兹《意大利文艺复兴》中的文化史评叙风格。

第一,追寻精神主线。文化是人创造的,浸透着人的精神因素。写文化史就是要展现人的精神创造力、精神特征等。就一个时代的文化而言,

---

① 参见 J. A. Symonds, *Renaissance in Italy*, Vol. I, New Edition, pp. VIII – IX。
② 有亨利·霍尔特(Henry Holt and Company)出版社1888年的7卷本。

就是要寻找一个时代的精神特点。文化史就是探究精神特征产生的缘由、表现及演变过程。文艺复兴是一种文化现象，直接与人的精神创造活动有关。西蒙兹在《意大利文艺复兴》的一开始就问什么是"文艺复兴"的问题。直接的回答就是知识的复兴。但不能简单地做此解释。西蒙兹认为："文艺复兴史不是艺术史或科学史，抑或文学史，甚至民族史。它是欧洲人在精神方面鲜明地获得自我意识自由的历史。"①这样，西蒙兹就将文艺复兴的研究落脚在精神主线的追寻上。个别的人物也有个体的精神主线。西蒙兹如是评论薄伽丘："但如此生动活泼的是诗人之自然天赋，当他在形式上完成一种革命时，当他如此处理那些材料时，他同时引介的是精神的因素，此精神带着些感觉、带着些情感、带着些科学，它既非古典亦非中世纪，而是侧重于近代。"②个体的创作活动也许是零散的，但有了精神主线，评叙就能前后贯穿。当然，文化史必须通过一个个事例来论述精神的主线。布克哈特有言："写文化史的一个最严重的困难就是为了无论如何要使人理解而必须把伟大的知识发展过程分成许多单一的，和往往近似武断的范畴。"③西蒙兹的研究最贴切地应和了这种想法。

通读西蒙兹的历史著述，其文化史评叙风格似乎在回答一个个问题，而非直呈历史。《意大利文艺复兴》整个第 2 卷基本上是在阐述人文主义精神现象。因为人文主义是意大利文艺复兴的文化活力之所在，或者说复兴的实质就是人文主义。人文主义的核心精神就是渗透其中的理性精

① Lieut-Colonel A. Pearson, *A Short History of the Renaissance in Italy: Take from the Work of John Addington Symonds*, Smith, Elder, & Co., 1893, p. 3.
② John Addington Symonds, *Giovanni Boccaccio: As Man and Author*, p. 31.
③ 布克哈特：《意大利文艺复兴时期的文化》，第 1 页。

神(如经验逻辑的思考)、批判精神(如怀疑主义)和时代精神(如新柏拉图主义)等。西蒙兹还以人文主义为主线审查文艺复兴时期的种种历史现象,其中包括宗教改革、天主教会的反应等。在西蒙兹的笔下,宗教改革中有革命性的一面,即人的理性的解放。19世纪上半叶,海涅曾说:"自从路德说出了人们必须用《圣经》本身或用理性的论据来反驳他的教义这句话以后,人类的理性才被授予解释《圣经》的权利,而且它,这理性,在一切宗教的争论中才被认为是最高的裁判者。这样一来,德国产生了所谓精神自由或有如人们所说的思想自由。思想变成了一种权利,而理性的权能变得合法化了。"①西蒙兹则更具体地谈文艺复兴时期宗教与理性思考的协调问题,认为:"意大利思想家真正的当务之急文化是,探求如何由基督教和古代思想互相和谐而产生出哲学的信仰,它所形成的神学应当将柏拉图主义者和斯多葛主义者、希伯来的密法和神山上的教义都包括进去。"②这段话启示我们做这样的思考:人文主义者十分强调人与自然、人与神、感性与理性、理性与信仰等的和谐。

　　西蒙兹对学术的复兴、人文主义的思考有一个大的思路。西蒙兹的历史观比较注重历史的连续性问题,认为历史既是单个的又是连续的。③因此分析文化现象同样要梳理出整体的线索。以人文主义而言,西蒙兹将人文主义的演变分为四个时期:第一个时期是人文主义文化的确立阶段,大致以14世纪为时限,主要是彼特拉克、薄伽丘等人将人文主义的基本特征勾画了出来。第二个时期是15世纪人文主义学术思想

---

① 海涅:《论德国宗教和哲学的历史》,海安译,商务印书馆1974年版,第42页。
② J. A. Symonds, *Renaissance in Italy*, Vol. II *"The Revival of Learning"*, New Edition, pp. 16 - 17.
③ 参见 J. A. Symonds, *Renaissance in Italy*, Vol. I, New Edition, p. 4。

的推广时期。佛罗伦萨和罗马是两个中心,其中佛罗伦萨在科西莫·德·美第奇的资助下,出现了学术的繁荣景象。第三个时期大致相当于 15 世纪下半叶的历史阶段,是人文主义者开始确立思想体系并根据这种思想体系来创造文化的阶段。标志性的事件是佛罗伦萨的大洛伦佐对人文主义文化所起的巨大推动作用。当时的美第奇花园学校中有著名的学者费奇诺在研究、讲学。于是新柏拉图主义成为人文主义的核心思想。第四个时期是人文主义走向衰落的阶段,时间始于 16 世纪上半叶。

第二,突出人物个性与文人情怀,突出丰富生动的创造活动本身。文化是由无数个体的人创造的。这样,对重要的文化史人物做细致的研究、呈现就成为文化史叙事结构的特征之一。文艺复兴时期的意大利又是巨人辈出的空间。西蒙兹更需要在人物评叙方面浓墨粉饰。事实上,《意大利文艺复兴》全书出彩之处就是西蒙兹的人物评叙。西蒙兹对意大利文艺复兴时期的重要人物如但丁、彼特拉克、薄伽丘、米开朗基罗、洛伦佐、马基雅维里等一一做了生动翔实的评叙。其中特别注意对每一个人物个性、艺术性与人文主义关系的描述。与人物生平有关的一些历史案件如萨沃纳罗拉案件等都栩栩如生地呈现在读者面前。所有这些都是对传统史学的一种革新,人的精神成了历史评叙的核心。为了更完整地传达出文人的内心世界,《意大利文艺复兴》用许多单章的形式进行人物评叙。①下面用表格来提示 7 卷中的人物个案研究状况:

---

① 具体统计等参见拙文《在诗情与史实之间——英国诗人历史学家约翰·阿丁顿·西蒙兹评介》,《史学理论研究》2015 年第 2 期。

卷数	人物姓名	页码,字数	统计,备注
I	马基雅维里	263—290,1.68 万	共 2 人; 马基雅维里与《君主论》合为章的标题。
	萨沃纳罗拉	389—420,1.92 万	
II			没有单独立传的人物,但整个第 2 卷描述人文主义问题并就诸多人文主义者做了分散的评述。
III	米开朗基罗	281—319,2.34 万	共 2 人; 第 3 卷主要评论艺术。
	切利尼	320—351,1.92 万	
IV	文学三杰合传	51—119,4.14 万	共 8 人; 第 4、5 卷评论文学,兼及历史学、哲学。
	大洛伦佐与波利齐亚诺合传	313—370,3.48 万	
	布尔齐与波依阿尔多合传	371—431,3.66 万	
	阿里奥斯多	432—457,1.56 万	
V	阿雷蒂诺	336—375,2.40 万	仅 1 人; 本卷第 1—43 页,2.58 万字专章评论阿里奥斯多的《疯狂的奥兰多》。
VI	塔索	334—394,3.66 万	仅 1 人; 第 6 卷主要评论天主教会的反应。
VII	布鲁诺	38—83,2.76 万	共 6 人; 第 7 卷主要评论文艺复兴后期的意大利思想、文学艺术等。
	萨尔比	84—127,2.64 万	
	瓜尔利尼、马尔利诺、基阿布雷拉、塔索尼合传	128—184,3.42 万	

第三,文化与时代、环境的关系。《意大利文艺复兴》第 1 卷"暴君的时代"的落笔重点就是文化与时代、环境的关系。西蒙兹认为,文艺复兴的文化现象之所以首先在意大利发生,这与意大利特定的历史条件有关:意大利语、政治自由、商业财富等都是同时代其他国度所不能比拟的。[1]在 19 世纪的文化史研究领域,注重时代、环境关系者大有人在。西蒙兹的同时代人、《英国文学史》的作者法国文学批评家泰纳就把种族、环境、时代三种因素作为研究一个国度文化现象的主要线索。[2] 西蒙兹还具体分析意大利历史社会现象,以说明是怎样的时代造就了人文主义、人文主义者的个性及其作品。西蒙兹在《意大利文艺复兴》中特别注意到意大利中世纪向近代转化过程中的"公社"(commune)地位及公社与市民的相互关系问题,以表明"公社—市民社会—文艺复兴"三者间的密切关系。[3] 西蒙兹与布克哈特都将"暴君的时代"作为分析意大利文艺复兴历史背景的核心概念。不同的是西蒙兹将"公社的兴起"作为一种铺垫,这就点出了文艺复兴何以在意大利发生的根本原因之所在。或者说,有了这个铺垫才能使读者明白何以暴君的时代会关联到文艺复兴的问题。说到 14 至 16 世纪的意大利,必然要涉及城市国家现象。commune 可以译为"公社",但这一中文词必须做些具体的解释,否则会引起误解。就意大利当时的历史情景而言,commune 是一种城市政治共同体或城市国家。[4] 通常我们会

---

[1] 参见 J. A. Symonds, *Renaissance in Italy*, Vol. I, New Edition, pp. 4 - 5。

[2] 参见 Hippolyte A. Taine, *History of English Literature*, Vol. I, "Introduction", Frederick Ungar Publishing Co., 1965。

[3] 参见 J. A. Symonds, *Renaissance in Italy*, Vol. I, Smith, Elder, & Co., 1880, Chapter II "Italian History" and Chapter III "The Age of the Despots"。

[4] 朱龙华在《意大利文艺复兴的起源与模式》(人民出版社 2004 年版)中注意到公社与共和国形成的关系。但公社与后来暴君统治的关系则阐述得不够详细。学者马丁斯《权力与想象:意大利文艺复兴的城市国家》(Lauro Martines, *Power and Imagination: City-States in Renaissance Italy*, Alfred A. Knopf, 1979)一书大致从"权力"在当时城市国家及城市国家间关系中的作用来阐述公社的结构让位给暴君统治的问题。这些都值得学界参考。

问,为何文艺复兴发生在意大利而非其他国度? 这涉及两个互相关联的历史文化现象:其一,意大利人对古代罗马文化的认同感;其二,意大利城市政治共同体的发达。学界包括西蒙兹在内都认同,古代罗马留给意大利的遗产有城市和法律。到了中世纪,意大利与德国有某种相像的政治情况,都属于神圣罗马帝国的一部分。这就为城市的自立创造了宽松的条件。在意大利城市国家中的市民(burgher)有充分的政治表达权,而且有明确的政治意识。在那时的市民群体中有能力者为上,统治者也要将政治共同体组织的像个样子,否则就会倒台,共同体结构受到波折。按照西蒙兹的描述,当时的意大利城市政治共同体中的各个政治成分如主教、人民(popolo)等在城市政治共同体即 commune 中不断进行政治协调,由此形成相应的城市政治机构。例如当时的城市政治共同体大都出现了议事会之类的机构,并选出执政官来行使权力。由于意大利城市国家内外情况的复杂性,根据城市政治共同体中的市民选择,一些有权势、有政治能力的家族逐渐控制了政权机构,于是形成了家族专制的局面,如米兰等。问题是原来的机构并未消失,而是由权势家族在控制一切。一旦机会成熟,市民仍可以恢复原来政治共同体的局面,米兰就一度恢复共和国。所以对暴君政治下的政治治理局面要有一个完整的认识。西蒙兹在分析米兰共和国时大致表达了这样一种观点,即家族统治延续了 200 多年,但老百姓依然认为自己是这个国家的统治者。但事实上城市政治共同体依靠自身的力量无法摆脱虚弱的窘境。① 在这种情况下,暴君运用自己的权力来影响、控制市民的生活。但市民并不认可暴君的世袭统治,只认可有能力治理国家的暴君统治。市民非常熟悉暴君统治的环节,甚至

① Lieut-Colonel A. Pearson, *A Short History of the Renaissance in Italy: Take from the Work of John Addington Symonds*, Smith, Elder, & Co., 1893, p. 49.

可以认为市民就是暴君统治的直接参与者。说到底,暴君并没有抑制市民生活的发展。就古典文化的复活而言,市民生活需要法治、医道等,于是回到了罗马的文化遗产,从中寻找更新的因素。市民凭借着罗马帝国留下的罗马法遗产,形成由法律支撑的市民政治生活。大学(包括医学院和一些重视科学的学院)则使古代希腊罗马的遗产又复活了。总之,是市民生活需要古典的文化,暴君因为政治的需要而顺应了这一潮流。由此看来,君主统治与市民参政成了相互依存的力量。懂得了上述情况,文艺复兴在各个暴君统治的国度里活跃起来的问题也就迎刃而解了。西蒙兹在论述完公社、暴君等历史现象后,接下来各卷就以学术、艺术、文学为主题将人物评叙的内容贯穿始终。

第四,诗性的呈现。文化史涉及人与时代的精神特征及其相关创作活动,这自然离不开人的诗性智慧因素。文化史的写作需要用诗性的智慧和史笔去生动地呈现文化内容。西蒙兹的著作就是用诗性智慧与文艺复兴时期的诗性智慧之间所进行的文化互动。西蒙兹诗意地将佛罗伦萨命名为"智慧的城市"(the city of intelligence)[1]。西蒙兹在《意大利文艺复兴》第2卷"思想的信奉"章节里不无见地地指出,"真正说来,意大利人从美学的角度来评判才气要甚于道德性的批判"[2]。西蒙兹还特别关注文艺复兴时期佛罗伦萨思想家费奇诺诗意地理解柏拉图哲学的情况。[3]正是基于对文艺复兴时期诗性智慧的认识,西蒙兹在评论具体人物如文学三杰的地位时同样带着诗性的智慧和笔触予以勾勒:"因为有了但丁,近代世界的智慧才能笑傲一切,才能自信地去创造自己的时尚;因为有了彼特拉克,同样的智慧才能穿越黑暗的海湾,才能去重新估量以往宏大的

---

① J. A. Symonds, *Renaissance in Italy*, Vol. I, New Edition, p. VIII.

② J. A. Symonds, *Renaissance in Italy*, Vol. II, New Edition, p. 25.

③ J. A. Symonds, *Renaissance in Italy*, Vol. II, New Edition, p. 237.

传统;因为有了薄伽丘,还是那些智慧才能展露世界的壮丽,才能展露青春、力量、爱和生命的美好,同时无惧地狱的恐怖和死亡迫近的阴影。"①西蒙兹还用细腻的笔触来形容拉斐尔的情感和仪态:"拉斐尔在这个世界上所找到的只有欢愉,这种欢愉伴随着他那纯洁无瑕之美的理想。……拉斐尔的靓丽是得体和柔和的,其迷人之处不是来自力量或神秘的东西,而是发自畅怀动人的魅力。"②对米开朗基罗的研究是西蒙兹文艺复兴史研究中的出彩之处。这里举些诗意的描述场面。《哀悼基督》是米开朗基罗的杰作之一,通过圣母对儿子的悼念而将哀情引向极致状态。但这里的哀悼不只是叫人沉浸在悲痛之中。圣母怀抱耶稣的身躯让人感受到一种神圣的力量。西蒙兹这么形容:"这是一座宁静的、和谐的雕塑,将深邃的宗教情感和古典的宁谧表达综合在了一起。"③1516 年,米开朗基罗回到佛罗伦萨,随后于 1519 年开始在佛罗伦萨设计创作美第奇教堂的墓穴雕刻等,至 1534 年完成。其中尼摩尔公爵朱利亚诺(大洛伦佐的儿子,1478—1516)的英雄般雕像及《昼》与《夜》表达了永无结论的、带着悲凉感的思索。对面就是乌尔比诺公爵洛伦佐(大洛伦佐的孙子,1492—1519)的沉思般雕像,下面是《晨》与《暮》。西蒙兹发出如此惊叹:"站立在这些雕像面前,我们不用去呼叫它们太美了! 我们去细声地说,多么不可思议、多么宏大呵! 不过长久注视后,我们又发现它们远远不是雅致所能概括的美之赠礼。它们中的每一尊都是跳动着的思想,是敞开着的艺术家的心灵,是雕塑中的精品。"④以上描述恰如其分、十分传神。上述诗性的互动说到底还是作者的文人理想与文艺复兴时期文人理想间的思

---

① J. A. Symonds, *Renaissance in Italy*, Vol. I, New Edition, p. 9.

② J. A. Symonds, *Renaissance in Italy*, Vol. III, New Edition, p. 240.

③ J. A. Symonds, *Renaissance in Italy*, Vol. III, New Edition, p. 285.

④ J. A. Symonds, *Renaissance in Italy*, Vol. III, New Edition, p. 306.

想、情感共鸣。黑尔对西蒙兹的这种互动做了有见地的评述,认为文艺复兴时期的历史震撼着西蒙兹的心灵,他在那段时期中发现了高度完美的个性、发现了完整的人。[1] 人们可以批评西蒙兹诗性智慧引领下的历史写作带有何种主观性,也有人认为西蒙兹的这种意大利文艺复兴研究比较随意,看不出史学研究中观点、方法等方面的系统性。但事实上缺乏此种诗性智慧的历史学家又怎么能写出真正有力度的文艺复兴史作品? 笔者认为,西蒙兹的历史研究与正宗的所谓实证史学研究确有差异,他想要写的和呈现的是人类精神中灿烂绚丽的一面,历史和历史人物只是他的对话客体而已。正因为有这一崇高的目的,他的历史著作本身已经成了一首回味无穷的诗。当然,他不是凭空与历史人物进行诗意的对话,他的历史视角和诗情表露交织在一起,使其历史著作变得开合有度、精彩纷呈。我们既能看出一种历史的线索,又会被其中的诗情激起心潮,与作者一起分享诗和纯真心灵的喜悦。我们想起中国古代的诗话和词话,它同样用诗的语言评价作品,人们不感到夸饰。[2] 说到底,评价的对象决定了评价的形式。诗一样的文学艺术作品,其贴切的对话形式只能是诗。诗笔与史笔的结合使得西蒙兹有时不需要太沉重的负担,似乎一定要刻意使自己的传记去反映整个社会历史场景等,将个体的方面说个透,让人去感悟诗人、诗歌的力量。在反映社会历史场景时同样不忘历史生动的一面,这样的历史既有主线,又不失生动的画面。《意大利文艺复兴》《米开朗基罗传》等典型地反映了上述风格。可以这么评论《意大利文艺复兴》这部巨著:它历史地、诗意地展示了文艺复兴时期意大利的社会和文化,我们

---

[1] J. Hale, *England and the Italian Renaissance*, Chapter 8 "John Addington Symonds", Fontana Press, 1996, p. 189.

[2] 参见拙文《对文本有效性哲学解释的一次尝试——赫斯的"范型论"与中国古代诗话中的直觉语词"清"》,《上海师范大学学报(哲学社会科学版)》2001年第4期。

要去欣赏浸透在著作中的诗人情趣和文人风骨。

在西蒙兹的历史著作中,两厚卷《希腊诗人研究》与《意大利文艺复兴》具有同等的文化史创作地位,是一部不可多得的希腊文化史作品。该书由24章组成,译成中文约60万字。从史学史的角度看,研究文艺复兴时期的文化与研究古代希腊罗马的文化是珠联璧合的创作事宜。布克哈特曾经这样做了,西蒙兹同样做的精彩。从诗人西蒙兹这一面来看,作者创作此书可谓驾轻就熟。与《希腊诗人研究》创作相关的是,西蒙兹自己翻译了大量古希腊诗人的作品,为研究增色不少。有些译作不时被文集收录,如《萨福集》等。[①] 更为重要的是该书同样贯彻文化史的评叙风格。在第1卷的"序言"中,西蒙兹明确指出,此书不是那种详尽的希腊诗歌史的写法,而是用近代的眼光挑选并围绕一些重点所进行的批评。[②] 所以英国版的两卷甚至连人物的时序都有交错。西蒙兹采取专题与人物交叉并叙的方式,总结希腊文化的特点、不同诗歌体裁的特点及不同诗人的生平创作特点。考虑到诗在古希腊文化中的特殊地位,《希腊诗人研究》事实上就是一部古代希腊文化史。西蒙兹对希腊悲剧、悲剧诗人的分析很有心得。其中索福克勒斯及其悲剧作品更是西蒙兹心目中的完美典范,西蒙兹用了许多称颂的词语来形容[③],还将索福克勒斯的悲剧视为伯利克里时代"雅典人心灵之最纯粹的一面镜子"[④]。不难发现这里浸透着西蒙兹的文人理想。《希腊诗人研究》的另一个特点是用传神的诗笔向读者栩栩如生地展示古代希腊诗人的生平和恢宏诗卷,其中对诗人品达等的描述

---

① 参见 *Sappo: Memoir, Text, Selected Renderings and a Literal Translation*, by Henry Thornton Wharton, David Stott, 1885。

② 参见 J. A. Symonds, *Studies of the Greek Poets*, Smith, Elder, & Co., 1873, "Preface"。

③ 参见 J. A. Symonds, *Studies of the Greek Poets*, Second Series, Smith, Elder, & Co., 1879, p. 215。

④ 参见 J. A. Symonds, *Studies of the Greek Poets*, Second Series, p. 220。

可谓形象生动。这些在当时的英国学界算是翘楚。①《希腊诗人研究》目前尚未引起中国学术界足够的重视,需要学人开辟专题进行研究。尤其是学界在希腊诗歌、诗人批评史方面的专著还十分贫乏,仅从补缺的角度讲,翻译、研究西蒙兹的《希腊诗人研究》也有不可替代的价值。

三、 文化史个案评叙中的自我与他者

文化史评叙离不开评叙者的历史理念,也离不开评叙者的自我情感。在西蒙兹那里,文化史的创作是在寻找精神的同路人。那些评叙的对象多半是带有柏拉图情怀的诗人。西蒙兹的文化史创作甚至是一种自我困惑的挣脱、逃遁。在许多场合,西蒙兹又以诗人的身份、心灵与文艺复兴时期的文人展开诗性的对话,似乎在寻找诗人的内心世界。

1. 与但丁的对话

《但丁研究导论》②是西蒙兹文艺复兴研究的处女作。需要指出的是,对文艺复兴时期文学艺术大家的个案研究中,西蒙兹对但丁和米开朗基罗的研究最值得称道。其中的精华部分是西蒙兹对这两位文学艺术大家内心世界的剖析。与其他但丁传记相比较,西蒙兹《但丁研究导论》更像是诗人与诗人之间的对话。《蓝之抒怀及其他文论》中有一专文"理想之爱"。在该文中,西蒙兹对古希腊、柏拉图等的精神恋爱问题做了历史的分析。然后指向但丁与贝雅特丽齐的情感问题。西蒙兹的意思是,当人们阅读但丁的《新生》并去感受这份情感时,关键点不在于其真实性方面,而需要理解这位姑娘"是一种精神的存在,围绕这种精神存在,他(指

---

① 参见 Frederic Harrison, *John Addington Symonds*, pp. 5 – 9。

② J. A. Symonds, *An Introduction to the Study of Dante*, Fourth Edition, The Macmillan Company, 1899.

但丁——笔者注)最高的也是最深的思想便自然而然地凝聚起来了"①。这样,西蒙兹与但丁之间的文化对话就形成了:由一个爱的对象使自己的激情升腾起来,达到一种超越的智慧、美的境界,并与美的创作融为一体。该评传写得中规中矩:但丁的家世,但丁的政治生涯,但丁诗的特征,但丁的复杂个性与情感,等等。在西蒙兹的心目中,"将所有的因素都考虑进去,但丁仍不失为意大利了不起诗人群中独一无二的"②。《但丁研究导论》共 8 章,其中西蒙兹用 3 章的篇幅来谈但丁了不起的地方,例如第 5 章评论但丁《神曲》中的人文兴趣,第 6、7 章谈但丁的天才质地。根据西蒙兹的分析,但丁在自己的作品中将人的本性、自由、爱、高贵等大胆地勾画了出来,将但丁崇高的一面展示在读者面前。《但丁研究导论》有特色的部分是最后一章即第 8 章,在这一章里,西蒙兹集中探讨了但丁的爱及但丁爱情诗的本质。西蒙兹认为,但丁所体现出柏拉图之爱是对肉体的净化。这种爱既不是禁欲,也不是简单地听从肉体的驱使,而是将人的感情引向更高境界。③ 但丁给出了一种与中世纪有区别的近代的爱与爱情诗。全书以但丁与彼特拉克的比较作为结尾。按照西蒙兹的评论,"但丁的荣耀在于他就像站在那扇关着的自由与信仰之门上的大天使,而彼特拉克的荣耀在于他打开了近代知识和文化宝藏之门"④。这样,西蒙兹在但丁的身上找到了情感的共鸣。

---

① J. A. Symonds, *In the Key of Blue and Other Prose Essays*, p. 57.

② J. A. Symonds, *Essays, Speculative and Suggestive*, 1907, p. 104.

③ J. A. Symonds, *An Introduction to the Study of Dante*, Fourth Edition, The Macmillan Company, 1899, p. 260.

④ J. A. Symonds, *An Introduction to the Study of Dante*, Fourth Edition, p. 288. 在西蒙兹的心目中,但丁之所以是中世纪的,之所以是站在"那扇关着的自由与信仰之门"之上,主要是就但丁诗歌所处理的材料、所呼吸的氛围而言,不过但丁的精神已经触及新的精神。另见 J. A. Symonds, *Last and First—Being Two Essays: The New Spirit and Arthur Hugh Clough*, p. 27。

2. 与米开朗基罗的对话

1893 年也就是西蒙兹去世的那一年,西蒙兹的力作《米开朗基罗传:基于米开朗基罗在佛罗伦萨的家族档案所做的研究》①正式出版,3 个月就售罄,随即出第二版。从第二版的"序言"中可以看出西蒙兹对自己力作的学术成就非常自信。米开朗基罗的一生是触摸艺术之爱与美的历程。《米开朗基罗传》中充满对话者之间的柏拉图情怀。西蒙兹还翻译过米开朗基罗和坎帕内拉的情诗。② 在这部传记作品中,西蒙兹对于米开朗基罗艺术家境界的养成部分做了比较详细的叙述。作为历史学家的西蒙兹充分注意到时代和环境对米开朗基罗的影响。认为米开朗基罗处在一个新的文化运动之中,又因为得到美第奇家族的提携,更结识了许多著名的人文主义者。③ 爱情问题是这部评传的核心内容之一,西蒙兹对米开朗基罗的柏拉图式精神恋爱做了详细的评述。对于米开朗基罗来讲,这种爱既是神圣的,又是一种折磨。④ 在《意大利文艺复兴》中,西蒙兹引用米开朗基罗的诗句来评价艺术家通过人体的美来感悟神圣世界的艺术境界:"上帝处处在显现自己,清楚不过的是构成了人体的美,通过人体之美

---

① J. A. Symonds, *The Life of Michelangelo Buonarroti: Based on Studies in the Archives of the Buonarroti Family at Florence*, 2 Vols. 笔者之所以引用第 2 版,因为西蒙兹在附录中做了少许修订,以回应批评意见。西蒙兹去世后的版本(如 J. C. Nimmo and Charles Scribner's Sons, Third Edition, 1911 等)只是第 2 版的翻印。2002 年的宾夕法尼亚大学出版社版本增加了一个"导论",插图有变化,文字内容一仍其旧。目前该书已有阿念译的中文版,题名《米开朗基罗传:在上帝的圣光下爱与生活》,江西教育出版社 2014 年版。此译本还需做各种改进。

② *The Sonnets of Michael Angelo Buonarroti and Tommaso Campanella*, Now for the First Time Translated into Rhymed English by J. A. Symonds, Smith, Elder, & Co., 1878.

③ 参见 J. A. Symonds, *The Life of Michelangelo Buonarroti: Based on Studies in the Archives of the Buonarroti Family at Florence*, Vol. I, pp. 24 – 27。

④ 参见 J. A. Symonds, *The Life of Michelangelo Buonarroti: Based on Studies in the Archives of the Buonarroti Family at Florence*, Vol. I, pp. 64 – 65。

去想象上帝的存在,这些逼迫我去爱。"①西蒙兹的文笔热情洋溢,但又不失历史学家的冷静。在叙述米开朗基罗与达·芬奇的"艺术战斗"史实时,基本上按照有几份史料述几份情景的方法进行,而且不多加评论。②即使史料中有关于两人不和的记叙,西蒙兹在引述时也不多加渲染。③ 对于有些不甚理解又难以解释的情节则给予保留性地提及,如已进入老年的米开朗基罗还迷恋于年轻时的情感问题等。④ 西蒙兹的评叙基本上按年代展开,同时穿插多条与米开朗基罗生平有密切关联的线索,成为画面清晰的米开朗基罗生平历史长卷和文艺复兴历史长卷。归纳起来,这些线索包括7个方面。(1)米开朗基罗与庇护人的关系。庇护人是文艺复兴历史的聚焦点之一。第1、4、7、8、11章等分别提到的庇护人有佛罗伦萨美第奇家族的大洛伦佐、教皇尤利乌斯二世、美第奇家族教皇利奥十世和克莱门特七世、保罗三世等。(2)米开朗基罗的艺术家身份。作者分别用专章如第6、10、12章等来评论作为画家、雕塑家、建筑家、诗人的米开朗基罗。在谈及诗歌时,西蒙兹点出米开朗基罗诗更注重心理因素而非字句工整的特点⑤,可谓恰如其分。西蒙兹还特别提到但丁对米开朗基罗的思想和艺术创作的影响。⑥ (3)艺术成就。第3、4、5、8、11、13章有

---

① J. A. Symonds, *Renaissance in Italy*, Vol. III, New Edition, p. 299.
② 将这些情节展开的话,甚至可以成为一本有文学色彩的评传作品,如《没有交上手的战斗》(Jonathan Jones, *The Lost Battles*, Simon & Schuster, 2010)围绕着两位艺术家及其他艺术家之间的艺术竞争,勾画文艺复兴的艺术氛围。相比之下可见西蒙兹的历史学家严谨态度。
③ 参见 J. A. Symonds, *The Life of Michelangelo Buonarroti: Based on Studies in the Archives of the Buonarroti Family at Florence*, Vol. I, pp. 173 – 174。
④ 参见 J. A. Symonds, *The Life of Michelangelo Buonarroti: Based on Studies in the Archives of the Buonarroti Family at Florence*, Vol. II, p. 174。
⑤ J. A. Symonds, *The Life of Michelangelo Buonarroti: Based on Studies in the Archives of the Buonarroti Family at Florence*, Vol. II, p. 168.
⑥ 参见 J. A. Symonds, *The Life of Michelangelo Buonarroti: Based on Studies in the Archives of the Buonarroti Family at Florence*, Vol. I, pp. 336 – 337。

专题论述《大卫像》、圣彼得教堂设计、《西斯廷教堂圆顶画》、圣洛伦佐图
书馆设计、《最后的审判》、梵蒂冈总设计师等艺术创作活动的文字。描述
时不只是捕捉每一个创作的细节,更重要的是阐述其中的意蕴及艺术家
心灵的变化过程。例如作者开掘大卫雕像中力量与美的意蕴,同时指出
大卫像是米开朗基罗从艺术青春期走向艺术成熟的标志。[①] 另外,作者对
米开朗基罗宗教情怀给予足够的重视,同时也体现出西蒙兹自身在这方
面的想法。[②] 对米开朗基罗作品不太了解女性、多半通过男性特征去诠释
艺术世界的特点也给予评述。[③] (4) 与米开朗基罗个人柏拉图式情感世
界有关联的人和事。其中第 12 章涉及米开朗基罗与科隆娜、卡夫里埃利
等人的关系。西蒙兹在评述与上述人物的关系时带给读者的是一种美的
精神享受。[④] 西蒙兹运用米开朗基罗的献诗来描述复杂的感情,很有感染
力。在西蒙兹的心目中,米开朗基罗是纯洁的艺术家。[⑤] (5) 重大历史事
件,包括第 9 章重点谈论的罗马遭洗劫等。西蒙兹从各个方面来分析导
致这一事件发生的原因,充分显示作者的历史研究功力。(6) 生平中与
佛罗伦萨、罗马两座城市的关系以及与其他重要城市的关系。其中第 3、
4、11 章明确标示米开朗基罗在佛罗伦萨、罗马的居住情况。(7) 对作为
一个人和作为一位艺术家的米开朗基罗之总体评价,即全书第 15 章最后
一节的标题"米开朗基罗作为人和艺术家的评价"(Estimate of

---

① J. A. Symonds, *The Life of Michelangelo Buonarroti: Based on Studies in the Archives of the Buonarroti Family at Florence*, Vol. I, p. 98.

② 参见 J. A. Symonds, *The Life of Michelangelo Buonarroti: Based on Studies in the Archives of the Buonarroti Family at Florence*, Vol. I, pp. 242 - 243。

③ 参见 J. A. Symonds, *The Life of Michelangelo Buonarroti: Based on Studies in the Archives of the Buonarroti Family at Florence*, Vol. I, p. 274。

④ 参见 J. A. Symonds, *The Life of Michelangelo Buonarroti: Based on Studies in the Archives of the Buonarroti Family at Florence*, Vol. II, pp. 117 - 125。

⑤ 参见 J. A. Symonds, *The Life of Michelangelo Buonarroti: Based on Studies in the Archives of the Buonarroti Family at Florence*, Vol. II, pp. 164 - 166。

Michelangelo as Man and Artist)。这里进一步展开作者与米开朗基罗之间的文化对话。西蒙兹对那些追究米开朗基罗乖戾性格的说法一一做了评论,最后把米开朗基罗比作人类的"榜样和象征"。① 西蒙兹用上述事迹向读者展示米开朗基罗丰富的内心世界和富于创造力的文化成果,同时是一幅恢宏的文艺复兴时期意大利历史画卷。

3. 与锡德尼、琼森的对话

在文艺复兴时期的英国有两位在批评界享有盛誉的文人即菲利普·锡德尼(Philip Sidney, 1554—1586)和本·琼森(Ben Jonson, 1572—1637)。西蒙兹曾创作《锡德尼传》②,收入墨雷的《英国文人丛书》。锡德尼是诗歌批评名著《为诗辩护》的作者。文艺复兴时期的文人对诗歌的价值多有评论③,甚至可以认作是那个时期的批评核心。就西蒙兹身上所具有的文人诗性个性而言,无疑《锡德尼传》要对诗性的优先地位加以重点评述。为此《锡德尼传》辟专章就锡德尼为何重视诗性智慧或为何替诗辩护的问题做了说明。④ 大致的意思是,锡德尼批评哲学的抽象和历史学的具体,而诗则处于两者之间,以其特有的音乐般的魅力切入并呈现灵魂善的一面。⑤ 这里,西蒙兹力求从评传对象的诗论中找出诗与其他认知手段之间的和谐关系。其中诗与文化血脉相连,西蒙兹转述锡德尼的观点:"对诗进行攻击其总体上就是对文化的攻击。"⑥所以要保卫文化就要保

---

① J. A. Symonds, *The Life of Michelangelo Buonarroti: Based on Studies in the Archives of the Buonarroti Family at Florence*, Vol. II, p. 372.

② J. A. Symonds, *Sir Philip Sidney*, Macmillan & Co., 1886. 另有美国版 Harper & Brothers Publishers, 1902,等等。两个版本在页码上有差异,其他相同。

③ 参见 *Sidney's "The Defence of Poesy" and Selected Renaissance Literary Criticism*, edited and with an Introduction and Notes by Gavin Alexander, Penguin Books, 2004。

④ J. A. Symonds, *Sir Philip Sidney*, Macmillan & Co., 1886.

⑤ J. A. Symonds, *Sir Philip Sidney*, pp. 160‑161. 关于锡德尼为诗辩护的问题,拙文《对文艺复兴时期人文主义诗性智慧的历史透视》(《史学理论研究》2010 年第 4 期)有专门论述。

⑥ J. A. Symonds, *Sir Philip Sidney*, p. 157.

卫诗性智慧,而保卫诗性智慧就是在保卫文人的个性。

《琼森传》①从形式上看似乎与一般的评传作品没有多少区别,即按人物的生平大事逐一叙述。但西蒙兹的叙述没有流于批评界的俗套,即如何肯定琼森的文学地位,又如何将琼森的《狐狸》《炼金术师》加以重点剖析等,而是将立足点放在展示琼森文人个性与大气方面。西蒙兹如此评论:"他的王者地位不在于最高的,而在于巨大的;不在于享有创造想象力方面的天赋和内在的本能,而在于因其思想机能方面那不倦的动能和巨大的能量而不得不被人们尊重。"②此处再次显现西蒙兹对具有不断走向完整个体性之文人及其创造力的尊敬,也反映了西蒙兹一贯持有的对具有深刻思想见地文人之崇尚态度。为此,西蒙兹充分肯定琼森的批评意识。事实上,琼森也是那个时代最具批评意识的文坛旗手,留下不少批评著述。③ 人们可以从琼森对自己的朋友、竞争对手莎士比亚的批评中反思琼森本人对时代、人生、诗、戏剧等的完美理想追求。还可以通过两人学术、思想的历史比较研究来进一步体会西蒙兹的琼森评论。④ 琼森亦十分关注诗歌、戏剧的教育意义。⑤ 由此也见出西蒙兹对文人的社会教育、影响之重视。西蒙兹在评叙琼森成年期的第二阶段(1616—1626)如何平衡宫廷的重用、桂冠诗人的荣誉、著作集的出版与其文人理想的关系时作

---

① J. A. Symonds, *Ben Jonson*, Longmans, Green, and Co., 1886. 收入丛书 *English Worthies*, ed. by Andrew Lang。西蒙兹还编撰琼森戏剧、诗歌集,如 *The Dramatic Works and Lyrics of Ben Jonson*, selected with An Essay, Biographical and Critical by John Addington Symonds, Water Scott, 1886。

② J. A. Symonds, *Ben Jonson*, p. 198.

③ 其批评著作被汇编成册,如: *Ben Jonson's Literary Criticism*, ed. by James D. Redwine, Jr., University of Nebraska Press, 1970。

④ 学术界不乏比较莎士比亚和琼森的著述,如 G. E. Bentley, *Shakespeare and Jonson: Their Reputations in the Seventeenth Century Compared*, The University of Chicago Press, 1965, 等等。

⑤ 参见 J. A. Symonds, *Ben Jonson*, p. 31。

了细腻的分析,认为作为文人的琼森仍是那个时期琼森人生的主要方面。① 一些评传作品也认为琼森并没有被环境限制住,还要朝新的目标前行。② 西蒙兹向读者展示,正是琼森的文人本色为那段时期的批评增添了许多亮点。例如琼森注意到多恩诗歌在形式和内容方面的魅力等。③

4. 与雪莱的对话

西蒙兹的人生看似有诸多不完美的表象,但他一生在朝着自认为是完美的境界攀登,这种情况与诗人雪莱的人生状况十分相像。因此,西蒙兹将自己的人生感怀倾注在《雪莱评传》④的写作之中。《雪莱评传》也属于墨雷所编《人文丛书》的一种,大致在 15 万字左右。因此与其他大部头的雪莱传记⑤相比,西蒙兹的作品显得简约又不失文采。他自己对这部评传作品亦充满信心,认为自己的作品不像许多雪莱传记作品那样为枝节琐屑问题争论不休,而是"将一个原原本本的雪莱形象明晰完整地呈现给读者"⑥。作者在这部传记的起始就深深表达出对敬慕的诗人过早离世的惋惜之情,因为存在于雪莱身上更为全面的才华还需要假以时日发展,更大的抱负还有待去实现。⑦ 西蒙兹的这些心情、评语是将雪莱与拜伦、

---

① 参见 J. A. Symonds, *Ben Jonson*, "Second Period of Manhood"。
② 参见 Rosalind Miles, *Ben Jonson: His life and Work*, Routledge and Kegan Paul, 1986, p. 184。
③ 参见 J. A. Symonds, *Ben Jonson*, p. 160。
④ 先是英国版:J. A. Symonds, *Shelley*, Macmillan and Co., 1878,然后是美国版:J. A. Symonds, *Shelley*, Harper & Brothers, Publishers, 1879。笔者使用《雪莱评传》译名,意在表明西蒙兹这部传记作品的特点,即处处体现着评叙的风格。这部《雪莱评传》已经出了中文译本,即《雪莱传——天才不只是瞬间完美》,岳玉庆译,江西教育出版社 2014 年版。
⑤ 学术界经常被人提及的几部雪莱评传都是大部头作品,如:Edward Dowden, *The life of Percy Bysshe Shelley*, Routledge and Kegan Paul, 1986; W. E. Peck, *Shelley: His Life and Work*, Houghton Mifflin Company, 1927; R. Holmes, *Shelley the Pursuit*, E. P. Dutton & Co., Inc., 1975,上述著述都 60 万字出头。
⑥ J. A. Symonds, *Shelley*, pp. 186–187.
⑦ 参见 J. A. Symonds, *Shelley*, p. 2。

济慈进行比较后做出的。雪莱的地位要在后两人之上。即使在诗情、诗歌创作方面，西蒙兹也倾向于认为雪莱对拜伦的影响要更大些。① 当然在诗歌批评史上不时有比较拜伦与雪莱的特点、地位等文字，可谓仁者见仁智者见智。② 西蒙兹做此比较的立意在于雪莱有更完整的人生、社会思考，其整个创作生涯正在向着更高、更完善的目标前进，有更大的发展空间。这恰恰是西蒙兹最为看重的因素。西蒙兹对一个完整的文人目标有比较高的要求，西蒙兹憧憬为一个完整的理想进行奋斗的人生。雪莱是有政治抱负的③，他的一生爱憎分明，他所创作的《解放了的普罗米修斯》和《倩契》鲜明地反映出善恶二元论。在这方面，雪莱于 1819 年 1 月 26 日写给皮科克的信中，将其伟大的抱负表露无遗，甚至要构想出造福整个人类的宏图。雪莱说道："我可以构想一部伟大的作品，它包含所有岁月中的发现，并调和那些曾经管控着人类的互有冲突之信条。"④其政治道德的一面受政治思想家葛德文的影响很大。葛德文（William Godwin，1756—1836）著有《政治正义论》一书，主张理性、自由和天赋人权。⑤ 雪莱在伊顿公学求学期间读过此书，被书中的观点所折服。⑥ 后来雪莱还娶了葛德文的女儿为妻。西蒙兹在《雪莱评传》的第 3 章比较详细地评述了雪莱在爱尔兰事务等问题上的政治立场。西蒙兹注意到雪莱看重理性的一面，雪莱甚至让自己沉浸在理性的完美与超越之中。⑦ 由此看来，雪莱

---

① 参见 J. A. Symonds, *Shelley*, pp. 88 – 89。

② 如：C. E. Robinson, *Shelley and Byron, The Snake and Eagle Wreathed in Fight*, The Johns Hopkins University Press, 1976。考虑到雪莱与拜伦的私人关系与诗歌创作的相互影响，这种比较已经成为习惯，西蒙兹也不例外。

③ 参见雪莱：《雪莱政治论文选》，杨熙龄译，商务印书馆 1981 年版。

④ J. A. Symonds, *Shelley*, p. 116.

⑤ 参见葛德文：《政治正义论》，何慕李译，商务印书馆 1980 年版。

⑥ 参见雪莱：《雪莱政治论文选》，杨熙龄译，商务印书馆 1981 年版，"译者序"，第 III 页。

⑦ 参见 J. A. Symonds, *Shelley*, p. 11。

的悲剧正在于用其理想来反抗社会。① 西蒙兹的文化人生体现在爱的境界上。为此西蒙兹在《雪莱评传》中转引了不少其他雪莱传记作者的评语，其中就包括雪莱朋友霍格的诸多评语。霍格认为雪莱品质当中最为人称颂的地方就是对人、对世界的爱，为此雪莱坚守两条原则即崇尚自由和宽容。② 作为诗人间的对话，西蒙兹理所当然看重雪莱对诗在文化中至上地位的观点。西蒙兹在评传中花了不少笔墨转引雪莱《为诗辩护》的观点："诗歌确实是神圣的东西。它既是知识的圆心，又是圆周；它包含所有科学，而一切科学又必须求教于它。它是所有其他思想体系的根本，同时是它们的花朵……"③当然，西蒙兹在认同雪莱的上述观点时，也在书中对雪莱做了批评。例如批评雪莱在处理历史和诗的关系时对实证性的历史研究缺乏悟性，一味追求超越性的诗性智慧。④ 西蒙兹的文人境界在强调诗性智慧优先地位的情状下也刻意让历史与诗两者结合起来，而雪莱往往在现实世界与超验世界的比较中将玄虚的一面看得更为重要。⑤ 又例如，雪莱的诸多创作显得仓促和不完整。⑥ 尽管如此，在谈及文学史上的贡献时西蒙兹仍高度评价雪莱的地位，认为雪莱赋予英国文学新的品质，即理想、自由和精神上的无所畏惧。⑦ 西蒙兹 1893 年在罗马辞世后，其灵柩被安葬在雪莱墓地的附近，这算是一种灵魂的告慰。⑧

---

① 参见 J. A. Symonds, *Shelley*, p. 94。
② 参见 J. A. Symonds, *Shelley*, p. 32。
③ J. A. Symonds, *Shelley*, p. 114.
④ 参见 J. A. Symonds, *Shelley*, pp. 68－69。
⑤ 参见 J. A. Symonds, *Shelley*, pp. 13, 125－126。
⑥ 参见 J. A. Symonds, *Shelley*, pp. 184－185。
⑦ 参见 J. A. Symonds, *Shelley*, pp. 183。
⑧ Horatio F. Brown, *John Addington Symonds: A Biography* 第 2 卷最后一张图片即为在罗马的英国人墓地。

5. 与惠特曼的对话

西蒙兹的《沃尔特·惠特曼研究》①是作者传记作品中很有特色的一种。与《雪莱评传》的平铺直叙稍有不同,《沃尔特·惠特曼研究》写得更自由些,整部评传的主题就是要揭示诗人和诗作《草叶集》字里行间的心理活动。惠特曼是西蒙兹的同时代人,学术界一直将这两位异国文人的友情传为佳话。在西蒙兹这边,他如此激情洋溢地评价惠特曼的影响:"当我25岁第一次阅读《草叶集》时,它对我的影响超过除《圣经》外任何一本曾经读过的著作;要比柏拉图的大,比歌德的大。要我审慎地说出究竟是何原因让它渗透进我生命的肌理和骨髓之中,这是不可能的。"②25年后再次回忆惠特曼的影响时,西蒙兹道出了其中的缘由,即惠特曼大胆说出了西蒙兹内心深处的话语:"现在是到了我说出其中缘由的时候了。惠特曼投射出清晰的真理光芒,此真理是我模糊地感觉到的,它鼓动着我说出以前只是羞羞答答持有的想法。"③显然,有着相同心灵世界和理想追求的文人才会有如此共鸣。《近代伦理问题》涉及惠特曼的部分用了"理想主义的:沃尔特·惠特曼"(Idealistic:Walt Whitman)的标题。"我曾经说过,惠特曼的原创性就在于将诗的理想主义与强烈的情感结合在一起灌注给近代茫然乏成的科学。"④在西蒙兹看来,用任何纯粹的批评理论来处理惠特曼的著述都是行不通的,惠特曼其人、其著很难归入某个体系。《草叶集》就是惠特曼个性的一种表露。因此唯有诗人之间的历史对话能打开惠特曼的心扉。与文艺复兴时期的文人所创作的作品充满个性和时代新风一样,惠特曼的作品也在向世人描绘一幅崭新的、美的人性

---

① J. A. Symonds, *Walt Whitman: A Study*, John C. Nimmo, 1893. 笔者使用的是本杰明·布洛姆出版社(Benjamin Blom Inc.)1967年修订版。
② J. A. Symonds, *Walt Whitman: A Study*, p. 11.
③ J. A. Symonds, *Walt Whitman: A Study*, p. 11.
④ J. A. Symonds, *Walt Whitman: A Study*, pp. 55-56.

景色。西蒙兹注意到惠特曼最富于个性的文学创作一面,即"惠特曼习惯于思考和书写的不是那种文化的人群、精致的品味、文学与社会传统的见解,而是被他称作'神圣平常'(the divine average)的需求与希冀。他希望用其诗句去描述那种粗犷有力的、健康的人"①。事实上,最自然、平常的人性就是神圣的。在基督教的传统社会和意识中,有些属于人本性的因素受到了扭曲,原本是正常的东西变得不正常了。也就是说,长期以来人们是以扭曲的文化和眼光去审视人性世界。惠特曼则要为人性中真正属于"自我"的世界翻案,其最为传颂的诗歌就是"歌颂自我"。其中有这样的诗句:"我赞美我自己,歌唱我自己/我所讲的一切,将对你们也一样适合/因为属于我的每一个原子,也同样属于你。""我歌唱一个人的自身/一个单一的个别的人/不过要用民主的这个词、全体这个词的声音/我歌唱从头到脚的生理学/我说不单只外貌和脑子,整个形体更值得歌吟/而且,与男性平等,我也歌唱女性/我歌唱现代的人/那情感、意志和能力上的巨大生命/他愉快,能采取合乎神圣法则的最自由的生命。"②这里的"自我"就是一个本真的人,有原始味的人性。在惠特曼作品中有大量赤裸的性描写,包括同性恋的描写,这在一本正经的文学批评家眼里会被视作有背道统。为了勾画惠特曼的内心世界,西蒙兹先用整整一章(第3章"个性或自我"[Personality or Self])来描述惠特曼的个性,然后用两章的篇幅来描述惠特曼的爱。说到惠特曼强烈的个性,就必须涉及宗教态度问题。在西蒙兹的笔下,惠特曼所高度赞美的是人的个体精神以及个体对世界的看法。神只是一个简便的象征而已。人应当用自己的思想来分析一

① J. A. Symonds, *Walt Whitman: A Study*, p. 60.
② Walt Whitman, *Poetry and Prose*, The Library of America, 1996, pp. 27, 165. 中文选自惠特曼:《草叶集》上,楚图南、李野光译,人民文学出版社1987年版,第59、7页。

切、判断一切,也可以像撒旦那样反抗世界。① 或者说,个体的人应由自己的精神引导着面对世界、投身生活。最后一章仍提示评价惠特曼的困难,使整篇评传前后呼应。但最后再次说评价困难时已经不是简单的重复,而是领着读者走向更高的境界,即评价虽有困难,但启示还是有的。第10章整章就是谈惠特曼给西蒙兹和每个人带来的历史启示。评传的结束语用历史启示来归纳:"在我看来,惠特曼对我的启示也是对所有想请教他的人之启示。每个人因为其秉性不同而遇到的难题殊异,但只要大家以坦荡、开放的胸怀向惠特曼寻求答案,那么都会得到启示。"②这里,西蒙兹向我们展现了一个开放的惠特曼。许多评论家也注意到一个事实,即惠特曼没有给自我、诗歌等画上句号性的论断。或许这才是惠特曼的人格魅力和诗歌魅力之所在。③

6. 对其他英国文人的关注

尽管西蒙兹后来落户瑞士,但毕竟英国是他的故乡,其文化史评叙自然会散发出诗性的乡愁。西蒙兹对英国文人马洛、李黎等都做了专门的研究,西蒙兹的马洛研究主要体现在《英国戏剧史上的莎士比亚前辈们》及《马洛戏剧集》"导论"④等著述中。西蒙兹十分看重马洛在英国文艺复兴戏剧史上的地位。上文提及,西蒙兹曾就英国戏剧与诗歌的关系问题发表独到的看法。在论述马洛的创作特点、地位时,西蒙兹再次围绕"戏剧诗歌"问题展开讨论,并从三个反面指出马洛"戏剧诗歌之父"的确切

---

① J. A. Symonds, *Walt Whitman: A Study*, pp. 21–22.

② J. A. Symonds, *Walt Whitman: A Study*, p. 160.

③ 《剑桥美国文学史》在这方面做了有益的批评尝试,值得我们在思考西蒙兹的惠特曼评价时参考。参见伯科维奇主编:《剑桥美国文学史》,李增译,中央编译出版社2010年版,第4卷"19世纪诗歌:1800年—1910年",第397—399页。

④ *Christopher Marlowe*, ed. by Havelock Ellis, with A General Introduction on the English Drama during the Reigns of Elizabeth and James I.

含义,即马洛明白:第一,在大众舞台上的浪漫剧大有前途;第二,古典的剧作家已经发现了恰当的戏剧格律;第三,从内容到格律,将浪漫的主题与古典的韵文诗提升到他那个时代还理解不了的高度。① 如果说英国戏剧与诗文的结合曾让文艺复兴时期的英国文化出彩的话,那么马洛就是最初得心应手舞动这支画笔的诗人戏剧家。马洛又是对同性恋有颂词的文人,西蒙兹择此大家研究之,亦有其特定的用意。另外《英国戏剧史上的莎士比亚前辈们》还辟专章评论戏剧家李黎。② 李黎的情诗在当时很有名声,对文艺复兴时期意大利的情诗亦有影响。③ 这同样符合西蒙兹作为诗人的选择及其所主张的诗歌与英国戏剧水乳交融的文化史理念。其他可以提及的研究成果尚有:西蒙兹为托马斯·布朗编撰著作集并撰写导论④,西蒙兹点评 19 世纪诗人勒弗罗伊的十四行诗⑤,等等。

　　西方从 19 世纪开始,学科分类日益细密,相应的情景是专家学者多了而文人少了。当年彼特拉克在信件中透露出不愿被人称作什么家之类的心境,而是愿意将自己比作一个爱学问而甚于取得学问成就的人。⑥ 西蒙兹则承接文艺复兴的人文主义情趣,其生平将近代西方文人的观念与实践演绎得淋漓尽致。

---

① 参见 J. A. Symonds, *Shakespeare's Predecessors in the English Drama*, p. 471。
② 参见 J. A. Symonds, *Shakespeare's Predecessors in the English Drama*, Chapter VIII, "John Lyly"。
③ 参见 Violet M. Jeffery, *John Lyly and the Italian Renaissance*, Russell & Russell, 1969。
④ *Sir Thomas Browne's Religio Urn Burial, Christian Morals, And Other Essays*, edited, with an Introduction by J. A. Symonds, Walter Scott, 1886.
⑤ *Edward Cracroft Lefroy: His Life and Poems, Including a Reprint of Echoes from Theocritus*, By Wilfred Austin Gill, with a Critical Estimate of the Sonnets by the late John Addington Symonds, John Lane, 1897.
⑥ 参见 Petrarch, *A Letter to Francesco Bruni, Papal Secretary in Avignon, Milan, October 25, 1362*, in eds. by Ernst Cassirer, P. O. Kristeller and J. H. Randall, Jr., *The Renaissance Philosophy of Man*, The University of Chicago Press, 1984, pp. 34－35。

西蒙兹属于 19 世纪,因为他的文化史对话带着相当浓重的理性口音,同时忘情于诗性原野上的每一次呼唤;西蒙兹又与 19 世纪相碰撞,因为他生活的那个时代理解不了这位诗人兼历史学家的心理困惑;西蒙兹理应属于所有的世纪,因为浸透在西蒙兹文化史对话中的文人品性等对人生、时代具有恒久的启示意义。尤其是当今后现代文化时期,各种权威动摇了,人的生存目标和价值正在重新定位。此时,人文学科正在迫切地询问:这门学科的存在价值究竟何在? 文人应当如何不为眼下的势利所惑? 文人应当怎样在文化的创作中寻求个体的完整世界? 文人应当怎样为社会提供恰当的文化食粮? 这就需要我们在阅读西蒙兹那些带着文化史评叙风格的作品时,或者说在体验近代文人风骨的同时,进行自身的文化升华。

当今的中国史学界,仍有一大批学者在从事文化史研究或与文化史相关的史学研究。也有些学者从史学史的角度对文化史研究的各个层面进行深入的学术探讨。这种现象与文化史本身相适应并启示个体与社会如何健康发展之间有内在的关联性。更为重要的是,身处全球化时代的个体、国家和国际社会都会面临文化软实力的各种挑战。因此西蒙兹的文化史著述、文化史评叙风格及支撑上述创作的丰富研究内容会有助于诸多问题的思考。例如,如果我们不理解古代希腊的诗,不了解与古代希腊诗歌相关的戏剧、诗人的创造力,那么我们就是古希腊史的门外汉,进而在整个西方文化史研究方面不甚了了;同样,不了解文艺复兴时期世俗化了的人文主义思想文化,也不可能把握住那个时代的脉搏,进而在近代西方甚至整个世界的文化、社会走向的思考方面不乏盲点。在上述两个西方重要的历史时期,正是近代文人富有诗性智慧的创造构建了西方文化大厦的基础,当然也带来各种正面的和负面的影响。我们要以欣赏与批评的双重目光,通过研讨西蒙兹的文化史创作成果来深入、完整地理解西方文化与社会。

读史札记
《但丁研究导论》与英语学界的"但丁学"

19 世纪中叶的英语学界急需一本既有整体性介绍又有研究指导性意义的但丁研究著作。从学术史的角度看,西蒙兹所在的 19 世纪中叶,学界特别是英语学界(主要是英国和美国)还没有形成"但丁学"层面上的研究氛围。① 但丁研究尚处于起步阶段。例如摩尔对但丁的整体研究要到 19 世纪末才有可观的成绩②;汤因比的但丁词典编撰也到 1898 年出版③;维拉利对但丁时代的历史研究到 1894 年译成英文出版④;西蒙兹在《神曲》的英译方面参考的是卡莱尔的《地狱篇》⑤,为学界器重的一些译本也要到 19 世纪末 20 世纪上半叶出版,如诺顿、辛格尔顿的译本⑥;但丁的拉丁文著作英译本也在 19 世纪末相继问世⑦。总之,那

---

① 西蒙兹《但丁研究导论》发表前的但丁研究学术情况可参见 *Dante: The Critical Heritage*, ed. by M. Caesar, Routledge, 1989,其他还可参见 G. Mazzotta, *Critical Essays on Dante*, G. K. Hall & Co., 1991,等等。

② E. Moore, *Studies in Dante, First Series*, Oxford University Press, 1896. 以后又出了第 2、第 3、第 4 系列(Second Series, 1899; Third Series, 1903; Fourth Series, 1917)。

③ P. Toynbee, *Dictionary of Proper Names and Notable Matters*, Oxford University Press, 1898. 现在通常使用辛格尔顿的修订本(Revised by C. S. Singleton, Oxford University Press, 1968)。汤因比还于 1902 年出版《但丁研究与探索》论文集(*Dante Studies and Researches by Paget Toynbee*)。

④ P. Villari, *The Two First Centuries of Florentine History: The Republic and Parties at the Time of Dante*, 2 Vols, T. Fisher Unwin, 1894.

⑤ *Dante' Comedy: Inferno*, tr. by J. A. Carlyle, Harper & Brothers, 1849,另有贝尔译本。卡莱尔的这个译本在 19 世纪中叶的英语学界很为人推重。例如学者哈里斯就说,当他 1858 年第一次阅读《神曲》时就把卡莱尔的译本当作词典和一般性指导来对待。作者同时提及赖特和加里的《炼狱篇》和《天堂篇》译本,参见《但丁在美国》(*Dante in America*, ed. by A. B. Giamatti, Medieval & Renaissance Text & Studies, 1983)第 87 页。

⑥ *The Divine Comedy of Dante Alighieri*, tr. by C. E. Norton, Houghton Mifflin Company, 1891; *The Comedy of Dante Alighieri the Florentine*, tr. by D. L. Sayers, Penguin, 1949-1962; *Dante Alighieri, The Divine Comedy*, tr. with A Commentary, by Charles S. Singleton, 6 Vols, Princeton University Press, 1970-1975. 辛格尔顿另著有《但丁研究》两卷,即《神曲的基本结构》和《贝娅特里奇的旅程》(C. S. Singleton, *Dante Studies*: Vol. I, *Commedia: Elements of Structure*; Vol. II *Journey to Beatrice*, Harvard University Press, 1954 and 1967)。

⑦ *Translation of the Latin Works of Dante Alighieri*, Greenwood Press, 1969,初版于 1904 年。

时的但丁研究还显得零散,不成系统。当然学术界的但丁研究一直没有间断,从 15—16 世纪开始,西方学界已经开始译介但丁的《神曲》:例如 15 世纪末,但丁《地狱篇》的法语韵文译本出版①,尽管这一译本还有诸多不完善的地方;又如德·桑蒂斯《意大利文学史》提出了一些值得重视的观点②;如此等等。但总体上看,西蒙兹时代的但丁研究还未达到但丁学意义上的高度。"某某学"的形成需要长期的学术积累,特别是由专门的但丁学会来谋划主要的学术交流事项。③ 上述状况也在西蒙兹撰写《但丁研究导论》的学术参考方面反映出来。一方面,在第 1 版序言中提及的学术参考著作寥寥无几,其中有佛拉第切利(Fraticelli)、罗塞蒂(D. G. Rossetti)、卡莱尔(Carlyle)等撰写的传记和《神曲》译文。④ 另一方面,西蒙兹时代亦欠缺有一定学术深度的普及性读物。对于广大学人和读书人而言,期盼着一本类似导论性质的但丁研究著作能尽早问世。1893 年也就是《但丁研究导论》出版 22 年后,西蒙兹在第 3 版"序言"中这样记叙:当年即 1872 年第 1 版出版后很快售罄,并长期处于绝版状态。英国与美国的读者为了能阅览此书,只能高价去买二手的复制品。为了满足需求,后来相继出了第 2 版、第 3 版,但仍供不应求。西蒙兹遗著的执行人布朗也特别提到西蒙兹对自己作品 22 年后仍旧充满活力感到欣喜的心情。⑤ 至于如何用一个渗透独特理念的短篇便能让更多英

① *The New Cambridge Modern History*, Vol. I, Cambridge University Press, 1961, p. 182.

② F. De Sanctis, *History of Italian Literature*, Barnes & Noble, Inc., 1968. 该书初版于 1870—1871 年间,由德·桑蒂斯于 1839—1848 年间在那不勒斯讲学的讲稿汇集而成。后一版再版,成为此领域的经典作品。其中但丁部分的论述引人关注。德·桑蒂斯所著并非专题的意大利文艺复兴时期文学史。直至 20 世纪,英语世界终于出现了一本专题性的著作,即佛莱切的《意大利文艺复兴文学》(J. B. Fletcher, *Literature of the Italian Renaissance*, Kennikat Press, Inc., 1964. 麦克米伦出版公司初版于 1934 年)。这也说明西蒙兹年代与但丁研究相关的意大利文学史参考材料等的欠缺。

③ 在西蒙兹的年代,意大利有"但丁学会"(Dante Society),学会不仅组织学术工作,还经常做些与纪念但丁有关的事情,1901 年发起在但丁拉文纳墓地安装长眠灯的工程,以志永久怀念。美国则有"但丁俱乐部"(Dante Club),后改称"美国但丁学会"(Dante Society of America),中心在哈佛大学。

④ J. A. Symonds, *An Introduction to the Study of Dante*, Smith, Elder, & Co., 1872, "Preface". 根据西蒙兹的致谢语,我们了解到《但丁研究导论》参考佛拉第切利的著作尤多。

⑤ H. F. Brown, "Prefatory note to the fourth edition".

语读者了解但丁其人其著,这在西蒙兹的年代显得尤为重要。所有这些从一个侧面反映出西蒙兹著作在但丁研究尚未形成令人瞩目的学术大气候情况下的学术价值,至少它在英语学界的但丁传播方面有着不可替代的地位。不过随着时间的推移,也随着但丁学意义上的学术氛围越发浓厚,西蒙兹的这部但丁研究著作渐渐被学界遗忘了。①

　　作为一名诗人历史学家,西蒙兹但丁研究的历史视野充分体现在其十分关注但丁崇高和伟大的实实在在内容上。《但丁研究导论》以实在性为视角向学人展示一位有抱负、有境界、有怨愤、有悲剧色彩的多面但丁形象。但丁《神曲》就是实实在在世俗世界的写照。西蒙兹对此概括道:"没有什么比但丁叙事讲究具体事物而非抽象世界更有特点了。"②与弥尔顿比较的话,但丁的崇高性正是在文学的具体实在性方面体现出来。③ 也正是这种实实在在的崇高性让人得到道德的而非图景式的感受。④ 当然,但丁的文学创作不是就事论事地呈现世俗社会的情景,而是对整个人生和世界的一种观照。西蒙兹这样描述但丁《神曲》的人文兴趣,即我们不能从贝娅特里奇、维吉尔等人物的象征角度去考虑但丁的用意,对于但丁来讲,《神曲》的中心是对整体性和人生的理解,例如但丁基于自己情感和成熟观点而加以讽喻的是当时整个世界。⑤ 西蒙兹的这种关注具体现实、关注世俗的研究思路到了 20 世纪被普遍接受。⑥

----

① 科西莫《但丁研究手册》(U. Cosmo, *A Handbook to Dante Studies*, tr. by D. Moore, Basil Blackwell, 1950)、《剑桥但丁研究指南》(*The Cambridge Companion to Dante*, 1993)均未提西蒙兹的著作。

② J. A. Symonds, *An Introduction to the Study of Dante*, pp. 162 – 163.

③ J. A. Symonds, *An Introduction to the Study of Dante*, p. 232.

④ J. A. Symonds, *An Introduction to the Study of Dante*, p. 238.

⑤ J. A. Symonds, *An Introduction to the Study of Dante*, pp. 96 – 98.

⑥ 参见 E. Auerbach, *Dante: Poet of the Secular World*, tr. by R. Manheim, The University of Chicago Press, 1961; R. J. Quinones, *Dante Alighieri*, Twayne Publishers, 1979; J. Woodhouse, *Dante and Governance*, Oxford University Press 1997; B. Reynolds, *Dante: The Poet, the Political Thinker, the Man*, I. B. Tauris, 2006; K. M. Olson, *Courtesy Lost: Dante, Boccaccio, and the Literature of History*, University of Toronto Press, 2014。

西蒙兹的人物研究素以性格问题为中心展开著称学界,在西蒙兹的笔下,但丁的高傲性被刻画得栩栩如生。但丁的悲剧人生与文化成就均与这种高傲性有关。但丁十分在意自己的贵族身世,由此烙上高傲的秉性。西蒙兹用"但丁的主要弱点"(Dante's chief fault)来形容这种高傲性。这里,西蒙兹用的是一种引人联想的写法,因为作者在该词前还使用了"如果我们敢用这个词来分析但丁这样一位人物的话"(if we may dare to use this word in our analysis of such a man)①的修饰语句。西蒙兹是在感叹由这种高傲性带来的所有结局。西蒙兹在书中对但丁的高傲性及其在政治厄运面前不低头的事例做了生动的刻画,其他场合无不如此。② 这样,西蒙兹所说的"弱点"其实质恰恰是铸就但丁伟大的人性因素。

西蒙兹一贯的历史创作风格是用词造句十分典雅考究,有诗性化的特点。就此而言,西蒙兹的著作包括《但丁研究导论》给人一种审美意义上的学术外观。《但丁研究导论》结尾部分就是一段发自内心、诗意甚浓的比较但丁与彼特拉克的文字,认为但丁是严肃庄重的,而彼特拉克则取悦浮夸;但丁处处显现悲剧情调,而彼特拉克则逢场作戏;但丁有先知一般的人格并从神圣的理想出发来思考君主统治,彼特拉克则在政治上缺乏这种神圣的意念;但丁不会与敌手妥协,而彼特拉克则随波逐流;但丁用文笔来唤醒人们内在的情感,而彼特拉克则自乐于辞藻世界;但丁炼就的是史诗,而彼特拉克书写的只能算情诗;但丁对爱(如对贝娅特里奇之爱)的歌颂是从情感到神圣的深化,而彼特拉克的情歌则是雕琢浮饰;如此等等。西蒙兹追问:何以后来但丁被遗忘了,而彼特拉克名噪意大利?答案是但丁属于中世纪,而彼特拉克立足于文艺复兴。西蒙兹但丁研究中所体现出的诗性化学术特征,有些是前但丁学的客观条件及其时学术规范标准使然。就西蒙兹的才气而言,他不是达不到详尽考证、充分使用原始资料的历史学高水准。就驾驭语言能力而言,我们不必怀疑西蒙兹的才华。在西蒙兹那个年代的学术圈里,西蒙兹的意大利文、拉丁文、希腊文都被公认为具有一流水准。西蒙兹之所以

---

① J. A. Symonds, *An Introduction to the Study of Dante*, p. 159.

② J. A. Symonds, *An Introduction to the Study of Dante*, ch. I, II.

诗性化地刻画但丁,这与西蒙兹的一贯创作目的有关。西蒙兹认为人文学科研究的主要目的是提升人的境界,使人的性格得到升华。西蒙兹《但丁研究导论》就通过赞美但丁很恰当地表示出这层意思,即文学艺术等的创作都是手段,其目的是为了震撼人的心灵,去表现思想的内在价值,也就是道德的修炼[1],因为在本质上人是一种道德的存在。[2] 这也是西蒙兹历史研究一贯操持的理念。此等理念可能使西蒙兹不十分讲究19世纪兰克学派所特别强调的处理材料等方面的学术要求。另外,西蒙兹的历史研究以人物特别是人物性格研究为主,力图展示人物个性与文化创造的关系。这些在形象刻画、心灵传达等方面需要给出更多的关注,而作为诗人的西蒙兹其文风讲究诗性的形式,这些都是造成西蒙兹但丁研究学术特点的因素。如果由当今的学人再来撰写《但丁研究导论》之类的著作会有更多的著述拿来参考,并且写得更规范些,更有学术味。但再有学术味也未必能写出类似西蒙兹著作的风格和情趣。这里还涉及如何看待历史学的客观性问题。从后现代的史学研究特点看,这同样是历史研究的方式,而且是更为生动的历史研究。尤其是性倒错文人西蒙兹笔下的但丁研究让我们体验到作者与但丁对话所引申出的更为丰富的文化内涵,例如由性格因素引申出的人生格局、性格与文化的互动、柏拉图主义含义的变化等。或者说西蒙兹试图书写由性格与文化交织起来的另一幅但丁形象、另一种文艺复兴史。这些与摩尔的但丁研究、布克哈特的文艺复兴史研究等都不能简单比附,而其中特有的历史启示意义值得今人深思。这些都是我们重新阅读西蒙兹《但丁研究导论》时更应看重的因素。

---

[1]　J. A. Symonds, *An Introduction to the Study of Dante*, pp. 281, 238.

[2]　J. A. Symonds, *An Introduction to the Study of Dante*, p. 105.

4
西蒙兹的性格文化史研究
——由《米开朗基罗传》《惠特曼研究》引出的历史思考*

　　人生存于不同的文化环境之中,其性格中属于自然、本能的因素亦会受到文化的浸染并打上文化的印记。就人的文化创造活动而言,历史上正是那些性格各异的文学艺术家们为人类留下值得永久回味的文化精品。品味之余更需要学人去探讨性格与文化创造之间的关系。特别是文艺复兴时期的文化领域,群星璀璨,百花争艳。这吸引同时代及往后的学人去撰写那些巨擘的生平,其中离不开对性格问题的探究。英国诗人历史学家约翰·阿丁顿·西蒙兹的诸多历史人物研究作品一经发表便引来文坛各种关注的目光,并迅即成为历史学及文学艺术史研究不可或缺的参考资料,延之弥久。究其因,答案只能在西蒙兹独特的性格文化史研究理念、方法、成果中去寻找。

---

* 本文原载《世界历史》2017 年第 1 期。

一、　由两部历史人物评传作品引出的性格文化史思考

1892 年,英国诗人历史学家西蒙兹的异国友人、"美国文艺复兴"①的代表惠特曼辞世。翌年,以史著《意大利文艺复兴》出名的西蒙兹步入 54 岁这一学术创作的黄金年龄。但天年不齐,病魔和劳累让这位 19 世纪的英国文坛奇才过早离世。还是 1893 年,西蒙兹给学术界奉献了一部其历史人物评传的巅峰之作《米开朗基罗传:基于米开朗基罗在佛罗伦萨的家族档案所做的研究》②(以下简称《米开朗基罗传》)。《米开朗基罗传》出版 3 个月即售罄,西蒙兹有幸见到随即付梓的第 2 版。惠特曼的辞世则让西蒙兹结集整理文稿,埋头创作《惠特曼研究》③,并于大限之日发表。④同年有多种《惠特曼研究》版本面世,数年后又出新版。⑤ 到了 20 世纪,学术圈内外仍以极大的兴趣品读、引证上述作品。当代米开朗基罗研究专家布尔将西蒙兹的《米开朗基罗传》放在 19 世纪该项研究参考文献的压轴之列。⑥ 至于那些研究惠特曼在英国影响之类的著述更不会忽略西蒙兹的《惠特曼研究》,并以此为线索去搜罗、评点两位文人之间的逸闻旧

---

① 此提法出自评论家麦锡森《美国文艺复兴:爱默生与惠特曼时代的艺术及表达》(F. O. Matthiessen, *American Renaissance: Art and Expression in the Emerson and Whitman*, Oxford University Press, 1968)一书。

② J. A. Symonds, *The Life of Michelangelo Buonarroti: Based on Studies in the Archives of the Buonarroti Family at Florence*, 2 Vols, John C. Nimmo, 1893. Second Edition, Charles Scribner's Sons, 1893. 西蒙兹在第 2 版中做了稍许修改,后来学界一般使用第 2 版,本文亦遵此做法。

③ J. A. Symonds, *Walt Whitman: A Study*, John C. Nimmo, 1893.

④ 西蒙兹"序言"中的落款是 3 月 10 日,实际发表日子是 4 月 19 日。

⑤ J. A. Symonds, *Walt Whitman: A Study*, Routledge & Sons, 1893; E. P. Dutton & co, 1893; B. Bloom, 1893; John C. Nimmo, New Edition, 1896.

⑥ G. Bull, *Michelangelo: A Biography*, Penguin Books, 1996.

事、观念才气等。①

　　西蒙兹的上述作品究竟给学界带来什么新的气象呢？以《米开朗基罗传》为例,难道西蒙兹的研究渗透进更多资料来源方面的养分吗？事实上,西蒙兹像诸多文艺复兴史、米开朗基罗研究学者一样,其写作亦主要依据文艺复兴艺术史的开山之作即瓦萨里《意大利艺苑名人传》②,同时参考孔迪威《米开朗基罗传》的内容。③ 当然西蒙兹根据档案资料做了仔细的考订。另外根据西蒙兹《米开朗基罗传》序言中的说法,其写作过程特别参考了米开朗基罗的书信。④ 但这些情况在 19 世纪的西方学界算不上首创。在西蒙兹之前,已经有许多米开朗基罗评传作品包含类似的学术努力。就以西蒙兹主要参考、推荐的作品如高迪⑤、格里姆⑥、哈弗得⑦、威尔森⑧等创作的米开朗基罗传记而言,此等学术努力跃然纸上。那么是西蒙兹的著述更详尽些吗？ 上述西蒙兹之前的作品在量的方面亦有几十

① 参见 H. Blodgett, *Walt Whitman in England*, Russell & Russell, 1973; *Whitman in His Own Time*, ed. by J. Myerson, University of Iowa Press, 1991, p. 149。

② 西蒙兹写作时参考的版本是: Giorgio Vasari, *Le Vite de' piu eccellenti Pittori Scultori e Architetti*, 14 Vols, Le Monnier, 1855。

③ 西蒙兹写作时参考的版本是: *Vita di Michelangelo Buonarroti*, Scritta da Ascanio Condivi, N. Capurro, 1823。

④ J. A. Symonds, *The Life of Michelangelo Buonarroti: Based on Studies in the Archives of the Buonarroti Family at Florence*, 2 Vols, "Preface", pp. VIII – IX. 米开朗基罗的书信全集在 20 世纪已编译成英文出版,成为学人普遍使用的材料。其版本为: *The Letters of Michelangelo*, translated from the original Tuscan, edited & annotated in two volumes by E. H. Ramsden, Stanford University Press, 1963。

⑤ *Vita di Michelangelo Buonarroti*, narrata con l'Aiuto di Nuovi Documenti da Aurelio Gotti, Tipografia della Gazzetta d'Italia, 1875, 2 Vols.

⑥ H. Grimm, *Life of Michael Angelo*, translated with the author's sanction by Fanny Elizabeth Bunnett, 2 vols, Little, Brown, and Company, 1865.

⑦ J. S. Harford, *The Life of Michael Angelo Buonarroti, with Translations of Many of His Poems and Letters, also Memoirs of Savonarola, Raphael, and Vittorial Colonna*, 2 Vols, Longmans, 1858.

⑧ C. H. Wilson, *Life and Works of Michelangelo Buonarroti*, John Murray, 1876. 作者有一个说明,其米开朗基罗生平素材部分取自高迪的评传作品。

万字之多,而且各有特色。至于20世纪随着文化史研究受到学界广泛重视,更有大部头、高水准的米开朗基罗编辑、研究著述相继面世。其中较著名者有克莱门茨①、托奈②、艾尼姆③、穆雷④、布尔⑤等学者的米开朗基罗研究。用今天的学术标准看,上述作品在资料运用等方面均有新的开拓。那么在诸多米开朗基罗研究作品,特别是20世纪诸多思想性、学术性俱佳的作品面前,西蒙兹的学术立足之地何在? 再看看西蒙兹的《惠特曼研究》,就数量而言也就是10万字左右的小册子。在学术参考资料方面除引证当时出版的惠特曼著作集外,传记资料得自布基《惠特曼传》⑥较多。这与20世纪那些更大规模的惠特曼研究学术参考资料相比,不能同日而语。例如,20世纪美国在惠特曼研究上的一项重大学术工程是《惠特曼著作集》的编辑、出版。由此学界在惠特曼研究方面有一个标准版可供依凭、参考。其中的许多资料第一次与读者见面。⑦ 那么我们继续发问:西蒙兹笔下的惠特曼形象又有哪些出彩之处呢?

西蒙兹《米开朗基罗传》"序言"部分在评价自己学术特点时谦逊地

① 克莱门茨著有多种米开朗基罗研究作品,其中一部方便学人引证且全方位钩稽米开朗基罗生平、观念的资料性学术参考著作是:*Michelangelo: A Self-Portrait: Text and Sources*, Edited with Commentaries and New Translations by R. J Clements, New York University Press, 1968。
② C. de Tolnay, *Michelangelo*, 5 vols, Princeton University Press, 1969 - 1971. 此书是学术界公认的全面评价米开朗基罗艺术人生的权威著作。其资料运用详备、评述公允,堪称翘楚。
③ H. Von Einem, *Michelangelo*, tr. by R. Taylor, Methuen, 1973. 此书不仅史实方面的叙述可信度高,而且有许多关于米开朗基罗艺术特征、艺术人生的独特评论。
④ L. Murray, *Michelangelo: His Life, Work and Times*, Thames & Hudson, 1984. 穆雷曾以3卷本《文艺复兴艺术史》著称学界,在深厚的艺术史积淀下写成《米开朗基罗传》。
⑤ 布尔还是文艺复兴史研究的专家,其《米开朗基罗传》吸收各种学术成果而成。所翻译的瓦萨里《意大利艺苑名人传》等多种著述受学界赞誉。其中穆雷的赞誉见 L. Murray, *The High Renaissance*, Frederick A. Praeger, Inc., 1967, p. 195。
⑥ R. M. Bucke, *Walt Whitman*, David McKay, 1883.
⑦ *The Collected Writings of Walt Whitman*, eds. by G. W. Allen and S. Bradley, New York University Press, 1961 - 1984.

指出,前人和同时代学人在米开朗基罗研究方面各有长处,例如认为格里姆的著作给了学人探讨米开朗基罗的新途径①,如此等等。西蒙兹自己则在米开朗基罗个性研究上着墨较浓:"我的目的是公允而完整地论述这位英雄的生平与作品,并且集中地关注其个性。"②也就是说,西蒙兹《米开朗基罗传》的魅力主要不在于传记资料如何丰富翔实,而来自于贯穿始终的性格问题研究。批阅全书,给读者的直观印象就是西蒙兹的评叙以性格问题作为中心线索,处处注意性格对米开朗基罗艺术人生方方面面的影响。同时,西蒙兹将米开朗基罗性格的演变史与文化创作之间的关系做了环环相扣的呈现。在最后的章节里,西蒙兹更是对米开朗基罗的性格及其与文化人生的关系做了集中点评,也是全书最精彩的部分。这样,西蒙兹给学人奉献了一部学术质量上乘且感人至深的性格文化史著述。就文艺复兴的历史情境而言,西蒙兹强调性格问题的研究也是一种回归历史的史学创作态度。文艺复兴时期的文学艺术大家均充溢着新的人文精神,个个秉性鲜明。这需要后人特别是历史学家以自己纯净的心灵和同样富有个性的历史写作方法与先贤对话。回顾史学、艺术史的创作领域,那些文艺复兴时期开近代史学先河的大家已经在性格文化史方面探路先行了。其中艺术史家瓦萨里《意大利艺苑名人传》(Giorgio Vasari, *Lives of the Most Eminent Painters Sculptors and Architects*)"米开朗基罗传"③一章对艺术大师性格的着力描述是这部作品名垂青史的重要因素。从瓦

---

① J. A. Symonds, *The Life of Michelangelo Buonarroti*, Vol. 1, p. XVII.

② J. A. Symonds, *The Life of Michelangelo Buonarroti*, Vol. 1, p. XX.

③ 学界经常参考该书的米开朗基罗部分英译本及卷数如下:tr. by G. DuC. De Vere, Philip Lee Warner and the Medici Society, 1912−1915, Vol. IX; tr. by Mrs. J. Foster, George Bell & Sons, 1900, Vol. V; tr. by W. Gaunt, J. M. Dent & Sons, Ltd., 1963, Vol. IV; tr. by G. Bull, Penguin Books, 1987, Vol. I。其中德·维尔的译本在学术性和全面性方面最为学界称道。

萨里的著述情况看,其性格研究并非学究式评论艺术家个性与艺术创作之间的关系,而是比较强调对性格的叙事本身。在描述米开朗基罗的个性时集中地体现了这种叙事特点,如米开朗基罗与教皇尤利西斯二世发生龃龉的生动事例等。[①] 这些事例将米开朗基罗孤独、自我奋斗的性格栩栩如生地呈现在读者面前。瓦萨里的这种性格文化史研究取向被往后的历史研究工作者继承、发展,其中西蒙兹的研究可谓独树一帜。再从《惠特曼研究》全书的情况看,能够吸引学人之处也只能从西蒙兹聚焦性格与文化关系的角度进行分析寻找。

经启蒙时代的历史学练笔,19世纪的史学大家在历史人物性格及其与文化创造关系问题研究方面又上新的台阶。那时经常有"As Man and His work"之类的书卷标题,其立意无非想探讨书中主人公的人格特点。哈弗得《米开朗基罗传》就辟专章介绍这位艺术家的性格问题。[②] 这些说明西蒙兹的前辈和当时的学界同仁已经在这方面下了不少功夫。20世纪60年代,《米开朗基罗书信集》的编撰者拉姆斯顿在"导论"中就格里姆、哈弗得、杜巴[③]、西蒙兹各自对米开朗基罗性格的描述做了梳理和简要点评。[④] 可见学界对相关史学情况的关注度。西蒙兹之后的文艺复兴史

---

① Giorgio Vasari, *Lives of the Most Eminent Painters Sculptors and Architects*, Vol. IX, newly translated by G. DuC. De Vere, Philip Lee Warner, Publisher to the Medici Society, Limited, 1915, pp. 24 – 25.

② J. S. Harford, *The Life of Michael Angelo Buonarroti*, *with Translations of Many of His Poems and Letters*, *also Memoirs of Savonarola*, *Raphael*, *and Vittorial Colonna*, Longmans 1858, Vol. 2, Chapter IX.

③ 杜巴的《米开朗基罗传》有各种版本,如 R. Duppa, *The Lives and Works of Michelangelo*, Bell & Daldy, 1872。

④ *The Letters of Michelangelo*, translated from the original Tuscan, edited & annotated in two volumes by E. H. Ramsden, Stanford University Press, 1963, "The Introduction", pp. XVIII – XIX. 拉姆斯顿的点评还有许多值得商榷之处,特别是作者对西蒙兹的批评显示其尚未吃透评论对象的性格文化史理念要点。但作为一家之言仍值得参考。

研究领域,对当时诸多人文主义大家的性格问题的探讨仍是学人关注的重点。以 personality 和 character 为题的著述已经成为学界常谈。在这方面留下不少耐人品味的著述:泰勒《佛罗伦萨人达·芬奇:一项个性研究》[1]力图揭示这位艺术家复杂的个性,马修斯《弗兰西斯·培根:一部性格扼杀的历史》则对培根温柔、直率的性格与其生平关系做铺陈性的研讨[2],等等。至此我们仍旧要问:西蒙兹与众多涉猎性格问题研究的著述相比,其性格文化史研究的亮点何在? 显然,前文提及的西蒙兹谦逊自评一定有其更深层面的意蕴,或者说一定注入更多独到的思想、学术养分。为此,我们需要弄清楚西蒙兹性格文化史研究理念形成的来龙去脉及其整体框架。

二、 西蒙兹的人生困惑与性格文化史研究理念的形成

笔者以为,诗人历史学家西蒙兹的性格文化史研究,其目的之一是要解答其自我的人生难题并实现自我超越。西蒙兹是一位有性倒错倾向的诗人历史学家与文人,这种倾向隐匿在其内心深处,终生为之纠葛。[3] 同性恋现象在维多利亚时代或多或少会遭到一些社会的冷眼。西蒙兹去世后的 1897 年,由西蒙兹与埃利斯共同撰写的《性倒错》[4]一书正式面世。

---

① R. A. Taylor, *Leonardo the Florentine: A Study in Personality*, Harper & Brothers, 1929.

② N. Mathews, *Francis Bacon: The History of a Character Assassination*, Yale University Press, 1996, p. 7.

③ 可参考格罗斯库特编辑的《西蒙兹回忆录》,尤其是编撰者在书名上加了一个副标题即"一位 19 世纪主要文人的隐秘同性恋生平"(*The Memoirs of John Addington Symonds: The Secret Homosexual Life of a Leading Nineteenth-Century Man of Letter*, ed. and intro. by P. Grosskurth, Random House, Inc., 1984),可见其用意。

④ H. Ellis and J. A. Symonds, *Sexual Inversion*, Wilson and Macmillan, 1897. 埃利斯是西蒙兹的好友,亦是该书的主要酝酿者和执笔者。西蒙兹作为合作者曾提供许多"历史"文本,但病殁致使合作之事戛然而止,终为憾事。详情见 H. Ellis, *My Life*, William Heinemann Ltd., 1940, p. 295。

《性倒错》中就有反映西蒙兹自己性倒错的案例。① 在《性倒错》以后的版本(包括选入埃利斯代表作《性学研究》②的《性倒错》)中,西蒙兹的名字消失了。这里面有西蒙兹生前对家庭等诸多因素的考虑,也从一个侧面反映出时代狭隘的容忍度。西蒙兹在世时对涉及自身同性恋问题的各种探讨都做了不同程度的"隐秘"处理。尽管有上述情况,西蒙兹仍以主要精力研究同性恋现象的生理、心理及与此相关的文化内涵,并第一个在近代文人领域以回忆录的形式说出自己的"隐秘"事例。不过作为有社会名望、为人处世讲究社会道德影响的文人,西蒙兹确实在如何处理同性恋问题上碰到棘手的难处。从表面上看,西蒙兹的人生不乏几分"克制"的色彩。至少西蒙兹经常要在当时各种知名杂志上著文传道,又经常会登上讲台传播文化,凡此等等都需要"克制"。作为文人的西蒙兹之所以能保持这种克制状态,这在很大程度上是文化熏陶使然。西蒙兹出身名门,接受了良好的教育。可以这么认为,家庭和同事给了西蒙兹许多超越自我的途径。西蒙兹的父亲是当时的名医,同时不失文人情趣,留下《文集》等著作。《文集》中收有《美的原理》③一文,探讨美与道德的关系。这种家风、家传在其同名同姓的儿子心中播下了种子。西蒙兹在学业和思想演进的过程中还受到文化大家歌德、哲人黑格尔、业师乔伊特、同事克劳夫与康宁顿等的影响。④ 由此形成西蒙兹文人境界和人生哲学的主要特征,

① 在《性倒错》的"案例 XVIII"中,对西蒙兹的同性恋情况做了历史的回顾和具体的分析,内容已经很袒露了。参见 *Sexual Inversion: A Critical Edition, Havelock Ellis and John Addington Symonds*, ed. by Ivan Crozier, Palgrave Macmillan, pp. 142-147。
② H. Ellis, *Studies in the Psychology of Sex*, 2 Vols, Random House, 1942.
③ *Miscellanies by John Addington Symonds, M. D.*, selected and edited, with an Introductory Memoir by His Son, "The Principles of Beauty", pp. 1-48.
④ 这些情况在布鲁克斯《西蒙兹传》(V. W. Brooks, *John Addington Symonds: A Biographical Study*, Grant Richards Ltd., 1914)中做了简明扼要的描述。至于歌德特别的影响可参见 F. Brown, *John Addington Symonds: A Biography*, John Murray, 1903, p. 114。

即追求文艺复兴人文主义者所倡导的完美个体。西蒙兹又是斯多葛主义者,向往理性、情感、宗教三位一体的和谐人生。他在诗文中将理性、意志、情感称作"三姐妹"。[①] 但所有这些并不能真正"克制"住西蒙兹内心深处的那座火山,反而形成西蒙兹更为复杂的性格。西蒙兹的性格是孤僻、忧郁、独创与理想、激情、宽仁的混合物。[②] 因此西蒙兹的人生之路显得很焦虑。西蒙兹自己也承认其学术成就与焦虑的感情有直接的关系。[③]从某种意义上讲,西蒙兹笔耕不辍的创作行为就是释放困惑的一种文化折磨。西蒙兹始终被如下系列性格文化关系问题缠绕:同性恋究竟是怎么回事? 同性恋与文化的关系如何? 能否以同性恋为一个学术的支撑点展开更大范围的文化研究? 归结为一点,西蒙兹需要在思想文化观念上找到一种能够使人生更实在地走下去的目标。

　　真正对西蒙兹的思想、人格具有转折性影响的人物是美国诗人惠特曼。惠特曼使西蒙兹懂得如何表现本真的自我,进而形成完整的性格文化史研究理念。西蒙兹对惠特曼的关注要追溯到 19 世纪 60 年代,那时惠特曼《草叶集》初版不久,西蒙兹立即被其中的文字和思想深深打动。[④] 1871 年,西蒙兹再次致函惠特曼,说起自己 6 年前拜读《草叶集》时的激动心情。[⑤] 作者后来一再提起惠特曼的影响[⑥],同时认为这种影响和启示

① J. A. Symonds, *Vagabunduli Libellus*, *"Three Sister: Reason, Will, the Heart"*, Kegan Paul, Trench, & Co., 1884, p. 89.

② V. W. Brooks, *John Addington Symonds: A Biographical Study*, Grant Richards Ltd., 1914, pp. VII－IX, 32－33.

③ *The Memoirs of John Addington Symonds*, ed. and intro. by P. Grosskurth, Random House, Inc., 1984, p. 64.,

④ H. F. Brown, *John Addington Symonds: A Biography*, John Murray, 1903, pp. 240, 251.

⑤ *The Letters of John Addington Symonds*, Vol. II, ed. by H. M. Schueller and R. L. Peters, Wayne State University Press, 1968, Letter 771.

⑥ J. A. Symonds, *Walt Whitman: A Study*, p. 11.

是带给所有读者的。① 正是惠特曼指点了西蒙兹在同性恋、性格与文化关系等诸多问题上的迷津。西蒙兹撰写《惠特曼研究》也成为梳理其性格文化史理念的思想磨砺过程。这样,读者可以在《惠特曼研究》中找到西蒙兹性格文化史理念的大致框架。当然西蒙兹的性格文化史理念是由系列著述构成的,包括《思索与设想论集》②、《蓝之抒怀及其他文论》③等。

在 19 世纪的西方文坛,如何让赤裸的个体表现出来,这是当时文人心目中的前卫创作课题。这里有必要提及法国诗人波德莱尔创作《恶之花》等的文化实践。笔者之所以提波德莱尔的名字,因为波德莱尔及其《恶之花》在英国文化圈反响强烈,其中就包括西蒙兹等文人,亦不乏就《恶之花》与《草叶集》做比较者。④《恶之花》用各种象征手段来呼唤被压抑的人性,诗人诚挚地"寻求虚无、赤裸和黑暗"⑤,诚挚地观照恶:"抑郁诚挚的观照中,心变成自己的明镜! 真理之井,既黑且明,有苍白的星辰颤动,有地狱之灯在讥刺,有火炬魔鬼般妖娆,独特的慰藉和荣耀:这就是那恶的意识。"⑥同样,大西洋对岸惠特曼的伟大不仅仅是因为其歌颂真善美、歌颂自我、歌颂民主自由、歌颂开放的事物令人敬佩,从更深层的意义上讲,还因为惠特曼将赤裸的人生以诗的形式呈现给大家并让世人的心灵得到洗练。⑦ 他让所有人懂得这样一个道理,即完整的个体不只存在着那些社会认同的适众因素,还存在着用社会普遍道德伦理无法解释

---

① J. A. Symonds, *Walt Whitman: A Study*, p. 160.

② J. A. Symonds, *Essays, Speculative and Suggestive*, Chapman and Hall, 1890.

③ J. A. Symonds, *In the Key of Blue and Other Prose Essays*, Elkin Mathews, 1893. 考虑到全面梳理的复杂性,本文特就《惠特曼研究》展开分析,其他已经由笔者另撰文详述。

④ P. Clements, *Baudelaire & the English Tradition*, Princeton University Press, 1985.《草叶集》发表于 1855 年,《恶之花》发表于 1857 年。

⑤ 波德莱尔:《恶之花》,郭宏安译,漓江出版社 1992 年版,第 98 页。

⑥ 波德莱尔:《恶之花》,第 102—103 页。

⑦ R. Asselineau, *The Evolution of Walt Whitman: The Creation of A Book*, The Belknap Press of Harvard University Press, 1962, p. 259.

且只属于自己的私下情理。于是惠特曼眼睛向下,在平常的人物和个性中探究美的个体世界。西蒙兹注意到惠特曼诗笔所呈现的那些平常的人和自然的现象。① 这些平常之人说到底都是一个个性格各异的鲜活"自我"。后来西蒙兹仿而创作"自我辩"(Debate on Self)组诗并选入其《十四行诗集》。② 在诗集《新与旧》中用短诗"个性"(personality)③来表现自我内心世界。为了形象地说明这一点,西蒙兹《惠特曼研究》用整整一章(第3章"个性或自我"[Personality or Self])描述惠特曼的个性。西蒙兹向我们展现了一个开放的惠特曼,并认为这位美国诗人大胆地说出了自己内心深处的话语:"现在是到了我说出其中缘由的时候了。惠特曼投射出清晰的真理光芒,此真理是我模糊地感觉到的,它鼓动着我说出以前只是羞羞答答持有的想法。"④确实,《草叶集》中有大量赤裸的性描写(包括同性恋描写)内容。惠特曼是以诗歌的形式宣示性倒错等心理的自然正当性。相应地,西蒙兹《惠特曼研究》第4、5章着重探讨了性爱问题。必须指出的是,惠特曼本人在如何看待同性恋问题上与西蒙兹的态度并非完全一致。西蒙兹曾特别将《草叶集》中的《芦笛集》与同性恋挂钩并私下询问惠特曼对同性恋的看法,对此惠特曼做出冷淡甚至是不屑的答复。⑤ (长期以来学界对惠特曼生平中的同性恋问题持一种似是而非的

---

① J. A. Symonds, *Walt Whitman: A Study*, p. 60.

② J. A. Symonds, *Animi Figura*, Smith, Elder, & Co., 1882, pp. 18 - 28.

③ J. A. Symonds, *New and Old: A Volume of Verse*, James R. Osgood and Company, 1880, pp. 219 - 220.

④ J. A. Symonds, *Walt Whitman: A Study*, p. 11.

⑤ Walt Whitman, *The Correspondence Vol. V: 1890 - 1892*, ed. by E. H. Miller, New York University Press, 1969, pp. 72 - 73. 研究西蒙兹与惠特曼关系的著述都会提及此事,并从不同角度予以评论,如 H. Blodgett, *Walt Whitman in England*, Russell & Russell, 1973, pp. 63 - 64; *The Cambridge Companion to Walt Whitman*, ed. by E. Greenspan, Cambridge University Press, 1995, p. 15;等等。

态度,如知名惠特曼研究专家阿塞利诺的观点等。① 近来有了新的研究,这为我们深入了解惠特曼提供了素材。②)对于惠特曼的"冷遇",西蒙兹在一系列文字中做了得体的处理。事实上,就西蒙兹与惠特曼的关系及西蒙兹《惠特曼研究》整部作品而言,西蒙兹并非单一地聚焦于同性恋的生理、心理取向及与此相关的私下问题,而是看重惠特曼笔下那些离经叛道的描述本身。对于《芦笛集》中的性爱描写亦做了文化层面的开掘、解释。③ 不过从惠特曼私下对同性恋问题的态度更见出西蒙兹在 19 世纪的"前卫性"。西蒙兹自己也喜用"前卫人士"(pioneers)之词来评论同性恋问题。④ 无论如何,惠特曼能够在 19 世纪的文坛将同性恋等各种看似压抑在心理、生理底层的因素用诗的美感形式加以描述,并将各种在社会文化主流意识看来是离经叛道的内容和盘托出,这何其不是石破天惊之举,何其不是"孤独吟诵者"⑤心境的映照。无怪乎卡品特如此称道惠特曼:"在 19 世纪欧洲、美国那些传播爱、同志之谊的人群中,他是首屈一指者。"⑥

　　总之,西蒙兹从《草叶集》中得到启示,性倒错倾向是自然的。带有这种倾向的个性也是正当的。⑦ 再联系到个性与文化的关系,有理由认为不

---

① R. Asselineau, *The Evolution of Walt Whitman: The Creation of a Personality*, Harvard University Press, 1960, pp. 185 – 187.

② 有好几部相关作品引起学界的重视,如 G. Schmidgall, *Walt Whitman: A Gay Life*, Dutton, 1997; V. R. Pollak, *The Erotic Whitman*, University of California Press, 2000;等等。

③ J. A. Symonds, *Walt Whitman: A Study*, pp. 81 – 83.

④ *Sexual Inversion: A Critical Edition*, Havelock Ellis and John Addington Symonds, ed. by Ivan Crozier, p. 92.

⑤ 惠特曼经常会提到 solitary(孤独)之类用词。阿伦的名著《批评的惠特曼生平研究》即以"孤独的吟唱者"为正名。参见 G. W. Allen, *The Solitary Singer: A Critical Biography of Walt Whitman*, New York University Press, 1967。

⑥ 引自 *The Bibelot*, ed. by T. B. Mosher, W. H. &Wise Co., 1912, Vol. XVIII, p. 136。

⑦ 参见 *Sexual Inversion: A Critical Edition*, Havelock Ellis and John Addington Symonds, ed. by Ivan Crozier, Palgrave Macmillan, 2008, p. 213。

是个性去适应文化,而是文化来包装个性,并给予个性以相应的审美外观。西蒙兹引述惠特曼的设问:离开了具体个人、个性的文化又有什么意义呢?① 按照惠特曼的观点,任何文化现象都伴随着个体、个性而生发。换言之都是由个体、个性催生的。从某种意义上讲,惠特曼的《草叶集》就是对个性、本能的文化包装。以此为理论依据,西蒙兹进一步阐释包含性倒错等心理因素的个性也有其文化表达的形式,例如具有性倒错倾向的艺术家个性会融化在具有柏拉图理想之爱与美的艺术创作整个过程。西蒙兹有一首诗作的题目就叫"艺术是爱"。② 这里很自然地涉及性格的升华问题。正如关注米开朗基罗一样,西蒙兹亦十分关注惠特曼独特性格与文化修炼、诗歌创作的关系,注意惠特曼个性中的智者大气一面。西蒙兹将其概括为:宇宙整体的意念、自我与性的感受、渗透爱的同志之情、人人平等的民主观等等。③ 所以惠特曼性格中的自我是具有独立判断的个体,表现为人应当用自己的思想来分析一切、判断一切。④ 西蒙兹在《惠特曼研究》中特别提到惠特曼所主张的观点,即"个体的精神活力弥漫着整个世界"(one spiritual vitality pervades the whole)。⑤ 从美国文化特质的角度看,上述评论点出了惠特曼身上所具有的美国超验主义个体精神。当个性取得如此精神、文化的外观,性格中自然的一面就和文化的因素粘合在一起,或者说性格进入一种升华的状态。这时就不能纯粹用自然的一面来理解性格,而要从性格与文化的整体角度给予诠释。用惠特曼自

---

① J. A. Symonds, *Walt Whitman: A Study*, p. 44.
② J. A. Symonds, *New and Old: A Volume of Verse*, pp. 63 – 67.
③ J. A. Symonds, *Walt Whitman: A Study*, p. 12.
④ J. A. Symonds, *Walt Whitman: A Study*, pp. 21 – 22.
⑤ J. A. Symonds, *Walt Whitman: A Study*, p. 21.

己的话来讲,就是养成一种多面性(diversity)①,西蒙兹则称之为完美性(perfection)②。也有学者从精神性、现实性和接受性等方面来综合分析惠特曼的性格。③ 当然就性格与文化的关系而言,惠特曼认为"多面性"意义的根仍在自然性的土壤。④ 或者说有生命力的个体是原本性的,它会呼吸美的世界,它会指引诗人走向唯美境界。能够体现全部个性的文化自然就是美的。当文化人找到了专属于自己的文化表达形式并投身于此类文化的创造活动之中,这时便实现了自我境界的超越。因此发生在惠特曼身上的那种自然天性与智慧的合体才是西蒙兹真正看重的文人境界。

从文化传承的角度讲,文人、诗人历史学家、文学艺术家的职责与功能就是用独特的文化符号去表现个性,表现完整的自我。为何文人能够恰当地担当其传达人的个性的文化使命? 根据西蒙兹的观点,因为个性中有非逻辑的因素,就像人生有超出理性解释的内容。特别是那些浸透文化水分的个性充满美的意蕴,这时需要善于领略美感世界的文人去传达许多复杂的个性世界。西蒙兹并不像一些以心理分析见长的作品那样对各种性格进行详细的个案研究,西蒙兹觉得这不是他的专长。在很多场合,西蒙兹谦逊地将这种心理分析的任务交给专家去处理。这里表现出诗人历史学家西蒙兹的学者严谨态度。西蒙兹留给自己的任务是做那些情感学问⑤,也就是从个人与社会的历史情景中探索研究对象的个性演

① J. A. Symonds, *Walt Whitman: A Study*, p. 40.
② J. A. Symonds, *Walt Whitman: A Study*, p. 39.
③ J. C. Smuts, *Walt Whitman: A Study in the Evolution of Personality*, Wayne State University Press, 1973, pp. 42－49.
④ J. A. Symonds, *Walt Whitman: A Study*, p. 40.
⑤ *The Memoirs of John Addington Symonds: The Secret Homosexual Life of a Leading Nineteenth-Century Man of Letter*, ed. and intro. by P. Grosskurth, p. 216.

变史。事实上西蒙兹的一生就是用自己丰富深厚的人文学养和带着文人风骨的流畅笔触①去开拓文化史人物研究的新途径。以《米开朗基罗传》为例,西蒙兹力图使自己的文化创作成为柏拉图精神感召下的诗人历史学家与诗人艺术家之间的心灵对话,借此将读者引向唯美的境界,并激起学人在文化的创造中实现自我超越的内在冲动力。在惠特曼那边,他认为每一个灵魂都有自己的表达形式,于是选择诗歌来表现自我②,这与作为诗人西蒙兹的理想不谋而合。西蒙兹如此表白:诗人具有完整的人性,因而能用诗歌来表达完整的人性。③ 西蒙兹的诸多人物评传作品(如《锡德尼传》④、《琼森传》⑤、《雪莱评传》⑥等)择取诗人作为研究对象亦含此等诗性的文化传承考虑,其中不乏涉及各位作者充满爱意的个性及相关诗作的生动评述。

　　经过惠特曼的启迪,西蒙兹的性格文化史研究理念逐渐形成。笔者将其概括为:其一,就研究对象、目的而言,性格文化史重在梳理、评析文学艺术家的性格与文化创造之间的关系,特别关注具有性倒错心理倾向文学艺术家的性格(如忧郁、孤独、追求理想美等)与文化创作活动的关系,以展示性格与文化互动关系中的丰富、生动历史内涵。其二,就研究方法而言,诗人历史学家需要发挥自身的天赋并从个案研究、专题研究及文化史研究各个角度全方位展示性格与文化创造之间的关系。其三,就

---

① 与此相关的西蒙兹文风研究参见 P. Grosskurth, *The Woeful Victorian: A Biography of John Addington Symonds*, Holt, Rinehart and Winston, 1964, pp. 220 – 222。
② 波拉克特别注意到惠特曼放弃小说而选择诗歌作为自己主要创作形式的问题,参见 V. R. Pollak, *The Erotic Whitman*, University of California Press, 2000, p. 54 – 55。
③ J. A. Symonds, *Essays, Speculative and Suggestive*, Smith, Elder, & Co., 1907, p. 323.
④ J. A. Symonds, *Sir Philip Sidney*, Macmillan & Co., 1886.
⑤ J. A. Symonds, *Ben Jonson*, Longmans, Green, and Co., 1886. 收入丛书 *English Worthies*, ed. by A. Lang。
⑥ J. A. Symonds, *Shelley*, Macmillan and Co., 1878.

研究价值而言,将性格(包括性倒错心理和性格)与文化互动过程中产生的美感文化成果及性格升华状态加以描述、阐释,给世人以积极的人生启示。

三、 用性格文化史理念写活米开朗基罗的艺术人生

西蒙兹将米开朗基罗的艺术人生当作性格文化史研究的范例。在19世纪的西方学界,从时代、环境与民族文化的多重角度展开文学艺术史的研究不乏其人,如泰纳对英国文学史的研究等。[1] 但作为有性倒错倾向、作为诗人历史学家的西蒙兹更在意艺术与艺术家个体性格之间关系的研究。在具体的人物评传中,西蒙兹特别想了解历史上那些具有性倒错倾向、具有柏拉图式爱意的艺术家们是如何将美的心灵及美的文化符号呈现给世人,并且同时使艺术家自身的性格得到升华的状况。西蒙兹选择意大利文艺复兴艺术大师米开朗基罗作为性格文化史的研究对象就有上述考虑。米开朗基罗是一位有性倒错倾向的艺术家[2],这种生理、心理的因素再加上其他个性因素为米开朗基罗的艺术创造刻上独有的风格。西蒙兹明确指出,不了解米开朗基罗的个性就无法对其人生、作品做进一步的研究。[3] 为了更好地表达此等意思,西蒙兹将孔迪威给米开朗基罗的信件完整译出,附于文中。其中孔迪威指出:"他们想象不出他的辉煌是性格使然。"[4]西蒙兹《米开朗基罗传》还就艺术大师的柏拉图式精神恋爱现象做了详细评述,以便读者透彻、形象地了解米开朗基罗的性格。例如第

[1] H. A. Taine, *History of English Literature*, Vol. I, Frederick Ungar Publishing Co., 1965, "Introduction".
[2] 关于这方面的问题,利博尔特在其著作中做了全面的研究,参见 R. S. Liebert, *Michelangelo: A Psychoanalytic Study of His Life and Images*, Yale University Press, 1983。
[3] J. A. Symonds, *The Life of Michelangelo Buonarroti*, Vol. II, p. 332.
[4] J. A. Symonds, *The Life of Michelangelo Buonarroti*, Vol. II, p. 345.

12 章评述涉及与科隆娜、卡夫里埃利等人关系的细节。与此学术研究相呼应，西蒙兹曾以同情、雅致、传神的韵文翻译米开朗基罗的情诗。① 反映在《米开朗基罗传》的写作中，西蒙兹运用米开朗基罗的献诗来描述复杂的感情，很有感染力。对于米开朗基罗来讲，这种爱既是神圣的，又是一种折磨。② 但西蒙兹不过多地去分析米开朗基罗性格中留有的性倒错等心理问题，而侧重展示由复杂心境支撑的艺术创作过程，即侧重于性格与文化关系问题。对于有些不甚理解又难以解释的爱恋情节则给予保留性地提及，如已进入老年的米开朗基罗还迷恋于年轻时的情感问题等。③ 这再次表露出西蒙兹性格文化史研究中的一种大气。事实上，学人可以通过细致的比对指出米开朗基罗艺术作品中哪些画面具有同性恋的意蕴等（利博尔特对《神圣家族》中圣约翰形象背景中的同性恋分析就是典型的例子④），但缺乏米开朗基罗的自我陈述，任何评论也只能停留在评论家的他者想象之中。就米开朗基罗一生的艺术创作实践而言，其作品不是让人停留在忧郁、挣扎、力量、爱恋等的艺术形式上，而是让人的个性在艺术美的境界中得到陶冶与升华。西蒙兹在评述时充分注意那些给读者带来美的精神享受因素。⑤ 基于这方面的考虑，西蒙兹把米开朗基罗比作人类的"榜样和象征"。⑥

---

① *The Sonnets of Michael Angelo Buonarroti and Tommaso Campanella*, Now for the First Time Translated into Rhymed English by J. A. Symonds, Smith, Elder, & Co., 1878. 为了更好地理解西蒙兹的米开朗基罗诗译、诗评，可参见 R. J. Clements, *Poetry of Michelangelo*, P. Owen, 1966。另参见 J. M. Saslow, *The Poetry of Michelangelo: An Annotated Translation*, Yale University Press, 1991。该书第54页还就西蒙兹的同性恋心理与其米开朗基罗诗译关系问题做了批评。

② J. A. Symonds, *The Life of Michelangelo Buonarroti*, Vol. I, pp. 64 – 65.

③ J. A. Symonds, *The Life of Michelangelo Buonarroti*, Vol. II, p. 174.

④ R. S. Liebert, *Michelangelo: A Psychoanalytic Study of His Life and Images*, pp. 89 – 92.

⑤ J. A. Symonds, *The Life of Michelangelo Buonarroti*, Vol. II, pp. 117 – 125.

⑥ J. A. Symonds, *The Life of Michelangelo Buonarroti*, Vol. II, p. 372.

西蒙兹还进一步指出,米开朗基罗的艺术理想、艺术创作生涯影响、充实了这位文艺复兴艺术巨擘的个性,使其成为一个完美的人文主义艺术大师。西蒙兹《米开朗基罗传》非常鲜明地表达出这样一种观点,即性格是自然天生的部分加后天精神渗透的合成物。因此对有些性格(例如存在于米开朗基罗身上的忧郁、孤独等)做就事论事的一般性解释,那等于把米开朗基罗拉回到常人的境界。至于那些交织在米开朗基罗身上的复杂性格如激情与理想、爱意与宽厚、暴躁与计较等亦不能做简单的处理。事实上米开朗基罗的一生沉浸在艺术创作独有的境界与欢愉之中。当那些性格特征与米开朗基罗的艺术境界交融在一起时,它们便显示出与常人不一样的色彩。在这一点上,西蒙兹十分赞赏瓦萨里、孔迪威对米开朗基罗性格的理解。正是这两位传记作者提醒世人要从米开朗基罗的艺术人生角度去评判那些看似众人都具有的性格。甚至有些看似缺陷的性格在很大程度上也应当视为米开朗基罗艺术专注所导致的现象。① 仍以忧郁、孤独性格为例,这些性格在米开朗基罗艺术创作历程的 5 个阶段都有体现。② 5 个阶段的作品依次有《圣母怜子》《女先知德尔菲卡》《晨与暮》《垂死的奴隶》《耶稣下十字架》等等。针对这些作品,《米开朗基罗传》的每一章都有相应的性格描写内容。仅仅从欣赏的角度看,西蒙兹让读者领略到米开朗基罗作品中那些英雄形象身上所刻有的孤独、忧郁感;圣母怜子中的悲伤之情;奴隶反抗之无望的挣扎,如此等等。如果从西蒙兹性格文化理念的角度进一步体验便不难意识到,西蒙兹着意呈现的米

---

① J. A. Symonds, *The Life of Michelangelo Buonarroti*, Vol. II, p. 360.
② 本文采用学者托奈的 5 阶段分析法。托奈在其《米开朗基罗传》书中用生平、作品交叉的方法提示米开朗基罗人生的 5 个阶段,其著述相应地分成 5 卷,其标题分别为:Vol. I "Youth"; Vol. II "The Sistine Ceiling"; Vol. III "The Medici Chapel"; Vol. IV "The Tomb of Julius II"; Vol. V "The Final Period"。

开朗基罗性格已经不是天性的方面,而是一种升华的性格。[①] 其中比较突出的是米开朗基罗性格中还有些与更高境界关联在一起的成分如柏拉图式的爱意、为艺术而生的情感等。为此西蒙兹特别留意美第奇家族及柏拉图学院学者对米开朗基罗性格的影响。米开朗基罗在大洛伦佐开设的学院中结识了许多著名的人文主义者,接受新柏拉图主义的精神洗礼。[②] 这些在米开朗基罗的信函中有更直接的披露。虽然米开朗基罗自己不擅长从理论的方面来阐述新柏拉图主义的艺术理论(瓦萨里、孔迪威、西蒙兹等都持这种观点),但那些大量记载日常事项的朴实信函加上其他类似的文件则淋漓尽致地透露出大师的新柏拉图主义艺术情怀。[③] 庇护人还为米开朗基罗的一生沉浸在艺术的天地之中创造了必要的条件,另外就是米开朗基罗人生中所感受到的爱与友谊。所有这些使米开朗基罗为艺术而生的理想成为现实。在西蒙兹的心目中,米开朗基罗是纯洁的艺术家。[④] 西蒙兹认为米开朗基罗"在艺术中表达自己强烈的个性,……缠绕着米开朗基罗的是:深邃的哲学思考、死亡观念和评判、严肃的心灵斗争等,他用宗教的情怀来侍奉美的世界。……米开朗基罗将艺术当作高贵的和心灵指使的思想之工具"[⑤]。与此相关,米开朗基罗逐渐养成为艺术而生的性格并升华为所有性格要素中的主导成分。这样,一般的性格渗

---

① J. A. Symonds, *The Life of Michelangelo Buonarroti*, Vol. II, p. 166.

② J. A. Symonds, *The Life of Michelangelo Buonarroti*, Vol. I, pp. 24 – 27.

③ 克莱门茨《米开朗基罗的艺术理论》(R. J. Clements, *Michelangelo's Theory of Art*, Gramercy, 1961)对此曾有出色的研究。布伦特也注意到米开朗基罗与卡夫里埃利通信、诗作等文本中所表达出的相关理论,参见 A. Blunt, *Artistic Theory in Italy: 1450 – 1600*, Oxford University Press, 1962, chapter V, "Michelangelo"。

④ J. A. Symonds, *The Life of Michelangelo Buonarroti*, Vol. II, pp. 164 – 166.

⑤ J. A. Symonds, *Renaissance in Italy*, Smith, Elder & Co. 1897, New Edition, Vol. III, pp. 281 – 282. 西蒙兹7卷本《意大利文艺复兴》由老斯密斯出版公司1897年至1899年分卷出新版,学术界一般以"新版"(New Edition)标示,省略具体的出版年份,考虑到学术界的习惯,以下相关注释亦标示"New Edition"。

透进艺术家理想美的精髓,并在艺术人生中发生新的作用。以孤独性格为例,米开朗基罗在艺术中的孤独蜕变为一种自我的放逐,是最大的自由,或者说是不孤独。① 西蒙兹对米开朗基罗其他性格问题的研究(如与拉斐尔的性格作比较等②)都是基于上述性格文化史的理念所作的判断,是对瓦萨里相关性格研究的深化③,由此带来各种性格问题研究的新境界。例如在西蒙兹的笔下,米开朗基罗的忧郁、孤独因为有艺术精神的介入,从而产生一种艺术家的自我克制性。西蒙兹《米开朗基罗传》对艺术大师的"自我克制"(self-control)性格做了高屋建瓴式的评述。④ 从艺术人生的角度去反观米开朗基罗的性格就会对各种禀性产生新的理解。或者说,天才身上的性格因素直接与文化的创造过程交融在一起,并诞生完整的艺术与人生"自我实现"(self-realization)⑤世界。如果说米开朗基罗没有将自己"克制"在艺术的境地里,那么所有惊世骇俗的创作都无从谈起。正是有了这份"克制",米开朗基罗将自己的人生塑造成一幅艺术史上的英雄形象。西蒙兹不无理由地将米开朗基罗与音乐家贝多芬作比较。⑥ 从历史对话的角度看,西蒙兹对米开朗基罗"克制"的评论亦是西蒙兹自我内心世界和性格的一种折射。前文述及,西蒙兹的文人境界始终有"克制"的因素,并造就其诗人历史学家的学术辉煌。两相对照,互映互衬。

---

① J. A. Symonds, *The Life of Michelangelo Buonarroti*, Vol. I, p. 123; Vol. II, p. 335.

② J. A. Symonds, *The Life of Michelangelo Buonarroti*, Vol. I, p. 122; Vol. II, p. 374.

③ 对瓦萨里性格研究的思考,特别是涉及米开朗基罗与拉斐尔比较方面的研究可参考博厄斯《瓦萨里传》的第 10 章(T. S. R. Boase, *Giorgio Vasari: The Man and the Book*, Princeton University Press, 1979, Chapter X, "Raphael and Michelangelo")。

④ J. A. Symonds, *The Life of Michelangelo Buonarroti*, Vol. II, pp. 369 – 370.

⑤ J. A. Symonds, *The Life of Michelangelo Buonarroti*, Vol. II, p. 372.

⑥ J. A. Symonds, *The Life of Michelangelo Buonarroti*, Vol. II, p. 374. 无独有偶,麦克布尔内的新作《艺术巨擘》(T. R. McBurney, *Artistic Greatness: A Comparative Exploration of Michelangelo, Beethoven, Monet*, Galde Press, Inc., 1999)亦有此等比较的内容。

四、 性格文化史研究的另一项工程——撰写西方同性恋文化史

西蒙兹的人生经历表明,其历史研究成为解答私人问题与文化史疑点的手段。经过惠特曼等大家的精神洗练,西蒙兹开启一项撰写西方同性恋文化史的巨大学术创作工程,这也是真正意义上的西蒙兹性格文化史研究工程。从某种意义上讲,西蒙兹的整个学术生涯就是在撰写西方同性恋文化史。这一庞大的计划要求西蒙兹尽其所能去分析历史上的诸多文化大家的个性(包括具有同性恋倾向的个性)以及与那些个性相对应的文化状况。西蒙兹需要搞清楚历史上和同时代人对同性恋生理、心理倾向的看法;需要找到更多的资料证明具有同性恋倾向的文学艺术家在个性上有哪些特征;更需要向世人展示历史上具有同性恋倾向的文学艺术大师在各自的文化创造方面有何特点,如此等等。就这项工程而言,《性倒错》是带有专业性质的理论分析著作;《希腊伦理问题》[①]和《近代伦理问题》[②]则是历史性评述的代表作。期间离不开西蒙兹参考同时代诸位学者在同性恋问题上的各种探索和研究成果,更离不开与其好友埃利斯在专业方面的相互切磋。在西蒙兹的年代书写西方同性恋文化史,这无疑是一个创举。西蒙兹除了会遇到时代的和私下的各种难题外,另一项学术难题便是先前及同时代尽管有不少涉及同性恋的描述,但真正要找到那些以自述的形式揭示作者本人同性恋的历史作品谈何容易。不过所有上述障碍并不影响西蒙兹在历史作品中梳理同性恋的内容,从而写出一本至少由文字记载的、稍显零散的西方同性恋史。同时需要说明的

---

① J. A. Symonds, *A Problem in Greek Ethics: Being An Inquiry into the Phenomenon of Sexual Inversion, Addressed Especially to Medical Psychologists and Jurists*, London, 1883.

② J. A. Symonds, *A Problem in Modern Ethics: Being An Inquiry into the Phenomenon of Sexual Inversion, Addressed Especially to Medical Psychologists and Jurists*, London, 1891.

是,在西蒙兹的著述中并不存在"西方同性恋文化史"字样的作品,不过从西蒙兹相关研究的实际情况看,冠之以"史"的称号名副其实。目前西方学术界在西方同性恋史的文本梳理、评述方面有不少关系到西蒙兹的内容,成绩不容小觑。① 但如何在后现代史学的氛围下,以新的视角重新分析西蒙兹隐晦文字下面那些具有开创性意义的西方同性恋文化史实质性内容,这方面还有很大的学术空间。

西蒙兹在19世纪的八九十年代先后私人印制两本涉及性倒错现象的论集,即前面提及的1883年《希腊伦理问题》②和1891年《近代伦理问题》③。《希腊伦理问题》由20章构成,全书以文化的大视野梳理希腊文学艺术中涉及的性倒错现象,特别是西蒙兹注意到当时整个社会、文化环境的影响问题。时间上包括整个古代希腊文化的进程。其中第1章"导论"谈处理这一主题的方法。往后章节涉及荷马史诗,各种悲剧、喜剧、爱情诗、艺术作品中出现的同性恋情节,还着重分析柏拉图、阿提卡法律等相关论述。最后评点希腊的同性恋现象为何在罗马、基督教、骑士世代渐趋消沉的原因等。《近代伦理问题》由10章构成,从中世纪晚期一直论述到西蒙兹所在的19世纪。从不同的角度探讨性倒错现象,其中占较大篇幅的是对文学中的性倒错问题做了系列研究。全书首先评述基督教、一

① 如 P. Croft-Cooke, *Feasting with Panthers: A New Consideration of Some Late Victorian Writers*, Holt, Rinehart and Winston, 1967,该书特别提及斯温伯恩、西蒙兹、维尔德三人的生平著述; *Sexual Heretics: Male Homosexuality in English Literature from 1850 to 1900*, An Anthology Selected with an Introduction by B. Reade, Coward-McCann, Inc., 1971; B. R. S. Fone, *Hidden Heritage: History and the Gay Imagination-An Anthology*, Avocation Publishers, Inc., 1980; P. Robinson, *Gay Lives: Homosexual Autobiography from John Addington Symonds to Paul Monette*, University of Chicago Press, 1999;等等。
② 1883年只私人印了10本。笔者使用的是伦敦1901年私印本。更具体的情况参见 P. L. Babington, *Bibliography of the Writings of John Addington Symonds*, John Castle, 1925, p. 49。
③ 1891年私人印了50部。其中的第7节收入《性倒错》的附录。本文使用伦敦1896年私印本。

般大众对同性恋的偏见。随后就重要文学大家(如卡利尔、乌尔里希斯等)著述中的观点逐一进行分析,包括专题评论惠特曼诗歌中所表露出的性倒错象征。① 仅以此两书而论,它们叠加在一起便是一部简明西方同性恋文化史专著。西蒙兹的其他著述如《希腊诗人研究》②、《意大利文艺复兴》③、《但丁研究导论》④、《英国戏剧史上的莎士比亚前辈们》⑤,以及《米开朗基罗传》《惠特曼研究》等合在一起,共同构成西方同性恋文化史的学术大框架。在写作、出版的时间上,《英国戏剧史上的莎士比亚前辈们》起笔于 1862 年,历 22 年而成;《希腊伦理问题》写成于 1873 年;《但丁研究导论》于 1872 年面世;《希腊诗人研究》于 1873 年付梓;《意大利文艺复兴》第 1 卷则于 1875 年出版,其他不一一列举。由此情况看,西蒙兹的大规模文化史写作的起步阶段就与同性恋文化研究密切相关。西蒙兹力图证明,或西蒙兹内心世界想的是,同性恋中包含的"爱"与文学艺术、形而上思考中的爱关联在一起,会引申出意蕴无穷的审美意境。西蒙兹需要从历史的角度来解答性倒错现象与文化创作之间的关系问题。西蒙兹的同性恋文化史不止于同性恋生理、心理层面的研究,当然更不是去罗列历史上的同性恋现象。西蒙兹试图向世人展示这样一种历史画卷,即具有同性恋生理、心理问题的文学艺术家是怎样在文化的苑地里升华自己的性格、人生,并将唯美的境界当作人生的希望。同时又如何通过创作将自己浸透着神圣之爱的内心世界表现出来。西蒙兹通过自己诗人历史学家

① J. A. Symonds, *A Problem in Modern Ethics: Being an Inquiry into the Phenomenon of Sexual Inversion, Addressed Especially to Medical Psychologists and Jurists*, pp. 115 – 125.

② J. A. Symonds, *Studies of the Greek Poets*, Second Series, Smith, Elder, & Co., 1879.

③ J. A. Symonds, *Renaissance in Italy*, Smith, Elder & Co., 1875 – 1886, Vol. I *"The Age of the Despots"*, 1875; Vol. II *"The Revival of Learning"*, 1877; Vol. III *"The Fine Arts"*, 1877; Vol. IV – V *"Italian Literature"*, 1881; Vol. VI – VII *"The Catholic Reaction"*, 1886.

④ J. A. Symonds, *An Introduction to the Study of Dante*, Smith, Elder & Co. 1872.

⑤ J. A. Symonds, *Shakespeare's Predecessors in the English Drama*, Smith, Elder & Co. 1884.

特有的功力让读者了解到,文化史上正是有了那些试图关注人性底层一面的文人劳作,人类文化的个性斑斓色彩才得以展现出来。

　　稍稍涉猎《但丁研究导论》的相关内容便能体会到该书有特色的部分是最后一章即第8章。在这一章里,西蒙兹集中探讨了但丁的爱及但丁爱情诗的本质。西蒙兹认为,但丁所体现出柏拉图之爱是对肉体的净化。这种爱既不是禁欲,也不是简单地听从肉体的驱使,而是将人的感情引向更高境界。[①] 所以西蒙兹从撰写《但丁研究导论》伊始就在有目的地进行性格文化史的探讨。至于其他每一种研究同样在回答作者内心深处的疑问,都在向世人展示人类文化史上的出彩一幕是与性倒错者的文化创造关联在一起之境况。《希腊诗人研究》的中心线索是总结希腊文化的特点、不同诗歌体裁的特点及不同诗人的生平创作特点等。但纵观全书不时有同性恋内容的描述。不过在涉及这些内容时运用比较婉转的史笔。例如《希腊诗人研究》涉及同性、异性之间那种"典雅"之爱时使用 chivalry 之类的用词。[②] 反观《希腊伦理问题》,它通篇直接使用 paiderastia、masculine love 之类与同性恋相关的词汇,并以此陈述、评论各种性倒错现象。无论如何,通读《希腊诗人研究》的文本有助于更好地理解《希腊伦理问题》的内容。例如《希腊诗人研究》(第二系列)第2章"阿基里斯"[③] 中的内容不失为《希腊伦理问题》第3章[④]的一个详注。这种情况当然会引起相关文选编撰者的注意。[⑤] 其他对照性的内容不在此一一列举。

---

① J. A. Symonds, *An Introduction to the Study of Dante*, Fourth Edition, The Macmillan Company, 1899, p. 260.

② J. A. Symonds, *Studies of the Greek Poets*, Second Series, p. 60.

③ J. A. Symonds, *Studies of the Greek Poets*, Second Series, pp. 40 - 71.

④ J. A. Symonds, *A Problem in Greek Ethics: Being An Inquiry into the Phenomenon of Sexual Inversion, Addressed Especially to Medical Psychologists and Jurists*, chapter III "The Romance of Achilles and Patroclus", London, 1901.

⑤ B. R. S. Fone, *Hidden Heritage-History and the Gay Imagination: An Anthology*, chapter I.

《意大利文艺复兴》的核心内容是人物评传,并且用许多单章的形式进行人物评叙。① 其中对文学三杰与艺术三杰等柏拉图情爱的描述尤其生动。与《希腊诗人研究》相仿,西蒙兹在行文中也使用 chivalrous love 之类的用词来表述存在于但丁、彼特拉克、薄伽丘等诗人身上的"典雅"之爱。② 《意大利文艺复兴》关于米开朗基罗的生平部分自然离不开评叙艺术大师与科隆娜、卡夫里埃利之间的爱恋问题。③ 另外,《英国戏剧史上的莎士比亚前辈们》以单章形式评论马洛其人其著,而马洛自己恰恰在同性恋描写上留下笔墨。④ 所有上述学术内容只是西蒙兹西方同性恋史研究中的冰山一角,要真正让其显山露水还需学人做进一步破冰的努力。

五、 西蒙兹性格文化史研究之启示

西蒙兹的性格文化史研究不以给出结论为宗旨。西蒙兹自己的人生就是性格与文化创作之间相互辩难的悲剧性历程。前文所论及西蒙兹之"克制"现象,进而所有性格文化史上的"克制"现象都蕴涵着一份悲剧性的情思。西蒙兹一意向往完美的人生和文化境界,但此等向往与现实之间存在巨大落差。从消极一面看,西蒙兹的文艺复兴史研究等成了自我的一种"逃避"。只要认真翻阅西蒙兹书信、回忆录等便不难发现这种人生磨难的踪迹。对此,西蒙兹的远亲、文学评论家亚瑟·西蒙斯曾在文学评论集中做了感叹式的精辟分析。⑤ 但从积极的角度看,西蒙兹的性格文化史研究可算作人生的探索。如果读者也以探索的心愿去阅读西蒙兹的

---

① 详细内容参见拙文《在诗情与史实之间——英国诗人历史学家约翰·阿丁顿·西蒙兹评介》,《史学理论研究》2015 年第 2 期。

② J. A. Symonds, *Renaissance in Italy*, Vol. IV, New Edition, chapter II "The Triumvirate".

③ J. A. Symonds, *Renaissance in Italy*, Vol. III, New Edition, chapter VIII and IX.

④ B. R. S. Fone, *Hidden Heritage-History and the Gay Imagination: An Anthology*, chapter III.

⑤ A. Symons, *Studies in Two Literatures*, Leonard Smithers, 1897, pp. 252 – 253.

性格文化史著述,那么从中能获得启示与美的享受。例如沿着西蒙兹的性格文化史研究思路去分析米开朗基罗与惠特曼的文学艺术人生会使学人体验到:米开朗基罗与惠特曼两人在性格上都流淌着柏拉图式的爱恋情感;同样都通过文学艺术的美感创作活动而超越自我的性格;同样都带着纯洁的人性冲动间或参与现实的政治活动,最终又折回文学艺术的殿堂①;同样都是不同时代中各以独特性格走向文学艺术巅峰之象征。有了这些启示,我们已经很感谢西蒙兹的学术指引了。然而,在西蒙兹《米开朗基罗传》与《惠特曼研究》等著述的背后还有更深邃的性格文化史内容值得开掘。

上文清楚地表明,西蒙兹试图书写的是一部带有自己强烈个性的性格文化史。坚守"客观史学"价值体系的学人可能会对此有所指责。但哪一部历史作品不带有历史学家的个人印记呢? 从这层意义上讲,读历史作品也是与书写者对话的过程。或者说为了更好地读懂历史作品还需要读懂历史学家个人的历史。西蒙兹留给学界的是带着他个人情感、史识、文风的希腊诗歌史、意大利文艺复兴史、英国前莎士比亚戏剧史、系列人物评传等性格文化史作品。这些文化史学术成就拓展了历史学研究的领域,同时提高了历史作品的可读性程度。在历史学领域,性格文化史研究的著述不乏其例。但像西蒙兹那样将性格文化史研究当作个人人生修炼的一个环节,并用性格与文化的相互关系理论穿引文化史代表人物的整个人生和创作过程,还力图从文化史、断代史和当代史的各个角度全方位展开研究,这并不多见。从文化的广阔视野望去,还值得研究的有性格与政治史、性格与社会史等相互关系内容。只要有人类活动的地方,生理规

---

① 对米开朗基罗参与政事的情况需要引起进一步的关注,可参考 C. de Tolnay, *The Art and Thought of Michelangelo*, Random House, Inc., 1964, chapter I "Michelangelo's Political Opinions"。

律、环境影响等的支配作用都是普遍的,但唯独性格与文化的合体将人之为人的独特之处呈现了出来,并由此构成人类社会的绚烂精彩场景。西蒙兹的性格文化史研究能使读者产生如此共鸣:一种生命体加上相应的文化,这就是健全的人之象征。文化使个体的性格得到一种救赎意义上的自我反观,于是个体赢得一种真正的自由。由此看来,只有文化才是体现个体自由的真正途径。或许这是西蒙兹性格文化史研究留给我们的终极遗产。在 19 世纪,个体自由等与人的存在密切相关的课题已经在工业文明的大环境下凸显了出来。学人需要更完整地认识人自己,从而在人类文明未来的演进中不至于失去生存的目标。其时的文艺复兴史研究领域,诸多历史学家以史为鉴、以史为线介入上述人学探究的潮流之中。布克哈特、西蒙兹、佩特等文艺复兴史研究的引领者,其人学探讨更有抛砖引玉的文化效应。其中西蒙兹的《米开朗基罗传》《惠特曼研究》等作品至少主观上为自身、客观上亦为读者提供了超越自我、完善自我的经典范本。作为历史学界的同仁,我们要以欣赏、理解、批判的多重角度与西蒙兹对话。我们也有责任像西蒙兹那样去创作具有提升人格、审美价值、沁人心脾等多重效应的历史人物性格评传作品。

读史札记
米开朗基罗艺术作品中的忧郁、悲怜、死亡情调

　　米开朗基罗的人生被忧郁、孤独的性格困扰着,其艺术作品无不浸透这种忧郁、孤独的气息。米开朗基罗又有性倒错的生理、心理倾向。可以说,上述性格中的任何一项都是致命的。所以米开朗基罗的一生是与命运搏击的历程。他用艺术创作来回应人生的困惑,宣泄人性底层受压抑的情感,并最终用信仰来超度自我。米开朗基罗的信仰比较复杂,其中有许多神秘难测的内容,其中吸收犹太教

的诸多神秘内容是比较典型的方面。① 但米开朗基罗又用柏拉图主义的美将神秘性的内容拉回到人间可以感觉到的精神平台上来。总体上看,米开朗基罗将自己封闭在自我的世界之中。这种忧郁的情调贯穿米开朗基罗艺术创作的整个过程,其大部分作品都浸透此种情调,即使是大卫雕像、摩西雕像等亦有几分忧郁的格调。什么是忧郁? 笔者以为指的是忘情、耽迷、感伤于个体的梦幻世界之中。西蒙兹曾用英文单词 saturnine(忧郁的)、sluggish(懒散的)来形容米开朗基罗的体质性特征。具有这种特质的人更需要刺激。而对于米开朗基罗来讲,艺术的理想和梦幻就是最重要的刺激。在这一点上,西蒙兹称米开朗基罗为梦想家。② 这里需要指出一点,即忧郁与抑郁之间还是有些区别。从表面上看都有情绪低落、精神消沉的特征,但忧郁(melancholy)更具有感伤的成分,而抑郁(depression)则集中体现在精神的压抑方面。显然,忧郁是米开朗基罗艺术美感世界的主基调,更是米开朗基罗艺术人生的象征。但西蒙兹在概括米开朗基罗人生、性格、艺术等的独特性时,还给出一个富于启示意义的评论意见,即不要将欣赏、评价的视野仅停留在忧郁、孤独这样一些表层的画面语汇,而要透过这些画面认识米开朗基罗向往更高人生和艺术境界(如柏拉图主义意境)的探索之路。不断给自我和艺术创作开拓更高、更美的理想境界,这是超越忧郁的途径,虽然带着点悲剧的情调。笔者将进一步提出"具有悲剧意蕴的视觉艺术"。艾尼姆在评论米开朗基罗西斯廷教堂创作时亦认为,米开朗基罗的忧郁情调合成一种悲剧氛围的符号,并用潘诺夫斯基的解释来佐证这种看法。③ 米开朗基罗的作品没有指点最后的方向,也没有最终的结论,他始终叩问悲难的命运,又始终在抗争命运。所以米开朗基罗的性格和艺术风格不适宜呈递优雅、恬静之美。斯本纳的结论性概括亦提到

---

① 参见 B. Blech & R. Doliner, *The Sistine Secrets: Michelangelo's Forbidden Messages in the Heart of the Vatican*, Harper Collins, 2009, pp. 60, 68。

② 参见 J. A. Symonds, *The Life of Michelangelo Buonarroti: Based on Studies in the Archives of the Buonarroti Family at Florence*, Vol. I, p. 121。

③ H. Von Einem, *Michelangelo*, tr. by R. Taylor, Methuen, 1973, p. 73.

了这一点。①

　　文艺复兴时期的佛罗伦萨有许多群体性格、文化特征值得分析：那时出现了前所未有的性开放的生活氛围，同性恋风气亦十分流行，这些又与人们看重金钱、权力等世俗性因素混合在一起。而另一方面文人推崇新柏拉图主义和崇高艺术理想，在其影响下群体的审美意识也得到强化。所有这些因素交织在一起会在文人的内心世界中产生各种困惑与冲突。忧郁心理、性格及与此相伴的文化创作行为最为典型地折射出当时佛罗伦萨的群体心理和社会文化现象。这些现象在 14 至 16 世纪的意大利也司空见惯。只有在上述社会文化的背景下分析米开朗基罗的忧郁性格及受此性格影响的艺术创作，学人才能从更深的层次理解其中的内涵。不过总体上看，米开朗基罗更单纯些。他的各位庇护人都有足够的能力使米开朗基罗安心艺术创作。这是成就米开朗基罗艺术辉煌的重要因素。文艺复兴时期的许多画家、雕塑家给人一种视觉的美，但没有一个美术家能像米开朗基罗那样给人强烈的视觉冲击后还能留下深刻的人生和艺术思考。这才是米开朗基罗真正伟大之处，是独一无二的。只有了解其个性才能把握其作品的底蕴。② 他配得上瓦萨里的崇敬之情。在笔者看来，米开朗基罗雕塑、绘画所呈现的是带有悲剧意蕴的视觉艺术。不妨做一个比喻：米开朗基罗的作品是艺术中的莎士比亚；而莎士比亚的作品是戏剧领域的米开朗基罗。笔者做如此比喻的理由在于：米开朗基罗的艺术也呈现悲剧人生恐怖的一面。不过，这种恐怖背后潜藏着的是一种崇高的精神。或者说忧郁、命运叵测、挣扎、反抗、死亡等构成了恐怖，但这种恐怖是一种精神的洗练。同时艺术家在思考自己和人类如何超越自我、如何向着完美的境界前行，这就是悲剧中的崇高。我们还可以从西蒙兹的米开朗基罗评论中深思这样一个问题，即艺术创作的灵感来自何处？ 如果艺术创作是为了某个普

---

① 参见 S. Spooner, *A Biographical History of the Fine Arts*, Leypoldt & Holt, 1867，"米开朗基罗"词条。

② 参见 J. A. Symonds, *The Life of Michelangelo Buonarroti: Based on Studies in the Archives of the Buonarroti Family at Florence*, Vol. 1, p. XX。

遍的规律,抑或为了某个目的,那么还会有打动人心的艺术价值吗? 从某种意义上讲,艺术不是为了他者,艺术创作就是个体心灵的一次闪动,是一次自我的拯救。甚至就创作本身而言,它是不能受任何干扰的。唯其如此,艺术家才能尽情地、纯粹地将美的世界展示出来。欣赏者也不是在作品面前去考虑某个目的,而是欣赏美本身。米开朗基罗的艺术就是其性格、心灵中挣扎的因素在艺术中的延伸,它就是一种崇高,就是一种悲剧,就是纯粹意义上的美。

第三编
文艺复兴史学史

本编共收入论文五篇，其中第二篇是在同一个主题下两篇论文的合并。这些文章以文艺复兴史学史为主，大致将西方18世纪以降的文艺复兴史学术研究状况做了梳理、评析。

　　第一篇就西方19世纪的艺术史、佛罗伦萨史、美第奇家族史进行全方位的学术回顾。在艺术史方面，特别就兰奇、库格勒、布克哈特、克罗等学者的研究成果做了微观的文本梳理。另外在城市史、家族史方面，就皮尼奥蒂、罗斯科等学者的观点做了评析。第二篇主要提及20世纪的学术史成果。第三篇就后期文艺复兴问题及鲍斯玛的文艺复兴"消退说"加以学术辨析和总结。第四篇研讨文艺复兴时期的法学思想，特别就自然法思想展开论述。第五篇涉及学术界尚未给予充分关注的游记史学问题，力图从心态史的角度分析与文艺复兴相关的游记创作问题。

1

19 世纪西方的意大利文艺复兴
三大主题研究

——由百合花历史图像引出的学术史思考*

在 18 世纪各种思想启迪、学术积累的基础上,19 世纪的西方学术界以建构学科体系的整体化思维继续推进学术进步。在意大利文艺复兴史研究领域,几代学人的辛勤耕耘使不少主题的研究结出累累硕果,形成所谓研究的大气候。其中最能体现意大利文艺复兴特点的百合花三原型即艺术史、佛罗伦萨史、美第奇家族史研究成果尤其引人注目。从某种意义上讲,一部 19 世纪的文艺复兴学术史就是解答上述三位一体原型隐喻与象征的探究过程。本文就此做微观的文本梳理与宏观的学术价值评析。

---

* 本文原载《世界历史评论》2022 年夏季号。

上篇
百合花的艺术隐喻与象征：文艺复兴艺术史主题研究

历史图像总是与隐喻、象征的因素关联在一起。隐喻是历史表象背后的内容，它需要学人通过各种途径加以领悟、开掘；象征则更多的是批评家对批评对象底蕴的进一步阐释。瓦萨里《意大利艺苑名人传》(*Lives of the Most Eminent Painters, Sculptors and Architects*，初版于 1550 年)为读者留下许多意蕴深远的百合花历史图像。该书"米开朗基罗传"前印有作者亲手为其恩师亦是其心目中最伟大的艺术家绘制的木刻画像一幅。画面中米开朗基罗的前胸衣饰用精美的百合花图饰点缀。① 这里的百合花图饰究竟想传达什么意境呢？或者说瓦萨里想告诉读者这百合花图饰背后的米开朗基罗内心世界是什么呢？米开朗基罗学成于佛罗伦萨，后到罗马向艺术事业顶峰攀登，期间对威尼斯画派的色彩运用颇有敬慕之意。那么学人以米开朗基罗艺术人生为聚焦点进一步发问：作为文艺复兴艺术隐喻与象征的百合花还舒展开哪些特别的风姿呢？再翻阅瓦萨里这部文艺复兴艺术史开山之作，可以发现瓦萨里字里行间不时提出艺术的真正难点在于心灵问题。② 瓦萨里的这一艺术难题在 19 世纪的西方的文艺复兴艺术史研究领域又呈现怎样的解题格局呢？ 以下几种解题的大思路值得关注。

---

① G. Vasari, *De' Piu Eccellenti Pittori Scultori E Architettori*, Novara, 1967, Vol. settimo, p. 97.

② G. Vasari, *Lives of the Most Eminent Painters, Sculptors and Architects*, Newly translated by G. DuC. De Vere, London, 1912, Vol. I, p. XXIX.

一、 以画派、风格研究为中心的"兰奇-库格勒-布克哈特-沃尔夫林"体系

在 18—19 世纪西方艺术史学科体系的建构过程中,艺术史家的主要任务是就不同时期的学派、艺术创作风格进行分类研究,并通过研究展示艺术家的内在心灵。这就是通常讲的技术与心灵两个主要的艺术史分析层面。其中近代意大利文艺复兴艺术史研究领域的奠基者是意大利学者兰奇(Luigi Lanzi, 1732—1810)和德国学者库格勒(Franz Kugler, 1808—1858)。《意大利艺苑名人传》问世两个半世纪后,兰奇的《意大利绘画史》意大利文版于 1795 年付梓。[①] 不到半个世纪,库格勒《绘画史手册》[②]又与读者见面。兰奇与库格勒前后相继的两部著作提供世人欣赏文艺复兴艺术百合花的特定视角,也大致定下了近代西方研究意大利文艺复兴时期绘画史的主基调,并引发相关艺术史研究的各种变奏、高潮。

兰奇学术生涯跨越 18、19 两个世纪,其最大贡献是对意大利文艺复兴时期的画派、画风等做了详尽的分门别类研究。在兰奇所属的 18 世纪艺术史研究领域,温克尔曼十分在意体系化的研究,并注重艺术风格、强调人生命的内在精神等,写出了里程碑巨著《古代艺术史》[③]。这些对于建构近代艺术史研究的框架具有指导性的意义。西方艺术史的两个重要

---

① A. L. Lanzi, *Storia Pittorica della Italia Dell'AB*, Renondini, 1795. 英文版于 1828 年问世,由 Simpkin & R. Marshall 出版公司出版,罗斯科翻译。学界经常使用新版《意大利绘画史》(A. L. Lanzi, *The History of Painting in Italy*, tr. by T. Roscoe, 3 Vols., New Edition, London, 1852),以下引用简称"New Edition"。

② F. T. Kugler, *Handbuch der Geschichte der Malereivon Constantin dem Grossen bis auf unsere Zeit*, Berlin, 1837.

③ J. J. Winckelmann, *Geschichte der Kunst des Altertum*. 近期的英文版有 J. J. Winckelmann, *History of the Art of Antiquity(Text and Document)*, tr. by Harry Francis Mallgrave, New York, 2006.

时期是古代希腊艺术与文艺复兴艺术,温克尔曼艺术史研究的重点是前者,而后者的学术任务率先由兰奇承担起来。总体上,兰奇将意大利的绘画史分成下意大利(lower Italy)与上意大利(upper Italy)两个区域进行阐述。这里的"下意大利"是指托斯卡纳等地区,"上意大利"则指意大利北部地区如伦巴第、威尼斯等地区。在此分类下就不同的画派、画家创作风格等进行专项研究。兰奇虽然提出了各种画派(如佛罗伦萨画派、威尼斯画派等),但其定义具有开放的性质,即画派的形成、演变具有历史发展的过程。例如佛罗伦萨画派分成5个时期即复兴时期、达·芬奇和米开朗基罗时期、米开朗基罗的模仿时期、西格里(Lodovico Cigoli,1559—1613)时期、科尔托纳(Pietro da Cortona,1596—1669)时期等;威尼斯画派分成4个时期即古典时期、提香时期、样式主义时期、新形式时期等。即使就同一个时期的画派、风格而言,学人也要做具体的分析。兰奇大致上提供构图、色彩、表现力等基本的分析手段。例如达·芬奇、米开朗基罗所在的佛罗伦萨画派第二时期可能在色彩、布料等的运用上没有什么特别的地方,但在情感(忧郁情感等)的表达方面、在匀称感方面比较突出,其目标是真实地表现自然和对象。在兰奇看来,上述第二时期佛罗伦萨画派的风格只代表一般画家的创作情况,而达·芬奇、米开朗基罗的风格还得另作特别的分析。[①] 提香时期的威尼斯画派风格也是如此,大家在追求色彩、自然、生动等的完美性方面有共同点,但具体呈现的路途各异。[②] 为此,兰奇根据其掌握的最新材料对达·芬奇、米开朗基罗、提香等重要画家的生平、创作等做了概括性较强的梳理。在评价画家、画作时也比较注意画的寓意及画家试图体现的精神境界。兰奇上述画派风格之论的许多

---

① A. L. Lanzi, *The History of Painting in Italy*, tr. by T. Roscoe, Vol. I, New Edition, pp. 123 - 124.

② A. L. Lanzi, *The History of Painting in Italy*, tr. by T. Roscoe, Vol. II, New Edition, p. 128.

内容成为意大利文艺复兴艺术史研究的经典。借此,英译者罗斯科对这位艺术史家及其著作给予极高的评价,甚至在思想、知识方面将其与牛顿、洛克、帕雷、吉本、休谟、伏尔泰等齐肩并列进行比较,同时认为其著作的主要价值是建立在认真研究基础上的艺术史记录。① 从艺术史研究的实际状况看,兰奇著作中的许多观点、内容确实成为往后艺术史家取材的重要来源。例如斯本纳《美术传记史词典》②这部 19 世纪艺术史词典精品引用兰奇的观点、论述尤多。

如果说兰奇的著作有画派、风格分析的思路,那么库格勒《绘画史手册》(包括意大利画派部分和德国、佛莱芒、荷兰部分)则是上述思路的进一步展开和完善。按照库格勒的意见,兰奇的著作又显得陈旧了,而库格勒自己则按照最新的材料并用新的观点去重新撰写意大利绘画史等。德文《绘画史手册》在 1847 年出修订版。③ 该书意大利部分的英译本则根据德文版的出版情况不断完善,并逐渐演变成英译者(如伊斯特雷克、拉亚德等)的自家著作。④ 从某种意义上讲,一部库格勒著作的英文翻译

---

① A. L. Lanzi, *The History of Painting in Italy*, tr. by T. Roscoe, Vol. I, New Edition, pp. 6, 8 - 9.

② S. Spooner, *A Biographical History of the Fine Arts*, New York, 1867. 顺便提及,词典类著作的编撰是某个时期学术发展水平的象征。与 19 世纪意大利文艺复兴艺术史研究相呼应,艺术类词典亦不乏精品。除斯本纳编撰的词典外,另值得一提的有:M. Bryan, *A Biographical and Critical Dictionary of Painters and Engravers*, New Edition by G. Stanley, London, 1865; *Cyclopedia of Painters and Paintings*, ed. by John Denison Champlin, Jr., Critical editor, C. C. Perkins, New York, 1887; 等等。

③ F. Kugler, *Handbuch der Geschichte der Malerei*, Verlag von Duncker und Humblot, 1847. 学者库格勒将这一版的修订工作托付给了其信任的朋友布克哈特主持,布克哈特综合各种学术情况和读者的实际要求修改、补充了不少内容。参见布克哈特在库格勒为第 2 版所做"序言"后的补充说明。

④ *A Handbook of the History of Painting, from the Age of Constantine the Great to the Present Time, Part I The Italian School of Painting*, Edited with Notes by C. L. Eastlake, London, 1842. 随即 1851 年出英文第 2 版,书名稍有改动:*The Schools of Painting in Italy*, Translated from the German of Kugler by A Lady, Edited with Notes by Sir Charles L. Eastlake, London, 1851。这里的 Lady 就是伊斯特莱特的夫人。1855 年出第 3 版。第 3 版 (转下页)

史、修订史、改写史就是一部 19 世纪关于意大利文艺复兴艺术状况研究的学术演变史。不过，无论后继者修订、改写、补充了多少内容，其基本格局仍在库格勒的体系之内。库格勒还著有《艺术史手册》[①]等系列艺术批评史著作，表明其艺术史研究具有建构学科体系的大思路。库格勒在意大利文艺复兴艺术史研究方面也有一个庞大的撰写计划。后来，意大利文艺复兴时期建筑史则由其学生、好友布克哈特（Jacob Burckhardt，1818—1897）撰写完成，其成果为《意大利文艺复兴建筑史》[②]。

　　库格勒继承了德国学者在艺术史研究方面关注精神要素的学术风气，同时将精神的勾勒与严谨的经验分析结合起来。这无疑是库格勒自认为比兰奇研究"新"的实质。库格勒也采用兰奇那种迭次展开的方式对风格等问题进行分析，如意大利画派下面分成托斯卡纳画派、威尼斯画派等，再往下则是以主要代表人物为核心的画派等。从某种意义上讲，画派

（接上页）在插图等方面做了些修改，内容方面也有增添，例如在书末加了一篇帕尔格拉夫关于 15 世纪意大利雕塑的论文，如此等等。1874 年的英文第 4 版（*Handbook of Painting: The Italian School*, based on the handbook of Kugler, revised and remodeled from the latest researches, by Lady Eastlake, London, 1874）是经过伊斯特雷克重写的《意大利画派手册》，也是通常人们使用的版本。书名从"译自"（Translated from）改成"基于"（Based on），可见已经不是库格勒的原著了。需要说明的是，即使是以"Translated from"为名的英译本与库格勒的德文本之间亦有诸多增减改动。但就其所译的基本内容而言，还算大体对应库格勒原著的文字。以后是 1887 年的第 5 版，由艺术史家拉亚德（A. H. Layard）翻译、改写，至 1891 年出第 6 版（*The Italian Schools of Painting*, Based on the Handbook of Kugler, Sixth Edition, Thoroughly Revised and in Part Rewritten by Austen Henry Layard, London, 1907）。这个第 6 版至 1907 年共印刷 4 次。拉亚德译本的第 5、第 6 版仍用"基于"的说辞，这同样说明是拉亚德改写后的艺术史研究作品。拉亚德在著作中回顾与库格勒著作出版相关的学术界情况，并特别指出学者要根据画作所藏地点进行实地考察并加以批评性补充。至此，19 世纪库格勒著作在英语世界中的传播大致告一段落。

① F. Kugler, *Handbuch der Kunstgeschichte*, Verlag von Ebner & Seubert, 1848. 这是第 2 版，由布克哈特修订。

② J. Burckhardt, *The Architecture of the Italian Renaissance*, ed. and intro. by P. Murray, tr. by J. Palmes, The University of Chicago Press, 1985.

是由风格决定的。以托斯卡纳画派(其中的代表是佛罗伦萨画派与锡耶纳画派)为例,库格勒认为这个画派的艺术家就是从中世纪外在的神圣世界走出来,转向艺术家个体的内心世界,并以鲜明的个性、完美的画面来表达地上人间与天国神意之间的内在联系。① 进入15世纪后,艺术家的创作又有新的特点。那时艺术家们更强调用自己的心灵和感觉来体现一种自由的和富有自我创造力的能量。② 到了全盛时期则是这样一种风貌:艺术家用无可比拟的高贵形式和深邃感觉去表现人类文化纯粹的、神圣的能量。③ 与兰奇相比较,此处更明显勾勒出文艺复兴时期艺术创作风格中的个性化精神因素和对完美风格的艺术追求等。当然艺术史家对风格特征的评议绝非几句抽象性的定义就能了结,库格勒、伊斯特雷克、拉亚德都联系到艺术家个人的创作实践来表达自己的观点。米开朗基罗是全盛时期的艺术家代表,拉亚德根据库格勒的观点对其风格作如是概括,即米开朗基罗的艺术是超自然的(ultra-natural)。与此比较,古希腊的艺术则是高于自然的(super-natural)。④ 也就是说,希腊的艺术与米开朗基罗的艺术都有抽象的一面,但米开朗基罗外在于自然,而希腊则使人看到自然。米开朗基罗更在意精神世界的自我表达和人神沟通之艺术个性。这样,通过米开朗基罗的艺术创作风格,学人不难从一个侧面去体验全盛时期意大利的艺术创作风格,并从中感受文艺复兴艺术百合花的芳馨。总体上看,从兰奇到库格勒的文艺复兴艺术史研究建立在动态的、历史的审

---

① *Handbook of Painting: The Italian Schools*, Translated from the German of Kugler by A Lady, Edited with Notes by Sir Charles L. Eastlake, PartI, London, 1855, pp. 119 - 122.

② *Handbook of Painting: The Italian Schools*, Translated from the German of Kugler by A Lady, Edited with Notes by Sir Charles L. Eastlake, Part I, p.191.

③ *Handbook of Painting: The Italian Schools*, Translated from the German of Kugler by A Lady, Edited with Notes by Sir Charles L. Eastlake, Part I, pp. 271 - 274.

④ *The Italian Schools of Painting Based on the Handbook of Kugler*, Sixth Edition, Thoroughly Revised and in Part Rewritten by Austen Henry Layard, London, 1907, Part II, p. 432.

美观念之上。如何从艺术与文化关系的角度、从艺术形式的经验分析角度对文艺复兴艺术风格做定性研究,这项任务由布克哈特与沃尔夫林(Heinrich Wolfflin,1864—1945)共同承担。

　　布克哈特写有《意大利艺术指南》①等艺术史著作。像布克哈特那样全面撰写意大利文艺复兴时期的绘画、雕塑、建筑艺术史,这在 19 世纪的艺术史研究领域不多见。与老师的庞大计划一样,布克哈特的文艺复兴艺术史研究也有一个系统的写作规划。除《意大利文艺复兴建筑史》《意大利艺术指南》外,布克哈特的《鲁本斯传》②、《意大利文艺复兴祭坛画》③等个案研究亦称得上文艺复兴艺术史著作中的精品。布克哈特笔下的艺术史除继续秉承库格勒对风格作动态的、历史的、精神的研究主旨外,还提出了一套分析艺术的文化史理念。此理念看重人性、自由、美感与文化史之间的关系。布克哈特认为通常有两种认识艺术史的途径,或将艺术看作历史的侍奉者,或将艺术当作文化史的中心。这样,艺术之美或成为历史内容中的一个构件,或者说艺术之美自身就是一个出发点,而文化史则成为艺术的侍奉者。布克哈特希望自己采取中间的道路来认识艺术史,也就是从一个描绘者的特定角度来看艺术之美。描绘者既离不开历史的和当下的审美场景,又具备普遍的审美意识。④ 这样才能领悟一部真正意义上的艺术史,即诠释艺术风格时需要借助文化史的视角,还需要品味艺术家的艺术情趣。《意大利艺术指南》"绘画史"部分在论及米

---

① J. Burckhardt, *Der Cicerone*, Kroener, 1986.

② J. Burckhardt, *Recollections of Rubens*, The Phaidon Press, 1950.

③ J. Burckhardt, *The Altarpiece in Renaissance Italy*, ed. by P. Humfrey, The Phaidon Press, 1988.

④ 参见布克哈特《以类型为线索的意大利文艺复兴绘画研究》译者"导论", J. Burckhardt, *Italian Renaissance Painting according to Genres*, The University of Michigan Press, 2005, p. 16。

开朗基罗的艺术创作时特意指出,大艺术家呈现出的艺术之美不仅是外表的优雅,更是全部生命力的展示。① 布克哈特另一个艺术史研究贡献是从现实的世俗社会、国家政治和文化的多维角度来看待包括艺术现象在内的文艺复兴时期文化现象。至此,艺术风格探讨的学术拱门上还剩下最后一块合拢用的顶砖需要填上,它就是一套在艺术形式分析方面具有相对普遍指导意义的经验性艺术学理论体系。此体系的建构者正是布克哈特的好友、布克哈特在巴塞尔大学的讲座继任者沃尔夫林。沃尔夫林的《艺术史原理》②引导学人从审美的主体与客体的相互关系中去开掘艺术品的美感本质。沃尔夫林对艺术创作中讲究呈现客体的"线描"与更多考虑审美主体因素的"图绘"两种风格做了独特的阐释。具体地讲,有些画突出轮廓、线条所展示的画面像不像、美不美,这就是触觉意义上的线描;而有些画则主要引起鉴赏者对画的整体意蕴产生一种想象,此所谓视觉意义上的图绘。借此,学人可以将某些佛罗伦萨画家,甚至文艺复兴时期的主要画风等归于线描的体系,而将威尼斯画派及后来的印象派画风等归于图绘范畴。当然沃尔夫林还有其他相应的艺术风格分析手段。学人还可以进一步以上述理论为依据对艺术情趣、民族艺术性格、艺术史发展阶段等加以清晰梳理。③ 在文艺复兴艺术专题研究方面,沃尔夫林留下经典作品《古典艺术》。④ 该书以诸多艺术巨匠的作品为例阐述文艺复兴

---

① J. Burckhardt, *The Cicerone: An Art Guide to Painting in Italy for the Use of Travellers and Students*, London, 1918, p. 123.

② H. Wolfflin, *Principles of Art History: The Problem of the Development of Style in Later Art*, Dover Publications Inc., 1986.

③ 参见沃尔夫林《艺术风格学》(潘耀昌译,辽宁人民出版社 1987 年版)的导言、第 1 章"线描和图绘"等。

④ H. Wolfflin, *Classic Art: An Introduction to the Italian Renaissance*, The Phaidon Press, 1968. 中译本为沃尔夫林:《古典艺术——意大利文艺复兴艺术导论》,潘耀昌等译,浙江美术出版社 1992 年版。

时期在线描、图绘等概念下的各种艺术特征。至此,兰奇的风格论、库格勒的心灵论、布克哈特的文化论、沃尔夫林的形式论共同建构成 19 世纪最有影响力的文艺复兴艺术史研究体系。

二、 延续瓦萨里个案研究传统的"克罗-卡瓦卡塞莱"探微

19 世纪意大利艺术史研究的另一座高峰是克罗(Joseph Archer Crowe,1825—1896)、卡瓦卡塞莱(Giovanni Battista Cavalcaselle, 1819—1897)合著的《新意大利绘画史》①。克罗是英国学者,卡瓦卡塞莱是意大利学者,两人长期合作进行意大利艺术史的研究工作,成为学界的佳谈。② 《新意大利绘画史》出版后赞誉声不断。意大利艺术史家摩莱里在《德国美术馆中的意大利大师们》"序言"中称克罗、卡瓦卡塞莱的这部著作及相关的其他几部著作是论意大利绘画最重要的作品。③ 当然,对他们学术地位的肯定也有一个认识的过程。④ 在与先前艺术史作品的关系方面,克罗、卡瓦卡塞莱同样受惠于库格勒的研究成果,例如克罗曾修订、部分改写库格勒的北方绘画史。⑤ 但就总体而论,他们的研究方法有诸多不同于库格勒的地方,其中最明显的不同是库格勒强调体系,并由体系出发论个案;而克罗、卡瓦卡塞莱的著作更强调个案,强调作品元素如何自然而然

① J. A. Crowe & G. B. Cavalcaselle, *A New History of Painting in Italy: From the Second to the Sixteenth Century*, London, 1864.
② 参见 J. Crowe, *Reminiscences of Thirty-Five Years of My Life*, London, 1895。其中有关于克罗、卡瓦卡塞莱两人相识、合作写书等事宜的记载。
③ G. Morelli, *Italian Masters in German Galleries, A Critical Essay on the Italian Pictures in the Galleries of Munich-Dresden-Berlin*, tr. by Mrs. L. M. Richter, London, 1883, p. V.
④ 学者斯纳《美术传记史词典》将兰奇、库格勒等艺术史家的著作列为重要参考资料源,却未提克罗、卡瓦卡塞莱的名字。学术认同方面的差异由此可见一斑。
⑤ *Handbook of Painting: German, Flemish, and Dutch Schools*, Based on the Handbook of Kugler, Re-modelled by the late Prof. Dr. Waagen, and thoroughly revised and in part re-writings by J. A. Crowe, London, 1898.

地构成一个整体形式的过程。就具体的绘画创作而言,不再一味强调某种形式对创作一幅画的制约作用。① 这是他们艺术理论的一个关节点即内容对形式具有选择、组合的优先地位。由此引申出的一个观点是淡化画派意识。因为画派的某些风格很难说就是某一派的专利品,如对自然的模仿该属于哪一派呢? 所以克罗、卡瓦卡塞莱也喜欢评论画派的特征问题,但更乐于评论某个画家创作内容、特点、过程等具体问题。例如他们对15世纪佛罗伦萨艺术家的绘画风格做了非常简略的概括,即利用各种艺术手段去模仿古典和自然。② 随即展开对具体艺术家的论述。克罗、卡瓦卡塞莱选拉斐尔和提香作为两个重点研究时仍注意避免画派分析的偏向,将重点放在发现两人创作成果的特点上。就此而言,克罗、卡瓦卡塞莱又回到了瓦萨里讲究个案研究的传统。其实瓦萨里也谈宽泛意义上的艺术风格,例如提到以马萨乔为代表的近代风格(modern manner)等。③不过瓦萨里在研究时更看重艺术家个体的特点,而非纠结于画派风格之类的论题。瓦萨里的个案研究传统经过17—18世纪艺术史家的各种发挥后,终于在19世纪形成一条清晰的克罗、卡瓦卡塞莱艺术史继承线索。当然,克罗、卡瓦卡塞莱等的返回是在综合了各种研究成果后新的艺术史总结。从积极的一面看,这种艺术史总结及相关研究成果与库格勒的成就之间产生了互补互惠的学术效应。

克罗、卡瓦卡塞莱的著作还有一些不同于其他艺术史著作的学术"意外"之处,例如《新意大利绘画史》没有为米开朗基罗设立专题研究,对

① J. A. Crowe & G. B. Cavalcaselle, *A New History of Painting in Italy: From the Second to the Sixteenth Century*, Vol. I, London, 1864, "Preface".
② J. A. Crowe & G. B. Cavalcaselle, *A New History of Painting in Italy: From the Second to the Sixteenth Century*, Vol. II, London, 1864, pp. 284 – 285.
③ G. Vasari, *Lives of the Most Eminent Painters, Sculptors and Architects*, Newly translated by G. DuC. De Vere, London, 1912, Vol, II, p. 86.

达·芬奇、拉斐尔亦没有放在重点位置予以论述。粗一看，这些很让人费解。也许下面的说明算得上是一种理由。克罗、卡瓦卡塞莱在"序言"中特别提到瓦萨里、兰奇的著作，认为瓦萨里的著作带着其时、其地的生动性向读者传递丰富多样的内容，并随着时代的发展不断膨胀。兰奇的著作则是简单明了的概括。也许克罗、卡瓦卡塞莱他们自己达不到如此重要的学术境地，但他们所要做的就是利用最新的材料，并在前人著作的基础上、在更广的范围内做进一步有价值的增补（addition）。[1] 所谓增补是谦逊的用词，其实是对艺术三杰外众多艺术史上讲得还不够、不透的艺术家予以详论，试图比较完整地勾勒出意大利文艺复兴时期的艺术发展脉络。换句话说，他们的艺术史研究宗旨之一是让瓦萨里等艺术史家的研究更趋完善。众所周知，米开朗基罗是瓦萨里评述对象的重中之重。克罗、卡瓦卡塞莱没有必要再去做那些重复性的研究事项。当然，他们不是忽视米开朗基罗等的艺术创作实践。后来克罗、卡瓦卡塞莱专门为艺术三杰之一的拉斐尔立传[2]，该传记作品对达·芬奇、米开朗基罗亦做了详细描述与评论。克罗、卡瓦卡塞莱另著有《北意大利绘画史》[3]，它与《新意大利绘画史》合成姊妹篇，其他还有《提香传》[4]等，由此构成一个研究系列。这些无愧于"新瓦萨里"[5]的称号。

---

[1]　J. A. Crowe & G. B. Cavalcaselle, *A New History of Painting in Italy: From the Second to the Sixteenth Century*, Vol. I, "Preface", p. 3.

[2]　J. A. Crowe & G. B. Cavalcaselle, *Raphael: His Life and Works*, 2 vols. London, Vol. I, 1882; Vol. II, 1885. 该书没有插图，实为一大遗憾。

[3]　J. A. Crowe & G. B. Cavalcaselle, *A History of Painting in North Italy*, 2 vols. London, 1871.

[4]　J. A. Crowe & G. B. Cavalcaselle, *Titian: His Life and Works*, 2 vols. London, 1877.

[5]　"New Vasari" 出自《北意大利绘画史》（ J. A. Crowe & G. B. Cavalcaselle, *A History of Painting in North Italy*, vol. I）版权页背后介绍作者《意大利绘画史》的《星期六评论》杂志评语。

三、 艺术鉴赏学意义上的"瓦根-摩莱里-贝伦森"视野

就鉴赏学而言,画派、风格、心灵分析等更多属于艺术史研究中的宏观面。具体的艺术品鉴赏则需要详细地了解鉴赏对象的来龙去脉和构件的各个细节。这些只有借助专业性的鉴赏指南著作来予以回答。在 19 世纪的艺术史写作进程中,许多艺术史家游历一国或多国的艺术展馆,并在充分研究的基础上写成艺术史鉴赏专著,其中德国艺术史家瓦根(Gustav Friedrich Waagen,1794—1868)博士的《英国艺术珍宝》就是为众多艺术鉴赏家交口称赞的上乘之作。此著在今天还是藏友拍卖、赏玩文艺复兴时期英国藏品的指南。当年瓦根利用各种关系到英国一个个美术馆、一家家名流私藏室去实地考察,终于搜罗辑佚撰得一稿。瓦根的写作方法带有参观游记的性质,这样就比较生动地传达出珍宝及珍宝所藏地的情境。当然瓦根也没有忘记在著作中体现宏观性的艺术理论内容。为此,瓦根像库格勒一样在书中提出意大利画派、荷兰画派、德国画派、英国画派类的概念。[①]（那时不太使用北方画派的提法。）再往下就是佛罗伦萨画派等。[②] 瓦根还就画的寓意提出看法,认为意大利画派的世俗气氛明显,北方画派的宗教气氛浓郁。例如他在评论瓦加(Perino del Vaga)的作品时指出画作没有宗教的感情,是随着他导师拉斐尔及佛罗伦萨画派的风格在进行创作。[③]

---

① Dr. Waagen, *Treasures of Art in Great Britain: Being an Account of the Chief Collections of Paintings, Drawings, Sculptures, Illuminated Mss*, London, 1854, Vol. III, pp. 5 - 7, 446 - 447.

② Dr. Waagen, *Treasures of Art in Great Britain: Being an Account of the Chief Collections of Paintings, Drawings, Sculptures, Illuminated Mss*, Vol. III, p. 2.

③ Dr. Waagen, *Treasures of Art in Great Britain: Being an Account of the Chief Collections of Paintings, Drawings, Sculptures, Illuminated Mss*, Vol. III, p. 325.

　　与克罗、卡瓦卡塞莱艺术史创作相随,摩莱里(Giovanni Morelli, 1816—1891)的《德国美术馆中的意大利大师们:慕尼黑、德莱斯顿、柏林美术馆中的意大利绘画之批判性评论》①和《意大利画家:对他们作品的批判性研究》②成为前者的重要补充,属于艺术史研究的新气象。柯亨在《贝伦森传》中称,除布克哈特及受过专门训练的德国学者外,卡瓦卡塞莱、摩莱里的研究,特别是摩莱里的著作又影响了以后贝伦森的研究生涯。③ 显然作者注意到从摩莱里到贝伦森的艺术批评史线索。摩莱里自称其著作的优点是基于对画家所有作品的知识掌握及历史性解读所进行的批评。④ 这里的"掌握"就是实地研究而来的知识,与此相关的"批判"亦名副其实。《德国美术馆中的意大利大师们》对意大利文艺复兴时期著名画家的诸多藏品之属性、细部及各种说法做了详细的实地考订分析,如对提香作品《男士画像》的详细考订等。⑤ 总体而言,瓦根、摩莱里等艺术史家的研究成果从经验层面使鉴赏者在评说文艺复兴的艺术遗产时有理可依、有据可凭,更具科学说服力。

　　这里还需要对一位非常富有传奇色彩的意大利文艺复兴艺术鉴赏家

---

① G. Morelli, *Italian Masters in German Galleries: A Critical Essay on the Italian Pictures in the Galleries of Munich-Dresden-Berlin*, tr. by Mrs. L. M. Richter, London, 1883.

② G. Morelli, *Italian Painters, Critical Studies of Their Works: The Borghese and Doria-Pamfili Galleries in Rome*, tr. by C. J. Ffoulkes, with an introduction by A. H. Layard, London, 1892; G. Morelli, *Italian Painters, Critical Studies of Their Works: The Galleries of Munich and Dresden*, tr. by C. J. Ffoulkes, London, 1893.

③ R. Cohen, *Bernard Berenson: A Life in the Picture Trade*, Yale University Press, 2013, pp. 67 - 68.

④ G. Morelli, *Italian Masters in German Galleries, A Critical Essay on the Italian Pictures in the Galleries of Munich-Dresden-Berlin*, tr. by Mrs. L. M. Richter, p. VI.

⑤ G. Morelli, *Italian Masters in German Galleries, A Critical Essay on the Italian Pictures in the Galleries of Munich-Dresden-Berlin*, tr. by Mrs. L. M. Richter, pp. 174 - 175.

伯纳德·贝伦森(Bernard Berenson,1865—1959)加以点评。① 贝伦森是
19世纪西方的意大利文艺复兴艺术史研究收官阶段的文化奇人,又是20
世纪上半叶文艺复兴艺术史研究的权威。从某种意义上讲,贝伦森的一
生都贡献给了文艺复兴艺术史的研究。"I Tatti"这一贝伦森当年在佛罗
伦萨郊外的居所,如今已成了文艺复兴艺术鉴赏和文献研究的代名词。
贝伦森是犹太人,后皈依基督教,自认为哈佛大学打开了其艺术研究的心
扉。当年贝伦森与哈佛大学合作成立的"塔蒂-哈佛大学文艺复兴研究中
心"一直延续至今。目前由哈佛大学韩金斯博士(Dr. Hankins)主持的"塔
蒂文艺复兴译丛"(The I Tatti Renaissance Library)将上述贝伦森的学术事
业提高到新的水准。贝伦森如此钟情于文艺复兴艺术鉴赏和艺术史研
究,其心境正如日记所载的那样:"文艺复兴世界营造着这样一个社会,让
大家有空闲去欣赏不是由科学而是由所有的艺术带来的精神,也正是艺
术提供给世人为之驱动向往的视界和模式。"②贝伦森在评论柯勒乔的艺
术作品时指出:"艺术是人们个性之花朵。"③这样,作为艺术欣赏者的贝
伦森与其笔下的艺术家之间就成了心灵交流的关系。可见贝伦森的艺术
鉴赏研究有着崇高的审美旨趣。在笔者看来,他是被艺术本身的美折服
了,是一位典型的为"艺术而艺术"的人生实践者。在贝伦森的眼里,一幅

---

① 参见萨缪尔斯两部经常为学界引证的研究作品:E. Samuels, *Bernard Berenson: The Making of a Connoisseur*, Harvard University Press, 1979; E. Samuels, *Bernard Berenson: The Making of a Legend*, Harvard University Press, 1987。贝伦森还留下诸多书信、自传作品, 如:*The Selected Letters of Bernard Berenson*, ed. by A. K. McComb, Hutchinson, 1965; B. Berenson, *Sketch for a Self-Portrait*, Pantheon Books Inc., 1949;等等。

② *The Bernard Berenson Treasury, A Selection from the Works, Unpublished Writings, Letters, Diaries, and Journals of the most Celebrated Humanists and Art Historian of our Times: 1887 - 1958*, Selected and edited by H. Kiel, New York, 1962, p.322.

③ B. Berenson, *The Study and Criticism of Italian Art*, London, 1901, p.36. 贝伦森共留下3 部《意大利艺术研究和批评》系列著作,上引书为第1系列,稍后又出版第2系列和第 3系列。

画作不会欺骗人。① 当然仅凭这些崇高旨趣还不够,还需要其他因素的介入,这样贝伦森才有可能去实现成为合格的艺术鉴赏家旨趣。检点那些因素,其中包括贝伦森与艺术研究资助者的合作,玛丽阿诺数十年的陪伴与合作②,等等。在往后的岁月里,贝伦森竭尽其财力,并使用各种商业化的手段和人脉云游四方并考察辑佚文艺复兴时期的艺术精品,由此营造艺术史研究的"基础设施",并就藏品一一做了考订。鉴于贝伦森的见多识广,萨缪尔斯称其为"半个多世纪里世界上最了不起的意大利文艺复兴艺术的鉴赏家"。③ 或者说从贝伦森起,文艺复兴时期艺术作品风格问题的探讨与文艺复兴艺术鉴赏学真正融合在一起。总之,贝伦森的文艺复兴时期艺术鉴赏研究有两个标准,其一是艺术史家要具备与先前艺术家沟通的心灵;其二是具备对艺术品真伪、各种特征的鉴赏能力。

四、围绕艺术价值、效应的"拉斯金-佩特-西蒙兹"批评

与上述学术研究同时,又出现了诸多试图带着批判性思维去进一步开掘文艺复兴艺术价值和艺术家精神内涵的艺术史家。拉斯金(John Ruskin,1819—1900)、佩特(Walter Pater, 1839—1894)、西蒙兹(John Addington Symonds,1840—1893)就是其中最具代表性的三位。提特尔鲍姆的博士论文就佩特、拉斯金与西蒙兹三人的学术特点做了比较研究。④作者认为佩特、拉斯金与西蒙兹带着各自的审美立场来评析意大利文艺复兴时期的艺术作品。佩特从唯美主义的角度来审视画作;前拉斐尔派

---

① *The Bernard Berenson Treasury, A Selection from the Works, Unpublished Writings, Letters, Diaries, and Journals of the most Celebrated Humanists and Art Historian of our Times: 1887 - 1958,* Selected and edited by H. Kiel, p.35.
② N. Mariano, *Forty Years with Berenson,* New York, 1966.
③ E. Samuels, *Bernard Berenson: The Making of a Connoisseur,* p. XI.
④ R. Titlebaum, *Three Victorian Views of the Italian Renaissance,* New York, 1987.

的拉斯金在意道德与艺术的和谐之美;西蒙兹是一位诗人历史学家,强调性格与艺术创作的关系。

　　先来评说拉斯金与佩特的情况。像贝伦森这代人就是读着拉斯金、佩特的著作走向艺术研究道路的。① 在 19 世纪维多利亚时代的文化氛围下,强调艺术的道德、宗教价值亦成为艺术史研究中的重要思潮之一。拉斯金的艺术史观在很大程度上体现出拉斐尔前派艺术史理论取向。拉斐尔前派比较复杂,很难定义。大致上拉斐尔前派是对 19 世纪那些主张艺术、宗教、道德融为一体的艺术家、艺术批评家的称呼。拉斐尔前派的画家、评论家们都试着探寻“精神化的自然主义”。② 他们看到了文艺复兴以来的一些艺术偏向,尤其对文艺复兴艺术中的程式化、世俗化一面不乏批评之词。③ 拉斐尔前派试图回归艺术的自然本真状态,让神圣的精神与生动的场景结合起来,由此引导个体和社会产生积极的、崇高的审美情趣。为此拉斐尔前派还对中世纪的艺术重新做了审美批评,认为其中有许多值得今人借鉴之处。拉斯金对威尼斯建筑艺术的研究及其成果是回归中世纪想法的代表。④ 总之,拉斯金、拉斐尔前派倡导中世纪、文艺复兴时期那些将宗教情感与优美自然的艺术形象融为一体的艺术创作实践。

　　与拉斯金同时代的唯美主义代表佩特⑤则企求在艺术自身的世界中为人类寻找解救自身的路径。他的美学理论以柏拉图主义为理论基石,即认为美是先天地存在于人的内心和世界之中。从某种意义上讲,一部人类的历史就是用唯美的境界和创作来提升人的主体自由、价值的文化

---

① R. Cohen, *Bernard Berenson: A Life in the Picture Trade*, p. 3.

② *Pre-Raphaelitism: A Collection of Critical Essays*, ed. and with an introduction by J. Sambrook, The University of Chicago Press, 1974, "Introduction", p. 3.

③ J. Ruskin, *Pre-Raphaelitism*, London, 1900.

④ J. Ruskin, *The Stone of Venice*, 3 Vols. London, 1900.

⑤ W. Iser, *Walter Pater: The Aesthetic Moment*, Cambridge University Press, 1987.

进程。① 佩特"为艺术而艺术"的主张就是为艺术超越性所做的学理辩护。此主张强调艺术是超越功利的人类创造行为,艺术创作就是将美自身的意蕴开掘出来,并引导欣赏者进入唯美的世界。② 佩特所要维护的就是艺术在人类生存过程中的真正引领价值。当然,佩特并未局限于从审美视觉等主体性的精神角度分析艺术史上的种种现象,而是同样注意到艺术与整个文化、社会环境之间的关系。为此,佩特就达·芬奇、波提切利、米开朗基罗等文艺复兴时期艺术家在各自艺术生存环境中所形成的独特艺术心理做了极富文学性的个案分析。佩特《文艺复兴》这部学术论文集就是以上述唯美主义为视角阐释文艺复兴时期文学、艺术创作中人性、美、文化史相互关系的力作。不过总体上看,佩特的艺术分析还是弱化了道德的因素。

面对上述丰富的研究成果,西蒙兹的艺术史研究又有哪些学术贡献呢?从现有的资料看,西蒙兹对当时的艺术史著作有深入的研读。他著有《意大利文艺复兴》"艺术卷",在该卷"序言"中提到了包括布克哈特《意大利艺术指南》在内的许多艺术史名著,并将《意大利艺术指南》列为重点参考著作。③ 另外他在英国《评论季刊》写有评论克罗、卡瓦卡塞莱艺术史著作的专文。④ 我们不妨看看西蒙兹撰写意大利文艺复兴时期艺术史的宗旨。他在"艺术卷"的"序言"中指出,他自己的著作直接面对原始的材料、情境等,注意前人对意大利艺术史的各种研究状况。然而更重

---

① W. Iser, *Walter Pater: The Aesthetic Moment*, p. 74.

② 10 卷本佩特著作集(由麦克米兰出版公司在 20 世纪初分卷出版)中的每一部直接或间接关联到文艺复兴史研究内容,且渗透作者的唯美主义的倾向。

③ J. A. Symonds, *Renaissance in Italy*, Vol. III "The Fine Arts", New Edition, "Preface". 西蒙兹《意大利文艺复兴》共 7 卷,后由 Smith, Elder, & Co., 出版公司于 1897—1898 年重新编排出版,本文引用时均简称"New Edition"。

④ 西蒙兹的侄女在著作中专门提及此事。参见 G. Paston, *At John Murray's, Records of a Literary Circle: 1843–1892*, London, 1932, p. 197.

要的是展示文艺复兴艺术现象背后所蕴含的精神。① 对于这种精神的内涵,西蒙兹在评论不同的艺术家、艺术作品时有过各种不同的表述,但有些表述则是共同的。在西蒙兹的心目中,文艺复兴时期的艺术与其他各种文化创作成果一样试图模仿古代的经典作品;试图将古代与基督教结合起来;试图关注自然、现实的人和物;试图表达作者自由的个性,如此等等。如果说佩特强调为艺术而艺术的观点,那么西蒙兹更强调艺术对人性、对民族性、对个性的表现和升华功能。西蒙兹《米开朗基罗传》一书是对人的性格与文化关系的集中阐释。笔者将其中的观点概括为"性格文化史"理念。② 西蒙兹着意呈现的米开朗基罗性格已经不是天性的方面,而是一种升华的性格。③ 其中比较突出的是米开朗基罗性格中还有些与更高境界关联在一起的成分如柏拉图式的爱意、为艺术而生的情感等。就民族的性格而言,西蒙兹进一步指出艺术是意大利人智慧、性格的集中体现:"唯有希腊和意大利两个民族能如此作为,即他们将艺术的形式渗透到每一个地方以及各个精神领域,这种情况在意大利出现在文艺复兴时期。"④甚至认为"意大利人天生就具有审美的感觉"⑤,特别可以提及的就是佛罗伦萨人。⑥ 这种处处与审美世界关联在一起的意大利人智慧是文艺复兴时期艺术创造的生命力所在。西蒙兹有一段精彩的论述:"艺术提供精神的氧气,缺此则文艺复兴的生命肯定要衰竭。在那个充满巨大创造力的时期,整个民族似乎都被赋予了审美的本能,正是凭借着这种本

---

① J. A. Symonds, *Renaissance in Italy*, Vol. III "The Fine Arts", New Edition, p. IX.

② 参见本书第二编第四篇文章。

③ J. A. Symonds, *The Life of Michelangelo Buonarroti: Based on Studies in the Archives of the Buonarroti Family at Florence*, London, 1893, Vol. II, p. 166.

④ J. A. Symonds, *Renaissance in Italy*, Vol. III "The Fine Arts", New Edition, p. 1.

⑤ J. A. Symonds, *Renaissance in Italy*, Vol. IV "Italian Literature", New Edition, p. 209.

⑥ J. A. Symonds, *Renaissance in Italy*, Vol. I "The Age of the Despots", New Edition, p. 195.

能创造出所有能够想象到的形式。"①也就是说,当艺术之美成为民族的性格、情趣、文化,名家们(包括教皇在内)都会汇聚到此文化潮流之中。西蒙兹特别关注美第奇家族在这种艺术化民族性格培育历史过程中的作用。后来在天主教会反向应对宗教改革的历史时期,人们不难发现意大利人的审美智慧——一种对古典之美的特殊领悟力和发自心灵深处的需求仍在延续。西蒙兹指出:"那么剩下的事情是,一个人如果要了解文艺复兴时期的意大利人,就必须研究他们的艺术,就必须尽快找到阿里阿德涅的线索(Ariadne-thread)②,以便走出他们民族性格那曲折的迷宫。"③

五、 不可或缺的相关艺术史研究学术支撑点

上述艺术史进程还伴随着诸多艺术史精品的译介和艺术家个案研究的学术活动。有人说,博斯威尔的《约翰逊传》成就了约翰逊的英名。以此来形容瓦萨里著作的地位亦十分恰当。正是瓦萨里的《意大利艺苑名人传》使文艺复兴时期的艺术巨擘流芳百世。④ 无疑瓦萨里著作的英译及相关个案研究伴随着整个 19 世纪的艺术史研究进程。在维多利亚时代,名著英译出版成为确定各家学术地位的标志之一,受到前所未有的关注,并取得了诸多里程碑性质的成果。事实上,瓦萨里著作在意大利文的修订、编辑方面已有标志性的学术成果。⑤ 英文译本大致有如下几种:福

---

① J. A. Symonds, *Renaissance in Italy*, Vol. III "The Fine Arts", New Edition, p. 3.

② 阿里阿德涅(Ariadne)是古希腊神话中国王米诺斯的女儿,她曾给情人忒休斯一个线团,使其走出迷宫。

③ J. A. Symonds, *Renaissance in Italy*, Vol. III "The Fine Arts", New Edition, p. 4.

④ B. Berenson, *The Study and Criticism of Italian Art*, p. 1.

⑤ G. Vasari, *Le Vite de'piu eccellenti Pittori Scultori e Architetti*, 14 Vols. Firenze, 1855.

斯特夫人的译本①、巴拉什菲尔德译本②、动笔多年到 20 世纪初才出版的德·维尔译本③等。除上述翻译外,还有不少节选本。④ 瓦萨里自己就是名画家,但他的生平事迹没有引起 19 世纪艺术史家的足够重视。⑤ 尽管如此,19 世纪艺术史中的许多内容、观点多采自瓦萨里的著作。例如瓦萨里对米开朗基罗《最后的审判》壁画的评论就被 19 世纪诸多艺术史家采纳。瓦萨里在自己的著作中称此画体现了一种艺术的"崇高力量"(sublime power)、"绘画的宏大形式"(grand manner of painting)、"让人类看到命定的结局"(enabling mankind to see the fateful result)等。⑥ 后来兰奇引申出"崇高与恐惧的形式"(sublime and awful manner)⑦的评语。库格勒进一步概括为"这一特别的悲剧性宏大场面弥漫着如此生灵,他们被拖入失望和地狱煎熬的境地。这并非令人憎恶的恐惧象征被赋予真正的

① G. Vasari, *Lives of the Most Eminent Painters, Sculptors and Architects*, tr. by Mrs. J. Foster, London, 1852; George Bell & Sons, 1883 - 1885.

② G. Vasari, *Lives of the Most Eminent Painters, Sculptors and Architects*, tr. by E. H. And E. W. Blashfield, London, 1894,译其中的 70 人传。

③ G. Vasari, *Lives of the Most Eminent Painters, Sculptors and Architects*, Newly translated by G. DuC. De Vere, London, 1912 - 1915. 顺便提及,学术界经常使用的译本还有海因茨译本(tr. by A. B. Hinds, ed. W. Gaunt, London, 1963)、布尔译本(tr. by G. Bull, Penguin Books, 1987)等。

④ *Vasari's Lives of Italian Painters*, Selected and prefaced by Havelock Ellis, The Walter Scott Publishing Co., Ltd.,没有出版年份; *Stories of the Italian Artists from Vasari*, Arranged and translated by E. L. Seeley, London, 1906;等等。

⑤ 在英语世界,19 世纪对瓦萨里生平研究的著作凤毛麟角。博厄斯《瓦萨里传》(T. S. R. Boase, *Giorgio Vasari: The Man and the Book*, Princeton University Press, 1979)中提到 19 世纪的瓦萨里研究文献十分有限。20 世纪初有一本卡尔登的《瓦萨里传》(R, W. Carden, *The Life of Giorgio Vasari, A Study of the Later Renaissance in Italy*, London, 1910)面世。

⑥ G. Vasari, *Life of Michelangelo Buonarroti*, Translated with an introduction by George Bull, The Folio Society, p.76.

⑦ A. L. Lanzi, *The History of Painting in Italy*, tr. by T. Roscoe, Vol. I, New Edition, p.140.

道德尊严,此等尊严是更高艺术目标的前提条件"①。斯本纳的词典更是将上述"崇高""宏大"等评价要素当作米开朗基罗艺术作品的特征。②

　　研究文艺复兴时期艺术史的另一必备参考资料当数《切利尼自传》。关于《切利尼自传》的英译,当然首先要提西蒙兹的翻译。西蒙兹在《切利尼自传》③译文前有一个"导论"。"导论"对先前各种译本的不足之处做了评论。正是西蒙兹译笔的独到功力,《切利尼自传》英文版出版后受到学术界与读者的一致认同。在往后的岁月中,各种版本的西蒙兹所译《切利尼自传》不计其数。即使到了 20 世纪,学人在翻译、编辑更为详细的《切利尼自传》时仍十分在意西蒙兹的翻译。④ 由于切利尼的生平事迹广受研究者、读者关注,之后仍不时有译本推出,如麦当内尔译本⑤等。

　　在 19 世纪,对达·芬奇、米开朗基罗、拉斐尔、提香等艺术家的研究是个案成果中的熠熠闪光点。在达·芬奇生平研究方面有布朗的《达·芬奇传》⑥等。在米开朗基罗生平研究方面则出版了不少经得起时间检

① *Handbook of Painting: The Italian Schools*, Translated from the German of Kugler by A Lady, Edited with Notes by Sir Charles L. Eastlake, Part II, p. 308.

② 参见 S. Spooner, A *Biographical History of the Fine Arts*,"米开朗基罗"词条。

③ *The Life of Benvenuto Cellini*, tr. by J. A. Symonds, London, First edition, 1888; Fourth edition, 1896.

④ 例如库特翻译的《切利尼自传》(*The Life of Benvenuto Cellini*, tr. by R. H. H. Cust, The Navarre Society Limited, 1935)可称作详注版或学术版,它根据 1901 年巴切教授编辑的意大利本、鲁什考尼和瓦雷利编辑的意大利本翻译而成。尤其是鲁什考尼和瓦雷利本搜集了切利尼的所有论述、艺术创作成果,并在此基础上对原来的自传文字加以注释。库特译本注意到西蒙兹翻译中的诸多想法,甚至顾及一些很细微的翻译问题,如"To which I replied: 'I did so this very last night.' At this the doctor said: 'With what sort of person, and how much.'"这个句后有一译注:"Mr. J. A. Symonds suggested that quanto = 'how much' in the text here should be quando = 'when'"。(参见 Vol. I, p. 101)目前最新的中文译本有:《切利尼自传》,王宪生译,时代出版传媒股份有限公司、北京时代华文书局 2014 年版。

⑤ *The Life of Benvenuto Cellini*, tr. by A. Macdonell, London, 1926.

⑥ J. W. Brown, *The Life of Leonardo da Vinci, with a Critical Account of His Works*, London, 1828.

验的佳作,如格里姆的《米开朗基罗传》①等。拉斐尔受到多种流派的影响,其画风很难用某个学派来概括。提香则是威尼斯画派的典型代表。拉斐尔与提香研究方面的最重要成果就是上文提到的克罗、卡瓦卡塞莱《拉斐尔传》《提香传》两部评传作品。1882年即克罗、卡瓦卡塞莱《拉斐尔传》第1卷出版的同一年,蒙茨的《拉斐尔传》②亦见诸学界,两者都是拉斐尔研究的巨著。1885年克罗、卡瓦卡塞莱《拉斐尔传》第2卷已经充分注意到蒙茨的研究状况。③ 在蒙茨的心目中,拉斐尔是艺术与道德的完美结合者,是热爱人性纯粹、伟大、高贵的代表。④ 蒙茨著作中不时提到克罗、卡瓦卡塞莱《意大利绘画史》涉及拉斐尔的各种观点。⑤ 除此之外,对米开朗基罗与拉斐尔两位艺术家进行比较研究亦受到艺术史家的关注。米开朗基罗的作品如同其个人的生平一样,有着忧郁、孤独、恐惧、向命运抗争、探索超越境界的深刻意蕴;拉斐尔则成了优雅、和谐、明丽的代名词,两者一样精彩。前文提到的那些有影响的艺术史著作、词典等都有这方面的比较内容。当然亦不乏专题性的比较研究著作,如帕金斯的《拉斐尔与米开朗基罗:一部批评性、传记性论著》⑥、罗宾森的《米开朗基罗与

---

① H. Grimm, *Life of Michael Angelo*, translated with the author's sanction by Fanny Elizabeth Bunnett, 2 vols. Boston, 1865. 其他不容忽略的有:*Vita di Michelangelo Buonarroti*, narrata con l'Aiuto di Nuovi Documenti da Aurelio Gotti, 2 Vols., Firenze, 1875; J. S. Harford, *The Life of Michael Angelo Buonarroti, with Translations of Many of His Poems and Letters, also Memoirs of Savonarola, Raphael, and Vittorial Colonna*, 2 Vols., London, 1858; C. H. Wilson, *Life and Works of Michelangelo Buonarroti*, London, 1876。

② E. Muntz, *Raphael: His Life, Works, and Times*, ed. by W. Armstrong, London, 1882.

③ J. A. Crowe & G. B. Cavalcaselle, *Raphael: His Life and Works*, vol. II, pp. 144, 256.

④ E. Muntz, *Raphael: His Life, Works, and Times*, ed. by W. Armstrong, p. 620.

⑤ E. Muntz, *Raphael: His Life, Works, and Times*, ed. by W. Armstrong, pp. 38, 55, 77, etc. 这里需要做个提醒,蒙茨《拉斐尔传》的原文是用法语撰写的,其中引用的克罗、卡瓦卡塞莱《拉斐尔传》是德文版,因此卷数、页码与英文版有差异。

⑥ C. C. Perkins, *Raphael and Michelangelo: Critical and Biographical Essay*, Boston, 1878.

拉斐尔绘画批评研究》①等。

文艺复兴雕塑史、建筑史的研究同样成绩斐然。帕金斯写有多种意大利雕塑史研究著作,如《托斯卡纳雕塑家:其生平、作品及时代》②、《意大利雕塑家》③、《拉斐尔与米开朗基罗比较研究》④、《意大利雕塑家手册》⑤等。帕金斯在其著作中亦就流派、风格等问题做了重点分析。帕金斯的主要研究对象是雕塑,同时亲手为自己的著作绘制大量插图。在帕金斯那个年代的素描插图中,唯雕塑作品的素描难度最大。所以像帕金斯之类著作中的插图就成了艺术史中的艺术史。这是我们品读 19 世纪关于意大利文艺复兴艺术史著作的意蕴时必须具备的艺术鉴赏眼力。弗格森的建筑史研究著作也引人关注,其代表作有《插图本建筑史手册》⑥、《近代建筑风格史》⑦等。由于图文并茂,学人可以在弗格森的著作中直观地看到意大利文艺复兴时期不同城邦的建筑风格,并读到作者简约又不失专业水准的阐释性文字。无论如何,上述研究成果的突出点仍是画派、风格的梳理和评析。

概而言之,有了兰奇、库格勒、布克哈特、沃尔夫林以画派、风格为主轴的奠基性研究成果;有了克罗、卡瓦卡塞莱以人物作品个案研究为核心的扩展性论述;有了瓦根、摩莱里、贝伦森等丰富、具体的艺术鉴赏知识;

---

① J. C. Robinson, *A Critical Account of the Drawings by Michel Angelo and Raffaello*, Oxford, 1870.

② C. C. Perkins, *Tuscan Sculptors: Their Lives, Works, and Times*, London, 1864.

③ C. C. Perkins, *Italian Sculptors*, London, 1868.

④ C. C. Perkins, *Raphael and Michelangelo: Critical and Biographical Essay*, Boston, 1878.

⑤ C. C. Perkins, *Historical Handbook of Italian Sculptors*, London, 1883.

⑥ J. Fergusson, *Illustrated Handbook of Architecture: Being a Concise and Popular Account of the Different Styles of Architecture Prevailing in all Ages and all Countries*, Second Edition, London, 1859.

⑦ J. Fergusson, *History of the Modern Styles of Architecture: Being a Sequel to the Handbook of Architecture*, London, 1862.

有了拉斯金、佩特、西蒙兹从审美、社会文化效应、民族时代精神各个角度的批评分析；再加上帕金斯、弗格森等的专项研究和各个学术支撑点的建立，意大利文艺复兴艺术史研究的地基建成了。学人可以凭借那些具有指导性的原理和知识去认识、赏析意大利文艺复兴时期艺术百合花的美感底蕴。但艺术并不是封闭的审美领域，为了完整地理解百合花的隐喻与象征，学人还需要做更大范围内的学术梳理工作。

下篇
百合花的社会文化隐喻与象征：
佛罗伦萨史、美第奇家族史主题研究

浏览佛罗伦萨的历史和翻阅美第奇家族的族谱，首先映入眼帘的是镶嵌着百合花艺术图饰的佛罗伦萨市徽和美第奇家族族徽。在历史上，佛罗伦萨市徽图像源自美第奇家族族徽。美第奇家族族徽由 6 颗药丸组成，其中最上方的 1 颗镶有百合花图饰。[①] 这些历史图像让人对百合花的城市文化意境与世俗社会的内涵充满想象。这种想象在瓦萨里的艺术创作中已经显露。瓦萨里曾创作壁画《大洛伦佐与学者谈经论道》，画面上能见到不少百合花的图饰。瓦萨里还有一幅名画《大洛伦佐与使节》，只见画的中央坐着大洛伦佐，后面站着一名护旗手，旗帜上有一朵耀眼夺目的百合花。[②] 显然在瓦萨里的艺术想象中，百合花远远超出艺术、情感隐

---

① 关于美第奇家族族徽上百合花图饰有各种解读。有人以为是美第奇家族与法国的特殊交往关系，而将法国国花鸢尾花的图饰添加到 6 颗药丸最上方那颗。在花卉门类中，鸢尾花与百合花有别。但鸢尾花法语为 Fleur-de-lis，显然其语源学意义牵涉到百合花的图像。在文化习俗上，人们往往将百合花视为有情景牵连的许多花卉之统称。所以文化史家惯用百合花之名来解读美第奇家族族徽上的那朵鸢尾花图饰。

② 参见 G. Vasari, *Lives of the Most Eminent Painters, Sculptors and Architects*, Newly translated by G. DuC. De Vere, London, 1915, Vol. X, "Giorgio Vasari" 中的两幅插画。

喻的范围，它是城市、家族文化历史的一种象征。这足见瓦萨里艺术史观的深层次想法。后世学者要完整地认识百合花丰富的象征性因素就不得不回到瓦萨里图饰中的世俗性层面，不能不回到长时段历史与文化的嬗变过程中。因此如何从历史的角度并用具体的文化史、社会史等方法分析佛罗伦萨与美第奇家族的历史，这成为 19 世纪历史学家研究的学术突破口。此等学术努力由以下几部分组成。

一、揭秘佛罗伦萨文化底蕴的批判性历史研究

长期以来史学界多从政治、军事的角度来解读百合花名城佛罗伦萨的沿革状况。直到意大利历史学家洛伦佐·皮尼奥蒂（Lorenzo Pignotti，1739—1812）①"新雅典"名下的托斯卡纳史研究出现，上述解读方式才发生根本的转变。19 世纪初，皮尼奥蒂向学界奉献了一部近百万字的巨著《托斯卡纳史及科学、文学、艺术自发端到复兴的各种论述》（以下简称《托斯卡纳史》）。② 19 世纪的西方史学界将古代雅典与近代佛罗伦萨做比较屡见不鲜。③ 但作为穿引全书的概念、作为一种独特史观和体系下的新雅典概念运用则不能不首先提皮尼奥蒂著作中的文化史阐释。按照皮尼奥蒂

---

① 关于意大利历史学家皮尼奥蒂的详细情况，可参见本书第二编第一篇文章。

② 该书 1813 年初版，总共 5 卷。以后主要有"比萨本"和"佛罗伦萨本"：Lorenzo Pignotti, *Storia Della Toscana, Sino Al Principato Con Diversi Saggi Sulle Scienze, Lettere E Arti*, Niccolò Capurro, Pisa, 1815, 以 5 卷 10 册的形式呈现；L. Pignotti, *Storia Della Toscana, Sino Al Principato Con Diversi Saggi Sulle Scienze, Lettere E Arti*, Presso Leonardo Ciardetti, Firenze, 1824。

③ 特劳佩尔在处理历史资料等问题上，将雅典与佛罗伦萨做比较，参见 T. A. Trollope, *A History of the Commonwealth of Florence*, London, 1865, Vol. I, p. 7。另参见纳皮尔的相关提法，H. E. Napier, *Florentine History, from the Earliest Authentic Records to the Accession of Ferdinand the Third, Grand Duke of Tuscany*, London, 1846, Vol. I, p. IX. 西蒙兹在《意大利文艺复兴》第 1 卷中就古代雅典和近代佛罗伦萨的政治、文化等做了精辟的比较分析，参见 J. A. Symonds, *Renaissance in Italy*, Vol. I "The Age of the Despots", New Edition, pp. 185 - 186。

的观点,意大利的文化史经历了3个辉煌的时期:第一个时期主要是希腊文化
在托斯卡纳的积淀;第二个时期是奥古斯都年代;第三个时期就是托斯卡纳的
学问复兴年代,这时作为"新雅典"的佛罗伦萨则将其光辉照亮整个欧洲。[①]
顺便提及,皮尼奥蒂在探究托斯卡纳文化起步阶段的历史现象时非常关
注兰奇、温克尔曼的研究成果。[②] 可见文化、艺术等历史内涵在皮尼奥蒂
心目中的比重。由此亦见得皮尼奥蒂笔下的新雅典概念更注重文化的源
流。按照作者的想法,古代的雅典铸造成后来西方文明的模式,近代的雅
典同样是近代以来西方文化的发源地。皮尼奥蒂需要阐述清楚这种新文
化的主要内容和特征,而托斯卡纳是分析新雅典的恰当范围。皮尼奥蒂
在阐述时的基本构想是:新雅典的确立主要得益于商业、政治和文化的综
合实力,其中新的文化起到了关键作用。这种新文化是城邦生活的需要,
也是文学艺术巨擘天赋的体现。一座百合花名城就此显现在更为宽广的
社会史、文化史视野之下。具体而言,皮尼奥蒂"新雅典"概念有如下学术
亮点。

其一,立足托斯卡纳叙述新雅典的历程,重新定位佛罗伦萨、比萨等
城邦国家的历史文化地位。皮尼奥蒂使人们理解,佛罗伦萨的优势不是
一个城邦的优势,而是存在于托斯卡纳的文化优势。走出中世纪的托斯
卡纳逐渐形成比萨、锡耶纳、卢卡、佛罗伦萨等城邦中心。佛罗伦萨作为

---

① L. Pignotti, *The History of Tuscany, Interspersed with Essays*, tr. and with the Life of the Author by John Browning, London, 1823, Vol. II, p. 80. 此处有必要提及 1826 年出的第 2 版:*The History of Tuscany: From the Earliest Era; Comprising An Account of the Revival of Letters, Science, and Arts, Interspersed with Essays on Important Literary and Historical Subjects; Including Memoirs of the Family of the Medici*, tr. by John Browning, London, 1826。此英文版副标题中的"美第奇家族回忆录"(*Memoirs of the Family of the Medici*)是由英译者添加的。但这不是随意的添加,皮尼奥蒂全书用很大的篇幅描述美第奇家族的历史境况,尤其是第 3 卷的核心内容就是叙述美第奇家族的历史。

② L. Pignotti, *The History of Tuscany*, Vol. I, Chapter II, p. 68.

新雅典是融合了比萨、卢卡、西耶那等托斯卡纳地区各城邦的文化因素而成。皮尼奥蒂特别注意到比萨大学等文化教育机构在文化传承(如法律传承等)方面的作用。[①] 其二,强调学问复兴的历史积淀因素和历史演变进程。皮尼奥蒂就伊特拉里亚语与希腊语之间的关系做了研究,其基本观点是:托斯卡纳从古代起就与希腊文化有联系。[②] 到了罗马时代和中世纪,上述联系又有发展,比萨大学是其中的桥梁。再则,托斯卡纳在近代意大利语形成中具有不可替代的地位。在中世纪被视为第一部用意大利语写成的《马拉斯皮纳〈历史〉》(*History of Ricordano Malaspina*)中,由托斯卡纳语记载的文件成为史实的主要来源。[③] 如此语言优势累积过程为以后学问复兴和文化繁荣奠定了基础。皮尼奥蒂还提到经过但丁、薄伽丘等学者的创作成果,托斯卡纳语成为一种学问性的语言、一种可以用来写作的语言。[④] 比较而言,皮尼奥蒂尤其看重薄伽丘在语言创造中的作用。[⑤] 正是在众多学者的努力下,一种在意大利具有扩散力的托斯卡纳语逐渐形成。其三,立足托斯卡纳的文化土壤重新审视美第奇家族的历史作用。皮尼奥蒂真正想说的是如果没有托斯卡纳的文化底蕴,即使美第奇家族有何雄才大略,新雅典的地位也不会形成。也就是说托斯卡纳的文化土壤是必要条件。当然美第奇家族的政治、文化等作为也是新雅典地位形成的条件之一。正是美第奇家族的提携、促进迎来了文化的美第奇时代。[⑥] 作为一名严谨的历史学家,皮尼奥蒂还不时用婉转的笔触提醒

① L. Pignotti, *The History of Tuscany*, Vol. II, pp. 88 - 89.

② L. Pignotti, *The History of Tuscany*, Vol. I, p. 67.

③ L. Pignotti, *The History of Tuscany*, Vol. I, p. 250. 详细的语言变迁情况可参见 L. Pignotti, *The History of Tuscany*, Vol. I, "Essay I-Upon the Origin and Progress of the Italian Language"。

④ L. Pignotti, *The History of Tuscany*, Vol. I, p. 253.

⑤ L. Pignotti, *The History of Tuscany*, Vol. II, p. 199.

⑥ L. Pignotti, *The History of Tuscany*, Vol. IV, p. 229.

大家不能对美第奇家族的作用过分渲染。例如薄伽丘去世后至美第奇家族的科西莫回佛罗伦萨前,托斯卡纳地区有许多值得一提的文人在进行富有成果的文化创作活动,如萨卢塔蒂、布鲁尼、曼内蒂等。在这方面,皮尼奥蒂还修正、补充了罗斯科《大洛伦佐传》中的一些观点。①

由皮尼奥蒂开启的对百合花名城之文化史勾勒方式,这在瑞士历史学家布克哈特的精神文化史视野下提升到新的高度。布克哈特没有留下专门叙述佛罗伦萨历史的著作。但他在《意大利文艺复兴时期的文化》中特别提及存在于佛罗伦萨文化现象内的共和、自由精神。这是布克哈特文化中心主义在看待佛罗伦萨历史特征和地位时的体现。"我们现在并不是要写这座著名的城市国家的历史,而只是要对佛罗伦萨人得之于这个历史的精神上的自由和独立做一些说明。"②在布克哈特的眼里,佛罗伦萨每一个公民都将自己的精神能力贡献给了城邦的存在,认为在其他暴君统治那里是一家一姓的事情,而在佛罗伦萨成了全体公民研究的问题。③ 正是在这个意义上,布克哈特借用马基雅维里之口将佛罗伦萨视为活的文化有机体,"马基雅维里在他的《佛罗伦萨史》(到1492年为止)中把他的出生城市描写成为一个活的有机体,把它的发展描写为是一个自然而独特的过程,他是近代人中第一个具有这种观念的人。"④这里"活的有机体"提法与布克哈特心目中的文艺复兴个体自由精神观点是一致的。⑤ 当然布克哈特并非一味歌颂这种自由精神,而是在看到人的解放之

---

① 参见 L. Pignotti, *The History of Tuscany*, Vol. IV, pp. 229 - 230, note。在这个长注里,皮尼奥蒂科质疑罗斯科将学问复兴内容过分地堆积到美第奇家族的做法。认为在运用托斯卡纳语的复兴方面确实应当重点提美第奇家族的功劳,但佛罗伦萨各种样式的学问复兴一直在进行之中,不是事事都关联到美第奇家族。

② 布克哈特:《意大利文艺复兴时期的文化》,何新译,商务印书馆1979年版,第73页。

③ 参见布克哈特:《意大利文艺复兴时期的文化》,第72页。

④ 布克哈特:《意大利文艺复兴时期的文化》,第80—81页。

⑤ 参见本书第二编第二篇文章。

文化积极效应的同时亦就解放过程中的负面因素展开批判。这正是布克哈特文艺复兴方面史识的可贵之处。

文化史视野与传统史学视野在 19 世纪的历史研究中常常以交汇的形式体现出来。19 世纪另一佛罗伦萨史的重要研究成果当数纳皮尔（Henry Edward Napier，1789—1853）的《佛罗伦萨史》。① 这部通史性质的巨著大致有以下特点：第一，叙述的时间跨度长，从最早有记载的历史写起，直至托斯卡纳公爵费尔迪南德三世去世（1824）。因此该著作篇幅庞大，总共有 6 卷，译成中文近 200 万字。第二，用编年体写成，偏重政治史、军事史。当然作者也注意其他历史现象，书中有一些短论性质的章节。例如第 1 卷的最后插入评论 13 世纪佛罗伦萨各种社会现象的"短论之章"（Miscellaneous Chapter）。这篇短论涉及的面很广，如商业、教主、市民精神等皆在评论的范围之内。第三，在史料的运用方面特别注意当时人的历史记载，增加了历史著作的可信度。例如第 2 卷在涉及 14 世纪佛罗伦萨的历史时就注意历史学家维拉尼著作中的内容。第四，对文化的关注。第 2 卷最后的"短论之章"包含大量 14 世纪文化史的内容，如但丁、彼特拉克、薄伽丘等的文化创作活动等。这部巨著也有诸多不足之处，其中最大的问题是贯穿全书的主线不是很明确，有史实罗列之嫌。编排上也有随意性，例如第 1、2 卷插入"短论之章"，但第 3 卷往后就不见"短论之章"的踪影。致使读者无法集中地了解 15 至 19 世纪的各种社会文化现象。

稍晚于纳皮尔出版的佛罗伦萨史著作当数英国历史学家特劳罗佩

---

① H. E. Napier, *Florentine History, from the Earliest Authentic Records to the Accession of Ferdinand the Third, Grand Duke of Tuscany*, 6 Vols. London, 1846.

（Thomas Adolphus Trollope,1810—1892)《佛罗伦萨共和国史》①最有影响力。批判意识与发现城邦的文化个性是这部史著的学术亮点。《佛罗伦萨共和国史》约百万字,在篇幅上虽然无法与纳皮尔的著作相比,但整部著作前后思路连贯,给人一气呵成的感觉。具体如下:第一,史观明确、线索清楚。作者对佛罗伦萨共和国的历史充满敬意和好奇之心。在作者看来,隐藏在佛罗伦萨共和国形成、发展和衰落历史进程背后的深层次原因也许不能用常理来解答。② 所以必须对佛罗伦萨共和国的结构、政府运作等各种历史上存在的现象予以细致的阐释。例如第2卷第6章就佛罗伦萨的税务等经济问题详加探讨。而贯穿全书的一条线索十分明确,即什么是佛罗伦萨这个政治共同体的特质? 美第奇家族的存在又使得这些特质发生了什么变化? 它们相互作用使佛罗伦萨共和国的历史呈现怎样的复杂变化过程? 第二,作者带着问题和批判意识来阐述佛罗伦萨共和国与美第奇家族之间的关系。特劳罗佩笔下的美第奇家族的地位可以用"成也美第奇家族、败也美第奇家族"来形容。作者的观点是:美第奇家族的"成"是表面现象,而使共和国的特质慢慢消解之"败"则是本质。作为一种学术响应,20世纪文艺复兴史研究专家布鲁克尔对15世纪的佛罗伦萨史做了如下批判性总结:"不过,尽管佛罗伦萨在15世纪是比以前治理得更有效,生命财产也更有保障,这些成就之取得也付出了一定代价。为了治安和秩序,一定程度的自由被牺牲了;为了达到更大程度的安定,某些政治活力的源泉被遏止了。中世纪的公社从来也不是一种民主政体,但是它能迁就容忍一大批彼此各不相同的利益集团。15世纪的显贵政

① T. A. Trollope, *A History of the Commonwealth of Florence: From the Earliest Independence of the Commune to the Fall of the Republic in 1531*, 4 Vols. London, 1865.

② T. A. Trollope, *A History of the Commonwealth of Florence: From the Earliest Independence of the Commune to the Fall of the Republic in 1531*, Vol. I, "Preface", p. V.

权却把这些团体排除于政权之外,并且限制了候选担任官职人员的范围,用这些办法它确实做到了使政治比较'安静'。……这时的公民已变成了附属臣民,更多的佛罗伦萨人在共和国的政治生活中也不再是积极的参加者,而变成了消极的旁观者。"①这些更为深入的概括值得今人进一步思考。即使在看待美第奇家族与佛罗伦萨的文化繁荣之间关系时,特劳罗佩也没有停留在表象上。作者作如此提醒,即那时的共和国政治正处于衰败状态。那么美第奇家族统治的整个过程是与文化繁荣匹配的时期吗?总之,作者认为读者应当以自己的立场来看待各种记叙美第奇家族与文化繁荣方面关系的论述。②稍感遗憾的是作者没有单列文化章节,而是将其穿插在各个适当的场合加以叙述,致使文化这条线索的清晰度受到影响。第三,处理史料详略得当,叙事言简意赅。作者的基本想法是,他心目中所要叙述的佛罗伦萨共和国历史未必被学人阐释清楚,因此要将曾经叙述过的历史更完整地加以叙述(full narrative)。③读者不难发现,特劳罗佩想把佛罗伦萨共和国与美第奇家族交织在一起的复杂历史呈现出来,这是他试图完整叙述的主要内容。这一点在第4卷一开始描述大洛伦佐去世的悲痛场景上充分体现出来。有人以为这是佛罗伦萨日落的象征,但作者转引圭恰尔迪尼的批判性观点后指出,无论是在佛罗伦萨还是在周边城邦,人们未必将大洛伦佐视作"光亮"(light)。④这些详细叙述的部分实际上正是特劳罗佩史著的主要价值之所在。有些众所周

---

① 布鲁克尔:《文艺复兴时期的佛罗伦萨》,朱龙华译,生活·读书·新知三联书店1985年版,第234—235页。

② T. A. Trollope, *A History of the Commonwealth of Florence: From the Earliest Independence of the Commune to the Fall of the Republic in 1531*, Vol. I, "Preface", p. IX.

③ T. A. Trollope, *A History of the Commonwealth of Florence: From the Earliest Independence of the Commune to the Fall of the Republic in 1531*, Vol. I, "Preface", p. VII.

④ T. A. Trollope, *A History of the Commonwealth of Florence: From the Earliest Independence of the Commune to the Fall of the Republic in 1531*, Vol. IV, pp. 2 - 3.

知的内容则被作者得体地略过。第四,发掘一个城邦的个性。佛罗伦萨处于内外各种势力的纷争之中。如何平衡各种势力,从而让城邦稳定地生存下去,这一直是佛罗伦萨优先考虑的政治环节。因此明智、务实、有效的政治家实践成为佛罗伦萨人衡量政治成败的标准,并成为心理潜势。甚至一个邦主的施政措施可能危害到共和国的自由传统,但只要其举措是聪明的、有效的,那么众人就会容忍。① 美第奇家族在佛罗伦萨的得势与城邦的上述个性有关。大洛伦佐之后的施政者就不在认可之列,原因之一就是没有与城邦的个性相向而行。总之,对于历史复杂因素的考虑为这部史著增色不少。

提特劳罗佩的著作就必须同时关注另一部专门叙述包括佛罗伦萨在内的意大利共和国历史的专著,它就是法国经济学家、史学家西斯蒙第(Jean Charles Leonard de Sismondi,1773—1842)的史学名著《中世纪意大利共和国史》②。西斯蒙第试图从城邦共同体的角度将佛罗伦萨等城市的自由文化氛围及各个城市的个性呈递给读者。在18世纪末19世纪初的西方史学界,浪漫主义史学意识很有势力。其中之一是对中世纪时代的怀念。西斯蒙第对中世纪佛罗伦萨的自由氛围很有感念,这决定了他对美第奇家族的独裁不抱好感。这种浪漫主义史观既不是理想主义也不是乡愁,而是19世纪自由主义、历史批判主义在中世纪史与近代早期历史研究中的体现。《中世纪意大利共和国史》共分成8个部分,每一部分的开始有一个历史性的"总论"。紧接着是一个关于"共同体"(communes)的历

---

① T. A. Trollope, *A History of the Commonwealth of Florence: From the Earliest Independence of the Commune to the Fall of the Republic in 1531*, Vol. IV, p. 5.

② J. C. L. Sismondi, *History of the Italian Republics in the Middle Ages*, tr. by W. Boulting, London, 1906. 原为16卷本,发表于1807年至1818年。1832年,由作者亲自撰写的一卷本是同时用英语和法语出版,有多种版本如 J. C. L. Sismondi, *A History of the Italian Republics*, Gloucester, 1970。

史性分论。再往后是对各个重要城邦历史的叙述。每一部分的结尾则是生活、文化现象的概括性描述。西斯蒙第《中世纪意大利共和国史》对认识佛罗伦萨历史具有启示意义的内容如下：在意大利的范围内描述佛罗伦萨的历史，从而更准确地把握佛罗伦萨的历史地位；佛罗伦萨中世纪城市政治共同体形成过程中的自治特点；佛罗伦萨自由市民既世俗化又不违背基督教信仰的市民道德体系；美第奇家族统治给原本透明性政治体制带来的负面效应；等等。

　　以上对佛罗伦萨城市历史、文化气象的梳理表明 19 世纪西方历史学家在史观、方法论方面的各种创新努力。在 19 世纪各种西方社会学理论相互影响的学术氛围下，文艺复兴城市史研究也开始注重社会史的因素，其中就包括社会史视野下的佛罗伦萨社会生活史研究。这方面具有代表性的学者有比亚基、斯盖夫、海耶特、维拉利等。比亚基《文艺复兴时期佛罗伦萨的私人生活史》①是为数不多的 19 世纪专论佛罗伦萨社会生活的历史著作。全书篇幅不大，仅 92 页，有插图 30 幅，像是一篇专论。作者对当时城市的结构、公共生活场景、家庭状况等都做了细致的描述。同时期另一本篇幅相对较大的著作是斯盖夫的《文艺复兴时期的佛罗伦萨生活》②，该书就当时佛罗伦萨公共生活和私人生活的各种场景做了更为细致的描述。最后一章特别谈论佛罗伦萨的公民问题，对于了解当时的公民权、公民地位等历史状况很有帮助，弥补了其他著作的一些不足欠缺之处。也有学者比较关注文化与社会历史的关系，如海耶特《佛罗伦萨：直至共和国衰落前的历史和艺术》③等。所有上述社会现象都离不开政治、

①　G. Biagi, *The Private Life of the Renaissance Florence*, Florence, 1896.

②　W. B. Scaife, *Florentine Life during the Renaissance*, Baltimore, 1898.

③　F. A. Hyett, *Florence: Her history and Art to the Fall of the Republic*, London, 1903.

文化的要素。维拉利《佛罗伦萨史的最初两个世纪》①主要讲的是 13 至 14
世纪佛罗伦萨社会历史变迁状况,尤其重视对佛罗伦萨政治体制及相应的
社会文化现象之评述,如对佛罗伦萨公社即政治共同体的阐释、对佛罗伦萨
在托斯卡纳地区的统治地位的论述、对但丁政治生涯的描述等。这些相当
于美第奇家族势力崛起前或但丁时代的历史,我们不妨称之为断代性质的
政治史。所有这些研究成果都有助于对佛罗伦萨城市象征性因素的开掘。

　　佛罗伦萨史研究离不开另两座文化名城即威尼斯与罗马的研究。威尼
斯是意大利文艺复兴时期共和国体制中最为稳定的一个城邦,社会生活、文
化的个性味十足。这自然会引起历史学家的兴趣,其中的代表作为意大利
学者摩尔蒙第的《威尼斯史》。② 摩尔蒙第从历史的角度和各个典型的文化
侧面将文艺复兴时期威尼斯色彩斑斓的历史呈现给读者。如果说皮尼奥蒂
突出的是文化主线(即新雅典文化演变)上的各个关节点,那么摩尔蒙第呈
现的是文化板块(经济与社会生活板块、文学与艺术板块等)之间相互呼应
的历史境况。罗马的历史厚重感及其作为教廷中心的地位十分突出,而且
在文艺复兴时期也是文化中心之一。这同样需要历史学家从中世纪的长时
段历史过程来勾勒出其中的特点。格里格罗维乌斯的《中世纪罗马城邦
史》以编年体的方式,脉络清晰地将罗马的历史、教皇的生平历史、罗马文
化的历史传达出来。从文艺复兴史研究的角度看,格里格罗维乌斯对文
艺复兴时期文化部分的描述能抓住本质性的内涵,例如作者考察了当时
的异教主义、世俗主义等,并在这个文化大背景下面来呈现教廷及各个教

①　P. Villari, *The Two First Centuries of Florentine History: The Republic and Parties at the Time of Dante*, 2 Vols. London, 1894.

②　P. Molmenti, *Venice: Its Individual Growth from the Earliest Beginnings to the Fall of the Republic*, tr. by H. F. Brown, 6 Vols. London, 1907. 该书译者布朗是西蒙兹的好友和西蒙兹著作执行人,也是威尼斯历史研究的专家。著有《威尼斯研究》(*Studies in the History of Venice*, London, 1907)两卷。上述两书理应参照阅读。

皇与文学艺术家之间的关系。①

　　需要加上一笔的是,在19世纪扎实的佛罗伦萨城市史研究基础之上,20世纪的相关学术领域出现了更富学术专题探究性与批判性的研究精品,如谢维尔著《中世纪与文艺复兴时期的佛罗伦萨》②、克洛宁著《佛罗伦萨的文艺复兴》③、贝克尔著《转型期的佛罗伦萨》④、鲁宾斯坦编《佛罗伦萨研究》⑤、布鲁姆奎斯特编《其他托斯卡纳城邦》(论文集)⑥,如此等等。

二、 从世俗性、文化庇护、个性多重角度评判美第奇家族的历史

　　前文已经从佛罗伦萨史的角度看到了史家笔下美第奇家族的多面形象。而直接以美第奇家族为研究对象的历史著作更力图以家族重要成员为聚焦点呈现和评判复杂的家族历史。此等呈现和评判大致分为以下两个方面。

　　其一,评判美第奇家族的世俗性政治作为与文化作为。在这方面,皮尼奥蒂的著作仍是首先要提及的作品。就像新雅典非一日之功而成一

---

① F. Gregorovius, *History of the City of Rome in the Middle Ages*, tr. by A. Hamilton, Vol. VIII, Part I, London, 1902.

② F. Schevill, *Medieval and Renaissance Florence*, 2 Vols. New York, 1963.

③ V. Cronin, *The Florentine Renaissance*, New York, 1967.

④ M. B. Becker, *Florence in Transition*, Vol. One "The Decline of the Commune", The Johns Hopkins Press, 1967; M. B. Becker, *Florence in Transition*, Vol. Two "Studies in the Rise of the Territorial State", The Johns Hopkins Press, 1968.

⑤ *Florentine Studies: Politics and Society in Renaissance Florence*, ed. by N. Rubinstein, Northwestern University Press, 1968.

⑥ *The "Other Tuscany": Essays in the History of Lucca, Pisa, and Siena during the Thirteenth, Fourteenth, and Fifteenth Centuries*, eds. by T. W. Blomquist, and M. F. Mazzaoui, Medieval Institute Publications, 1994.

样,皮尼奥蒂笔下的美第奇家族也有曲折的兴衰历史过程。在新雅典名
下,皮尼奥蒂需要解决一些实实在在的历史课题:美第奇家族的统治在形
式上唯我独尊,但最终如何获得成功,又如何推动佛罗伦萨成为近代意
大利文化的发源地和中心?显然,这些不是美第奇家族的专权所能解释的。
皮尼奥蒂认为美第奇家族所面对的是一系列世俗社会的课题,同时又用
世俗化的手段来解决这些问题。皮尼奥蒂又认为佛罗伦萨的政治体制和
政治状况很复杂,美第奇家族之所以能左右政局,其中一个关键点是美第
奇家族善用"平衡术"。① 例如美第奇家族在佛罗伦萨排除异己的同时斥
巨资赞助艺术、慈善事业和税务等,以此平衡佛罗伦萨的各种势力及社会
反响。这些已经得到学术界各种最新研究成果的验证。② 在处理意大利
和国际事务时同样是这种平衡术在起作用,大洛伦佐说服那不勒斯国王
相互结盟以保持和平就是其平衡外交策略的典型事例之一。③ 后来西蒙
兹也充分注意到这种平衡术,例如借用圭恰尔迪尼的评述,西蒙兹认为美
第奇家族通过联姻等手段来拉拢教皇,使教廷的势力成为政治平衡的重
要筹码。其中乔万尼·美第奇(即后来的教皇利奥十世)之所以在 13 岁
便取得主教的头衔就与大洛伦佐将女儿嫁给当时教皇西克图斯四世的儿
子直接相关。④ 当然,美第奇家族能够得心应手地在佛罗伦萨乃至整个意
大利搞平衡术,最关键的因素是其经济上的优势。皮尼奥蒂一言点穿科

---

① L. Pignotti, *The History of Tuscany*, Vol. II, p. 324.

② R. Fremantle, *God and Money: Florence and the Medici in the Renaissance*, Leo S. Olschki Editore, 1992, p. 42. 根据作者提供的资料,科西莫·德·美第奇去世后有一项秘密文件被披露。它告诉世人,美第奇家族在 1434 至 1471 年期间投资艺术、慈善和税务方面的总金额为 663,755 佛罗令(金币),按 20 世纪 90 年代的经济状况大约相当于 150—250 万美金。当时佛罗伦萨每年的国家收入大致为 300,000 佛罗令(金币),因此美第奇家族的这笔支出平摊到每年来计算的话,大致相当于岁入的 6%,十分可观。另参见布克哈特《意大利文艺复兴时期的文化》(何新译),第 75—77 页。

③ L. Pignotti, *The History of Tuscany*, Vol. III, pp. 208–209.

④ J. A. Symonds, *Renaissance in Italy*, Vol. I "The Age of the Despots", New Edition, p. 317.

西莫·德·美第奇权力的实质即"通过富有赢得权力"。① 不可否认,与美第奇家族发挥经济优势、搞平衡术相随的是政治上的各种暴君手段。《托斯卡纳史》对科西莫·德·美第奇在佛罗伦萨实施的专横统治有如下描述:"放逐那么多的显赫市民,毁灭、剥夺那么多富有家族及其财产,这对于自由的城邦国家来讲,可递上罪行一词来形容。城邦充满恐怖、惊慌的气氛,至少呈现给我们的是暴君政府的格调。……国家快要给剥夺了。然而科西莫说:'剥夺总比丧失要强。'"②这种批判意识既是皮尼奥蒂著作中的学术亮点,也为以后的研究者所继承。布克哈特、西蒙兹等学者从意大利的范围批判文艺复兴时期暴君政治、个体主义、道德混乱等现象,再从历史文化的大环境来批判美第奇家族成员的作为。③ 显然其批判的视野和深度远远超出皮尼奥蒂的认识。布克哈特尖锐指出文艺复兴时期的道德堕落情况:(1)荣誉感与私欲混合在一起;(2)想象力与没有拘束的利己主义联系在一起;(3)想象力与伤害、侮辱等联系在一起;(4)对私通的同情;(5)抢劫、谋杀盛行;(6)绝对不道德的例子:为犯罪而犯罪。④ 它表明只有理解这种世俗性的社会文化氛围,对美第奇家族历史作为的批评才能入得肌理。西蒙兹这样批评大洛伦佐的举动:"他有过错。人们应该想到洛伦佐钟情于群众中那些随大流的而非基于智慧的欢愉。他代表着那个时代最坏的一面,就好像他也带给那个时代最好的精神;如果说他知道如何去奴役佛罗伦萨,那是因为他自己的秉性与大众的本性黏合在一起,同时他的天赋能使他的行为披上美的伪装。"⑤西斯蒙第也

---

① L. Pignotti, *The History of Tuscany*, Vol. III, p. 149.

② L. Pignotti, *The History of Tuscany*, Vol. III, p. 77.

③ 参见拙文《对文艺复兴世俗性文化的历史评析》,《上海师范大学学报(哲学社会科学版)》2016年第5期。

④ 参见布克哈特:《意大利文艺复兴时期的文化》,第424—444页。

⑤ J. A. Symonds, *Renaissance in Italy*, Vol. IV "Italian Literature", New Edition, p. 337.

认为美第奇家族为了攫取专制权力而从根底刨去了佛罗伦萨的道德,是佛罗伦萨亦是意大利的坏公民。① 回顾历史,美第奇家族成员在政治上曾遭人暗杀,但美第奇家族也搞暗杀,甚至有家族内部的暗杀。皮尼奥蒂花费很多笔墨来记叙发生在 16 世纪 30 年代那场美第奇家族内部仇杀场面②,西蒙兹亦通过文学史披露此等事件。③ 美第奇家族还在文化上笼络人才,并将人才做政治交易;为了炫耀家世与权力大量收集珍宝,使艺术与权势合为一体④;对异己者则进行排斥,其中对文人、政治家曼内蒂的报复就是一例。西蒙兹用了“毁灭性”(ruin)一词来形容此次打击行为。⑤总之,美第奇家族带来了文学艺术的繁荣,同时也出演了世俗化中最为恶劣的部分。就意大利的整体情况而言,正是在美第奇等家族统治者施展各种政治伎俩的情况下,公众身上那些积极的能量被消耗殆尽。⑥

　　然而替美第奇家族文化作为歌功颂德的现象还不时显现于诸多研究中。这里要提及荷兰学者滕豪夫的研究成果《美第奇家族回忆录》⑦。此书副标题中有“托斯卡纳名人录”之语,它贴切地反映著作的写作重点,也就是呈现重要人物(包括文学艺术巨擘)的历史活动。例如第 1 卷共 6章,其中第 2、3、4 章的主体部分是讲文学艺术家及其作品的史实,其他章节中亦有大量文学艺术史的内容。既然主要的线索是美第奇家族回忆

① "Introduction by W. K. Ferguson", from J. C. L. de Sismondi, *A History of the Italian Republics*, Gloucester, 1970, p. XVI.
② L. Pignotti, *The History of Tuscany*, Vol. IV, pp. 220 – 223.
③ J. A. Symonds, *Renaissance in Italy*, Vol. V "Italian Literature", New Edition, p. 314.
④ *Treasures of Florence: The Medici Collection 1400 – 1700*, ed. by C. A. Luchinat, tr. by E. Leckey, Prestel, 1997. 该书第 11 页的“导论”指出,美第奇家族的珍宝收集也使自己与其他权势区别开来。可见其家族珍宝的价值。
⑤ J. A. Symonds, *Renaissance in Italy*, Vol. II "The Revival of Learning", New Edition, p. 139.
⑥ J. A. Symonds, *Renaissance in Italy*, Vol. V "Italian Literature", New Edition, p. 431.
⑦ N. Tenhove, *Memoirs of the House of Medici, from Its Origin to the Death of Francesco, the Second Grand Duke of Tuscany, and of the Great Men Who Flourished in Tuscany within that Period*, Notes and Observations by Sir R. Clayton, 2 Vols., London, 1797.

录,那么作者贡献了什么学术成果呢?笔者以为,第一是梳理线索,第二是对家族成员(如科西莫、大洛伦佐等)的性格描写,第三是通过美第奇家族来勾勒那个时期的文化繁荣景象。滕豪夫出身名门,在接受教育的过程中对文学艺术情有独钟,后造访意大利,被那里的文化遗产、美第奇家族的事迹深深吸引,激情之余写成此书。所以此书不仅是美第奇家族史,也是一部以人物穿引的意大利文艺复兴时期文化史。其中对佛罗伦萨的文化历史积淀亦有描述。按作者的设想,这部回忆录要写成很大规模的书。后来作者感到难以完成,又不想以残篇与读者见面,于是将已排版的书稿全部毁掉。不料有部分书稿从出版商那里转给了他的朋友。英译者根据那些不完整的书稿进行整理、移译、出版,其文化保存之功值得钦佩。还应当顺便提一下英国学者诺布尔所著《显赫的美第奇家族回忆录》①。按照作者的想法,直到其构思起笔写作尚未见到美第奇家族的通史,因此作者的任务是填补这一学术空白。事实上该书的价值就在于罗列美第奇家族各个重要成员的生平事迹,是典型意义上的谱牒之作,书后还附有谱系年表。这里还值得推荐扬在汇总前人研究基础上所撰写的《美第奇家族史》②。作者在自序中提到,自己将美第奇的家族作为一个整体进行综合研究。《美第奇家族史》从比齐 1400 年起家一直叙述到 18 世纪美第奇家族统治的最后传人安娜。另外,编年体的写作方法加上平实流畅的文字,适宜阅读。

其二,对美第奇家族成员生平事迹的单篇研究。当 20 世纪黑尔撰写《佛罗伦萨与美第奇家族》时,感到还举不出一部令人满意的大洛伦佐传

---

① M. Noble, *Memoirs of the Illustrious House of Medici: From Giovani, the Founder of Their Greatness, Who Died in the Year 1428, to the Death of Giovani-Gaston, the Last Grand Duke of Tuscany, in 1737*, London, 1797.

② 扬的著作初版于 1909 年,后来有各种版本。如 Colonel G. F. Young C. B., *The Medici*, Modern Library, 1930。全书 824 页。

记作品。① 这涉及史料、史识等各方面的学术水准问题。但学术有一个积累的过程，至少就文献资料的汇集、整理和运用而言，前文那些美第奇家族史的学术厚度还略显不足。在这样的史学背景下，能否出版一部文献、史笔俱佳的美第奇家族核心成员传记就显得十分迫切。其中一部风靡 19 世纪的传记作品就是威廉·罗斯科（William Roscoe, 1753—1831）的《大洛伦佐传》②。在撰写形式方面，该传记按人物生平年代规规矩矩顺写下来。但在内容方面，作者用其文化的视野和优美的文笔将美第奇家族史、佛罗伦萨史、学问复兴的历史做了三位一体的融合，生动地传达出大洛伦佐的政治人生、文化品性和错综复杂的相关事迹。《大洛伦佐传》出版后不久就被译成法语、意大利语、德语等国文字。罗斯科还写有《利奥十世传》③。从学术界的实际情况看，罗斯科的上述两种美第奇家族个案研究著作即使在今天仍是这方面研究不可或缺的参考文献。罗斯科《大洛伦佐传》"序言"可以使读者了解到该著作的学术含金量。作者尽可能参考了各种相关资料，尤其是涉及美第奇家族史的资料。"序言"也对上文提到的滕豪

---

① J. R. Hale, *Florence and the Medici*, Phoenix Press, 2001, p. 198. 该书由 Thames & Hudson 出版公司于 1977 年初版。

② W. Roscoe, *The Life of Lorenzo de Medici, called the Magnificent, with the Poesie del Magnifico*, Liverpool, 1795. 共 10 章。现在学术界一般使用后来由其儿子修订的版本，如 W. Roscoe, *The Life of Lorenzo de Medici, called the Magnificent*, revised by his son Thomas Roscoe, eighth edition, London, 1865。

③ W. Roscoe, *The Life and Pontificate of Leo the Tenth*, 2 Vols. London, 1846. 这个版本的编者是黑特利兹，从他在书前的说明（Advertisement）中可知，此版本在注释、参考资料的翻译等方面有了诸多改进。正因为如此，1846 年版本在学术界较为流行。另外，沃恩在《美第奇家族的教皇》（H. M. Vaughan, *The Medici Popes*, London, 1908）的"前言"（Preface）部分（第 8—9 页）就利奥十世生平的学术研究做了简略的勾勒：在 1549 年，佛罗伦萨出版了焦维奥（P. Giovio）所著《利奥十世传》（*Vita Leonis X*），此著虽有诸多瑕疵，但直到 250 年之后的 1797 年才出现法博洛尼较有学术性的《利奥十世传》（A. Fabroni, *Leonis X. Vita*）。罗斯科的《利奥十世传》（初版于 1805 年）在很大程度上参考了法博洛尼的著作。

夫的著作做了点评。① 《大洛伦佐传》能够立足学术界,其重要因素在于以下三点。(1)作者的文化史视野。作者试图将美第奇家族治下的佛罗伦萨文化氛围呈现出来。对文艺复兴时期佛罗伦萨最为辉煌的时期加以历史的评叙。与当时大多数历史学家的提法相似,罗斯科也没有用"学问复兴"(renaissance)这个词来描述文艺复兴时期的历史和文化。他用了"复兴"(revival)一词来定性当时的境况,例如"意大利复兴"(revival of Italy)② 等,同时吸取瓦萨里的诸多观点和研究成果来评论这种复兴的历史。例如在艺术史方面,罗斯科就引述瓦萨里的观点,首先谈契马布埃在绘画上的复兴(restore)地位。③ 但罗斯科不囿于前人的看法,在涉及艺术(如对契马布埃绘画)的评论方面经常做同时代或古今的对比研究。从中也见出罗斯科的艺术史研究功力。(2)传记对大洛伦佐的性格和文化修养做了深刻的开掘。其中包括对大洛伦佐诗作的分析、点评。④ 罗斯科本人的文化观有这样一种思路,即罗斯科认为人们的行为常常是一种冲动的结果。其中原因有许多,当许许多多相关的因素汇聚起来,人就会在相应的客观事件面前发生冲动性的历史行为。⑤ 也就是说,性格在文化创造

① W. Roscoe, *The Life of Lorenzo de Medici, called the Magnificent*, revised by his son Thomas Roscoe, eighth edition, London, 1865, pp. XVII – XIX. 作者1795年第1版是在"序言"的后记里提及滕豪夫的著作,也就是罗斯科《大洛伦佐传》第1卷付印后得知滕豪夫的著作。

② W. Roscoe, *The Life of Lorenzo de Medici, called the Magnificent*, revised by his son Thomas Roscoe, pp. 316 – 317.

③ W. Roscoe, *The Life of Lorenzo de Medici, called the Magnificent*, revised by his son Thomas Roscoe, p. 317. 瓦萨里称契马布埃的绘画是"绘画艺术的第一束光亮",参见 Giorgio Vasari, *Lives of the Most Eminent Painters Sculptors and Architects*, tr. by G. DuC. De Vere, London, 1912, Vol. I, p. 3。

④ W. Roscoe, *The Life of Lorenzo de Medici, called the Magnificent*, revised by his son Thomas Roscoe, p. 181.

⑤ W. Roscoe, *The Life of Lorenzo de Medici, called the Magnificent*, revised by his son Thomas Roscoe, p. 401.

等历史行为中具有直接的支配力。因此就大洛伦佐这样一个由多重因素汇聚而成的历史人物来讲,学人必须对其性格、文化修养等做深入的研究。为此罗斯科还将大洛伦佐的诗作意大利原文附在书后。① (3)围绕着大洛伦佐的生平,罗斯科让更多文艺复兴时期意大利的文化人、历史人物在其生动的笔触下亮相,使读者得到丰富的历史、文化知识和精神享受。其中第9章涉及米开朗基罗的部分着墨甚浓,不乏独到的评介。

另一部享誉学界的著作是德国学者罗蒙特(Alfred von Reumont, 1808—1887)的《大洛伦佐传》②。罗蒙特在"序言"中认为,罗斯科撰写《大洛伦佐传》的时候,无论在原始资料和意大利历史知识等方面均有欠缺。所以80年后再来写这样的传记就需要在此等学术方面有所改进。③罗蒙特秉持德国历史学家惯有的严谨学风,为学术界奉献了一部更有学术性的大洛伦佐传记。统览全书,除了上述优点外,罗蒙特传记还有三个特点。(1)对大洛伦佐的生平记叙更为详细。(2)用整整1部(即第4部,全书总共6部)的篇幅来评述当时的文化现象。作者从自己的文化观出发对当时文化现象的方方面面做了评点。这样写法的特点是比较集中。罗斯科的传记则将文化史的内容贯穿在洛伦佐的人生历程之中。两厢比较,各有长短。(3)就大洛伦佐时代和美第奇家族与意大利其他城邦国家的关系做了全面的梳理。例如作者非常注意大洛伦佐与罗马、那不勒斯之间的关系。其中第3部中相当一部分就是记叙大洛伦佐与罗马、那不勒斯之间的争斗(第3部的标题之一就是"War with Rome and Naples")。同时将争斗背后复杂的教俗之间、意大利与神圣罗马帝国之

---

① 顺便指出,这个附文在后来的各种版本中一直未译成英文。
② A. Von Reumont, *Lorenzo de' Medici, the Magnificent*, London, 1876. 该书的英译问题较大,应同时参考德文原著 A. Von Reumont, *Lorenzo de' Medici il Magnifico*, Leipsig, 1874。
③ A. Von Reumont, *Lorenzo de' Medici, the Magnificent*, p. X.

间、意大利与其他大国之间复杂的国家关系呈现出来。到了第 5 部第 6 章，作者进一步指出大洛伦佐在罗马与那不勒斯复杂关系中所扮演的中间人（mediator）角色（该章的标题是"Lorenzo as Mediator between Rome and Naples"）。这样前后贯穿，清晰地勾勒出这段复杂的历史。

　　到 19 世纪末 20 世纪初，上述研究成果又得到下述学者及其著作的进一步补充和完善。阿姆斯特朗《洛伦佐·德·美第奇与 15 世纪的佛罗伦萨》①初版于 1896 年。该书在总结前人研究的基础上，对各种资料做了精心的处理，使人物生平线索更加清晰地呈现在读者面前。其中对内政、外交这条线索尤为重视。这样，大洛伦佐作为政治风云人物的形象更为突出。将大洛伦佐文化修养、文化贡献的部分放在最后两章。英国学者豪斯堡在其《大洛伦佐与黄金年代的佛罗伦萨》②将大洛伦佐的研究分成几个阶段，它们分别由代表性的著作领衔，其中就有罗斯科、罗蒙特和阿姆斯特朗各自的作品。豪斯堡认为上述著作各有长处，但还留下什么可以进一步发挥的空间呢？豪斯堡是十分重视文化的学者，他觉得作为诗人的大洛伦佐形象尚未在上述著作中得到应有的重视。无论是生活中的大洛伦佐，还是作为政治风云人物的大洛伦佐，他的各种作为都有诗人的因素伴随其中。只有将这种因素考虑在传记之中，大洛伦佐的历史人物形象才能生动地转达给读者。作者在传记中用了整整 3 章（17、18、19 章）的篇幅来专门讨论诗人大洛伦佐的文化修养、文化创作与文化交往情况。

　　将上述研究汇总起来，大洛伦佐的生平事迹大致有了基本线索可寻。今人威廉姆森在《大洛伦佐传》③中做了总结性的概括，可资参考。此后的学者在 19 世纪研究成果基础之上进一步强化批判性思维和学术深度，

---

① E. Armstrong, *Lorenzo de' Medici and Florence in the Fifteenth Century*, New York, 1902.

② E. L. S. Horsburgh, *Lorenzo the Magnificent and Florence in Her Golden Age*, London, 1908.

③ H. R. Williamson, *Lorenzo the Magnificent*, London, 1974.

扎实推进对美第奇家族更多核心成员的研究,成果如《科西莫·德·美第奇:祖国之父》①、《洛伦佐与文艺复兴》②、《美第奇家族教皇:利奥十世与克莱门特七世》③、《凯瑟琳·德·美第奇》④等。当然还应该算上帕斯特《教皇史》⑤中涉及美第奇家族成员的研究。

余论

至此,我们可以就文艺复兴百合花的隐喻与象征做个总结:在百合花艺术史原型的背后,学人体验到百合花的芳香象征着新柏拉图主义艺术心灵、近代的个体精神等,而百合花的千姿百态则象征艺术创作画派、风格的绚丽多彩,其中佛罗伦萨画派和威尼斯画派是意大利文艺复兴艺术创作风格的代表。而讲究和谐的风格是当时普遍的画风。⑥百合花的城市史、家族史原型则象征着佛罗伦萨悠久的文化历史底蕴及美第奇家族的世俗化历史作用等因素。时至今日,学术界还在以文化史的多维视角拓展文艺复兴时期艺术史、城市史、社会生活史的研究范围和深度,从而将19世纪曾经开掘出的百合花象征因素展示得更为充分。不妨以艺术史研究为例,文艺复兴时期的艺术家们受新柏拉图主义感召颇深,瓦萨里也不例外。瓦萨里《意大利艺苑名人传》中引用米开朗基罗的诗句"我的

① C. S. Gutkind, *Cosimo de' Medici: Pater Patriae*, Oxford University Press, 1938.
② C. M. Ady, *Lorenzo dei Medici and Renaissance Italy*, English Universities Press Ltd., 1955.
③ H. M. Vaughan, *The Medici Popes (Leo X. And Clement VII.)*, London, 1908.
④ P. Van Dyke, *Catherine de Medicis*, 2 Vols. New York, 1923.
⑤ L. Pastor, *The History of the Popes, from the Close of the Middle Ages*. 原为德文,英文版由安特罗伯斯和科尔(F. I. Antrobus、F. R. Kerr)等翻译编辑,由赫德(B. Herder)出版公司从1906年(指第3版)分卷出版。该书共40卷。此《教皇史》运用大量梵蒂冈的档案材料,重要的教皇都用1卷或2卷几十万字的量加以评述。对本文研究美第奇家族与教廷、教皇关系具有直接参考价值的是第1卷至第21卷。
⑥ 参见柯耐尔:《西方美术风格演变史》,欧阳英、樊小明译,中国美术学院出版社1992年版,第8章"完整与和谐:盛期文艺复兴"。

灵魂转向神圣无上的至爱"①来勾勒米开朗基罗充满爱意的艺术心灵,也
是对那片布满百合花图饰胸衣隐喻的解题,更是瓦萨里内心世界的写照。
布克哈特在《意大利文艺复兴时期的文化》结尾处如是总结:"中世纪的
神秘主义的回响在这里和柏拉图学说合流了,和一种典型的现代精神合
流了。"②此等观念史研究放到社会史的视野下,还涉及市民生活、市场需
求、庇护人制度等诸多因素。在文艺复兴时期佛罗伦萨的艺术家创作行
为不纯粹是艺术想象支配下的个体美感创作活动,也是在世俗力量支配
下的艺术商业活动。布克哈特曾指出:"这些近代人,意大利文化的代表
者……特别趋向于世俗化。"③(这里的"世俗化"一词德文原文为
weltlich④,英文对译为 worldly⑤,都包含一切从现世利益考虑的意思。)这
提示学人,研究文艺复兴时期艺术创作背后的庇护人现象、艺术商品市场
现象等显得尤为重要。唯其如此,我们才能真正理解文艺复兴表现现实
人的情感的完整意义。在艺术环境方面,那时的艺术家有自己的行会。
这些行会对艺术家入会、艺术品的销售等都按照市场的情况制定各种严
格的规则。在很大程度上,艺术行为与市场行为交织在一起。这样,艺术
的商业化倾向成为文艺复兴时期艺术创作的一大特色。瓦克纳吉尔《佛
罗伦萨文艺复兴艺术家的世界:创作工程与艺术庇护人;艺术工场与艺术
市场》对艺术百合花的世俗性一面做了独到的阐释。⑥ 当然,上述艺术环

---

① G. Vasari, *Lives of the Most Eminent Painters, Sculptors and Architects*, tr. by G. Bull, Penguin Books, 1987, Vol. I, p. 406.

② 布克哈特:《意大利文艺复兴时期的文化》,第543页。

③ 布克哈特:《意大利文艺复兴时期的文化》,第481页。

④ J. Burckhardt, *Die Kultur der Renaissance in Italien: Ein Versuch*, Kroener, 1988, p. 359.

⑤ J. Burckhardt, *The Civilization of the Renaissance in Italy*, tr. by S. G. C. Middlemore, New York, 1958, p. 473.

⑥ M. Wackernagel, *The World of the Florentine Renaissance Artist: Projects and Patrons, Workshop and Art Market*, tr. by A. Luchs, Princeton University Press, 1981, Chapter 11.

境离不开文化的历史积淀。与古希腊文化有着千丝万缕联系的佛罗伦萨社会文化历史环境则为百合花的根系提供丰泽的文化土壤。佛罗伦萨的市民不仅是传统的接续者,还将艺术之爱融于血液之中。此外,富裕的生活条件让他们有能力去购买艺术品、点缀业余生活。再加上美第奇家族的培植,使得百合花中的柏拉图主义等精神花蜜能四处散发,并向亚平宁半岛传播开来。只有将上述广泛的、深层次的百合花隐喻、象征因素看透,我们才能在研究 19 世纪相关学术史的过程中有新的建树。

就文艺复兴三大主题研究中的学术史与思想史关系而言,与 20 世纪相比,属于学科确立时期的 19 世纪学术界更关注涉及学科体系的各种要素,同时进行基础性的学术梳理,并在此基础上提出各种观点。此所谓"我注六经"。"我注六经"学术风气在任何学术研究领域的初创时期都弥足珍贵。甚至在相当程度上,想超过"我注六经"的学术水准都是几乎不可能的事,例如今人面对克罗、卡瓦卡塞莱的意大利文艺复兴艺术史个案研究成果仍望尘莫及。当然"我注六经"亦有不足一面,就本文所指的三大研究主题而言,虽然成绩突出,但在学术思想的深度、宽度上还留有很大的开拓空间。特别是在艺术心理与艺术文化史(如忧郁、悲剧艺术心理)、思想史(如人文主义的核心观念)、经济社会史(如美第奇银行的兴衰)及其他专题史(如兵器、战争方式)等的研究课题方面还有很长的学术之路要走。20 世纪贡布里希、克利斯特勒、鲁宾斯坦、卢佛尔、黑尔等学者的研究逐渐成为上述学术领域的成大器者。代表作分别有:贡布里希《论文艺复兴》(系列文集)①、克利斯特勒《斐奇诺哲学》②、鲁宾斯坦《美

---

① E. H. Gombrich, *Gombrich on the Renaissance, Vol. I: Norm and Form*, The Phaidon Press, 1985; *Vol. II: Symbolic Images*, The Phaidon Press, 1985; *Vol. III: The Heritage of Apelles*, The Phaidon Press, 1976; *Vol. IV: New Light on Old Masters*, The Phaidon Press, 1986.

② P. O. Kristeller, *The Philosophy of Marsilio Ficino*, Gloucester, 1964.

第奇家族治下的佛罗伦萨政府》①、卢佛尔《美第奇银行兴衰史》②、黑尔《文艺复兴时期的战争与社会》③等。这样,19世纪的三大研究主题无一不朝着更为学术化、更深层次批判思考的道路迈进。

　　再以艺术史研究为例,在体系性著述的成就方面,如果说19世纪有一位奠基者库格勒,那么20世纪则有一位集大成者哈特,其代表作是《意大利文艺复兴艺术史》④,它被誉为20世纪最全面、最权威的意大利文艺复兴艺术史学术著作。该书在体系性方面的新亮点是图像解读体系的建构。回顾文化史的进程,进入20世纪后因为旅游文化、博物馆文化、艺术教育等的推动,人们对图像解读的兴趣日益增长。又因为印刷技术的提高,使得艺术图像大量选用于体系性著作。于是如何遴选和解读图像成为新的意大利文艺复兴艺术史研究课题。在图像学理论方面,艺术理论家潘诺夫斯基基于20世纪30年代发表的《图像学研究》⑤影响很大。潘诺夫斯基的问题是,怎样的图像解读方法才能切入图像意义的中心?日后贡布里希、伯克等艺术史大家无一不在各自的研究中将图像学作为中心议题。⑥ 综括诸位学者的探讨不难发现一个共同点,即图像解读的关键在

----

① N. Rubinstein, *The Government of Florence under the Medici (1434 - 1494)*, Oxford University Press, 1966.

② R. de Roover, *The Rise and Decline of the Medici Bank (1397 - 1494)*, Harvard University Press, 1963.

③ J. Hale, *War and Society in Renaissance Europe, 1450 - 1620*, The Johns Hopkins University Press, 1986.

④ F. Hartt, *History of Italian Renaissance Art*, revised by D. G. Wilkins, fourth edition, New York, 1994. 该书初版于1969年。哈特的一生在多处大学和研究机构任职,曾经是贝伦森的学生,是研究意大利文艺复兴艺术史的学院派代表。

⑤ E. Panofsky, *Studies in Iconology: Humanistic Themes in the Art of the Renaissance*, Oxford University Press, 1939.

⑥ 例如伯克《意大利文艺复兴时期的文化与社会》(P. Burke, *The Italian Renaissance: Culture and Society in Italy*, Polity Press, 1987)第7章即"图像学"(Iconography)。中译本有伯克:《意大利文艺复兴时期的文化与社会》,刘君译,东方出版社2007年版。

于了解创作者即时即地的社会文化背景等。潘诺夫斯基解读意大利文艺复兴艺术图像的文化切入口是新柏拉图主义。① 另外,潘诺夫斯基在谈及文艺复兴艺术图像时还聚焦于文艺复兴艺术风格中的透视技法,并再次强调文艺复兴艺术就是风格变迁的观点。② 在上述图像学热潮中,哈特围绕具体的编撰实践提出两个图像遴选和解读的原则:第一,一部艺术史著作的图像史料选择应该顾及普遍的审美看法,同时应该体现书写者自身的学识;第二,书写者必须懂得如何在特定的历史场景中将遴选出的图像含义讲透,为此哈特特别提到要从艺术家和庇护人的双重角度去阐释意大利文艺复兴艺术作品的含义。③ 哈特的图像解读原则与《意大利文艺复兴艺术史》全书新颖的结构互为表里。这部体系性的著作按照中世纪晚期、15 世纪、16 世纪 3 个年代顺序书写。在每个年代下再细分地区、艺术形式、人物、艺术流派、艺术评论等交叉阐释。加上《意大利文艺复兴艺术史》印制的图像丰富精美,其出版后广受欢迎,成为经典教材,并一版再版。其他值得提及的著作还有保莱蒂与拉德克合著的《意大利文艺复兴时期艺术》④。该书导论部分讲了庇护人、艺术工作室、瓦萨里的艺术分期、作画材料和方法等回避不了的课题,之后按时间一直论述到 16 世纪结束。与哈特的著作相仿,保莱蒂与拉德克也对图像做了当代意识下的解读,并特别设计一个"当代之声"(Contemporary Voice)栏目。另外还有

① E. Panofsky, *Studies in Iconology: Humanistic Themes in the Art of the Renaissance*, V "The Neoplatonic Movement in Florence and North Italy", VI "The Neoplatonic Movement and Michelangelo".

② E. Panofsky, *Renaissance and Renascences in Western Art*, Stockholm, 1960, pp. 201 – 236. 其中第 3 章从技术的角度专门探讨了当时透视法在创作实践中的运用。

③ F. Hartt, *History of Italian Renaissance Art*, revised by D. G. Wilkins, Fourth Edition, p. 7.

④ J. T. Paoletti and G. M. Radke, *Art in Renaissance Italy*, Harry N. Abrams, Inc., 1997, Second Edition, 2002.

诸多高质量的文艺复兴艺术史著述如《剑桥艺术史》①等。而围绕艺术风格的形式批评理论继续受到重视。一生从事意大利文艺复兴艺术史研究的学者墨雷则进一步提出"国际性的哥特风格""英雄风格""软性风格"等。② 这些都是对以往体系派理论的发挥和完善。至于各有学术创新之处的个案研究成果更是不胜枚举,以米开朗基罗研究为例就有克莱门茨③、托奈④、艾尼姆⑤、穆雷⑥、布尔⑦等学者的力作,伯克的文化史视野则是19世纪艺术文化学分析思路的扩展和深化。⑧ 伯克的文化史观强调从尽可能多的文化、社会视角去解读意大利文艺复兴时期的艺术。伯克认为,文化是精神性的价值层面,它用想象、符号等展示出来;社会则由看不见的经济、政治因素组成。艺术史家只有搞清楚这些宏观的因素,再结合艺术家个体的因素,才能真正理解意大利文艺复兴时期种种文化现象的

① 伍德伯特等《剑桥艺术史》第1卷,中国青年出版社1994年。
② 例如墨雷《文艺复兴艺术》(P. Murray and L. Murray, *The Art of the Renaissance*, New York, 1963)一书提到佛罗伦萨的艺术时就举了这样几种风格即"International Gothic Style" "Heroic Style of Masaccio and Donatello"等;在尼德兰那里则有"Soft Style"等。
③ 克莱门茨著有多种米开朗基罗研究作品,试图将一位诗人艺术家的米开朗基罗境界呈现在读者面前,指出米开朗基罗通过绘画去表现柏拉图所设想的"内在视界"(inner vision)。R. J. Clements, *Michelangelo's Theory of Art*, Gramercy, 1961, p. 406.
④ C. de Tolnay, *Michelangelo*, 5 Vols. Princeton University Press, 1969–1971. 该大部头系列著作在前人研究的基础上并以不同阶段代表画作为线索对米开朗基罗艺术人生做全面总结、评述,是迄今为止米开朗基罗研究方面公认的权威著作。
⑤ H. Von Einem, *Michelangelo*, tr. R. Taylor, Methuen, 1973. 不仅史实方面的叙述可信度高,而且有许多关于米开朗基罗艺术特征、艺术人生的独特评论。
⑥ L. Murray, *Michelangelo: His Life, Work and Times*, London, 1984. 穆雷曾以3卷本《文艺复兴艺术史》著称学界,并在深厚的艺术史积淀基础上并利用大量最新的档案资料(包括米开朗基罗家庭成员的常人情况等)写成《米开朗基罗传》。
⑦ G. Bull, *Michelangelo: A Biography*, Penguin Books, 1996. 布尔曾大量译介文艺复兴时期的历史资料,包括艺术史方面的人物资料等,其学术活动受到学界赞誉,其中琳达·穆雷的赞誉见 L. Murray, *The High Renaissance*, New York, 1967, p. 195.《米开朗基罗传》的最大特点是将艺术家的整个人生放在当时意大利整个社会历史的大背景中评述。
⑧ P. Burke, *The Italian Renaissance: Culture and Society in Italy*, Cambridge, 1987.

本质。① 这里需要特别提及贡布里希的文艺复兴艺术史批评理论。此理
论一方面受到艺术史家沃尔夫林的影响，并继续完善艺术形式、风格等的
理论；另一方面贡布里希更强调这样几个点：第一，艺术有自身特别的表
现形式和象征意义。不同的艺术家（如艺术三杰等）又有各自对艺术、艺
术史的文化心理理解方式。这些决定了全方位研究艺术象征的重要性。
第二，正因为艺术背后的心理、文化象征内涵极富有个性，所以艺术研究
特别是文艺复兴艺术史研究需要更多地采取比较的方式才能深刻地理解
作品的含义。第三，注重对艺术与其他人文学科相互关联性的研究。② 与
此同时，拉斐尔前派的观点在 20 世纪再次复活，其标志性成果是萨姆布
鲁克编辑的《拉斐尔前派批评文集》③，其中的诸多评说使用了"反思"
（reflection）的字眼，如亨特对拉斐尔前派诗歌与艺术的反思等。④ 另外，
19 世纪初露端倪的艺术社会学理论受到 20 世纪意大利文艺复兴艺术史
研究学者高度关注。艺术社会学的思路和批判意识促使学人进一步研究
意大利文艺复兴艺术创作行为与各种世俗化社会因素的关系。在这方
面，豪斯的艺术社会学理论应该引起足够的重视。⑤ 韦尔奇则在艺术社会
学的思路下撰写了《意大利的艺术与社会：1350—1500》的专著。⑥

① P. Burke, *The Italian Renaissance: Culture and Society in Italy*, pp. 2 - 3.
② 贡布里希：《艺术与人文科学：贡布里希文选》，范景中编选，浙江摄影出版社 1989 年版。
　另参见 E. H. Gombrich, *Art and Illusion: A Study in Psychology of Pictorial Representation*,
　Princeton University Press, 1969。
③ *Pre-Raphaelitism: A Collection of Critical Essays*, ed. and with an introduction by J. Sambrook,
　The University of Chicago Press, 1974.
④ J. D. Hunt, "A Moment's Monument: Reflections on Pre-Raphaelite Vision in Poetry and
　Painting", *Pre-Raphaelitism: A Collection of Critical Essays*, ed. and with an introduction by J.
　Sambrook, pp. 243 - 264.
⑤ A. Hauser, *The Social History of Art: Renaissance, Mannerism and Baroque*, London, 1962.
⑥ E. Welch, *Art and Society in Italy 1350 - 1500*, Oxford University Press, 1997. 全书贯穿艺术
　社会史的研究思路。4 个部分的标题分别是："Artistic Enterprises""Audiences for Art""The
　Art of Government""Art and Household"。

再以人文主义批判为例,面对二战及战后世界的各种困惑现象,学人需要从历史的思考中回答各类严峻的现实问题。文艺复兴时期的种种文化现象正好与人的问题关系密切,这与学者所关注的人文社会价值问题相呼应。大家试图给出这样一个结论,即 20 世纪种种历史现象如文化上的商业化倾向、思想观念上的个体主义、国家政治上的霸权主义、人与自然关系方面的无节制索取等,这些均源自文艺复兴时期的人文观念,此谓"六经注我"。由此形成新的文艺复兴史研究的热点,其中对人文主义的研究是最有影响力的"六经注我"。① 为了深化研究,学者还编撰文艺复兴人文主义文献集②,出版各种带有批判性的人文主义研究著作。③ 总之,已经取得辉煌成就的文艺复兴三大主题研究还有很大的学术拓展空间。而未来能否再铸学术辉煌,这取决于学人能否继续将三大主题合为一个整体进行古今对话,并通过学科交融的方法进一步认识百合花历史图像的隐喻与象征含义。

---

① 参见本书第一编第一篇文章。
② B. G. Kohl, *Renaissance Humanism, 1300–1500: A Bibliography of Materials in English*, New York, 1985.
③ 参见卡洛尔:《西方文化的衰落:人文主义复探》,叶安宁译,新星出版社 2007 年版;美国《人文》杂志社、三联书店编辑部编:《人文主义——全盘反思》,多人译,生活·读书·新知三联书店 2006 年版;等等。

读史札记

滕豪夫《美第奇家族史》与黑尔《美第奇家族族谱》

从某种意义上说,没有美第奇家族就没有文艺复兴。在众多《美第奇家族史》著述中,1797年荷兰学者滕豪夫出版的《美第奇家族史》①是较早的一种,值得一提。该书副标题中有"托斯卡纳名人辈出"之语,它贴切地反映著作的写作重点,也就是呈现重要人物(包括文学艺术巨擘)的历史活动。作者贡献了什么学术成果呢?笔者以为,第一是梳理线索;第二是对家族成员(如科西莫、大洛伦佐等)的性格描写;第三是通过美第奇家族来勾勒那个时期的文化繁荣景象。滕豪夫出身名门,在接受教育的过程中对文学艺术情有独钟。后造访意大利,被那里的文化遗产、美第奇家族的事迹深深吸引,后写成此书。所以此书不仅是美第奇家族史,也是一部以人物穿引的意大利文艺复兴时期文化史。其中对佛罗伦萨的文化历史积淀亦有描述。按作者的设想,这部回忆录要写成一部规模很大的书。后来作者感到难以完成,将已排版的书稿全部毁掉。后来有部分书稿从出版商那里转给了他的朋友。英译者根据那些不完整的书稿进行整理、移译、出版。从中也可见出这个英译本的价值。顺便提及,罗斯科《大洛伦佐传》1795年第1版"序言"的后记提及滕豪夫的著作,也就是罗斯科《大洛伦佐传》第1卷付印后得知滕豪夫的著作。

在阅读美第奇家族史之类著作时都会发现族谱之类的整理。此处,笔者也根据多种资料整理了一幅美第奇家族的族谱。

---

① M. Tenhove, *Memoirs of the House of Medici, from Its Origin to the Death of Francesco, the Second Grand Duke of Tuscany, and of the Great Men Who Flourished in Tuscany within that Period*, Notes and Observations by Sir R. Clayton, 2 Vols., G, G. and J. Robinson, 1797.

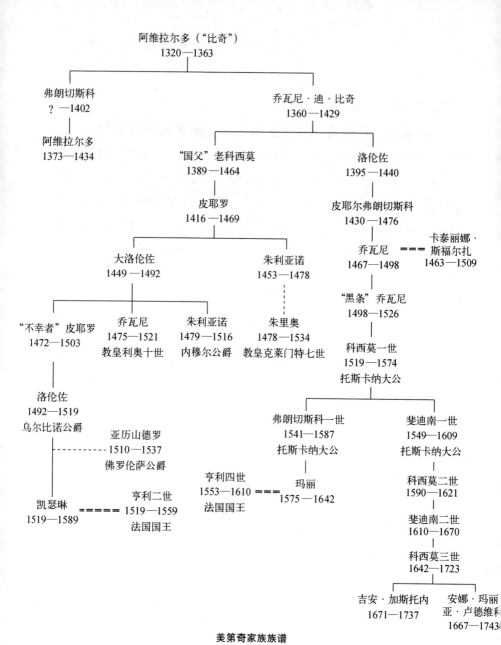

美第奇家族族谱

单行虚线表示私生子，双行虚线表示婚姻关系。

2
20 世纪西方文艺复兴史三大研究热点述评[*]

上篇

如何提升我国文艺复兴史研究的理论学术水准,这是目前该领域的一个迫切任务。笔者就长期关注的西方文艺复兴史研究状况整理成文,以与同仁交流,并求教于学术界。

一、以社会生活为焦点的文化史研究

19 世纪下半叶至 20 世纪初,文化史研究逐渐成为西方史学的主流之一。其中文艺复兴史研究是文化史研究的重点领域。与西方其他历史研究领域相仿,文艺复兴史研究的基本脉络仍遵循启蒙时代和理性主义时代的编史理念,即注意对时代特征加以概括,注意从时代的整体出发来分

---

* 本文上篇原载《史学理论研究》2003 年第 1 期,下篇原载《世界历史》2004 年第 1 期。

析历史现象,注意叙述结构的完整性。例如文艺复兴史研究的泰斗布克哈特就非常注重对文艺复兴时代特征加以勾勒。由他所概括的诸如"个体主义""人的发现和世界的发现""作为艺术工作的国家"等特征,一直是这一领域的研究指导纲领,也被视为欧洲文艺复兴史和文化史研究的一个突破。以后经常有作者以某个特征为线索撰写文艺复兴史。① 但史家更应注意的是,布克哈特的作品已经把史学的触角伸向了广泛的社会生活领域。在他的笔下,家族、兵器、职业军人、滑稽演员、藏书、城市公民生活、庆典、社交语言、妇女化妆、家政、乡村生活、迷信活动等均得到了生动的体现。因此,布克哈特的作品已在很大的程度上改变了伏尔泰《路易十四时代》和《风俗论》的文化史写作风格。有理由认为,布克哈特的作品在继承以往传统的基础上开了以社会生活为焦点的文化史研究先河。作为一种学术补充,另一富有才气的文艺复兴史学者西蒙兹同样从广阔的层面来探索文艺复兴时期艺术家的心灵和创作实践。稍感遗憾的是,西蒙兹的三卷本《意大利文艺复兴史》或许由于其篇幅较大还未被译成中文。

随着年鉴学派的兴起和社会学等新学科受到人们的重视,以社会生活为焦点的文化史研究逐渐成为西方文艺复兴史研究领域的重要特征。特别是基层的社会现象如银行、集贸市场、工资、生活用具、娱乐方式等受到历史学家的关注。基层社会是社会生活波动最大的一个层面,也是对国家意志反映最直接的一个层面,因而也是最生动的一个层面。这种研究思路表明了 20 世纪西方史学的重要转变。直到 20 世纪下半叶马克思主义史学流派的兴起,基层社会的点点滴滴仍是历史学家的兴趣所在。

---

① 如桑迪纳拉就以"冒险的时代"为名写就一本文艺复兴读本,中文有光明日报出版社 1989 年版本。

通览年鉴学派的历史研究理论和方法,以下几个方面值得引起关注:
(1) 对广阔社会历史背景的透视;(2) 对不同社会层面和风貌的描述;
(3) 对图片视觉艺术的运用;(4) 对人物内在精神世界的揭示;等等。所
有这些理论和方法不仅拓宽了文艺复兴史的研究面,而且极大地提高了
文艺复兴史研究的学术水准。年鉴学派的著作当首推布罗代尔的系列著
述。其中有布罗代尔《15 至 18 世纪的物质文明、经济和资本主义》《菲利
普二世时代的地中海和地中海世界》等。其中值得一提的还有法国年鉴
学派代表费弗尔和受年鉴学派影响颇深的英国学者黑尔。费弗尔的代表
作有《16 世纪的不信仰问题——拉伯雷的宗教观》①等。该书十分关注对
文明各个组成因素的描述,书中不时提到年鉴学派所特别关注的文明的
精神特征。② 黑尔的新作有《文艺复兴时期的欧洲文明》③。此书再次显
现黑尔的文艺复兴史研究特点,即始终着眼于整个欧洲的文明,着眼于社
会生活中变动最敏感、最显著的部分,而非仅仅对文学艺术的描述。这在
书中"转型"(Transformation)一章得到详尽的发挥。其著作另有《文艺复
兴时期的欧洲》④、《文艺复兴》⑤、论文集《中世纪晚期的欧洲》⑥等。黑尔
对马基雅维里的研究(《马基雅维里与文艺复兴时期的意大利》⑦)、对美
第奇家属的研究(《佛罗伦萨与美第奇》⑧)、对文艺复兴时期战争军事史

---

① Lucien Febvre, *The Problem of Unbelief in the Sixteesth Century: The Religion of Rabelais*, translated by Beatrice Gottlieb, Harvard University Press, 1982.

② 参见该书第 150 页等处。

③ John Hale, *The Civilization of Europe in the Renaissance*, Atheneum Macmillan Publishing Company, 1994.

④ John Hale, *Renaissance Europe*, University of California Press, 1977.

⑤ John Hale, *Renaissance*, Time-Life Books, 1965.

⑥ *Europe in the Late Middle Ages*, ed. by John Hale, Northwestern University Press, 1965.

⑦ John Hale, *Machiavelli and Renaissance Italy*, English University Press, 1961.

⑧ John Hale, *Florence and the Medici*, Phoenix Press, 2001.

的研究(《文艺复兴时期欧洲的战争和社会,1450—1620》①)等亦在西方史学界享有盛誉。黑尔的学术生涯始终保持着对诸如城堡、兵器、战争、外交等军事政治问题的浓厚兴趣,这也使得黑尔的每一本著作都有鲜明的个性。14 至 16 世纪是近代国际关系的萌动时期,在当时战争与外交事务中建立的一些国际关系准则至今仍有影响。有些学术问题如马基雅维里等人的军事理论、西班牙国际法学派的理论体系等还有待学人的进一步探索。此类探索在我国的文艺复兴史学术苑地显得尤为薄弱。由此看来,黑尔在文艺复兴史的研究领域确有其独特的史识慧眼之处。作为一名英国学者,黑尔还撰有一本读来令人兴趣盎然的《英国与意大利文艺复兴》②专著。稍感遗憾的是,黑尔的著作和史学思想还未引起目前中国文艺复兴研究领域的足够重视,更谈不上深入的研究和借鉴参考了。

下面将分门别类地评述西方以社会生活为焦点的文化史研究。

第一,对广阔社会历史背景的透视。以社会生活为焦点的文艺复兴史研究专家都毫无例外地具备对 14 至 16 世纪那段历史进行整体分析的史观和学术涵养。这里首先应提及哈伊《意大利文艺复兴的历史背景》一书。③ 哈伊的编撰理念是,我们应当从欧洲的大文化背景来查看不同国家、不同人物在文艺复兴时期的种种历史表现。与此相仿,厄冈的《文艺

---

① John Hale, *War and Society in Renaissance Europe, 1450 – 1620*, The Johns Hopkins University Press, 1986.

② John Hale, *England and the Italian Renaissance*, Fontana Press, 1996.

③ 哈伊:《意大利文艺复兴的历史背景》,李玉成译,生活·读书·新知三联书店 1988 年版。书后附有一个文艺复兴研究的概况,很有参考价值。其他像古奇的《十九世纪历史学与历史学家》上册"从文艺复兴到法国革命"(商务印书馆 1989 年版)有对文艺复兴史研究很好的提示;我们还可以在汤普森《历史著作史》上卷第 1 分册第 5 编"文艺复兴,宗教改革和反改革"(商务印书馆 1988 年版)中了解到更多文艺复兴史的著述;在一些国别史著作如萨尔瓦托雷利《意大利简史》第 12—15 章(商务印书馆 1998 年版)和布劳巴赫等著《德意志史》第 2 卷"从宗教改革至专制主义结束"(商务印书馆 1998 年版)中能得到一些有价值的提示。

复兴》则从世俗文明的角度对那一时期的历史作整体的,同时是焦点透视的研究。① 西莫奈的《法国文艺复兴——中世纪传统和意大利思潮对法国文艺复兴运动形成的影响》②是又一个范例。美国学者哈斯金斯的《12世纪文艺复兴》③一书出版后在学术界引起很大反响,学者们逐渐达成一个共识,即文艺复兴运动不是一个突发的历史事件,而是一个漫长的演变过程。布鲁克的《12世纪文艺复兴》④可以视作对哈斯金斯的回应之一。从历史的大背景来透视文艺复兴的发祥地佛罗伦萨是又一研究热点,如布鲁克尔的《文艺复兴时期的佛罗伦萨》⑤等。作为一名文艺复兴史的研究专家,布鲁克尔的特点是在全面整理资料的基础上,对佛罗伦萨作比较细致的社会学研究,他编辑的《佛罗伦萨文艺复兴学会:纪实研究》⑥就是其中的代表。这种研究也许是中国学者在这一领域最欠缺的东西。意大利学者在上述研究方面做出了理所当然的贡献。除文艺复兴时代的一些著名人文主义者如马基雅维里等曾撰有佛罗伦萨的专史外,以后各世纪仍著述不断。在众多的研究成果中,维拉里教授的《佛罗伦萨历史的两个第一世纪——但丁时代的共和国与党派》⑦是一本非常有学术功底的专著。在展示与文艺复兴同时期的新航路开辟这一种大历史背景方面,卡萨斯的《西印度毁灭述略》、卡斯蒂略的《征服新西班牙信史》、普雷斯科

---

① Robert Ergang, *The Renaissance*, D. Van Nostrand Company, Inc., 1967.

② Franco Simone, *The French Renaissance: Medieval Tradition and Italian Influence in Shaping the Renaissance in France*, Macmillan, 1969.

③ C. H. Haskins, *The Renaissance of the 12th Century*, Harvard University Press, 1927.

④ Christopher Brooke, *The Twelfth Century Renaissance*, Harcourt, Brace & World, Inc., 1970.

⑤ 中译本参见布鲁克尔:《文艺复兴时期的佛罗伦萨》,朱龙华译,生活·读书·新知三联书店 1985 年版。

⑥ *The Society of Renaissance Florence: A Documentary Study*, ed. by Gene Brucker, Harper & Row, Inc., 1971.

⑦ P. Villari, *The Two First Centuries of Florentine History—The Republic and Parties at the Time of Dante*, 2 Vols., T. Fisher Unwin, 1894.

特的《秘鲁征服史》等著述已先后译成中文①,对我们了解西方殖民历史很有裨益。

第二,对不同社会层面和风貌的描述。历史学与社会学的结合是20世纪西方史学发展的特点之一。这种结合是随着家庭史、婚姻史、人口史、村社史、社区史等学术问题的产生而自然形成的。今天,历史社会学已逐渐步入它的成熟阶段。总结文艺复兴史在这方面的研究成果,有这样几个方面值得重视。其一,直接从社会学的角度切入文艺复兴史或个人。著作方面有马丁《文艺复兴时期的社会学》②、伯克《意大利文艺复兴——意大利的文化与社会》③、西托《莎士比亚的社会学》④等等。从逻辑上讲,以上三本著作恰巧截取了历史分析的线、段、点三个层次。特别是马丁的著作从社会结构变迁、经济伦理调整、政治文化要求更改等问题入手,开掘文艺复兴时期的各种精神文化现象发生的内在动机。其中对资产阶级心态的剖析是全书最精彩的部分。其二,对具体社会断面的研究,如家族史研究、妇女史研究、婚姻和性史研究等。这些方面可谓成果迭出。对美第奇家族的研究是一项传统性的研究项目,如罗斯《伟大的洛伦佐》⑤、扬《美第奇家族》⑥等。对博尔贾等家族和相关家族的研究是另一兴趣所在,其成果有伯厄夫《切萨雷·博尔贾:一个马基雅维里式的君主》⑦、费

① 卡萨斯:《西印度毁灭述略》,孙家堃译,商务印书馆1988年版。卡斯蒂略:《征服新西班牙信史》(上、下),林光、江禾译,商务印书馆1988年版。普雷斯科特:《秘鲁征服史》,周叶谦等译,商务印书馆1996年版。

② Alfred von Martin, *Sociology of the Renaissance*, Routledge and Kegan Paul Ltd., 1998.

③ Peter Burke, *The Italian Renaissance: Culture and Society in Italy*, Polity Press, 1987.

④ George Zito, *The Sociology of Shakespeare*, Peter Lang, 1991.

⑤ David Loth, *Lorenzo the Magnificent*, Brentano's, Inc., 1929.

⑥ Col. G. F. Young C. B., *The Medici*, Modern Library, 1930.

⑦ Carlo Beuf, *Cesare Borgia: The Machiavellian Prince*, Oxford University Press, 1942.

拉拉《博尔贾家族的教皇》①、卢卡斯·杜布里顿《博尔贾家族》②、伏塞罗《博尔贾家族》③、克娄拉斯《博尔贾家族》④等等。上引书都写得极其生动,且全方位展示诸多家族在那段历史时期的兴衰过程。还有诸多用新史学方法如解构主义等研究注释当时妇女、婚姻问题的专著,如《文艺复兴第一女性——伊萨贝拉·德·艾斯特传记》⑤、《女性的失落——卡斯蒂利奥内和阿里奥斯托著作中的女性主题及其呈现》⑥、《友谊之花——文艺复兴时期的婚姻讨论》⑦、布朗《不轨之举——意大利文艺复兴时期的一位修女》⑧等等。目前西方国家在这方面的研究很时兴。如果我们稍加注意,还会发现很多值得思索的研究课题,例如"爱欲"就是一个可以进一步开掘的学术课题。我们发现,在爱欲的表达方面,前期人文主义的作品更多的是将其展现出来,将爱欲当作柏拉图式的纯美感世界,因而对爱欲的描述就是对神圣的世界的展示。而后期人文主义的作品就更关注爱欲与世俗社会文化背景之间的关系。在西方,《文艺复兴时期的欲望论》⑨是一本很有创意和学术深度的论文集。由于这方面的研究与女性密切相关,因此随着研究的展开形成了一批女性学者群。上面提到的《女

① Orestes Ferrara, *The Borgia Pope: Alexander the Sixth*, tr. by F. J. Sheed, Sheed & Ward, 1940.
② J. L. Dubreton, *The Borgias*, tr. by Philip John Stead, E. P. Dutton & Co., Inc., 1955.
③ Fusero Clemente, *The Bogrias*, tr. by Peter Green, Praeger Publishers, Inc., 1972.
④ Ivan Coloulas, *The Borgias*, tr. by Gilda Roberts, Dorset Press, 1992.
⑤ E. P. Meyer, *First Lady of the Renaissance: A Biography of Isabella d'Este* Little, Brown and Company, 1970.
⑥ Valeria Finucci, *The Lady Vanishes-Subjectivity and Representation in Castiglione and Ariosto*, Stanford University Press, 1992.
⑦ Edmund Tilney, *The Flower of Friendship: A Renaissance Dialoque Contesting Marriage*, Cornell University Press, 1992.
⑧ 布朗:《不轨之举——意大利文艺复兴时期的一位修女》,王挺之译,商务印书馆1995年版。
⑨ *Renaissance Discourse of Desire*, ed. by Summers and Pebworth, University of Missouri Press, 1993.

性的失落——卡斯蒂利奥内和阿里奥斯托著作中的女性主题及其呈现》
一书的作者菲努琦就是其中的一位。她们不时出版论文集以扩大影响，
如论文集《资料汇集——一群唯物主义女性学者对莎士比亚的批判》①
等。其三，城市、市民、阶级分化等更富有政治学和社会学性质的研究课
题，其中不乏匠心独具的研究成果。意大利的佛罗伦萨无疑仍是研究的
重点。现在人们更关注环地中海世界的研究。以西班牙而言，安姆朗的
《巴塞罗那的尊贵市民：贵族文化和阶级结构，1490—1714》②以地中海西
岸的巴塞罗那城作为研究对象，考察那里的城市生活和阶级结构的变化，
从而引发人们对那一时期社会变化的更深层次的历史思考。其四，对社
会转型时期的历史契机问题研究。显然，14 至 16 世纪是欧洲由中世纪社
会向近代社会的转型时期。对于欧洲不同国家来说有许多不同的因素导
致转型的发生和推动转型的进程，如人口变动、商业信贷升温、土地所有
权转移、中产阶级的崛起、宗教裁判势力强弱的影响，等等。某些研究著
作已译成中文出版。③ 就文艺复兴时期的宗教裁判而论，在 20 世纪的西
方史学界名著迭出。其中仁纳的《中世纪晚期的异端自由精神》④和泰德

① *The Matter of Difference: Materialist Feminist Criticism of Shakespeare*, ed. by Wayne, Cornell University Press, 1991.
② James Amelang, *Honored Citizens of Barcelona: Patrician Culture and Class Relations*, Princeton University Press, 1986.
③ 如皮朗：《中世纪欧洲经济社会史》，乐文译，上海人民出版社 1964 年版。又如奇波拉主编：《欧洲经济史》，徐璇、吴良健译，商务印书馆 1988 年版，"第 1 卷，中世纪时期；第 2 卷，十六和十七世纪"。《欧洲经济史》一书已经远远超出经济史的范围，有些章节很有社会史的特色，并不时提出一些独到的看法，如第 1 卷第 6—8 章对教会在科技、市场、资本等方面的作用提出了许多富有启示性的观点。至于汤普逊对中世纪及中世纪晚期经济社会的研究成果在学术界早已耳熟能详。
④ Robert Lerner, *The Heresy of the Free Spirit in the Later Middle Ages*, University of California Press, 1972.

西的《起诉异端》①是可供两相参读的佳作。过去人们总是用残酷这样的字眼来形容宗教裁判所,但历史学家感兴趣的是:宗教裁判所与当时的反宗教改革运动及教会政治势力的重新调整有何关系? 宗教裁判所在南欧的盛行与经济政治文化中心的逐渐北移有何关系? 宗教裁判所迫害异端与当时欧洲的巫术热有何关系? 反巫术的历史后果和影响又如何? 伯曼的《宗教裁判所——异端之锤》等著作对上述问题都有涉猎。② 像汤普逊这样的中世纪经济社会史研究专家一般对宗教裁判之类的问题很有兴趣。

第三,对图片视觉艺术的运用。通过视觉艺术的形式将文艺复兴时期的社会生活呈现出来,这是文艺复兴史研究中最引人注目的特色。从某种意义上讲,历史上发生的任何一件事情都是视觉画面的组合,因而离开了生动视觉画面的历史研究就不可能生动地向读者转达历史事件的过程。文艺复兴是创造和保存视觉画面最丰富的历史时期。艺术家们创作了大量的艺术品,其中绝大部分的作品是对当时社会生活的反映。文艺复兴历史自身的这些特点,加上 20 世纪印刷技术的提高,使得历史学家在从事以社会生活为焦点的文化史研究的同时,有可能大范围地用图片的形式来展示文艺复兴时期的历史现象。这种将艺术史和历史有机结合起来的尝试在国外有相当成功的范例。布克哈特之后的许多文艺复兴史研究专家都在其著作中进行图片史的尝试。在笔者看来,图片史不是插图的堆积,而是在一个总体史学框架内的图片呈现。其中 20 世纪初沃甘的《佛罗伦萨及其珍藏》③是一部全方位反映佛罗伦萨艺术成就的经典之

---

① John Tedschi, *The Prosecution of Heresy, Collected Studies on the Inquisition in Early Modern Italy*, 1991.

② 伯曼:《宗教裁判所——异端之锤》,何开松译,辽宁教育出版社 2001 年版。书后附有参考书目,可供进一步研究参考。我国学者董进泉著有《黑暗与愚昧的守护神——宗教裁判所》,浙江人民出版社 1988 年版。

③ H. Vaughan, *Florence and Her Treasures*, The Macmillan Company, 1911.

作。最新正在流传的《文艺复兴全景图》①则是一本以文艺复兴时代创作的艺术作品为主要文献资料来全面反映当时社会生活风貌的图说文明史。这种图片史或图说文明史非常符合生活在高节奏社会中当代人的阅读兴趣。此类作品目前很有市场，相信21世纪是图片史学的又一复兴时期。当然在推进图片史学的过程中要避免一些商业炒作的痕迹。如《佛罗伦萨和文艺复兴》②之类除了图册更精美外，在内容上并不见得比沃甘的著作表述了更多的东西。

第四，对人物内在精神世界的揭示。心理学以及近代实验心理学、精神分析理论的崛起深深影响了整个20世纪西方的人文社会科学。狄尔泰在历史学界大力倡导对历史人物进行精神分析。弗罗伊德等心理学家也不甘寂寞，尝试用心理分析的方法对莎士比亚等历史人物及其作品进行心理解释。在文艺复兴史领域则出现了人物传记的研究写作热。人物涉及的面和数量都是其他时期的传记所不能比拟的。甚至有学者开始研讨，为何文艺复兴时期的传记写作数量非常有限，而到了20世纪则对文艺复兴时期有强烈的传记写作冲动。③ 例如，我们看到了许多学者掀起了撰写14至16世纪一些重要君主生平的热潮，一方面力图以君主为线索来展示14至16世纪那段错综复杂的国际关系史，另一方面又通过广阔的历史背景来描述、展示这些叱咤风云的历史人物的内心世界。这在文艺复兴史领域始终是热门课题。以女王伊丽莎白为例，尼尔撰写的《女王伊丽莎白一世传》④已译成中文并在学术界有一定影响。其他流行但尚

---

① *The Panorama of the Renaissance*, ed. by Margaret Aston, Harry N. Abrams Inc., Publishers, 1996.

② A. J. Lemaitre, and E. Lessing, *Florence and the Renaissance*, Terrail, 1993.

③ 参见 Paul M. Kendall, *The Art of Biography*, W. W. Norton & Company, Inc., 1965。

④ 尼尔:《女王伊丽莎白一世传》，聂文杞译，商务印书馆1992年版。

未有中译本的著作如布莱克《伊丽莎白的统治，1558—1603》①、路克《赞歌：伊丽莎白一世时代》②、威尔《伊丽莎白一世写真》③，等等。对其他重要的君王如菲利普的研究同样成绩斐然，如近期卡门所撰《西班牙的菲利普》④等。上述研究成果表明西方对文艺复兴时期一些特别有影响的历史人物的持之不断的研究兴趣。还有一些引人入胜、可读性强的文学传记作品如《苏格兰玛丽女王传》⑤等，虽然其史料价值一般，但在一般的读者群里影响很广，历史工作者应在规划时给予此类作品以特有的地位。不难发现，与文艺复兴时期大量人物研究相比，对君王的研究只占一个很小的比例。其深层原因是，20世纪人本主义思潮在西方社会的流行，促使学者将历史视野转向文艺复兴那段"个性舒展"的时代。通过开掘文艺复兴时期那些极富个性和创造力的人物的内心世界，从而为20世纪西方社会中日益严重的人性扭曲现象寻找某种启示。我们还发现，文艺复兴时期那些基层社会的人物如磨坊主、修女、商人、旅行家等逐渐进入历史学家的视野。这在西方传记史学上留下了浓重的一笔，也与不断流行的底层社会史相呼应。与此同时，西方史学界还对文艺复兴时期撰写的传记作品做了大量的整理工作。如《文艺复兴佛罗伦萨的两篇回忆录——佩第与达第的日记》⑥、《韦斯帕西阿诺回忆录：16世纪名人传》⑦就是一些

---

① J. B. Black, *The Reign of Elizabeth 1558 - 1603*, Oxford University Press, 1937.

② Mary M. Luke, *Gloriana-The Years of Elizabeth I*, Coward, McCann & Geoghegan, Inc., 1973.

③ Alison Weir, *The Life of Elizabeth I*, Ballantine Books, 1998.

④ Henry Kamen, *Philip of Spain*, Yale University Press, 1997.

⑤ 除流传很广的茨威格的《苏格兰玛丽女王传》外，较新出版的有 M. George, *Mary Queen of Scotland and the Isles: A Novel*, St. Martin's Press, 1992.

⑥ *Two Memoirs of Renaissance Florence: The Diaries of Buonaccorso Pitti & Gregorio Dati*, ed. by Gene Brucker, Waveland Press, Inc., 1991.

⑦ *The Vespasiano Memoirs: Lives of Illustrious Men of the XVth Century*, University of Toronto Press, 1997.

研究 14 至 15 世纪社会人士和教会人士的重要参考书。

二、 以人神对话为线索的思想史研究

长期以来,人文主义是文艺复兴思想史研究的主题。对什么是人文主义的核心内涵等问题,学术界仍众说纷纭。但有一点是清楚的,即文艺复兴时期的人文主义者始终将人与神的关系当作思想和作品中的主要命题。① 确实,人是文艺复兴时期人文主义者的思想主题。但只有站在文艺复兴即 14 至 16 世纪这段特定的历史时期看问题,我们才能真正理解什么是人文主义者心目中的人。例如我们就能知道,人文主义者是如何站在世俗的立场上来表现人的正当权益及人与神的和谐关系等等。文艺复兴时期的主流思潮即新柏拉图主义集中地体现了上述思想。

柏拉图的理念论主张对和谐完整的人和世界的认识。柏拉图认为世界是一个和谐的整体,只有当一个人具备充分的理性知识,并在思考中达到某种超越的境界才能与理念世界相切合,或者说人与神的某种切合。教父哲学、经院哲学力图用神来填充柏拉图的理念世界,并用"灵魂"学说来沟通理念世界和完事万物的关系。文艺复兴时期的新柏拉图主义将理念世界放到人的身上来考虑,强调人的超越性和完整性,其中重点人物应当是费奇诺。因此剖析费奇诺的哲学也就切入了文艺复兴思想的核心领域。克利斯特勒的两卷本集是最通行的本子。克利斯特勒以研究费奇诺哲学著称思想史界,著有《马奇里奥·费奇诺的哲学》②等书。克利斯特勒长期担任哥伦比亚大学教授,主讲文艺复兴时期思想史等课程。克利斯特勒的《意大利文艺复兴时期八个哲学家》一书曾在 20 世纪 80 年代译

---

① 参见拙著《文艺复兴时期人神对话》,华东师范大学出版社 2002 年版。

② Paul Kristeller, *The Philosophy of Marsilio Ficino*, Peter Smith, 1964.

成中文出版①，其代表作还包括《文艺复兴思想：古典的、经院的和人文主义的风格》②、《文艺复兴时期的思想及其源流》③等，后者是克利斯特勒退休后重新集结修订出版的。目前国外有关文艺复兴哲学方面最完整的著述是《剑桥文艺复兴哲学史》④。柯普立斯顿是另一位必须提及的学者，他是欧洲享有盛誉的哲学史专家，是耶稣会成员，其著作的博大精深和客观公允令人赞叹。他的代表著是9卷本《哲学史》，其中第3卷第2部⑤专论文艺复兴时期哲学。在哲学史著作中，像柯普立斯顿《哲学史》那样花相当的笔墨并以独到的哲学思想去论述文艺复兴时期哲学的著作非常少见。与其他哲学史著作相比，柯普立斯顿对诸多文艺复兴时期哲学家如苏亚雷兹等做了更详尽的评述，这对我国的文艺复兴史研究来说大有补缺的意义。

在西方学术界，对人文主义的研究可谓硕果累累，如《基督教与文艺复兴：15世纪的思想与宗教思想》⑥等。从1997至1998年又有两本人文主义研究的专著相继译成中文：加林《意大利人文主义》⑦，是一本很有学术分量的专著，是对布克哈特书中人文主义评述的重要补充和发展；另

---

① 克利斯特勒：《意大利文艺复兴时期八个哲学家》，姚鹏、陶建平译，上海译文出版社1987年版。

② Paul Kristeller, *Renaissance Thought: The Classic, Scholastic, and Humanist Strains*, Harper Torchbooks, 1961.

③ Paul Kristeller, *Renaissance Thought and Its Resources*, Columbia University Press, 1979.

④ *The Cambridge History of Renaissance Philosophy*, ed. by Schmitt and Skinner, Cambridge University Press, 2000. 另外，在英语世界中，哥伦比亚大学、哈佛大学、剑桥大学等都有文艺复兴史研究中心。

⑤ F. Copleston, *A History of Philosophy*, Image Books, 1993.

⑥ Timothy Verdon and John Henderson, *Christianity and the Renaissance-Image and Religious Imagination in the Quattrocento*, Syracuse University Press, 1990.

⑦ 中译本参见加林：《意大利人文主义》，李玉成译，生活·读书·新知三联书店1998年版。

一本是布洛克的《西方人文主义传统》①。这并不是一本以学术性见长的专著，但对于想全面了解欧洲人文主义发展的读者来说，该书仍不失其思想性方面的独特参考价值。另外还有对意大利以外人文主义研究的作品，如韦斯《15 世纪的英国人文主义》②等。总之，像人文主义之类专题史的研究有很强的学术性，其研究状况往往是检验学术研究深度的一个重要标志。

政治思想方面的研究经久不衰。其中思想方面的人神关系、法学方面的教会法对世俗政治的影响、政治学方面的教皇国与新兴民族国家之间的关系等问题受到越来越多学者的重视。在这方面，马基雅维里仍是焦点人物。从表面上看，似乎人神关系并不是马基雅维里政治思想所要处理的核心问题，但事实上马基雅维里在《君主论》《李维史论》以及各类公函和书信中始终将人神关系等问题放在核心的部分加以评论。只不过马基雅维里时常用"命运"概念来代替"神"的说法，同时强调现实的人性在历史演变和社会事务中的核心作用。在对马基雅维里著作的整理和对上述思想的研究方面，除上文提到的马基雅维里的重要著作外，国外这方面有分量的著作还有斯金纳《马基雅维里》③、马尔库《专注权力：马基雅维里的生平与时代》④、安格罗《马基雅维里：一个剖析》⑤、施特劳斯《对

---

① 中译本参见布洛克：《西方人文主义传统》，董乐山译，生活·读书·新知三联书店 1997年版。

② Roberto Weiss, *Humanism in England During the Fifteenth Century*, Basil Blackwell & Mott LTD, 1957.

③ 中译本参见斯金那：《马基雅维里》，王锐生、张阳译，工人出版社 1985 年版。

④ Valeriu Marcu, *Accent on Power: The Life and Times of Machiavelli*, tr. by Richard Winston, Farrar & Rinehart, Inc., 1939.

⑤ Sydney Anglo, *Machiavelli: A Dissection*, Harcourt, Brace & World, Inc., 1969.

马基雅维里的思考》①、罗多夫斯基《君主论：一个历史批判》②、查伯德《马基雅维里与文艺复兴》③、布特费尔德《马基雅维里的治术》④、苛西斯《重评马基雅维里》⑤等等。最近从意大利文译成英文的传记有费罗利《尼可洛的微笑：马基雅维里传》⑥。这些著述给人最大的启示是，学者们不附和定评，相互展开争论，提出了各种富有建设性的意见，使马基雅维里的研究不断有新的课题呈现出来。关于马基雅维里的政治思想还有很多值得开掘的地方，如马基雅维里的公民思想；马基雅维里关于君主国与共和国相互关系的理论；马基雅维里的个性与政治生涯之间的关系，等等。对这些问题的研究将直接关系到对马基雅维里整体思想的评价。例如就马基雅维里的公民思想而论，《君主论》⑦第9章有一个标题为"公民的君主国"。布尔（G. Bull）的英译本⑧对这一标题有精心的考虑，译为"*The Constitutional Principality*"；唐诺（D. Donno）的英译本⑨则作"*Concerning the Civil Principality*"；里奇（L. Ricci）的英译本⑩译为"*Of the Civic Principality*"。这里都转达了拉丁文"公民"的原意。"宪政"虽是一种婉转的译法，但作者的想法很明白，只有在公民社会里才谈得上真正意义的宪政。或者说"宪政"是公民社会的主要特征。事实上马基雅维里在

---

① Leo Strauss, *Thoughts on Machiavelli*, the University of Chicago Press, 1978.

② Victor Anthony Rodowski, *The Prince: A Historical Critique*, Twayne Publishers, 1992.

③ Federico Chabod, *Machiavelli & The Renaissance*, Bowes & Bowes Publishers Ltd. 1958.

④ Herbert Butterfield, *The Statecraft of Machiavelli*, G. Bell and Sons LTD., 1955.

⑤ Robert Kocis, *Machiavelli Redeemed: Retrieving His Humanist Perspectives on Equality, Power, and Glory*, Associated University Presses, Inc., 1998.

⑥ Maurizio Viroli, *Niccolò's Smile A Biography of Machiavelli*, Farrar, Straus and Giroux, 2000.

⑦ 马基雅维里：《君主论》，潘汉典译，商务印书馆1985年版。

⑧ Penguin Books, 1975.

⑨ Bantum Books, 1981.

⑩ Mentor Books. 1952.

另一部著作《李维史论》①的第 1 部中对罗马共和国与公民社会诸问题作过非常明确的阐述。在《佛罗伦萨史》②、《战争的艺术》(亦译作《兵法七论》)③里，马基雅维里对军事、公民社会、共和国三者的关系同样做了详细的论述。

我国的学术界，往往集中关注马基雅维里而疏忽了对文艺复兴时期意大利其他著名思想家的潜心研究，不过这种情况现已有改观。与马基雅维里齐名的另一位政治思想家卡斯蒂利奥内于 1528 年发表了《侍臣论》(The Book of the Courtier)④，此书与《君主论》可谓相得益彰。用今天的政治学眼光来看，卡斯蒂利奥内在《侍臣论》里想要表达的就是当一名政府官员必须具备哪些职业素质。卡斯蒂利奥内认为，通过人文学科的学习可以获得这些职业素质。⑤ 正因为卡斯蒂利奥内的书籍适应了当时政治治理的需要，所以从某种意义上讲卡斯蒂利奥内比马基雅维里取得了更大的成功。西方的一些文艺复兴选本中大都收集了卡斯蒂利奥内的著作。

从欧洲政治思想对世界政治思想的影响而论，英国政治思想家托马

---

① Machiavelli, *The Discourses*, edited with an introduction by Bernard Crick, using the translation of Leslie J. Walker, S. J., Pelican Books, 1976; 另有 Machiavelli, *The Discourses*, tr. by Christian E. Detmold, Modern Library, 1940。在吉尔伯特 (Allan Gilbert) 编译的 *Machiavelli: The Chief Works and Others*, Duke University Press, 1965 和邦丹内拉和穆萨 (Peter Bondanella、Mark Musa) 编译的 *The Portable Machiavelli*, Penguin Books, 1979 等系列著作中都有很好的译文。

② 马基雅维里:《佛罗伦萨史》，李活译，商务印书馆 1982 年版。

③ Machiavelli, *The Art of War*, Da Capo Press, Inc., 1965.

④ Baldesar Castiglione, *The Book of the Courtier*, the Continuum Publisheing Company, 1990.

⑤ Baldesar Castiglione, *The Book of the Courtier*, cf. *The Italian Renaissance*, pp. 150, 159, ed. by Gundeersheimer, Prentice-hall, Inc., 1965. 关于马基雅维里和卡斯蒂利奥内的比较研究，参见 Roeder, *The Man of the Renaissance, Four Lawgivers: Savonarola, Machiavelli, Castiglione, Aretino*, The Viking Press, 1933。

斯·莫尔无疑是另一重要的人物。因为在文艺复兴时期的种种乌托邦思想和宗教改革思想中,新柏拉图主义及人神对话内容得到了最充分的体现。英语世界的莫尔研究著作如马留斯的《托马斯·莫尔传》①。马留斯的作品是到目前为止最完整地反映莫尔一生的传记。最新出版的莫尔传记有阿克罗伊德《托马斯·莫尔评传》②,此评传在充分吸收前人研究成果的基础上对莫尔富有情感的生活一面做了生动描述。莫尔的代表作《乌托邦》曾被译成多国文字③,较好的英文评注本有亚当斯翻译编辑的《托马斯·莫尔爵士的乌托邦》④、赫克斯特《莫尔的乌托邦:一部思想传记》⑤,等等。赫克斯特也是莫尔研究专家,曾参与《莫尔全集》的编撰。莫尔的权威性全集本是《耶鲁版圣托马斯·莫尔著作全集》。以上研究著作都给人这样一种启示,即乌托邦理想在一个关注人神关系的文艺复兴年代里是十分流行的理论,如伊拉斯谟的社会思想就有很浓厚的乌托邦色彩⑥。18 世纪的各种空想社会主义理论也许在时代的内容方面比莫尔的《乌托邦》有了很大的扩充,但就基本的思想框架而言,笔者以为没有实质性的变更。顺便指出,对莫尔的研究必然要牵涉到对其好友伊拉斯谟的探讨。目前伊拉斯谟的代表作《愚颂》(*The Praise of Folly*)尚未完整地译成中文。国外则到处可以见到伊拉斯谟《愚颂》的普及本,如英文本

---

① Richard Marius, *Thomas More: A Biography*, Alfred A. Knopf, Inc., 1985.

② Peter Ackroyd, *The Life of Thomas More*, Anchor Books, 1999.

③ 中文有商务印书馆 1985 年的版本。以前还有《万有文库》的刘麟生译本等。英文版有 Thomas More, *Utopia*, the Harvard Classics, 1910; Dover Publications, Inc. 1997 等。

④ *Sir Thomas More Utopia*, tr. and ed. by Adams, W. W. Norton and Company, 1992.

⑤ J. H. Hexter, *More's Utopia: The Biography of an Idea*, Harper & Row, Publishers, Inc., 1965.

⑥ 参见 *Thomas More: Utopia with Erasmus's The Sileni of Alcibiades*, tr. and ed. by Adams, David Wootton。

《伊拉斯谟著作选》(*The Essential Erasmus*[1])等。中文常常将伊拉斯谟的 *The Praise of Folly* 译为《愚神颂》或《愚人颂》,并在评价时较多地注意到 "愚神""愚人"的讽刺一面。其实,伊拉斯谟在 *The Praise of Folly* 中表达 了他完整的思想体系。按照文艺复兴时期的人文主义者的观点,神学是 一种"智慧"性的学问,拉丁文称作 Sapientia,它需要调动人的所有的富有 诗意的想象,唯其如此,"智慧"就能谦卑地聆听到上帝的启示。[2] 所以与 系统的知识相对立,"智慧"会显得"愚",有时甚至是"疯狂"。但"愚"和 "疯狂"只是一种比喻,即比喻一个完整的人的智慧。所以与经院哲学不 同,伊拉斯谟的哲学不脱离完整的人,但也不能就此认为伊拉斯谟的思想 超脱了传统神学的最高境界。作为人文主义者的伊拉斯谟,其神学思想 的最终目的是想建立新的人神之间的和谐关系。可参阅《伊拉斯谟:对话 十篇》[3]、《论神的永恒宽仁》(选自《伊拉斯谟著作选》),等等。关于伊拉 斯谟的生平,较早的评传有阿兰《伊拉斯谟的时代》[4]。近期评传类著作 有狄更斯和琼斯合著《伊拉斯谟:宗教改革家》[5]等。

在科学思想史方面,如何分辨文艺复兴时期人文主义与科学思想发 展之间的关系一直是哲学界和科学界关注的重点。其中布鲁诺的思想最

---

[1] *The Essential Erasmus*, selected and newly translated with introduction and commentary by John P. Dolan, Mentor-Omega Books, 1964.

[2] 参见 John P. Dolan, "Introduction", *The Essential Erasmus*, Selected and Newly Translated with Introductin and Commentary by John P. Dolan, p. 97. 关于文艺复兴时期的智慧理论还 可参见 Eugene F. Rice, Jr., *The Renaissance Ideas of Wisdom*, Harvard University Press, 1958。该书特别讨论了智慧与宗教信仰、热爱上帝等的关系。

[3] Erasmus, *Ten Colloquies*, translated with introduction and notes by Craig R. Thompson, the Liberal Arts Press, Inc., 1957.

[4] P. S. Allen, *The Age of Erasmus*, Russell & Russell, 1963.

[5] A. G. Dickins & W. R. D. Jones, *Erasms: The Reformer*, Mandarin Paperback, 1995.

受人重视,相关研究著作有赫罗维茨《文艺复兴时期乔达诺·布鲁诺的哲学》①、米歇尔《乔达诺·布鲁诺的宇宙学》②、叶芝《乔达诺·布鲁诺与炼金术传统》③,等等。叶芝是非常富有独创性的文艺复兴思想史研究专家,其著作已成为学者们不可或缺的参考书,例如上引书就是全面理解布鲁诺思想体系的必读书籍。从中使人认识到,像布鲁诺这样文艺复兴时代的思想家,其科学思想抑或其整个思想体系都掺杂着非常浓厚的非科学思想成分。叶芝的观点和方法还体现在他的《文艺复兴和宗教改革——意大利的贡献》④等论文集之中。从现象上看,许多人文主义者在科学上做出了巨大的贡献。但如何来评价文艺复兴时代科学研究的特点和影响,这将是学术研究的难点。英文方面较常见的有麦登《从文艺复兴到 19 世纪的科学方法理论》⑤、默斯《天国猎奇:哥白尼学说讨论中的修饰与科学》⑥、哈林《世界的诗化结构:哥白尼与开普勒》⑦,等等。上引默斯和哈林的著述给人最大的启示是,文艺复兴时代的科学家和科学技术发明的过程都同时具备个体的和时代的特色。同时说明,文艺复兴时代的科学技术革命并不是单一的社会现象,而是伴随其他文化变化同时展开的革命。因此必须抓住文艺复兴时代和人文主义者的种种特征多层

① I. L. Horowitz, *The Renaissance Philosophy of Giordano Bruno*, Coleman-Ross Company, Inc. New York, 1952.

② Paul-Henri Michel, *The Cosmology of Giordano Bruno*, Cornell University Press, 1973.

③ Frances A. Yates, *Giordano Bruno and the Hermetic Tradition*, the University of Chicago Press, 1964.

④ Frances A. Yates, *Renaissance and Reformation: The Italian Contribution*, Routledge & Kegan Paul, 1983.

⑤ Madden Ducasse, *Theories of Scintific Method: The Renaissance through the Nineteenth Century*, University of Washington Press, 1960.

⑥ Jean Dietz Moss, *Novelties in the Heavens: Rhetoric and Science in the Copernican Controversy*, the University of Chicago Press, 1993.

⑦ Fernand Hallyn, *The Poetic Structure of the World-Copernicus and Kepler*, Zone Books, 1993.

次、多方位地展开对文艺复兴时期科学技术革命的研究。

三、以风格为主题的文学艺术研究

随着文艺复兴研究的深化,历史学与文学艺术的紧密结合逐渐成为一种时尚。在将历史描述、哲学思考和文学艺术批评融为一体方面,首先应提及的是贡布里希。他的《艺术发展史》①和诸多文艺复兴评论文章②始终是学界关注的中心。贡布里希在《艺术发展史》中辟有"和谐的获得"专章谈论文艺复兴艺术创作的风格。另一专攻文艺复兴艺术史的学者沃尔夫林在《古典艺术——意大利文艺复兴艺术导论》③一书中对文艺复兴时期艺术创作风格做了系统论述。此书的出版将风格问题推到了文艺复兴时期文学艺术研究的学术前沿。

如何看待风格,这也是中国学人在相当长时期内苦苦思索的一个问题。把握文艺复兴时代人文主义内涵的另一个关键就是风格问题。克利斯特勒指出:"如果我们比较一下不同的人文主义者所做的工作,就会得出这样的结论:他们的观点和思想是非常不一致的,而他们的共同特征则表现在一种在教育、学问和文体方面的理想上,表现在他们研究的问题和兴趣范围上,而不是表现在他们忠于任何一套特定的哲学或神学的观点

① 贡布里希:《艺术发展史》,范景中、林夕译,天津人民美术出版社1998年版。英文名称是 *The Story of Art*,该书在西方曾一版再版,目前已有第15版,可见流传之广、影响之深。贡布里希另有专著 *Symbolic Images: Studies in the Art of the Renaissance*, The Phaidon Press, 1972。
② 最近由中国美术学院出版社将贡布里希有关文艺复兴的文章汇编成《文艺复兴——西方艺术的伟大时代》一书于2000年出版。
③ 中译本参见沃尔夫林:《古典艺术——意大利文艺复兴艺术导论》,潘耀昌、陈平译,浙江美术出版社1992年版。

上。"①柯普立斯顿也认为文艺复兴的最重要特征就在于一种教育的风格和理念的兴起。② 在文艺复兴时代的人文主义者那里,理性并不是衡量事物的最高尺度,他们更喜欢漫幻的情调。确实,文学艺术有其独特的表达情感的方式,是一种特有的风格。就其与思辨的东西比较而言,文学艺术创作常常表现为与漫幻的形式相连的和谐风格。唯其如此,它能传达一个完整的人的广泛而深层的内涵。由此不难想见,何以文艺复兴时期对文学艺术所受到的重视程度要超过任何一门学科! 有鉴于此,笔者将文艺复兴时期的风格概括为"和谐与冲创"。通达适度的境界,使人文主义者的作品意蕴无穷;洋溢冲创的情趣,使人文主义者的作品充满一种野性、野趣。失去理想美的野性和野趣只能是感性的粗俗表现,而失去野性和野趣的理想则是枯燥的理性独语。文艺复兴时期晚期的风格主义也很值得研究。评论家一般将文艺复兴时期风格主义画派的出现当作人文主义创作消退的一种象征。尽管这种提法并不恰当,因为风格主义是人文主义风格的重要组成因素,但有一点是不可否认的,即到了艺术领域风格主义主导地位的时候,其他各个思想文化领域的人文主义风格正在被一种新的思想文化风格即理性主义风格悄然取代。③ 在风格研究方面不容忽视的著作还有佩特的《文艺复兴》④,此书表达了佩特的唯美主义文学批评理论,在学术界影响甚广。巴洛尔斯基的《沃尔特·佩特〈文艺复

① 克利斯特勒:《意大利文艺复兴时期八个哲学家》,姚鹏、陶建平译,上海译文出版社1987年版,第4—5页。
② 参见 F. Copleston, *A History of Philosophy*, Vol. III, Doubleday, 1993, p.208。在文艺复兴哲学史研究方面,特别是有关人神关系方面,此书应重点阅读。
③ 为了理解风格主义还可参阅 S. J. Freedberg, *The Pelican History of Art, Painting in Italy 1500－1600*, Penguin Books, 1979。
④ 佩特:《文艺复兴》,张岩冰译,广西师范大学出版社2000年版。

兴〉评述》①一书则是对佩特《文艺复兴》一书艺术理论的批评。两书可参照阅读。这里,值得推荐翻译当今权威性著作哈特的《意大利文艺复兴艺术史》一书②。当然,我们更不能忽视西蒙兹和贝伦森的研究成果。③ 除上文已提及的一些人物外,意大利人但丁、彼特拉克、达·芬奇、米开朗基罗等的生平和作品集中体现出上述风格。

在人物方面,但丁仍是第一个应予关注的文学家、思想家。梅列日科夫斯基《但丁传》在西方流传甚广。按照梅列日科夫斯基的分析,但丁的作品就是想在天国与尘世、神与人之间构建一座能让人感悟"三"这个词的高度和谐意境的文化殿堂。梅列日科夫斯基这样评论但丁思想和作品中的"三":"但丁所赖以生存的一切,他所做的一切,全都包含在'三'这个词里。"④在《神曲》中但丁用圣父、圣子、圣灵三个圈环来构筑神圣的世界。⑤ 对天国神的虔敬与对诗神的美感领略构成了但丁《神曲》的基调。《神曲》要写出这样一个主题,即什么是和谐的人神世界。英文但丁传记方面的名著还有不少,其中著名作家丘伯在长年累积的资料和思考而撰写成的《但丁与他的世界》是较有特色的一种,从中能汲取丰富的思想和艺术养分。该书作者还以其出色的文笔撰写过薄伽丘等人的传记作品。

在国外,不仅有大量彼特拉克的传记类作品,还有大量的彼特拉克原著校勘本和研读著作。⑥ 在选编本方面,彼特拉克的《论秘密》尤其受到

---

① Paul Barolsky, *Walter Pater's Renaissance*, The Pennsylvania State University, 1987.
② Frederick Hartt, *History of Italian Renaissance Art*, Fourth Edition, Harry N. Abrams Inc., Publishers, 1994.
③ J. A. Symonds, *The Renaissance in Italy*. 3 Vols. Peter Smith, 1961; B. Berenson, *The Italian Painters of the Renaissance*, The Phaidon Press, 1980.
④ 梅列日科夫斯基:《但丁传》(一),刁绍华译,辽宁教育出版社2000年版,第1页。
⑤ 参见但丁:《神曲·天堂篇》,朱维基译,上海译文出版社1990年版,第747页。
⑥ 可参考尼古拉斯·曼《彼特拉克》一书所附录的简明英语参考读物。

重视。① 20 世纪 90 年代以来的研究性著作有麦道克斯的《彼特拉克的桂冠》②等。学者们的观点可概括如下：与但丁相仿，彼特拉克也是一位以诗的灵气和眼力来审视人神关系的文化巨擘。例如彼特拉克在其主要著作《论秘密》中就带着诗意地考察了人神关系问题。在但丁那里，神已在人的身上显出新的、生动的内涵。彼特拉克也从新的人神关系立场出发来构思他的哲学体系。他认为那活人的上帝被刻板的、僵硬词句和某些教条肢解了。因此要高度宣扬人的德性和荣耀。让神的光照真正与人的德性和荣耀这些属于人的活力的因素结合起来。在彼特拉克的心目中，柏拉图就是活力和创造的象征。克利斯特勒指出："这个总的信念要比接受柏拉图任何具体理论更为重要。"③更有意思的是，彼特拉克认为经院哲学一方面坚持灵魂的至高无上性，另一方面又忽视对人的灵魂的完整探索。故经院哲学应当予以新的注解，使原本在柏拉图哲学和圣奥古斯丁哲学中得到生动展示的灵魂再次显现出来。彼特拉克所指的灵魂就是理性和信仰的和谐运动，通过此种运动就能知道人的灵魂中的最高真理就是基督教推崇的神。所以人应当虔诚地爱上帝。他的名言是"对拯救有了足够的认识就可以了"。④ 顺便指出，这种思想不仅成为文艺复兴时期的主流，对 16 至 17 世纪逐渐生发的理性主义也有很大的影响。像笛卡尔这样的大思想家都直接从思考经院哲学的命题中引申出新的哲学体系。对此，历史学家应予以重视。

　　达·芬奇是一个无论就思想、气质还是艺术创作都深深打上新柏拉图主义烙印的艺术大师。对此，同时期的许多批评家就给予充分的关注，

① 许多选编本都选入彼特拉克的《论秘密》如 Petrarch, *The Secret*, in *The Renaissance and the Reformation (1300－1600)*, ed. by Weinstein, the Free Press, 1965。

② Sturm-Maddox, *Petrarch's Laurels*, Pennsylvania State University Press, 1992.

③ 克利斯特勒:《意大利文艺复兴时期八个哲学家》, 第 10 页。

④ Petrarch, *The Secret*, p. 19.

甚至在拉斐尔的绘画中将达·芬奇当作哲学家柏拉图的摹本呈现出来。在有关达·芬奇的传记作品中,梅列日科夫斯基的《达·芬奇传》(*The Romance of Leonardo Da Vinci*)①一书可谓思想艺术的上乘之作。由于梅列日科夫斯基是东正教世界中一位著名的思想家,因此他的著作从某种意义上讲也是其自身思想的一种表达。另一值得推荐翻译的有关达·芬奇生平的英文著作是博兰曼利《莱奥纳尔多·达·芬奇生平探索》②,该书对达·芬奇与柏拉图思想之间关系评述尤其值得重视。

　　米开朗基罗经常被当作文艺复兴巅峰时期的代表人物。中译本罗曼·罗兰《巨人三传》中的"米开朗基罗传"③曾流传甚广。最近又出版了《米开朗基罗诗全集》④。前几年出版的《米开朗基罗著作大全》⑤一书几乎涵盖了米开朗基罗生平思想的每一个方面,其中有许多中国读者还不曾了解的有关米开朗基罗的生平内容,此书尚未译成中文。学者对米开朗基罗的一致看法是,他是一位新柏拉图主义者。米开朗基罗无论就其生平、思想还是艺术作品都淋漓尽致地体现了新柏拉图主义的核心理论。米开朗基罗的画和雕塑始终围绕这样一些主题展开,如男性身躯的完美、力量、挣脱肉体、灵魂的超越,等等。里士满最近在一本题为《米开朗基罗与西斯廷教堂创世记画》专著中特地就"创世记"画中的新柏拉图主义做了评述,认为圆顶画中的新柏拉图主义思想与米开朗基罗青年时代在美

① Dmitri Merejkowski, *The Romance of Leonardo Da Vinci*, Modern Library, 1928. 中译本参见梅勒什可夫斯基:《诸神复活——雷翁那图·达·芬奇传》,绮纹译,生活·读书·新知三联书店1988年版。

② Serge Bramly, *Leonardo: Discovering the Life of Leonardo da Vinci*, Harper Collins Publishers, 1991.

③ 罗曼·罗兰:《巨人三传》,傅雷译,安徽文艺出版社1989年版。

④ 米开朗基罗:《米开朗基罗诗全集》,杨德友编译,辽宁教育出版社2000年版。

⑤ *The Complete Work of Michelangelo*, Grange Book, 1997.

第奇家中接受的新柏拉图主义一脉相传。①

　　文艺复兴是人才辈出的时代。其他大师如拉斐尔、波提切利、提香等的艺术创作无一不体现上述文艺复兴时期的人文主义风格。在国外有大量系列研究丛书对上述人物加以出色的评述。②

　　毫无疑问,西方学者的上述研究重点是有关"和谐"的风格。在一些教育史③、音乐史④、建筑史⑤等著作中也有相应的论述。按照笔者的观点,"和谐"并不是人文主义文学艺术创作的全部。人文主义的力量还在于如前文所说的"冲创"特点。这也许是中国的学人可以进一步发挥的理论学术部分。因为与一般美学史上讲的"和谐"不同,文艺复兴时期艺术作品的"和谐"无处不给人一种力量、冲动、创造的感觉。不深入了解这种审美的境界就难以完整地把握像弥尔顿这样的人文主义者。

　　当然,还应当看到西方在文艺复兴史研究方面的规模。在美国不仅有文艺复兴史研究协会(Renaissance Society of America),还有专门的杂志如《文艺复兴季刊》(*Renaissance Quarterly*)。最近,英国也出现了专门的文艺复兴杂志《文艺复兴研究》(*Renaissance Studies*),由牛津大学出版社出版发行。另外,纽约州立大学规划的《中世纪与文艺复兴——文本与研

---

① 参见 Robin Richmond, *Michelangelo and the Creation of the Sistine Chapel*, Crescent Books, 1999, p.64。

② 20世纪50年代起由艾布拉姆斯(Harry N. Abrams)出版公司陆续推出的系列袖珍丛书"伟大艺术文库"袖珍(The Pocket Library of Great Art);20世纪末由科恩曼(Konemann)出版公司组织出版的大型系列丛书"意大利艺术大师"(Masters of Italian Art),等等。

③ 参见 Elizabeth Lawrence, *The Origins and Growth of Modern Education*, Penguin Books, 1972 等。

④ 参见 Gustave Reese, *Music in the Renaissance*, revised edition, W. W. Nortorn & Company, 1959; Milo Word, *An Outline History of Western Music*, Wm. C. Brown Publishers, 1991, 等等。

⑤ 参见 Nikolaus Pevsner, *An Outline of European Architecture*, Pelican Books, 1966;默里:《文艺复兴建筑》,王贵祥译,中国建筑工业出版社1999年版;等等。

究》①系列丛书也是其中较出色的品种。还有大量的选编本不胜枚举。在把握欧洲思想文化史和文艺复兴史总体进程的基础上,以一个核心理念来贯穿、组织全文,在这方面如梅紫和坎特吕普合编的《文艺复兴文化——一种新秩序观》②等书给我们很好的启示。

如果能在充分了解国外学者研究状况的前提下,在对大量研究资料进行综合分析的基础上,提出富有创意的理念,做出富有前沿水准的研究成果。加之在具体操作上,翻译上注意深度和广度,研究上要注意个性,活动上要注意与国外的联系,相信我国文艺复兴史研究将迎来新的繁荣景象。

下篇

为了更好地说明三大研究热点,特补充如下。

一、 以社会生活为焦点的文化史研究

20 世纪的西方史学界,出现了历史学和社会学相互渗透的趋势。③文艺复兴史领域以社会生活为焦点的文化史研究就是上述趋势的具体表现。文艺复兴时期的社会生活是中世纪时代的延续。事实上,发生在中世纪后期的庄园变化,城市市民阶层的变化以及银行、济贫、家族、妇女、教育等社会现象的变化,都直接延伸或影响到文艺复兴时期。这种变化

---

① *Medieval & Renaissance Texts & Studies*, State University of New York.
② *Renaissance Culture: A New Sense of Order*, edited by J. Mates and E. Cantelupe, George Braziller, 1966.
③ 参见米罗诺夫《历史学家和社会学》(华夏出版社 1988 年版)一书。另外上海人民出版社 2000 年出版的史密斯的《历史社会学的兴起》一书中有一个关于历史社会学的定义,大意是从历史的角度研究社会结构及其变化,参见该书第 4 页。

在生活心态问题上得到集中的体现。由勒高夫主编的《中世纪的世界》①中的各篇论文,其突出的一点就是力图描述中世纪各阶层人士的生活心态。达勒斯的著作《欧洲中世纪的精神生活》②则是对中世纪精神文化生活的总体勾勒。最近翻译成中文的《欧洲中世纪生活》③从各个侧面展示中世纪社会生活的场景。随着研究的深化,更多的学者认识到对中世纪社会生活和文化现象进行个案专题研究的重要性,《蒙塔尤》④就是其中的成果之一。对中世纪大学的研究是又一个兴奋点,这不仅是因为文艺复兴直接导源于中世纪大学中的古典语言的教学研究,而且从某种意义上讲,中世纪的大学生活就是当时社会生活的一个缩影。拉什德尔《中世纪的欧洲大学》⑤在描述中世纪大学城的社会生活状况时,不时揭示教授与学生的生活心态。对此,中国的学术界应予以足够的重视。另外像拉斐尔的《基督教教会学校和学者》⑥等也很值得参考。以下谈文艺复兴的相关研究。

1. 直接就文艺复兴社会生活所做的研究。在马克思主义史学理论的影响下,历史学家逐渐意识到,生动的历史是由底层社会的生活书写的。罗斯的《伊丽莎白文艺复兴时期的生活和社会》⑦和张伯伦的《文艺

① *The Medieval World*, ed. by Jacques Le Goff, Collins & Brown, 1990.
② Richard C. Dales, *The Intellectual Life of Western Europe in the Middle Ages* University Press of America, 1980. 另外,伍尔夫所著《中世纪的哲学和文明》(Maurice De Wulf, *Philosophy and Civilization in the Middle Age*, Dover, 1953) 始终从文明的大视野来研究中世纪哲学观的演变,是这方面不可多得的佳作。
③ 格茨:《欧洲中世纪生活》,商务印书馆 2002 年版。
④ 勒华拉杜里:《蒙塔尤》,许明龙、马胜利译,商务印书馆 1997 年版。
⑤ Hastings Rashdall, *The Universities of Europe in the Middle Ages*, Oxford University Press, 1985. 这部著作涉及许多与后来文艺复兴有关的学术问题,如中世纪的亚里士多德和柏拉图的影响,12 世纪的人文主义和 12 世纪文艺复兴的特点,大学的民法和教会法的教学问题,法律大学的起源,等等。
⑥ Mother Francis Raphael, *Christian School and Scholars*, Burns, Oates & Washbourne, 1924.
⑦ A. L. Rowse, *The Elizabethan Renaissance: The Life of the Society*, Macmillan, 1971.

复兴时代的日常生活》①是两本各有特色的专著。其共同特点是都有对典型社会生活场景的描写,从而达到以点带面的历史记述效果。他们的社会生活史研究又以深厚的学术素养作基础。② 比较而言,罗斯的著作分类比较细,更关注普通的底层社会生活,如绅士的角色、食物与卫生、性、习俗、巫术与占星术等。张伯伦的著作则比较宏观。

2. 与社会生活密切相关的家族史研究。文艺复兴时期各个层面的家族变化究竟对当时及以后欧洲历史的变化产生了何种影响? 这一问题鼓动着学者们对意大利美第奇家族、博尔贾家族、维斯孔蒂家族等的持续研究热情。这些家族不时以暴君统治等形式出现,将"美德与恶行在 15 世纪的意大利诸国家中奇怪地结合在一起"③,不仅对当时佛罗伦萨、米兰等城市国家的历史有独特的作用,而且对意大利文艺复兴时期的社会和文化变化产生了重要的影响,甚至对当时教廷的政治角色转换亦有不可替代的作用。许多学者较多地关注美第奇家族的文化个性和成就,而忽略了这一家族成员在驾驭党派之争、实施可操作性统治等方面的实验。与其他有关美第奇的著作相比,塞维尔的《美第奇》④更关注美第奇家族各重要人物的统治方式问题。在研究博尔贾家族时则处处感到评价的困难。相关问题包括:如何从博尔贾家族的历史来全面地认识切萨雷·博尔贾? 如何从当时意大利与欧洲社会的国际背景来评价切萨雷·博尔贾的历史作用? 切萨雷·博尔贾的政治策略、手段与当时意大利共和国的社会政治特点有何关系? 当时历史学家和政治思想家心目中的切萨雷·

---

① E. R. Chamberlin, *Everyday Life in Renaissance Times*, B. T. Batsford, 1965.
② 罗斯有《伊丽莎白时代英国的扩张》(A. L. Rowse, *The Expansion of Elizabethan England*, Macmillan, 1957)等各类学术著作;张伯伦则有《意大利文艺复兴的世界》(E. R. Chamberlin, *The World of the Italian Renaissance*, Allen & Unwin, 1982)等专题性著作。
③ 布克哈特:《意大利文艺复兴时期的文化》,何新译,商务印书馆 1979 年版,第 14 页。
④ Ferdinand Schevill, *The Medici*, Harcourt, Brace & Company, 1950.

博尔贾和以后各种历史研究中的切萨雷·博尔贾有什么差异？等等。围绕博尔贾家族的研究先后有不同层次的著作面世，其中马里特的成就最受学人推崇。① 布拉福德的著述属于有相当学术根底的传记类作品②，张伯伦则写有图文并茂的大众读物。③ 对切萨雷·博尔贾的妹妹卢克蕾西娅的研究是另一个热点，其中首推格利格罗维斯的研究成果。④

3. 在社会生活中占有特殊地位的妇女生活史研究。笔者用"特殊"二字，以表明文艺复兴时期的妇女是对社会变化反应最敏感的社会群体，她们在生活的各个方面扮演了特殊的角色。由列文和沃森合编的论文集《含蓄的实在：中世纪和文艺复兴时期的妇女》⑤，通过对大量文本的分析来阐述妇女在中世纪和文艺复兴时期的表现及其角色变迁。由芝加哥大学编辑的另一论文集⑥则全方位讨论了文艺复兴时期与妇女、性、婚姻有关的各类问题。麦克莱恩的《文艺复兴时期的妇女概念：一项关于欧洲精神生活中的经院主义命运观和医学科学的研究》⑦，从神学、医学、伦理学、政治学和法学等角度论述了一位妇女的生平。在最后评定当时的妇女究竟发生了何种变化、是否发生了一个妇女运动等问题时，作者表现了一种谨慎的态度。

---

① Michael Edward Mallett, *The Borgias: The Rise and Fall of a Renaissance Dynasty*, Barnes & Noble, 1969.

② Sarah Bradford, *Cesare Borgia: His Life and Times*, Weidenfeld and Nicolson, 1981.

③ E. R. Chamberlin, *Cesare Borgia*, International Textbook, 1969.

④ Ferdinand Gregorovius, *Lucrezia Borgia*, New English Library, 1969.

⑤ *Ambiguous Realities: Woman in the Middle Ages and Renaissance*, ed. by Carole Levin and Jeanie Watson, Wayne University Press, 1987.

⑥ *Rewriting the Renaissance: The Discourses of Sexual Difference in Early Modern Europe*, ed. by Margaret W. Ferguson, Maureen Quilligan, and Nancy J. Vickers, The University of Chicago Press, 1986.

⑦ Ian Maclean, *The Renaissance Notion of Woman: A Study in the Fortunes of Scholasticism and Medical Science in European Intellectual Life*, Cambridge University Press, 1983.

4. 对社会精神文化生活发生影响的教育史和科学史研究。文艺复兴时期的世俗性生活态度、社会行为方式与当时的教育科学状况互为表里。根据查尔顿的研究结论,文艺复兴时期人们对教育的热情是基于一种十分实际的态度,如对增加财富的兴趣,统治者对政治统治的关注,以及宗教事务问题等。① 学者们还非常关注文艺复兴时期的科学思想特点:对新事物探求的热情、实际需要的激励(如造船业对其他技术的带动)、科学与宗教的混杂等。② 杜卡斯和萨通的著作从不同侧面展示了上述特点。③

5. 对社会生活重要组成部分的艺术社会史研究。艺术创作不仅是对社会的描摹,也是一种社会参与。文艺复兴时期不同艺术情趣的生成极大地改变了当时人们的生活态度和行为方式。这里特别应该提及的是豪瑟《艺术社会史——文艺复兴、风格主义和巴洛克》④一书。全书的编撰理念有两点:既从社会史的角度来考察文艺复兴及各个时代的艺术创作,又将艺术作品本身当作社会现实的一种独特反映。从图说史的角度看,《文艺复兴全景图》⑤偏重于"图",豪瑟的著作则强于"说",故豪瑟的

---

① Kenneth Charlton, *Education in Renaissance England*, Routledge and K. Paul, 1965. 另外伍德沃德《1400 至 1600 年文艺复兴时期的教育研究》(William Harrison Woodward, *Studies in Education During the Age of the Renaissance, 1400–1600*, Teachers College Press, 1967)一书力图比较完整地再现文艺复兴时期的学校教育制度。此书是哥伦比亚大学师范学院出版社编辑的一套教育经典丛书中的一种,它牵涉到许多细节问题,如学校种类、教师聘请、学生就学、学校制度、教学方法、学费收取等等。
② 参见本文上篇。
③ 参见 M. Ducasse, *Theories of Scientific Method: The Renaissance through the Nineteenth Century*, University of Washington Press, 1960; George Sarton, *Six Wings: Men of Science in the Renaissance*, UMI Press, 1996.
④ Arnold Hauser, *The Social History of Art: Renaissance, Mannerism and Baroque*, Routledge and K. Paul, 1962. 该书是 4 卷本《艺术社会史丛书》中的第 2 卷。
⑤ *The Panorama of the Renaissance*, ed. by Margaret Aston, Harry N. Abrams, Abradale Press, 1996.

著作更有学术性。

6. 对其他社会生活的研究。如济贫、银行、中产阶级的特点、艺术庇护人等等。这里特别就济贫问题谈一些看法。在中世纪和文艺复兴相当长的时期内,意大利的威尼斯保持了稳定和繁荣的局面。在英国女王伊丽莎白时期也保持了相当长的政治稳定局面。其中有许多原因值得探讨。笔者以为,当时统治阶层对济贫问题的关注应该是众多原因中比较重要的方面。在文艺复兴时期的意大利和英国,政府通过政策性措施来实施济贫,教会和民间组织则有各种类型的自愿性济贫行为。这方面的经验值得学术界做更深入的、富有时代感的研究。当然还会引申出西方社会结构中国家行为和社会行为的双重运行模式等理论问题。这里推荐普兰的《文艺复兴威尼斯的富人与穷人》①一书。普兰从威尼斯的社会结构入手,对涉及贫富问题的现象做了全方位的分析。其中对天主教会济贫机构的介绍、对新的慈善法律和措施的分析、对有关犹太人银行信贷的评述是全书的核心内容。

　　文化史的研究对以往将文艺复兴当作是一个全新时代开始的看法提出了疑问。这里需要指出的是,"12世纪的文艺复兴"概念并非哈斯金斯②的专利品。上文提到的拉什德尔的《中世纪的欧洲大学》就曾涉及这个问题。当然,哈斯金斯的著作引起了人们对文艺复兴更全面的认识③。其实,这里牵涉到对14至16世纪欧洲近代史开端的认识问题。笔者更倾向于认为文艺复兴时期是一个向近代文明社会迈进的过渡时期。文艺复兴时期的社会结构既是中世纪社会结构的一个延续,又是向资本主义文明转型的开始。这种转型到18世纪大致完成。用转型的目光看问题

---

① Brian Pullan, *Rich and Poor in Renaissance Venice*, Blackwell, 1971.

② 参见本文上篇。

③ 可参见 *The 12ᵗʰ Century Renaissance*, ed. by C. Warren Hollister, John Wiley & Sons, 1969。

就能清晰地发现：第一，至 14 世纪，财富、阶级、社会运行方式正在发生一系列的变化。甚至可以说，文艺复兴时期重要的社会现象之一是财富的重新分配以及与此相应的法律和政治制度的改革。复兴罗马法就是要对其中的民法部分加以新的认识以适应财富的重新分配。第二，近代欧洲社会转型的另一个重要课题是如何强化世俗政府权力及其运作。① 在这个前提下，世俗社会的社会化管理究竟由宗教机构还是由其他社会机构来执行都不是重要的原则问题。在一个强有力的政府调节下，任何按照法定的规则实行的社会化管理都会产生积极的效果。以后西欧各国的社会运行大致沿袭了上述模式。第三，转型的另一个方面是教会的改革。14—16 世纪的政治改革的焦点是教会势力和世俗势力的权力更替。但教会不仅仅是一种政治势力，基督教早已是一种文化的潜势在人们的思想和情感中发生影响。因此如何让带着宗教情感的人去适应新的社会，这就是加尔文的课题。整个 14—16 世纪，就是各个阶级在不抛弃基督教宗教情感的前提下寻找自己理想社会模式的时代。卢卡斯《文艺复兴与宗教改革》②一书抓住了几个最紧要的时代问题，如货币经济、民族国家的出现、世俗权力的上升及其与教会之间的矛盾等，对当时社会权力的转移问题进行了全方位的评述。

二、 以人神对话为线索的思想史研究

这里所谓的人神关系特指：人的意识与宗教意识之间的关系，传统的

---

① 乌尔曼《文艺复兴人文主义的中世纪基础》(Walter Ullmann, *Medieval Foundations of Renaissance Humanism*, Cornell University Press, 1977)一书特别研究了政府的世俗化和其他社会层面的世俗化问题。参见该书第 30—89 页。
② Henry Stephen Lucas, *The Renaissance and the Reformation*, McGraw-Hill Book, 1934. 其中第 1 部的第 1 和第 2 章对文艺复兴和宗教改革共同历史背景的阐述尤其重要。

天主教信仰和新教信仰之间的矛盾,教会权力与世俗权力的争斗,等等。文艺复兴时期,个人和社会集团都以自己特定的认识和角色参与上述纷繁复杂的历史关系。结果是:意识形态上,人性与神性得到了新的和谐统一;现实社会中,教权与俗权的势力做了转换调整。这种新的和谐统一与转换调整一直影响着近代欧洲思想文化和社会政治结构的变化趋势。

(一) 全面认识人文主义和新柏拉图主义的关系

人文主义的思想主流是新柏拉图主义。众所周知,克利斯特勒是文艺复兴时期新柏拉图主义的研究专家。另一位艺术史学者佩特也专门就新柏拉图主义开设讲座,并将讲座内容汇编成书,以《柏拉图和柏拉图主义》[①]的书名出版。对柏拉图在当时的影响方式和范围要有全面的认识。既以柏拉图主义和亚里士多德主义的关系而言,就不能将两者绝对地分隔开来。固然,在中世纪占主导地位的是亚里士多德主义,而文艺复兴时期对人文主义影响较大的是新柏拉图主义,但在更多的情况下,两者是"相伴而行"。[②] 从文艺复兴时期的思想文化发展情况看,凡带着审美倾向研究人文学科的学者都不同程度地从柏拉图思想体系中寻找源流,甚至他们的种种精神危机也源自新柏拉图主义。一些注重经验传统的思想家像培根等人则更多的是接受亚里士多德的思想。不过有些科学家如布鲁诺等也深受柏拉图思想的影响,这一点从布鲁诺关于爱的论文中就可以发现。新柏拉图主义在各国的表现不一:意大利是新柏拉图主义的发源地,费奇诺等人确立了新柏拉图主义的基本理论框架;英国以自己独特的方式接受新柏拉图主义;法国和德国的一些思想家在接受新柏拉图主义时,开始了一种向理性主义的转移。洛布《意大利文艺复兴时期的新柏

① Walter Pater, *Plato and Platonism*, Macmillan, 1928.
② 可参见维斯《意大利人文主义的传播》(R. Weiss, *The Spread of Italian Humanism*, Huthinson, 1964)的第4章"柏拉图主义与亚里士多德主义"。

拉图主义》①是这方面最有权威的研究著作。弗格森从历史的角度全方位探讨了文艺复兴、人文主义等重要概念的内涵、影响和变化。②

（二）在人神关系方面的重要人物研究

人神关系问题是由具体的人物及其言行来体现的。大致可分成两类：一类是比较纯粹的哲学家，如费奇诺等；另一类是政治思想家和宗教改革思想家。以下侧重对马基雅维里等思想家进行述评。③

在文艺复兴及以后相当长的时期内，对马基雅维里的思想曾产生种种误解，原因是当时的许多批评家仅凭阅读马基雅维里的《君主论》和《兵法七论》就匆忙下结论。④ 从研究的角度讲，对马基雅维里的完整认识从 19 世纪末至 20 世纪末持续了整整一个世纪才逐渐理出头绪。现在任何一个搞学术研究的人都不会对诸如"马基雅维里主义"等概念发表一些轻率的意见。马基雅维里的思想体系有两个理论支撑点，即人性的和历史经验的。在当时纷繁复杂的国际形势中，马基雅维里有着十分清醒的政治判断，即只有一个强大的国家才能与其他势力抗衡。所以马基雅维里的兴趣点是意大利的强大方法，国家治理的有效性手段，国与国抗衡的实力和外交途径⑤，如此等等。关于马基雅维里如何在古代罗马的历史中寻找政治方案的问题，苏利文《马基雅维里的三个罗马——宗教、人文

---

① Nesca A. Robb, *Neoplatonism of the Italian Renaissance*, Allen & Unwin, 1935.

② 参见 Wallace K. Ferguson, *The Renaissance in Historical Thought*, Houghton Mifflin, 1948。作者还写过《文艺复兴》（Wallace K. Ferguson, *The Renaissance*, Holt, Rinehart and Winston, 1967）等书。

③ 简森主编的论文集《马基雅维里：犬儒、爱国者或政治科学家?》（*Machiavelli: Cynic, Patriot, or Political Scientist?*, ed. by De Lamar Jensen, D. C. Heath and Company, 1960）可供参考。

④ 例如在英语世界里，人们在相当长的时间里主要阅读先后于 1560 年和 1640 年出版的都铎版英文译本马基雅维里的《君主论》和《兵法七论》。

⑤ 马丁利《文艺复兴时期外交》（Garrett Mattingly, *Renaissance Diplomacy*, Penguin, 1955）一书仍是这方面的权威著作。

自由和政治改革》一书中做了详尽分析。① 从根本上讲,马基雅维里是主
张共和国政治体制的思想家。他在《李维史论》②一书中特别研究了罗马
共和国的权力人物、罗马共和国的国家机构设置、罗马共和国的权力制
衡、罗马共和国的军事构成、罗马共和国的公民社会运作机制、罗马共和
国的社会综合协调方法等等。维罗里《马基雅维里》③的第 4 章集中探讨
了马基雅维里的共和国理论。波考克则将马基雅维里的思想、英国 16—
17 世纪的政治思想、美国 18 世纪的政治思想进行系统的考察分析,认为
其中有一条内在的发展线索。④ 可见,波考克对马基雅维里思想、地位的
高度重视。在分析过程中,人们还会遇到许多难解的概念,virtue(才气)
无疑是最难把握的一个,我们可以在曼斯菲尔德的精彩评述中得到启
示。⑤ 戈多雷西试图采用当代解释学的研究方法,通过互动式的阅读和理
解去重新释读马基雅维里的重要概念,并由此切入马基雅维里的内心
世界。⑥

　　马基雅维里对国家等问题的思索在其他一些思想家的身上也有不同
的体现。法国的黎塞留、英国的沃尔西和莫尔等都是非常有政治眼力的

---

① Vickie B. Sullivan, *Machiavelli's Three Romes: Religion, Human Liberty, and Politics Reformed*, North Illinois University Press, 1966.

② 还应参见李维《早期罗马史,第 1 至第 5 部》(Livy, *The Early History of Rome, Books I - V of The History of Rome from Its Foundation*, Penguin, 2000)和李维《罗马与意大利,罗马建城以来历史的第 6 至第 10 部》(Livy, *The Early History of Rome, Books VI - X of The History of Rome from Its Foundation*, Penguin, 2002)。

③ M. Viroli, *Machiavelli*, Oxford University Press, 1998.

④ 参见 J. G. A. Pocock, *The Machiavellian Moment: Florentine Political Thought and the Atlantic Republican Tradition*, Princeton University Press, 1975。

⑤ 参见 Harvey C. Mansfield, *Machiavelli's Virtue*, The University of Chicago Press, 1966。笔者将 Virtue 译为"才气",主要是在解读马基雅维里《君主论》和《李维史论》的多种意义后做出的。"才气"既有"品德"又有"能力"的意思,跟马基雅维里的愿意比较相符。

⑥ 参见 Barbara J. Godorecci, *After Machiavelli: "Re-writing" and the "Hermeneutic Attitude"*, Princeton University Press, 1993。

政治家,下面以莫尔为中心展开比较分析。将莫尔与沃尔西进行比较,人们不难发现莫尔虽然对当时的国际背景和英国的现实有一定的认识,但他始终被宗教的沉重包袱制约着,最后成为一名为教会荣誉和权力殉情的悲剧人物。而大主教沃尔西则以政治家的手段集大权于一身,机智地利用当时英国和国际社会的矛盾,其中的是是非非值得历史学家作公允的评判。长期以来人们对沃尔西的政治生涯多取贬抑的态度,如比较权威的《新编剑桥世界近代史》就持上述态度。① 历史传记学者里德列则对沃尔西的政治家眼光和生涯给予积极的评价。② 将莫尔与马基雅维里作比较亦能得到诸多启示:莫尔由于受新柏拉图主义的影响,其个性中充满神秘、漫幻的审美情趣。这种理想化的精神状态在一定程度上妨碍了莫尔坚持强化王权、强化国家力量的时代意识;马基雅维里受新柏拉图主义等超越性的理念影响很小,这从一个方面促使马基雅维里将政治目光始终聚焦于现实。此外,将莫尔与加尔文作比较也不乏值得思索的地方:莫尔在宗教情感和现实政治之间摇摆,只能间接地通过君主的势力表达自己有限的意志;加尔文则有改变现实的政治家勇气,加尔文的政治实践力图表明,基督教的哪些理论和制度可以转化为现实的政治运作。作为社会的回应,同时期的反宗教改革势力则使基督教会本身完成了一次历史转型。后来英国的清教徒又在新大陆进行政治与宗教实践。所有这些内容构成了一条 14 至 17 世纪欧洲政治发展的主线索。艾伦认为,16 世纪的政治思想没有比加尔文更重要的了。③ 文德尔《加尔文——宗教思想

---

① 参见埃尔顿主编:《新编剑桥世界近代史》(第 2 卷),中国社会科学院研究所组译,中国社会科学出版社 2003 年版,第 298—299 页。

② 参见 Jasper Ridley, *Statesman and Saint: Cardinal Wolsey, Sir Thomas More and the Politics of Henry VIII*, Viking Press, 1983。

③ 参见 J. W. Allen, *A History of Political Thought in the Sixteenth Century*, Methuen, 1957, p. 59。

的起源与发展》①也很值得一读。莫尔的研究资料可以分为两个方面,一是参考资料,如罗珀和斯塔普列顿的莫尔传②等。二是专题性的研究,如勒斯里《文艺复兴乌托邦和历史问题》③一书就乌托邦问题提出了自己的许多看法。近人对莫尔的生平研究方面,钱伯斯、赫克斯特、马留斯的著作是不同阶段研究的代表。这里集中介绍钱伯斯的《托马斯·莫尔》④。该书在材料的整理上比较完整,对前人的研究成果做了详细的研读,那长达 48 页的"前言"是对以前各重要的莫尔传记的评述。书中还提出了许多独到的见解,如对莫尔的柏拉图主义源流和与乌托邦有关的一些思想的评述颇为不同凡响,许多观点和研究成果已被学术界采用。⑤ 关于对莫尔好友伊拉斯谟的研究,可参考艾伦《伊拉斯谟的时代》,该书已经成为研究伊拉斯谟的经典著作。⑥

关于宗教改革的研究早已形成系列。姑且不论德国,以英国为例就包括:英国宗教改革史研究;亨利八世时期的宗教改革研究;亨利八世、沃尔西、莫尔等人物的研究,等等。在这方面,不能忽视著名宗教改革史学

---

① Francois Wendel, *Calvin: The Origins and Development of the Religious Thought*, Collins, 1963. 该书出自法国的著名宗教改革史专家之手,学术界对其人其书评价甚高,又有大量法文和德文附于书后,极大地扩张了参考面。

② William Roper, *The Household of Sir Thomas More by Anne Manning with Roper's Life of More*, J. M. Dent & E. P. Dutton, 1906; Thomas Stapleton, *The Life of Sir Thomas More*, Burus & Oates, 1966.

③ Marina Leslie, *Renaissance Utopias and the Problem of History*, Cornell University Press, 1998.

④ R. W. Chambers, *Thomas More*, Jonathan Cape, 1957. 关于赫克斯特、马留斯等人对莫尔的研究,可参见本文上篇。

⑤ 作为莫尔研究的背景资料,除了亨利八世的档案资料外,可分成如下层次的参考著作:George Burton Adams, revised by Robert L. Schuyler, *Constitutional History of England*, Jonathan Cape, 1935; Conrad Russel, *The Crisis of Parliaments, English History 1509 -1660*, Oxford University Press, 1971; A. G. Dickens, *The English Reformation*, Fontana Press, 1967; Smith H. Maynard, *Henry VIII and the Reformation*, Macmillan, 1948; J. C. Davis, *Utopia and the Ideal Society: A Study of English Utopian Writing 1516 - 1700*, Cambridge University Press, 1981。

⑥ 另可参见 A. G. Dickens & Whitney R. D. Jones, *Erasmus: The Reformer*, Mandarin, 1995。

者班登的影响。① 除已经翻成中文的外,班登的著作还包括《16 世纪的宗教改革》②等。研究宗教改革的学者同时都十分关注文艺复兴的研究。班登在书后的参考文献资料里特别提到,在将文艺复兴和宗教改革一起加以研究的著作中有 3 部曾对宗教改革给予了足够的重视。它们分别是:卢卡斯《文艺复兴与宗教改革》、赫尔姆《欧洲大陆的文艺复兴,新教革命和天主教改革》③、格林《文艺复兴和宗教改革——欧洲 1450 至 1660 年历史概论》④。关于更多的当时政治思想家的情况可参见斯金纳《近代政治思想家的基础》(上卷"文艺复兴",下卷"宗教改革")⑤。

三、 以风格为主题的文学艺术研究

在《热点述评》一文里,笔者对文艺复兴时期以"和谐"和"冲创"为基调的风格做了分析。这种风格既包含文化上的传承因素,又是时代精神的体现。在至今为此的西方文明进程中,封建时代向资本主义时代的转型是人获得社会解放的重要社会转折点,它导致人的文化潜能极大喷涌。在一些有影响力的著作中,文艺复兴时期的文学艺术内容都占了相当的比重,如威金斯《意大利文学史》⑥等。这除了文艺复兴时期曾涌现出一大批有思想、有才华的作家以外,更重要的是这些作家的作品内容和创作风格呈现出独特和多样性的特点。古典文化、基督教信仰体系、宗教改革

---

① 格里姆《宗教改革时代:1500—1650》(Harold J. Grimm, *The Reformation Era 1500 - 1650*, Macmillan, 1954)一书对班登赞赏尤佳。

② Roland Bainton, *The Reformation of the Sixteenth Century*, Hodder and Stoughton, 1963.

③ Edward Maslin Hulme, *The Renaissance: The Protestant Revolution and the Catholic Reformation in Continental Europe*, Century Co., 1915.

④ V. H. H. Green, *Renaissance and Reformation: A Survey of European History between 1450 and 1660*, Arnold, 1958.

⑤ 斯金纳:《近代政治思想的基础》,奚瑞森、亚方译,商务印书馆2002 年版。

⑥ Ernest Hatch Wilkins, *A History of Italian Literature*, Oxford University Press, 1954.

理论、柏拉图主义与亚里士多德主义、骑士精神、民风民俗、中世纪大学的独特氛围等,它们交织在一起,被不同的向往独立精神的个人和团体所接受、改造,并创作出新的文化成果。

(一) 对风格问题的关注及其与欧洲美学传统的关系

西方的传统思想文化特征就是强调形而上学的理念,或者说十分注重对事物形式的关注。这种特征也影响到文学艺术批评领域。从古希腊开始,文学艺术批评著作就把创作的风格问题当作核心的论题来考虑。亚里士多德在对美下定义时指出,美就是一种和谐。以后盛行的为艺术而艺术论就是形式风格论的翻版。丹纳指出,意大利人特别注重艺术的形式,其形式方面的想象力和创造力是其他西方民族所不能比拟的。[1] 我们可以在总体上去描摹当时的风格,但就具体的某一个人而言,我们很难用某种风格去定论。所以按照鲍桑葵的理论,像但丁这样的大家,我们更应该去关注他选择风格的意向,从而认识到他所创造的是一种独特的风格。[2] 已译成中文的《西方美术风格演变史》[3]是一本系统探讨艺术风格的专著,该书第3部专门讨论文艺复兴的风格,将"完整与和谐"作为文艺复兴盛期艺术风格的核心。[4] 沃尔《意大利文艺复兴艺术的美学:对风格的再思考》[5]是这方面的权威著作。弗格森在开列参考书目时,还专门开列风格一栏。[6]

---

[1] 参见丹纳:《艺术哲学》,傅雷译,人民文学出版社1963年版,第78页。

[2] 参见鲍桑葵:《美学史》,张今译,商务印书馆1985年版,第201—202页。

[3] 柯耐尔:《西方美术风格演变史》,欧阳英、樊小明译,中国美术学院出版社,1992年版。

[4] 参见柯耐尔:《西方美术风格演变史》,第94—108页。

[5] Hellmut Wohl, *The Aesthetics of Italian Renaissance Art: A Reconsideration of Style*, Cambridge University Press, 1999.

[6] 参见 Wallace K. Ferguson, *The Renaissance in Historical Thought*, p.404.

（二）影响意大利文艺复兴艺术风格的种种因素

第一，技巧-透视法。风格离不开手段，我们应当充分估量艺术史上由于技术的变化而带来的一系列创作风格的更新。潘诺夫斯基《文艺复兴和西方艺术中的文艺复兴》一书对 14 世纪以前的欧洲文艺复兴情况做了详细的阐述，特别捍卫了文艺复兴是一种风格的变化这样一个论题。[①]其中第 3 章从技术的角度专门探讨了透视法在当时创作实践中的运用。第二，不同艺术庇护人的情趣和爱好各有特点。文艺复兴意大利之所以会出现艺术创作的繁荣局面，其中艺术庇护的法律严肃性、艺术庇护人的广泛性和独特个性等，都是重要的因素。《意大利文艺复兴时期的庇护人和艺术家》[②]是一本详细记载庇护人和艺术家之间协议、创作的资料集，也有许多评述。《文艺复兴时期的妇女庇护人：约 1300 至 1500 年意大利的妻寡》[③]一书的作者运用大量的材料，对当时女庇护人的真实状况做了详细描述，这不仅使人了解到当时大家参与艺术活动的盛况，也使人对庇护人，特别是妇女庇护人的内涵有更确切的了解。第三，中世纪不同城市的文化氛围和艺术传统。第四，艺术家个人的思想情趣和创作手段。

（三）英国文学创作风格的多样性

当时英国的文学创作，在内容上既有指涉人生世态的思绪辗转，又有敢于闯荡一切的个性张扬；在文风上将欧洲传统的精神气质与岛国清淡含蓄的笔触融为一体，给人留下和谐与冲创的审美情趣。英国文艺复兴时期，不仅涌现出像培根、莎士比亚、弥尔顿这样的大家，还有诸多个性怪异的文学孤星。它们交织在一起，构成一幅夜色斑斓的星空。形而上学

---

① Erwin Panofsky, *Renaissance and Renascences in Western Art*, Almqvist & Wiksell, 1960, pp. 201-236.

② *Patrons and Artists in the Italian Renaissance*, ed. by David Chambers, Macmillan, 1970.

③ Catherine King, *Renaissance Women Patrons: Wives and Widows in Italy c. 1300 - 1550*, Manchester University Press, 1998.

诗就是其中的灿烂星斗。自格里尔森编撰选本①并为此作序后,学术界开始以新的目光关注以多恩的诗作为代表的形而上学诗。形而上学诗是欧洲传统文化的在诗歌创作中的凝聚、延续。它将纷繁复杂的情感、思想等当作一种超越的存在,并用形象化的动词来扣住那种存在,使读者去领略既清晰又深沉的诗歌天地。这种形而上学诗与新柏拉图主义的精神也有密切的关系。这方面应注意 T. S. 艾略特的评价。② 马瑟欧《文艺复兴与革命:欧洲思想的重构》③书中有几部分内容涉及形而上学诗。达切斯在《批评的英国文学史》④的第 2 卷第 11 章"斯宾塞以后的诗歌:琼森主义者和形而上学传统"中,对形而上学诗进行了详细的论述。他在概括多恩的诗歌特点时说,"先是一种惊讶,然后是思想的精心流动"⑤,真是言简意赅。当时还有一大批精彩佳作。布朗的《医生的宗教》充满了想象力,特别是将科学与宗教两个世界的对峙和交感的复杂心理状况加以戏剧化的描摹。⑥ 另外又出现了像伯顿这样的抑郁派诗人。他的作品《抑郁的解剖》⑦将文艺复兴时代个体主义的另一侧面,即偏重内在完美世界的塑造、钟情孤独彷徨的愁思等情绪表现得淋漓尽致。沃尔顿的闲暇恬适的散文则是一幅娓娓道来的人与自然交融的内心独白。他的《垂钓全书》⑧不仅在当时,而且历经时代的推移,不断被人传诵。沃尔顿还是写传记的

---

① Herbert J. C. Grierson, *Metaphysical Lyrics & Poems of the Seventeenth Century, Donne to Butler*, Oxford University Press, 1921.

② 参见本文上篇。

③ Joseph Anthony Mazzeo, *Renaissance and Revolution: The Remaking of European Thought* Pantheon Books, 1965.

④ David Daiches, *A Critical History of English Literature I－IV*, Secker and Warburg, 1960.

⑤ David Daiches, *A Critical History of English Literature I－IV*, p. 363.

⑥ Sir Thomas Browne, *Religio Medici and Other Writings*, J. M. Dent & Co., 1906.

⑦ Robert Burton, *The Anatomy of Melancholy*, 3 Vols. J. M. Dent & Co., 1932. 杨周翰在《十七世纪英国文学》(北京大学出版社 1996 年版)一书中有专章论述伯顿的《抑郁的解剖》。

⑧ Izaak Walton, *The Compleat Angler*, Stackpole Co., 1953.

能手,他的《多恩传》①等 5 篇传记历来受到文学史家的重视。在文艺复兴时代,人们对新航路的开辟和殖民事业寄予了很大的热情,这种热情是个性的最集中的体现。在一些关于航行的日记和著作中我们可以深深地体会这种热情。在这方面,哈克卢特的皇皇巨著《英格兰民族重要的航海、航行和发现》②可谓集大成者。哈克卢特不仅长于记述,而且交友广泛,所以该书对了解当时航海活动的情况有重要的学术参考价值,对了解当时英国及世界范围的社会变化、风土人情也是不可多得的第一手材料,但该书尚未引起我国研究新航路问题的学者的充分注意。

在编撰文艺复兴时期的艺术作品时,如何将当时的艺术创作风格呈现出来,也是一件颇费心事的工作。在这方面,由历史学家黑尔编辑的《意大利文艺复兴时期的绘画》③一书给了我们另一种启示。在编辑该书时,黑尔除了努力贯彻其一贯的总体性历史视野外,还始终不放过那些看似不重要的细节。也许在黑尔看来,这些细节、细部恰恰是最能体现作者的风格。因此,这本图集对众多艺术家的艺术创作成果做了展示,并放大了一些感情复杂的地方。另一项巨大的合作项目是由海伊领衔编撰的《文艺复兴时代》④一书。全书 8 开,359 页,附有大量插图。可谓一册在手,全景概览。该书由海伊撰写导言,并由鲁宾斯坦(Rubinstein)等学者分别撰文。上文提到的黑尔也参加了撰写。至今仍不失为文艺复兴图文集的扛鼎之作。

与文艺复兴几个热点问题研究展开的同时,还出现了许多汇编类作品。其中颇具参考价值的有:科克兰、柯什纳合编的《西方文明选读:文艺

---

① Izaak Walton, *Lives of Donne, Wotton, Hooker, etc.*, Oxford University Press, 1927.
② Richard Hakluyt, *Principal Navigations Voyages & Traffiques & Discoveries of the English Nation*, 8 Vols., J. M. Dent & Co., 1907.
③ J. Hale, *Italian Renaissance Painting*, The Phaidon Press, 1977.
④ Denys Hay, *The Age of the Renaissance*, Thames & Hudson, 1967.

复兴卷》①、科克兰编辑的《1525至1630年晚期意大利文艺复兴》②、埃尔顿主编的《1300至1648年的文艺复兴和宗教改革》③。顺便指出,这些作者都在文艺复兴的研究领域留下各有特色的精品。

读史札记
一个佛罗令金币的币值

　　文艺复兴史研究中会碰到一些看似很小的问题,例如一个佛罗令的币值是多少等。事实上这些小问题没有弄懂,大论题的解决也无从谈起。例如不知道当时意大利的币制换算,又怎么能深入地分析社会经济史的宏观走向。佛罗令初始铸造大概在1252年,逐渐成为欧洲货币。④ 有研究提到,科西莫·德·美第奇去世后,一项秘密文件披露,美第奇家族在1434至1471年间投资艺术、慈善和税务方面的总金额(按今日计算)达150—250万美金。⑤ 按照《佛罗伦萨行会》一书的说法,仅科西莫一个人的投入大概有50万佛罗令。⑥ 当时佛罗伦萨每年的国家收入大致为30万佛罗令,因此美第奇家族的这笔支出平摊到每年来计算的话,大致相当于岁入的6%左右,十分可观。⑦ 根据上述信息,我们大致能换算出当时1个佛罗令(金币)约等于20世纪90年代的230美金。当然,各种换算所依据的凭据不同,结果也自然不同。丹尼斯顿《乌尔比诺公爵回忆录》一书有关于佛罗令的

① *Reading in Western Civilization: Renaissance*, Edited by Eric Cochrane and Julius Kirshner, University of Chicago Press, 1986.

② *The Late Italian Renaissance 1525 - 1630*, Edited by Eric Cochrane, Macmillan, 1970.

③ *Renaissance and Reformation 1300 - 1648*, Edited by G. R. Elton, Macmillan, 1968.

④ 参见 W. Levey, *Florence: A Portrait*, Harvard University Press, 1998, p.19。

⑤ 参见 R. Fremantle, *God and Money: Florence and the Medici in the Renaissance*, Leo S. Olschki Editore, 1992, p.42。

⑥ 参见 E. Staley, *The Guilds of Florence*, Benjamin Blom, 1967, p.194。

⑦ 另参见布克哈特:《意大利文艺复兴时期的文化》,何新译,商务印书馆1979年版,第75—77页。

币值说明。根据维拉尼的记载，1340 年当时 1 个佛罗令约等于 72 谷（grains）纯金重量，或 24 克拉（carats）足金重量。西斯蒙第则推算为 1/8 盎司（ounce）或 60 谷重量。奥西尼（Orsini）推算 1533 年大概为 70 谷或 22 克拉重量。① 如果用今天的黄金牌价来计算，大致 1 佛罗令在 200 至 250 美金之间。但影响币值的因素很多，不能作简单的换算。特别是当年的具体购买力如何还要具体分析。上述情况在 20 世纪 90 年代与今天相比又有区别。还有的解释更简单：文艺复兴时期的 1 个佛罗令相当于 20 世纪初 2 个英镑②，大概值 21 世纪初的 300 美金。显然，币值换算时应当充分考虑时间、环境、购买力等诸多复杂的因素。总之，由一个佛罗令的币值问题可以引申出很多社会经济史、社会文化史方面的新思考。

中世纪佛罗令
左为百合花图案，右为佛罗伦萨守护人圣约翰图案

---

① 参见 J. Dennistoun, *Memoirs of the Dukes of Urbino, Illustrating the Arms, Arts, and Literature of Italy, from 1440 to 1630*, Vol. 1, Longman, Brown, Green, and Longmans, 1851, Preface, p. xvi。

② 参见 H. R. Williamson, *Lorenzo the Magnificent*, Michael Joseph, 1974, p. 28。

3
后期文艺复兴研究述评
——兼评鲍斯玛的文艺复兴"消退说"*

　　16 世纪中叶至 17 世纪中叶这段历史内容一直是文艺复兴研究领域的学术难点。进入 20 世纪,学术界对上述时段的史实表现出少有的研究热情,并且佳作迭出。2000 年,文艺复兴史出版重镇之一的耶鲁大学出版社,发表了美国加州大学伯克利分校历史学教授鲍斯玛(已于 2004 年去世)的封笔之作《文艺复兴的消退》(*The Waning of the Renaissance*)①(以下简称《消退》)。就像史学史上以"衰亡"(吉本《罗马帝国衰亡史》)、"衰落"(赫伊津哈《中世纪的衰落》)、"没落"(斯宾格勒《西方的没落》)等为题的著作曾有过轰动效应一样,鲍斯玛的著作和"消退"一名迅速在

----

* 本文原载《天津师范大学学报(社会科学版)》2008 年第 4 期。

① 本文引用的是平装本 W. J. Bouwsma, *The Waning of the Renaissance: 1550‒1640*, Yale University Press, 2002。作者另撰有:W. J. Bouwsma, *Venice and the Defense of Republican Liberty: Renaissance Values in the Age of the Counter Reformation*, University of California Press, 1968,等等。另外需要提及的是,鲍斯玛教授曾来北京大学历史系讲学,并将其丰富藏书捐赠给北京大学历史系资料室。

学界引起巨大反响。《美国史学评论》《文艺复兴季刊》等纷纷转载名家的评论。其中，文艺复兴史研究权威布鲁克尔更是将鲍斯玛的著作比作自布克哈特以来最有原创性和思想启示意义的文艺复兴史研究成果。①由于《消退》牵涉对后期文艺复兴的总体评价，牵涉对人文主义特征和内容的认识，牵涉对社会转型和文化变迁的观察分析，牵涉对众多人物、著作、思想的条分缕析，因此即使没有名家捧场，也值得学人走进鲍斯玛的史学视界，并对《消退》认真审视一番。

一、 西方史学界关于后期文艺复兴的研究和划段

随着研究视野的不断开阔，西方史学界用"文艺复兴"指称欧洲特定时期的历史演变事实已习以为常，相关著作不胜枚举，如罗伯特与克劳斯《欧洲的世界：文艺复兴的世界》②等。尽管文艺复兴之名的流行几乎到了商业炒作可能达到的热度，但对于文艺复兴的年代所指等问题仍是各说各理，莫衷一是。其中最长的文艺复兴时段考虑是从 14 世纪一直延伸至 17 世纪上半叶。③ 如果这种时段划分能够成立，那么 16 世纪中叶以后的历史当属于后期文艺复兴的研究范围。从逻辑上讲，有了时间划段，有了后期概念，就会有"消退""衰落"之类概念相伴随。但就历史的实际进程和文艺复兴研究的实际状况而言，事情远非逻辑推论那么简单。

"后期文艺复兴"这种历史划段真那么重要吗？综观文艺复兴史研究泰斗布克哈特于 1860 年发表的《意大利文艺复兴时期的文化》一书，作者始终未就 16 世纪中叶到 17 世纪中叶这段历史的特征进行总体性梳理和

① 参见《消退》封底的摘评。
② G. S. Robbert and R. G. Clouse, *The World of Europe: The Renaissance World*, Forum Press, 1973.
③ 参见拙著《文艺复兴时期人神对话》，华东师范大学出版社 2002 年版。

评价,也始终没有用"早期""盛期""后期"之类的概念进行历史分段,取而代之的是"世纪"等概念。例如,该书第 4 篇第 11 章的标题是"16 世纪人文主义者的衰落",原版德语标题为"Sturz der Humanisten im 16. Jahrhundert"[①]。德语 Sturz 的意思是地位、价格、气候等的跌落。英文用 Fall[②] 来对译 Sturz,中文则根据英文译为"衰落"。[③] 德文书籍在描述某个帝国、某个时代等的衰落时经常用 Untergang 来修饰,如斯宾格勒《西方的没落》就取名"Der Untergang des Abendlandes",吉本《罗马帝国衰亡史》译成德文时用"Der Untergang des Roemischen Weltreiches",如此等等。按照布克哈特的理解,到了 16 世纪,人文主义者原来所具有的优势和影响正在逐渐下降。究其因,以往人们需要和人文主义者接触以便学习掌握希腊语、拉丁语,进而了解古代的文化内容。但印刷业的迅速发展使人们学习的空间被打开,与人文主义者的接近不再那么迫切了。另外,民族语言如意大利语等的推广也使人文主义者靠传授古代作品谋生的环境发生了变化。这些文化需求和客观条件的变化影响到人文主义者在各种学会以及其他社会团体中的地位。与此同时,人文主义者原本就有的一些劣势,如近乎放任的个体主义、对伦理道德的漠视、对赞助人的过分依赖等则随着人文主义者境况的变迁而愈加严重。总之,人文主义者的地位在下降。[④] 但作者在谈"下降"问题时同样未就文艺复兴历史时代的衰落问题进行概略性的评判。那么布克哈特是否留下了一个学术空白呢? 进而言之,鲍斯玛出版《消退》一书是否填补了布克哈特的学术空白呢? 下面不妨先回顾《消退》出版前学术界的研究状况。

---

① Jacob Burckhardt, *Die Kultur der Renaissance in Italien: Ein Versuch*, Kroener, 1988, s. IV.
② 参见 Jacob Burckhardt, *The Civilization of the Renaissance in Italy*, Harper & Row, Inc., 1958。
③ 参见布克哈特:《意大利文艺复兴时期的文化》,何新译,商务印书馆1979 年版,第25 页。
④ 参见布克哈特:《意大利文艺复兴时期的文化》,第268—279 页。

布克哈特谢世(1897)后,学术界对 16 世纪中叶至 17 世纪中叶这段历史的总体评价大致有两种倾向性的观点:一种认为意大利文艺复兴的盛期已过,开始了后期或晚期的时代;另一种意见认为,不能一味从意大利的角度看文艺复兴的变化,15—16 世纪时,意大利人文主义正在向欧洲更广的范围内扩散①,因此从欧洲的范围看文艺复兴、看人文主义,人们只能得出这样一个结论:即文艺复兴正以各种新的文化形式在演变。在具体概念的运用方面,持前一种意见者善用"后期文艺复兴"概念;持后一种意见者则尽可能回避"后期文艺复兴"等概念,而代之以"世纪"(century)、"时代"(age)等用语。

下面特以具体的著述为例进一步透视上述两种倾向。

与第一种倾向有关的著述情况:英国著名文艺复兴史研究专家黑尔曾发表带有明确"后期"或"晚期"概念的著作,以他为总主编的《社会史丛书》之一《晚期意大利文艺复兴:1525—1630》②即其中一例。显然这里的"晚期"所指对象限定在意大利史的范围。学者不难发现,有关意大利文艺复兴的研究著作不乏"早期""盛期""后期"之类划段的概念,如巴伦《早期意大利文艺复兴的危机》③等。这类划段在艺术史研究领域的应用尤为普遍,如艺术史专家莫雷的文艺复兴艺术史三部曲就是其中的代表,它们分别为《文艺复兴艺术》④、《盛期文艺复兴艺术》⑤和《后期文艺复兴和风格主义》⑥。与上述作者提出划段想法的同时,学术界不时有"消退"

① 参见 R. Weiss, *The Spread of Italian Humanism*, Hutchinson & Co. Ltd., 1964, p. 79。
② J. Hale, general editor, E. Cochrane, edited, *The Late Italian Renaissance 1525 – 1630*, Macmillan and Co Ltd., 1970.
③ H. Baron, *Crisis of the Early Italian Renaissance*, Princeton University Press, 1966.
④ P. Murray and L. Murray, *The Art of the Renaissance*, Praeger Publishers, 1963.
⑤ L. Murray, *The High Renaissance*, Praeger Publishers, 1967.
⑥ L. Murray, *The Late Renaissance and Mannerism*, Praeger Publishers, 1967.

"衰落"之类联想的发生。例如,西欧早期的资本主义文明曾经历一个经济、政治中心逐渐转移的过程。其主要特征是:意大利原有的中心地位逐渐被大西洋沿岸国家取代。具体表现为:美第奇银行的倒闭、威尼斯结算中心的变迁等;文学艺术风格逐渐由原来的和谐主义走向了"风格主义";宗教上天主教罗马教廷的地位受到宗教改革浪潮的冲击;等等。这些都是人所共知的"消退"象征。上述研究有一个共同的特点,即都对研究范围做非常明确的限定,并通过某一个点的历史演变状况做出划段。但在意大利范围内做历史划段也不是无懈可击的学术论断。当代艺术史家哈特已经意识到这样一个问题,即从风格的角度对意大利文艺复兴进行划段也有不小的难度。于是哈特采取折中的办法,即在大的思路上以世纪划分,仅在具体阐述 16 世纪的艺术史状况时提"盛期"一词。①

　　与第二种倾向有关的著述情况:黑尔《文艺复兴时期的欧洲文明》②、吉尔摩《人文主义的世界:1453—1517》③("近代欧洲兴起丛书"之一)、狄更斯《人文主义和宗教改革的时代:14、15、16 世纪的欧洲》④、杜克编撰《欧洲 1540 至 1610 年的加尔文主义》⑤等。人们不难发现,当黑尔以上述标题撰写著作时不仅不使用"衰落"一词,相反还用"我们的时代"(our age)来结束其巨著的撰写。对照黑尔分析意大利文艺复兴和欧洲文艺复兴时的不同用词,其严格的历史眼光彰显无遗。我们还发现大量回避文

① 参见 F. Hartt, *History of Italian Renaissance Art*, fourth edition, Harry N. Abrams Inc., Publishers, 1994。
② 参见 J. Hale, *The Civilization of Europe in the Renaissance*, Atheneum Macmillan Publishing Company, 1994, p. 592。
③ M. P. Gilmore, *The World of Humanism: 1453–1517*, Happer & Row, Publishers, 1962.
④ A. G. Dickens, *The Age of the Humanism and Reformation: Europe in the Fourteenth, Fifteenth and Sixteenth Centuries*, Prentice-Hall, Inc., 1972.
⑤ *Calvinism in Europe, 1540–1610: A Collection of Documents*, selected, translated and edited by A. Duke, Manchester University Press, 1992.

艺复兴、人文主义等定性式标题的研究著作,如切尼《一个新时代的开始:
1250 至 1453 年》①、哥尼斯伯格尔《16 世纪的欧洲》②、海伊《14、15 世纪
的欧洲》③等。即使是思想文化方面的专著也用时代概念,如艾伦《16 世
纪政治思想史》④、泰勒《16 世纪的哲学和科学》⑤、希勒布兰德《16 世纪的
人与观念》⑥等。上述情况在大学教科书中也有反映⑦,这里不一一列举。
凡此种种在史学史研究领域不能简单地被视作编年史倾向的现代复活,
它传达出一个重要的史学理论信息,即历史学家在考虑:究竟以怎样的史
观和方法才是对文艺复兴这一复杂历史现象的准确把握? 显然,结论不
会马上得出。现实的历史研究状况是:西方的历史学家及其历史著作提
及后期或晚期欧洲中世纪史,这似乎天经地义,如黑尔《晚期中世纪欧洲
史》⑧、仁纳《中世纪晚期的异端自由精神》⑨、奥伯曼《宗教改革的先驱:
晚期中世纪思想的形成》⑩等,但为何从欧洲史的范围说后期(晚期)文艺
复兴及其衰落问题就会那么谨慎呢? 这里的关键是"后期"一词的内涵界
定问题。是不是"后期"就一定是文艺复兴作为一个历史时期走向了它的

① E. Cheyney, *The Dawn of A New Era: 1250－1453*, Happer & Row, Publishers, 1962.
② H. G. Koenigsberger, and George L. Mosse, *Europe in the Sixteenth Century*, Holt, Rinehart and Winston, Inc., 1968.
③ D. Hay, *Europe in the Fourteenth and Fifteenth Centuries*, Holt, Rinehart and Winston, Inc., 1966.
④ J. W. Allen, *A History of Political Thought in the Sixteenth Century*, Methuen & Co Ltd., 1957.
⑤ H. O. Taylor, *Philosophy and Science in the Sixteenth Century*, Collier Books, 1962.
⑥ H. J. Hillerbrand, *Men and Ideas in the Sixteenth Century*, Rand McNally College Publishing Company, 1969.
⑦ 参见 J. W. Zohpy, *A Short History of Renaissance Europe: Dances over Fire and Water*, Prentice-Hall, Inc., 1997。
⑧ J. Hale, edited, *Europe in the Late Middle Ages*, Northwestern University Press, 1965.
⑨ R. Lerner, *The Heresy of the free Spirit in the Later Middle Ages*, University of California Press, 1972.
⑩ H. A. Oberman, *Forerunners of the Reformation: The Shape of Late Medieval Thought*, Holt, Rinehart and Winston, Inc., 1966.

终点？上文讲到，历史学家从欧洲政治、经济、文化等大的范围谈论文艺复兴时一般很少用后期文艺复兴的概念。既然如此，也就很少将16世纪中叶后的历史与消退、衰落等概念相关联。从理论上讲，某个历史现象或历史时期的衰落问题必然牵涉到政治、经济、生活、文化等总体结构的解体。文艺复兴时期即14至16世纪的欧洲正处于资本主义文明的形成和确立过程之中，何来衰落之谈。如果将历史的目光放得再久远些，那么西欧的历史从11世纪城市的兴起到18世纪三大革命（工业革命、以启蒙运动为标志的思想革命和美法等国的政治革命）的爆发，它经历了一个资本主义文明酝酿、发生、发展和最后定型的长期演变过程。所以，14至16世纪被定名为文艺复兴，也只是指这长时段的一个组成部分而已。在弗格森的历史意识中，应当将14至16世纪的这段历史视作由封建社会向近代资本主义社会的转型时期。① 萨波里则以11世纪十字军东征为标志，将11至16世纪这段长时期的历史进行通盘考虑，认为以城市中心、世俗化等为标志的资本主义社会经历了长期的演变过程。这些观点奠定了以后历史学家高屋建瓴式的文艺复兴历史分析的基础。因此用"衰落"来指称16世纪稍后的历史时期，无论其主观的意图如何，都会引起一些歧义。所以许多文艺复兴史专著（如卢卡斯《文艺复兴与宗教改革》②等）在论著的起首或导论部分都要对文艺复兴概念做各种必要的说明，以免在谈及衰落等概念时发生歧义。

由此看来，鲍斯玛以欧洲为背景提出后期文艺复兴和文艺复兴消退说，确有非同凡响之处。这等于是打破了历史学界在看待后期文艺复兴问题上的谨慎做法和传统惯例。对于这种"打破"之举，我们先做这样一

---

① W. K. Ferguson, *The Renaissance in Historical Thought*, Houghton Mifflin Company, 1948.
② 参见 H. S. Lucas, *The Renaissance and the Reformation*, Harper & Brothers Publishers, 1934。

个设想:从布克哈特巨作问世后历经 150 年才出现以文艺复兴消退为名的著作,这是学术积淀到一定程度的思想学术收获。它表明,鲍斯玛以前的学者可能对文艺复兴时期思想文化的特征如何发生变化、如何向理性启蒙时期思想文化转变等复杂问题,还缺乏一种更深层次、更全面的思考。从人文主义风格向理性主义思维方式的文化演进,这一过程涉及诸多重要的思想家及其作品。著名哲学家就有培根、霍布斯、洛克、笛卡尔、斯宾诺莎、莱布尼茨等。对于上述哲学家生平和著述进行系统研究并得出令人信服的结论,这需要学人长期艰苦的学术劳作。再缩小范围以莱布尼茨而论,他的生平、他的逻辑学、他的百科全书式的学术成果就很难由个别学者在短时间内做出总结性的学术论断。这从罗素对莱布尼茨的研究历程过程可略知一二。19 世纪以降,西方的学术研究步伐突飞猛进。至 20 世纪临近谢幕之际,呈现在众人面前的是一幅幅令人鼓舞的学术景象:文集(如《笛卡尔哲学著作集》①)、期刊(如《文艺复兴季刊》②)、专论(如《斯宾诺莎研究》③)等,洋洋大观。我们在 20 世纪的诸多权威哲学史著作中,可以看到对上述哲学家许多新颖独特的、细致的、公允的评述,如柯普立斯顿对笛卡尔的评述④、罗素对莱布尼茨的解释⑤、文德尔班对自然哲学的梳理⑥,如此等等。再配之以历史学家个人对相关问题不懈努力的研究,鲍斯玛就是这种努力的典范(《消退》中丰富的史料运用和百科全书式的分析扫描足以证明其孜孜探求的精神),那么得出相关的结论应

---

① 参见 *The Philosophical Works of Descartes*, Rendered into English by Elizabeth S. Haldane, and G. R. T. Ross, Cambridge University Press, 1970。
② *Renaissance Quarterly*, edited by Renaissance Society of America.
③ 参见 H. A. Wolfson, *The Philosophy of Spinoza*, Harvard University Press, 1962。
④ 参见 S. J. Frederick Copleston, *A History of Philosophy*, Vol. IV, Doubleday, 1993。
⑤ 参见罗素《对莱布尼茨哲学的批评性解释》(张传有等译,商务印书馆 2000 年版)等著述。
⑥ 参见文德尔班:《哲学史教程》(下),罗达仁译,商务印书馆 1993 年版。

该是水到渠成的事宜。

二、 鲍斯玛《消退》的研究思路、启示与问题

现在问：鲍斯玛提文艺复兴"消退说"的用意、理由何在？

鲍斯玛在进行文艺复兴史研究过程中首先对研究的范围和宗旨有一个明确的限定，即文艺复兴研究主要针对人文主义思想、情趣、风格等课题，同时考虑思想、情趣、风格背后的社会历史内容和背景。因此，鲍斯玛所承继的是布克哈特的研究思路。不过布克哈特使用 Sturz 一词时特指人文主义者地位的下降，布克哈特提出了问题，但没有进行思辨性的扩展研究；而鲍斯玛则用 waning 来修饰更广泛意义上的人文主义风格退潮，试图全面阐述文艺复兴时期人文主义的变化问题。既然用人文主义来限定文艺复兴的内涵，鲍斯玛感到有理由下论断：欧洲范围内的文艺复兴消退现象是确定无疑的事实。在西方史学界，像鲍斯玛那样将文艺复兴概念限定在人文主义思想文化范围之内的学者不在少数，如文艺复兴思想文化史研究权威克利斯特勒就是其中的代表。① 还有大量将文艺复兴和人文主义连用的著述如《克莱门特七世朝廷的文艺复兴人文主义》②等。那么，将文艺复兴一词限定在人文主义思想文化内容、人文主义风格的范围，鲍斯玛又是如何来具体论证其消退之说呢？消退之名起到了统摄整个研究的作用还是制造了不必要的学术麻烦？

---

① 参见 P. Kristeller and Others, *Renaissance*, Methuen, 1982；类似观点在下述著作中也有表述：P. Kristeller, *Renaissance Thought: The Classic, Scholastic, and Humanist Strains*, Harper Torchbooks, 1961；P. Kristeller, *Renaissance Thought and Its Resources*, Columbia University Press, 1979。

② *Renaissance Humanism at the Court of Clement VII: Francesco Berni's Dialogue against Poets in Context*, Studies, with an edition and translation by Anne Reynolds, Garland Publishing, Inc., 1997.

《消退》全书由 16 章组成。第 1 章的标题是"欧洲文化共同体"（The Cultural Community of Europe）。这一章至关重要。鲍斯玛的意思是，只有从欧洲范围看问题才能真正说明文艺复兴消退的实质。这一想法确实是对布克哈特研究的发挥。布克哈特重点关注的是意大利，因此布克哈特看到了人文主义者地位的下降等，但却无法说明人文主义正在向何种思想文化转换的情状。所以读者在《意大利文艺复兴时期的文化》的字里行间中很难看到人文主义风格前后更替的全景图，或者说很难看到人文主义在欧洲范围如何扩散又如何变化的过程。当然，布克哈特的历史思维和写作特点是在特定的理念支配下进行的。《消退》接下去的 15 章由两个主题词或核心概念即"自由解放"（liberation）和"秩序"（order）来穿引。其中第 2—7 章讲述在个人、知识、时空、政治、宗教等方面的自由解放，第 8—9 章讨论上述自由解放所引出的危机，第 10—16 章则根据前面提到的各种自由解放，相应地提出在所有这些方面如何走向秩序、规则、确定性等新的思想文化路途。这也是全书的创意和价值所在。

鲍斯玛在著作中曾用危机（crisis）来形容人文主义思想文化面临的问题。当然危机不全是人文主义所致，它牵涉到社会历史的种种复杂因素。也可以反过来说，一种新的秩序正在酝酿之中，社会在动荡中迎接新的秩序。在当时的历史图景中，各个国家的国家政治体制正在生成之中，如何最大程度地发挥国家权力或国家行政系统的效力，提升办事效率等问题正在被政治思想家探讨；国际社会的新秩序正在建立；由商业路线的调整和价格革命等引起的一系列经济问题正在向更广的社会层面延伸；科学的力量在上升；人文主义自身的局限性日益显现；如此等等。于是，思想文化方面变革的要求也日益生成。所有这一切汇聚成一个思想、一个时代主题即鲍斯玛所说的"秩序"。此秩序在人这个历史主体方面突出地表现为理性主体意识的生成。鲍斯玛在思想家胡克、巴斯卡尔、博丹等人的著作中经常找寻的一个词就是"理性"(reason)。① 鲍斯玛进一步论证,人们在理性指导下开始由怀疑向科学过渡,开始走向确定、稳定等。鲍斯玛用蒙田"变是令人担忧的"②的话来强调16—17世纪人们对确定、稳定的强烈意识。在第10章"社会与政府的秩序"中,鲍斯玛针对当时新兴国家的权力运作状况,以马基雅维里、博丹、胡克、苏亚雷兹等人的政治观为例,重点指出两点:其一,用现实主义的政策建构国家内部的政治秩序;其二,用罗马法、自然法等法学内容和理念建构国内和国际的法制秩序。③ 在讲到宗教问题,鲍斯玛指出当时天主教会正在采取各种手段以恢复信仰和教会秩序,尽管历史学家对这些手段评价不一,但教会在走向秩序,这是事实。④ 鲍斯玛在全书最后一章即第16章还谈到了艺术中的秩序,认为艺术与道德的关系正在受到越来越多的批评家的关注。其中,鲍斯玛特别提到了英国诗人锡德尼《为诗辩护》(Apology for Poetry)中的观点,指出诗在指引真理、道德等方面的优势地位和作用。⑤

既然鲍斯玛的研究重点是人文主义思想文化,那为何不直接提人文主义(更确切地说是人文主义风格)的消退,而要说文艺复兴的消退呢?根据本文第一部分的内容,如果说意大利文艺复兴盛期的艺术创作风格正逐渐让位给风格主义,那么说消退还有一定的道理。但鲍斯玛恰恰不愿意做如此狭隘的论断。另外,鲍斯玛的著作是否像《中世纪衰落》那样,想从人文主义消退的特点角度来进一步引申一个历史时期的衰落呢?答案是否定的。鲍斯玛心目中的文艺复兴消退并不等于一个旧世纪的结束或旧社会结构被新的社会结构所取代。笔者根据鲍斯玛的著述总结出这

① 参见 W. J. Bouwsma, *The Waning of the Renaissance: 1550 – 1640*, pp. 165 – 167。
② 参见 W. J. Bouwsma, *The Waning of the Renaissance: 1550 – 1640*, p. 198。
③ 参见 W. J. Bouwsma, *The Waning of the Renaissance: 1550 – 1640*, pp. 215 – 231。
④ 参见 W. J. Bouwsma, *The Waning of the Renaissance: 1550 – 1640*, Chapter 15。
⑤ 参见 W. J. Bouwsma, *The Waning of the Renaissance: 1550 – 1640*, p. 249。

样一个观点,即鲍斯玛试图说明以人文主义风格为特征的文化现象正在向另一种文化现象过渡,或者说人文主义风格在思想文化领域的主导地位正在消退。这说明,人文主义对人的地位之强调并未销声匿迹,而只是表现形式发生了变化。文艺复兴时期的主流文化是以新柏拉图主义、个体主义为主要内涵的人文主义,它适应了城市市民社会的发育、演变需求。但这种人文主义的内容和风格发展到一定阶段,无法满足资本主义文明新的社会发展要求,无法适应科学技术进步对思想文化的新的要求。因此鲍斯玛认为消退现象自然而然发生了。就此而论,鲍斯玛的著作与本文提到的其他几本冠以"衰落"之名的著作有实质的区别。但鲍斯玛在做出富有启示意义的学术研究同时,也因为各种考虑而使用了一个容易引起误解的学术用语"消退"。对此,我们要进一步分析隐匿在"消退"之名背后的史学观。

如果鲍斯玛的研究思路能够成立,那么学术界至少要对以下几个问题做进一步的探讨:第一,文艺复兴概念的界定问题;第二,对文艺复兴时期人文主义特征的概括问题;第三,对文艺复兴人文主义思想文化和启蒙时期理性主义思想文化的总体把握问题。

三、 亟需解决与"消退说"相关的学术问题和史观问题

首先,学术界能否达成一个共识:将文艺复兴概念限定在思想文化的范围之内,并将人文主义当作文艺复兴思想文化现象的主要内涵,避免用文艺复兴来指称欧洲的某个特定的历史时期,而代之以年代或早期资本主义文明等更具有包容性的概念?学术界目前普遍的状况是,尽管知道文艺复兴一词蕴涵着复杂的内容,但仍用这个词来指称一个时代。学人这样认为的潜台词是:其一,人文主义毕竟是当时的主流思想文化;其二,人文主义现象的背后有深刻的社会变迁内容;其三,人文主义也影响了其

他思想文化和历史现象的发生。西蒙兹《意大利文艺复兴》一书的视野超出了意大利,因此其著作自然要涉及同时期的其他思想文化现象,如宗教改革、反宗教改革等①;马丁利则用文艺复兴概念来研究当时的外交现象②,凡此种种都使人感到文艺复兴一词在历史研究中的聚焦作用。应当讲,用文艺复兴来指称一个历史时期也有其合理的一面,因为文艺复兴概念本身就是一个历史事实。加上人文主义与文艺复兴概念的内在关联性,取消文艺复兴的历史时期概念倒有忽视历史的嫌疑。但正如上文所言,文艺复兴并非那个历史时期的唯一现象,而且文艺复兴概念本身还需要进一步梳理。从最狭义的角度来理解文艺复兴(renaissance,相同意思的词有 rebirth、revival 等),可以将文艺复兴限定在古典文化的再生范围,指一些学者对古典文化的研究热情和从中寻找人文理想境界的倾向等。故将文艺复兴概念引申为一个时代的指称确实会生出各种学术枝节问题来。这样,在文艺复兴一词仍被普遍当作一个历史时期指称的情况下,在文艺复兴概念本身会引起一些歧义的情况下,继续提文艺复兴衰落、消退之类概念,总感到不太妥切。鲍斯玛的著作定名为“人文主义风格的变化”可能更确切些,尽管此等标题与“文艺复兴史的消退”相比更少学术轰动效应。值得一提的是,waning 不能用“衰亡”之类的用词来对译。鲍斯玛始终没有从文艺复兴时期人文主义消亡的角度来看问题,他的立意是一种思想文化向另一种思想文化的转变。鲍斯玛使用 waning 与布克哈特使用 Sturz 一样,都是经过精心考虑的。笔者在想不出更好的用词来表达鲍斯玛 waning 词义的情况下,最终选定“消退”来对译,但这个译法不足以消除对“文艺复兴消退说”的疑虑。如果提宗教改革的消退,学人会

---

① J. A. Symonds, *Renaissance in Italy*, 第 1 版由 Smith, Elder & Co. 从 1875 到 1886 分卷出版。

② G. Mattingly, *Renaissance Diplomacy*, Penguin Books, 1955.

很容易接受,因为宗教改革的外延和内涵都比较明确,但提文艺复兴消退则情况正好相反。

其次,学术界对人文主义特征的评价方面如何达成一些共识? 如果仁者见仁、智者见智,则同样会影响文艺复兴消退的结论。过去人们习惯于从内容上对人文主义的性质加以界定。其实,以人这个概念而论,古代希腊罗马和文艺复兴时期的思想家都十分突出人的中心地位。区别是评价人、呈递人的内心世界的风格有差异。在研究文艺复兴思想文化史的过程中,许多学者将视角转到了对人文主义风格的评判方面:布克哈特史学研究的继承者沃尔夫林在《古典艺术——意大利文艺复兴艺术导论》[①]一书中对文艺复兴时期艺术创作风格做了系统论述,使人文主义研究的重点向风格问题靠拢。以后对风格问题做了系统阐述的是艺术史家贡布里希。围绕文艺复兴,贡布里希先后发表了系列论文,后来汇编成书,其中有《规范与形式》等[②];克利斯特勒则指出人文主义也只是在理想、兴趣、研究风格方面有共同点[③];柯普立斯顿认为文艺复兴的最重要特征就在于一种教育的风格和理念的兴起[④],如此等等,不一而足。文艺复兴时期,新柏拉图主义盛行。[⑤] 在上述风格问题研究的大潮中,鲍斯玛采用"自由解放"一词来概括人文主义风格。"漫幻"和"自由解放"是文学艺术创作、审美等必备的条件。唯其如此,它能传达一个意蕴深远的、完整的人的内心世界。由此不难想见,何以文艺复兴时期对文学艺术的重视

---

① 中译本参见沃尔夫林:《古典艺术——意大利文艺复兴艺术导论》,潘耀昌、陈平译,浙江美术出版社 1992 年版。

② E. H. Gombrich, *Gombrich on the Renaissance, Vol. I: Norm and Form*, The Phaidon Press, 1985.

③ 参见克利斯特勒:《意大利文艺复兴时期八个哲学家》,姚鹏、陶建平译,上海译文出版社 1987 年版,第 4—5 页。

④ 参见 F. Copleston, *A History of Philosophy*, Volume III, Doubleday, 1993, p. 208。

⑤ 参见 N. A. Robb, *Neoplatonism of the Italian Renaissance*, George Allen & Unwin Ltd., 1935。

程度要超过任何一门学科。过去人们比较注意人文主义风格中和谐的一面，鲍斯玛还让人认识到人文主义风格中无拘无束的一面即那种充满野性、野趣的成分。也许，正是抓住了风格问题，鲍斯玛才敢于说文艺复兴的消退。但风格的消退不能代表人文主义全部内容的变化。故"消退"说还需要做进一步的阐释。

最后，如何理解 16—17 世纪的思想文化风格的转换问题？进而思考"消退"一名用在风格评价上是否妥切？从近代西方思想文化的发展进程看，人文主义的风格一直在人文学科各个领域发生着独特的影响。以后科学理性主义势力的逐渐强化也并不意味着人文主义风格的淡去。也就是说，文艺复兴时期的人文主义是人文主义思想文化长河中的某一河段。弗格森《历史思考中的文艺复兴》①、布洛克《西方的人文主义》②对此都做了详尽的阐释。因此，无论从内容还是从形式，人文主义的发展都是前后相关的一个整体。实际的情况是，对于西欧大多数国家来讲，16—17 世纪既有人文主义运动的展开，又有理性主义萌芽的生长。大约到了 17 世纪末，在文艺复兴时期特定的人文主义风格音谱上逐渐激扬起理性主义思维方式的旋律。理性主义思维方式逐渐为学人和世人公认、效仿，这其中有诸多社会历史方面的原因。鲍斯玛启示人们注意其中思想文化前后相继的逻辑关联性。但真正理清楚其中的思想文化逻辑发展脉络，也不是轻而易举之事。鲍斯玛采取的分析方法是历史叙述，如人文主义的某个代表人物说了些什么，后来的谁又发表了什么新的观点，等等。学人需要在这种历史叙述中经过自己的独立思考去进一步发现鲍斯玛究竟想说些什么，其中传达出的思想史逻辑进程又是什么。因此，鲍斯玛著作中的

---

① Wallace K. Ferguson, *The Renaissance in Historical Thought*, Houghton Mifflin Company, 1948.

② 中译本参见布洛克：《西方人文主义传统》，董乐山译，生活·读书·新知三联书店 1997年版。

一些想法并不十分清晰，这给研究者的理解产生了诸多不便。我们更多地看到，鲍斯玛在著作中采取顺藤摸瓜式的和借题发挥式的论述格调。例如，以前的人文主义虽然用特定的风格为人的自然感性生命正了名，但对人的整个认识结构的分析还极其粗略。人文主义之父彼特拉克提出怀疑原则，认为怀疑是最高意义上的对自我的确认。鲍斯玛接着指出，彼特拉克这种思维方式所要引导的就是个体主义。[①] 鲍斯玛将后来笛卡尔和培根等人的思维方式认作以科学性为标志。[②] 彼特拉克强调美的境界，强调怀疑即可。笛卡尔接过这个话题，认为怀疑所要达到的目标是思维的确定性，尽管这个确定性中同样可以有上帝，以便为人的主体性和理性提供一种终极意义上的保证。这样，从彼特拉克到笛卡尔的思维逻辑进程就比较清楚了。由此可见，人文主义风格向理性主义的变化，也不是前后取代的关系，而是前后继承、相互包容的关系。鲍斯玛之所以不用明确、论断性的语句直接提人文主义风格向另一种风格的转换，这多少反映了鲍斯玛不急于对繁复的思想文化现象下结论的历史主义态度。事实上，处在 16 世纪中叶到 17 世纪中叶的思想巨擘，其身上既有人文主义的风格，又有新的思想文化风范，因此很难定论。但鲍斯玛没有将自己的历史主义立场坚持到底。鲍斯玛的著作存在着这样一种倾向：既想从特定的思想文化现象入手对文艺复兴进行限定式的研究，同时又不甘心于"点"的研究，还想在文艺复兴"面"的角度对诸多历史现象下判断。鲍斯玛其他著述也有这种史学倾向。[③] 这或许就是鲍斯玛将著作定名为《文艺复兴的消退》的原因。"消退说"的含混之处均源自这种矛盾心境。但即使鲍斯玛所说的"消退"主要指人文主义风格及其主导地位的日薄西山，

---

① 参见 W. J. Bouwsma, *The Waning of the Renaissance: 1550 – 1640*, pp. 32 – 33。

② 参见 W. J. Bouwsma, *The Waning of the Renaissance: 1550 – 1640*, pp. 190 – 191。

③ 参见 W. J. Bouwsma, "Venice and the Political Education of Europe", in *Renaissance Venice*, edited by John Hale, Rowman and Littlefield, 1973, pp. 445 – 465。

"文艺复兴消退"也不是一个妥切的提法。就更深的层面而言,特定的思想文化内容和形式有其特定的存在、影响范围。只不过在不同历史时期有不同表现而已。如果说文艺复兴消退了、衰落了,那么我们怎么解释以后不断延续的人文主义思想文化呢?考虑到上述因素,应避免给新柏拉图主义、人文主义、理性主义、某某风格等思想文化现象戴上"消退"之类的名号,这不失为思想文化研究的学术上策。我们还是回到布克哈特的研究,布克哈特是坚定地将文艺复兴视作意大利文化现象的历史学家。但正如上文所言,布克哈特未对意大利文艺复兴时期的文化做早期、晚期之类的划段。他甚至提醒学人,用"文艺复兴"来概括一个时代可能会带来片面性。[①] 从表面上看,这似乎是一种学术回避,可本质上是布克哈特的历史主义态度使然。在布克哈特看来,对历史现象进行归纳总结并不难,也是历史学家的职责。想对某些民族精神的本质、对文化的本质进行论断则是历史学家难以企及的奢望。历史学家尽量不要用模式化的概念、理论去规范本质性的要素,更不要说在此基础上用一个本身已经很含混的概念如"文艺复兴"去进行历史划段。[②] 布克哈特的文艺复兴史研究始终在历史的事例中而不是在思维的原则中去寻找各种问题的答案,他的通史类著作大都采用这种方法。[③] 坚持给意大利文艺复兴史划段的历史学家、艺术史家应该认真思考布克哈特的史学理论和方法。布克哈特不划段、不提"消退"之词,这并没有给研究造成什么不便,也没有留下学术空白;而鲍斯玛以欧洲为地缘范围提"消退"之说,这未必使研究更顺当。

本论文的几点结论:其一,学术界在使用"后期文艺复兴"概念时一直比较谨慎,多半限定在分析意大利特定的文艺复兴现象范围;其二,鲍斯

① 参见布克哈特:《意大利文艺复兴时期的文化》,第166—167页。
② 参见布克哈特:《意大利文艺复兴时期的文化》,第421页。
③ 参见 Jacob Burckhardt, *Historische Fragmente*, Dieterich'sche Verlagsbuchhandlung, Leipzig, 1985。

玛在欧洲范围使用"文艺复兴消退"概念确有不同凡响之处,但歧义也伴随产生;其三,鲍斯玛虽然在使用"文艺复兴消退"之名上存有问题、值得商榷,但他从广阔的历史背景出发,对人文主义风格占主导地位的文化与理性主义占主导地位的文化之间的关系做出了诸多富有启示意义的学术研究成果。以此为契机,学术界定能将文艺复兴史的研究引向更高的境地;其四,考虑到人文主义内涵本身及其历史演变的复杂性,又考虑到目前学术界对文艺复兴、人文主义等概念的界定和使用情况还在探讨之中,难有定论,在此情况下避免使用"文艺复兴消退"之类的概念,这不失为历史主义史观指导下的明智之举。

读史札记

文艺复兴时期的医学

无论是文艺复兴的哪个时期,法学和医学都必须引起学人的格外重视。笔者一再强调,正是市民的政治生活与医疗环境直接推动着学人向古典学习,从而产生文艺复兴运动。当时的艺术等文化复兴也与医学有直接的关系。文艺复兴时期诞生了许多艺术大家,他们的作品将一个生动的、富于感性生命力的人之形象呈现出来。为何那么生动? 其前提就是对人体的了解。从某种意义上讲,当时的艺术大家同时也是解剖学的专家。帕斯卡说:"正如我们谈论着诗歌之美,我们也应该谈论几何学之美以及医学之美……"①我们不妨说,这种创作的需要带动了医学上解剖学的发展。② 达·芬奇(1452—1519)就是著名的解剖学家。当时佛罗伦萨有一个传闻,说在夜里经常看到停尸场闹鬼,其实就是达·芬奇在不断地做解剖实验。达·芬奇的伟大还在于他的生平和文化创造实践将文艺复兴时

---

① 帕斯卡:《思想录》,何兆武译,商务印书馆1985年版,第16页。
② 张可佳(《人体解剖学——医学与艺术的交叉点》,《艺术研究》2009年第2期)探讨了两者的关系。

期人文主义的思想支柱即新柏拉图主义和亚里士多德主义有机地融会在一起。达·芬奇的心灵具备了艺术与科学的两种天分,并将两种天分发挥到极致。在达·芬奇的文化创造成果中,柏拉图那个神秘的、超越的理念世界始终是希望和指导。同时,这个超越的世界不仅在美的艺术形象之中,也像亚里士多德所主张的那样存在于每一个现存的物体之中。人们去创造艺术之美和通过科学实验去揭示物体的结构,这些都是达到理念世界的途径。达·芬奇对每一个科学分支都感兴趣,甚至在哈维发现血液循环100年前,达·芬奇已经知道这一原理了。[①]丹皮尔非常言简意赅地指出:"列奥纳多是从实用方面接近科学的。正是由于这个幸运的情况,他的治学态度才那样富于现代精神。……他作为画家,因而不能不研究光学的定律、眼睛的构造、人体解剖的细节以及雀鸟的飞翔。他作为民用及军用工程师,因而不能不正视一些只有了解动力学和静力学的原理才能解决的问题。"[②]达·芬奇对人体的解剖是系统化的,实验的时间长达三四十年。对不同性别、不同年龄层次的个案都有解剖分析的记录。所以达·芬奇的艺术创作能够恰如其分地刻画人体的结构。

讲到解剖学,讲到对人体内部机理如血液循环等的医学理论,就要提到比利时人维萨留斯(1514—1564)。他曾在意大利的帕多瓦大学学习和任教。维萨留斯在1543年发表《人体结构》一书。(注意:哥白尼的《天体运行论》同年发表,当然这纯属巧合。)维萨留斯对人体结构的阐释仍保留有盖伦理论的痕迹,但书中的阐释以自己的实验为基础,并指出盖伦人体结构理论中的一些错误。不过从这里也看出,盖伦的解剖理论在文艺复兴时期仍是各种新理论的基础。

与意大利接壤的瑞士也诞生了一位著名的医学家帕拉塞尔苏斯(1493—1541),他是小宇宙论的坚定拥护者。他认为人这个小宇宙由各种相互协调的元素构成,人们可以通过实验发现人体内的各种化学反应成分。人这个小宇宙之所以健康地生存,其主要原因就是内在的机能与外部的自然大宇宙维持着一

① 参见丹皮尔:《科学史》,李珩译,商务印书馆1975年版,第168页。
② 丹皮尔:《科学史》,第163页。

种协调的关系。帕拉塞尔苏斯认为《创世记》中的内容向人们展示了宇宙生成的化学过程。大宇宙作用于人的过程也是一种化学过程。所谓生病就是这种协调性的失衡。帕拉塞尔苏斯借此认为，人体发生疾病不是像古代盖伦医学理论所主张的那样是人体内部体液（血液、黏液、黄脑汁和黑胆汁）的失调，而是外部毒素对人体的侵蚀，是一种外部与内部的化学反应。因此真正懂行的医生必须知道发病的毒素是什么，然后用化学的制剂对症下药进行医治，攻克体内的毒素，使人体的排毒功能恢复到正常的状态，人体就达到康复。这就是后来西医的基本原则之一。他对疾病进行分类，主张内科与外科的统一。在金属药剂的使用方面，其中有成功也有失败。为此，有人称他为"杀人的刽子手"，有人称他是"医学中的路德"。①

　　与解剖学直接有关的医学理论是血液循环说。讲到这一理论方面最应该提及的就是英国人哈维（1578—1657）。他担任过当时英国国王詹姆斯一世的御医。1628年出版《心血运动论》②。有意思的是，哈维曾经奉命对那些被控宣扬妖术的妇女进行医学检查，结果他说那些妇女没有生理疾病，这样就免了她们的罪。16世纪解剖学的发展对揭开人体的奥秘提供了科学依据。哈维是解剖学的直接参与者和受益者，其重要成果就是血液循环的发现，即血液从动脉到静脉再到心脏的流动过程。这一发现也奠定了动物生理学的基础。特别是哈维用显微镜做实验，使其立论有坚实的科学依据。③ 除《心血运动论》外，哈维还写有大量日记④，这些日记不仅反映了他的医学成就，也展开了当时瘟疫、宗教和社会的全景图，非常适宜于一般读者阅读。

---

① 参见杨足仪：《略论帕拉塞尔苏斯的医化学体系》，《医学与哲学》2002年第4期。
② 哈维：《心血运动论》，黄维荣译，商务印书馆1956年版。书前有一篇根据苏联大百科全书的介绍性译文。
③ 哈维的主要著作在一些丛书中均有收录，参见 William Harvey, *On the Motion of the Heart and Blood in Animals; On the Circulation of the Blood; On the Generation of Animals*, in *Great Books*, Vol. 26, Encyclopaedia Britannica, Inc., 1990。
④ 选编本如 Jean Hamburger, M. D., *The Diary of William Harvey*, trans. Barbara Wright, Rutgers University Press, 1992。

4
论 14 至 17 世纪的欧洲自然法思想[*]

从总体上看,14 至 17 世纪的欧洲法学思想发展状况可概括为:以民法为核心内容的罗马法系再次受到大陆法学界的重视;英国的普通法进一步确立了其法律基础的地位;国际法体系正在逐步确立和完善之中。上述法学的发展始终伴随着法学思想家对自然法问题的探讨过程。正是通过自然法思想的普及及其基本准则的确认,从而使 14 至 17 世纪的欧洲法学思想成为日后欧洲法学思想和法律实践的基础。其中涉及的法学课题有:(1) 自然法与神法、实定法等的相互关系;(2) 罗马法中的自然法、民法和万民法等的相互关系;(3) 普遍的契约行为与自然权利的关系;(4) 主权国家的法理基础;等等。涉及的法学范围有:商法、城市法、行会法、教会法、王室法、封建法等等。本文将着重对自然法思想的内容和框架等问题进行梳理、阐释。

---

* 本文原载中国世界中世纪史学会编:《2003 年环球回顾——社会转型等问题研究丛书》,知识产权出版社 2005 年版。

一、 孕育14至17世纪自然法思想的土壤

法学界曾有这样一种说法:"无论在文艺复兴时代,还是在宗教改革时代,自然法均占首要之位置。"①自然法思想之所以成为14至17世纪欧洲法学思想界的中心议题,社会变化是最直接的促进因素。

14至17世纪是中世纪社会向近代社会的转型时期。与新世纪市场经济曙光相对应的,是市民社会出现了复杂的变化。在诸多变化中,行会的生成和发展尤其引人注目。从某种意义上讲,行会是市民社会发育的直接推动力量。正是行会推动了与市民生活直接相关的一系列社会机构的发育。行会的发展还带来了世俗政府机构的一系列变化,最初的城市国家管理机构就是由行会之间的协商酝酿而成。在行会发展的同时,大学管理机构中的学生会和教授会也刻上了市民社会的自由气息。② 从严格的意义上讲,欧洲近代大学的兴起是为了适应市民社会变化的各种实践需求,例如是为了回应与市民社会相关的法制实践的需求等等。再加上城市化过程中基督教教区社会生活变化等新的因素的相互推波助澜。(当然,对教区包括主教教区[diocese]和堂教区[parish]等的生活样式还需要做进一步的研究。)这一切从根本上触动了"土地-庄园-封建关系-教会统治"多重关系为一体的封建社会结构。所有上述社会变化都在"契约"这个聚焦点上反映出来。正是市民社会发展过程中主体间契约行为的逐渐普遍化,由此影响了社会契约观念、自然法观念等的生成和发展。③

---

① 寺田四郎:《国际法学界之七大家》,韩逎仙译,中国政法大学出版社2003年版,第184页。
② 伯尔曼在《法律与革命》一书中也从特定的角度分析了学生会、教授会的情况。参见伯尔曼:《法律与革命》,贺卫方译,中国大百科全书出版社1993年版,第148页。
③ 参见凯利:《西方法律思想简史》,王笑红译,法律出版社2002年版,第121页。

　　14 至 17 世纪另一个重要的历史现象是民族国家相继出现。民族国家从诞生的一开始就涉及国际法上的国家主权问题。同时,在欧洲民族国家的形成过程中又伴随着国家间的相互争斗甚至战争。战争的各个环节对国家主权问题提出了法理上的解释需求。自然法就是确立国家主权和保持国家间正常关系的法理保证,这在古代罗马法中早已得到了证明。14 至 17 世纪再一次提出这一问题,自然有其全新的历史含义。

　　当然,14 至 17 世纪欧洲自然法意识的生成还与欧洲文化传统有特定的关系,甚至可以认为是欧洲传统自然法理论的逻辑延伸。[1] 在希腊古典时代,亚里士多德等思想家就提出了自然法理论,并阐述了对日后有影响的基本原理。至罗马时代,自然法更成了罗马法的法理基础和特色。基督教兴起后,其教义也渗透着自然法思想。[2] 中世纪的阿奎那等经院哲学家对自然法理论进行了系统的学理探讨。阿奎那认为,人在自然天性上有合群的倾向,个人按照上帝赐予的恩赐各行其职,从而构成一个井然有序的社会。[3] 不难看出,托马斯等人对自然法的阐释,主要是给予自然法以适当的地位,以表明神法的最高地位。其最终目的,就是为了使基督教会法和其他实定法的种种规定在形式上具有神学的正当性,进而为中世纪基督教会的存在和统治奠定法理基础。[4] 从历史上看,这些传统的自然法思想一直在思想文化的各个领域得到传播。随着大学的兴起,原本一直受到关注的自然法等法学内容,逐渐成为核心的教学内容和

---

[1] 参见凯利:《西方法律思想简史》,第 120—121 页。
[2] 注意《马太福音》7:12 中的教义。
[3] 参见拙著《悲剧精神与欧洲思想文化史论》,上海人民出版社 1999 年版,第 244—249 页。
[4] 参见凯利:《西方法律思想简史》,第 143 页。

研究课题。① 意大利的大学如波伦亚大学等一直是中世纪欧洲法学研究的中心。在这些大学中系统讲授和研究的,就是公元 6 世纪查士丁尼皇帝颁布的各种法律文件汇编,今天我们统称其为民法大全。这里有必要再次提及中世纪的罗马法和教会法的研究情况。这两种法律思想和法律条文②都涉及自然法这一法学的核心问题。其中包括修士格拉提安于 1140 年左右汇编成《格拉提安教令集》,这部书被称作"在自然法理论上重要的里程碑"③。

　　14 至 17 世纪自然法思想受到高度的关注又与法律体系和法律实践的演变有联系。在中世纪和近代之交,大陆法系和英国法系的区别开始显现。④ 大陆法系指意大利、德国等欧洲大陆地区所继受、推广以罗马法为核心内容的法律体系和法律实践。⑤ 英国普通法的形成并成为英国法律制度的重要特征,其历史比较复杂。大致上与英国中世纪王权和国家权利的演变过程密切相关。特别是英国王室法庭在整个司法实践中逐渐取得主导的地位,这是普通法成为主导法律的重要原因。到了 12 世纪左右,大陆国家在开始运用罗马法的内容为其王权和国家统一进行艰苦工作时,英国的普通法和强大的王权已经携手取得了统治的地位。以上内

① 拉什德尔:《中世纪的欧洲大学》(Hastings Rashdall, *The Universities of Europe in the Middle Ages*, Oxford University Press, 1895)在描述中世纪大学的法理研究方面是最重要的参考书。其中讲述了大学的民法和教会法的教学问题、法律大学的起源,等等。拉斐尔《基督教教会学校和学者》(Mother Francis Raphael, *Christian School and Scholars*, London, 1924)也很值得参考。
② 关于罗马法和教会法在中世纪的相互关系可参见伯尔曼:《法律与革命》,第 248—250 页。
③ 凯利:《西方法律思想简史》,第 115 页。伯尔曼也对格拉提安的书做了精彩的评论,参见伯尔曼:《法律与革命》,第 246—247 页。
④ 参见凯利:《西方法律思想简史》,第 171 页。
⑤ 参见戴东雄:《中世纪意大利法学与德国的继受罗马法》,中国政法大学出版社 2003 年版。

容在卡内冈的著作中已有出色的表述。① 但无论是哪一个法系都对罗马法及其自然法的内容给予了充分的关注。从根本上讲,罗马法所对应的是市民社会,罗马法是一种以自然法为基础、以个人权利主体为核心的法律思想。有学者指出:"罗马法不在反映民族的共同意识或部族的生活习惯,而是以个人的自由、个人的利益为基础。……权利主体是一自由形态,除受正义和公平的原则拘束外,不受其他因素的支配。"②显然,在市民社会发生着许多相同变化的社会里,大陆国家和英国岛国对罗马法都表现出应有的热情。例如不同法系地区的学者都对罗马法中的自然法内容做了大致相仿的法理解释,认为罗马法之所以成为永恒的法学经典,其核心的精神就是渗透于其中的自然法,并认为自然法的精神应当成为任何法律基础和政治统治合法性的依据。③ 事实上,普通法在英国占主导地位并不等于历史上和法律体系中没有涉及自然法的内容。其中衡平法的法律思想基础就突出显示了自然法的内容。16 世纪初,圣·德梅恩撰写了《博士与学生的对话》一书。其中所阐发的思想成为以后衡平法的法律地位和法律思想的基础。书中谈到,世界都是由神法和自然法统治的,其次才是人法。人法不能违反神法和自然法,人法与神法、自然法的接近程度就是人法完善性的标志。只有这样,与人法相关的衡平法才有最高的法律依据。④ 由此可见一斑。

二、 自然法与神法、理性之间的相互关系

自然法其名简单,而其内涵殊繁。它首先牵涉到自然状态、自然权

① 卡内冈:《英国普通法的诞生》,李红梅译,中国政法大学出版社 2003 年版。
② 戴东雄:《中世纪意大利法学与德国的继受罗马法》,第 66—67 页。
③ 汪太贤:《西方法治主义的源与流》,法律出版社 2001 年版,第 215 页。
④ W. S. Holdsworth, *A History of England*, Vol. 4, Methuen & Co. Ltd., 1945, pp. 279 -282.

利、理性、道德与法权等一系列问题。14 至 17 世纪的人文主义者通常认为，人最初的状态就是人对自己的考虑，以获得生存的有利状态，这就是自然权利。[①] 当自然权利以自然法的形式出现，则是理性介入的产物。诚如霍布斯所言："自然律是理性所发现的诫条或一般法则。"[②]又由于理性是以一定的价值评判为标准的，因而自然法的道德特征十分明显，"研究这些自然法的科学是唯一真正的道德哲学，因为道德哲学就是研究人类相互谈论与交往中的善与恶的科学"[③]。我们不妨将自然状态、自然权利、自然法三者间的逻辑关系概括为：以自然状态为基础的自然权利是自然法的出发点和具体内容。自然法是以理性为基础的、法学意义上的自然权利。所以从形式上看，自然法极其抽象。为了使自然法在市民社会、国际社会中发生实际的效应，于是又有学者认为，自然法和自然权利的关系只有在实际的立法过程中才能宣明。就司法实践而言，正是法官将自然法通过具体的审判显现出来。不过有一点是十分清楚的，即自然法的根本内容是对人的自然本性的强调。人文主义者一般认为，只有人的自然本性能决定一切和说明一切。例如人的本性之驱动使国与国之间订立契约，也是人的本性之驱动又使国与国走向对立。因此人类应将注意力放在自然本性的如何变化上，注意自然本性如何制约国际关系这些事实。在国际法学史上，持上述倾向者后演化为"纯粹自然国际法学派"。另一种倾向是认为人们不应在虚幻难测的自然法中去寻觅国际关系准则。国际社会中实际起作用的就是实定国际法，而实定国际法就是一系列由利益和强权支配的并在国际关系中实际得到遵守的条约总和。自然法在国际法中只有"劝说"的意义，而不发生实际效应。持这种倾向者后演化为

---

① Hobbes, *On the Citizen*, Cambridge University Press, 1998, p. 22.
② 霍布斯：《利维坦》，黎思复等译，商务印书馆 1985 年版，第 97 页。
③ 霍布斯：《利维坦》，第 120 页。

"实定国际法学派"。例如霍布斯就是纯粹自然国际法的竭力维护者,莫泽尔则是实定国际法学派中坚持让"各主权者及其文书本身说话"的重要思想先驱。①

14至17世纪的法律思想家在探讨自然法过程中,还重点研究了自然法与神法、理性之间的相互关系。从大量著述的内容看,大致上发挥了亚里士多德和中世纪以阿奎那为代表的经院哲学理论。但在学术探讨中贯穿始终的则是人文主义的主线,突出地表现为对人的存在、人的各种主体权利的关注,以及从历史的、文学的多维角度对自然法等法学内容进行阐述,如阿尔恰托对民法大全所做的系统阐释就是当时的范例。② 我们首先要提及的还是但丁,他的自然法思想以及法学思想为以后意大利法学思想的发展确定了基本的框架。但丁关于自然法、神法的理论围绕着国家"统一体"的问题展开。在基督教渗透各个层面的欧洲思想文化史上,统一体理论早已成为各政法思想家的共识。但丁说:"人类本来是按照上帝的形象造出来的,也应像上帝那样是个统一体。"③"世界政体是在人类共性的基础上统治人类并依据一种共同的法律引导全人类走向和平的……"④但丁的思维逻辑是:神法—自然法—世界统一体。因此建立一个世界性政体使世界得以大治,这是顺理成章的政法要求。⑤ 从但丁的阐述中又不难看出,在14至17世纪这个通常被称作文艺复兴的时代,神法的最高地位仍不可动摇。神法仍是最高的法。法律史家莫利斯在概括当

① 参见菲德罗斯、策马内克:《国际法》(上册),李浩培译,商务印书馆1981年版,第1卷第6章各节。
② 斯金纳:《近代政治思想的基础》(上卷),奚瑞森、亚方译,商务印书馆2002年版,第313页。
③ 但丁:《论世界帝国》,朱虹译,商务印书馆1985年版,第10页。
④ 但丁:《论世界帝国》,第22页。
⑤ 参见但丁:《论世界帝国》,第20、55页,第2卷、第3卷有关部分。

时流行的法学理论时指出,"真正的自然法是创造人类的神法"。莫利斯继续评论道,神法和自然法有内在的一致性,而最初自然法就是神法中的各种启示,因此对摩西法的高度关注是十分自然的。①

不过在人文主义者的心目中,理性是神法和自然法的桥梁。在这一思想的指导下,人文主义者对自然法做出许多新的解释。上文已经提及,就人的本性、人的自然状态而言无所谓善与恶。如果为己的本性没有任何制约,就可能导致恶。受到理性的引导,便显示善。② 自然法由于人的理性因素而得到确认,而人的理性在任何人的身上又都是相同的。所以,自然法对于所有的人和所有的国家而言应当是有相等的认同感和权威的。"因为任何法律要是没有由制定者以文字或某种其他方式予以公布时,便只有通过遵从者的理智才能认知;于是这种法律便不仅是国法,而且也是自然法。"③由此可知,理性不仅是桥梁,它还是法理的准则。任何人都应该凭借理性去遵从自然法④,而不能将自己认定为具有超出自然法的权利,并以此去统治另一部分人。奥康指出:"就另一层意义而言,自然的平等通常可以通过人的理性来观察,除非有什么特殊的理由说无法被观察。不应该用其他的事由来反对他出自自然平等的意志……但人们会问,是否教皇具有不顾自然平等来照看、统治其子民的权限?回答是否定的。教皇不具有受任照看、统治其子民的权限,人民将自己关照自己。如果教皇真的要做这种照看和统治其子民的责任,那么就法律来说,其行为也是无效的。"⑤卡斯蒂利奥内也认为,理性是最高的行为准则。对于具

---

① 参见莫利斯:《法律发达史》,中国政法大学出版社2003年版,第2章"摩西法"。

② 霍布斯:《利维坦》,第95页。

③ 霍布斯:《利维坦》,第211页。

④ 参见凯利:《西方法律思想史》,第137页。

⑤ William of Ockham, *A Short Discourse on Tyrannical Government*, Cambridge University Press, 1992, pp. 68 – 69.

体的人来讲,应该是灵魂统治肉体,理性控制情感爱好。所以任何一个人包括君主在内,都必须依照法律办事,这是因为依法办事体现了理性对情感爱好的控制。① 当然,在 14 至 17 世纪的人文主义者如卡斯蒂利奥内的心目中,平等、正义、善和幸福的真正来源及保护者还是上帝。② 这是当时普遍认同的观点。

三、 自然法、人格自由与市民社会的契约

自然法必然涉及公民的人格自由问题。从古代罗马法开始,自然法就是人格自由的法律规定,这一规定在 14 至 17 世纪的自然法思想中得到了进一步的强调。按照弥尔顿的激进自由理论,法律的限制不能将人的自由本性限制住。"上帝赋给他理智就是叫他有选择的自由,因为理智就是选择。"③所以,人性、自由、法律等都是出自自然的统一体,不能随意地去掉某一个部分。由于弥尔顿十分强调意志的选择自由,因此在相当多的场合,弥尔顿认为人可以按照自然法的要求做自己认为应该做的事情。但值得学人注意的是,在 14 至 17 世纪诸多法学家的心目中,一方面强调人格自由,另一方面又主张法律的至高无上性。甚至认为尊重法律远在尊重自由之上。卡斯蒂利奥内就自由与法律的关系指出:"自由不是随心所欲,而是依照良好的法律生活。自由也不是无制约地任凭自然、有用和需要行事。有些事情原本就有一定秩序存在着,就好像大家都要按一定规则行事。"④霍布斯则认为:"自然权利——人们的天赋自由则可以

① Baldesar Castiglione, *The Book of the Courtier*, Doubleday & Company, Inc., 1959, pp. 305 - 306.
② Baldesar Castiglione, *The Book of the Courtier*, p. 307.
③ 弥尔顿:《论出版自由》,吴之椿译,商务印书馆 1958 年版,第 23 页。
④ Baldesar Castiglione, *The Book of the Courtier*, p. 305.

由民法加以剥夺和限制,甚至可以说,制订法律的目的就是要限制这种自由,否则就不可能有任何和平存在。世界之所以要有法律不是为了别的,就只是要以一种方式限制个人的天赋自由,使他们不互相伤害而互相协助,并联合起来防御共同敌人。"①例如,和平是自然法的需求,但事实上并不是在任何情况下都有和平的可能。因此人们还必须利用各种权利以保证和平的取得,甚至不惜动用战争的手段。战争也是一种权利形态,这是 14 至 17 世纪国际法中的重要法理思想。对以后西方自然法和国际法的发展都有重要的影响。

　　人文主义者以人格自由为基础,进一步得出市民社会和国家都是人与人之间契约的产物的思想。契约思想发端于古代的希腊,在中世纪的经院哲学中得到系统的阐述。不过,经院哲学探讨的重点是神人契约问题。14 至 17 世纪的契约思想一方面仍延续着传统的观点,例如政府是契约的产物等,另一方面更强调契约是人们经过理性的考虑而做出的决定,任何一方如国王和人民都必须遵守其承诺,谁违反承诺都要受到相应的惩处。可以认为,这一时期关于人类统治的基础是契约的思想已成为普遍认同的观点。② 而任何契约法都与自然法有关。寺田四郎有言:"政府契约说即为根据自然法所产生者。"③另外,14 至 17 世纪的契约理论又非常注重从实定法出发考虑法律问题,进而考虑与自然法的关系等等。

　　与契约、自然法相关的是君主和统治者行为的法律效力问题。如果一个人将某种权利赋予统治者,而统治者又利用这种权利做出了违背订约人意志的事宜,这时契约理论应做出何种解释呢? 按理讲,有两种情况应当区别:一种是统治者越权做出侵犯人民的行为;另一种是统治者利用

---

① 霍布斯:《利维坦》,第 208 页。
② 参见凯利:《西方法律思想简史》,第 202 页。
③ 寺田四郎:《国际法学界之七大家》,第 184 页。

约定的权利和内容做出不利于人民的事宜。按照后来卢梭的理论,只要当权者做出违背人民意志的事情,人民都有权利采取行动推翻当政者。但 14 至 17 世纪的法律思想在解答这一问题时还没有如此明确。仍以霍布斯的理论为例,从法律约定的角度讲,当一个人授权另一个人行使本当属于自己作为一个人格主体的权利,那么这种权利付托就包含着对自身权利遭侵害的某种认可。一旦真的某项权利遭侵害或丧失,委托者本人要自我承担这种法律责任。① 但霍布斯又担心真的发生权利受侵害的状况。于是,霍布斯又回到带有伦理道德性质的意志问题来处理权利受侵害的状况。说到底,像自由、意志、主权等属于伦理道德性质的自然法要求又充作了最后的决断者。法律上正当的事情,并不意味着伦理道德上也是正当的。人们可以根据伦理道德上的要求如自然法的各种理由而对法律做出必要的反应。② 从中可以发现人文主义者在对待侵权、维权等自然法问题时还有许多不十分清晰的认识,也从一个侧面反映出转型期社会人们对权利问题的矛盾态度。应该看到,国王拥有绝对权力的理论在14 至 17 世纪相当普遍。比德、马丁·路德、博丹、詹姆斯六世等,都持有这种看法。他们的理论支撑点,除了主张君主受命于神来制订法律外,还认为历史上罗马皇帝的权力高出法律之上。当然,君权之上与法律制约之间的关系在上述人物的具体著作中又比较复杂。例如国王詹姆斯根据自然法理论对国王的权利做了约定,认为国王作为老百姓的父亲这一权利是按照自然法赋予的。由此推演其君权神授的复杂体系。③ 不仅国王有这种看法,法学家如博丹也认为君主的权力来自上帝,君主对于其臣民

---

① 霍布斯:《利维坦》,第 136 页。

② 霍布斯:《利维坦》,第 169 页。

③ 参见 *King James VI and I Political Writings*, ed. by Johann P. Sommervile, Cambridge University Press, 1994. p. 65。

而言有绝对的权力,正是君权规定其他实定法的制定和实施。如果国王
受神的委托制订实定法,那么就这一过程中国王的桥梁作用而言,君主也
应该具有超出实定法的权力。但君主还是受到神、神法和自然法的制约。
甚至在这一点上,君主所受的制约要胜于大臣。① 显然,君权神授、君权之
上并非君主可以为所欲为。虽然君主也要受自然法等的制约这些想法带
有某种理想化的成分,但人们应当充分估量:在历经千余年自然法熏陶的
欧洲文化环境中,这种理想化成分所具有的现实效力,即君主对神法、自
然法的各种承诺之现实效力。还应当充分估量:颂扬君主统治的权威,这
对于当时秩序高于一切的转型期社会所具有的实际作用。随着历史的发
展,当各种现实的政治力量发生变化,原先的政治制衡被打破,那么君权
神授理论及实际的君权地位也必须做相应的调整。如不调整,社会将以
各种方式强使其调整。以后欧洲的政治法律思想和历史的发展无不证明
了这一点。

四、 自然法、国家主权与国际社会的契约

随着近代民族国家的酝酿、诞生,自然法与国家主权之间的关系成为
14 至 17 世纪国际法学的热点问题。这里着重分析占主导地位的实定国
际法学派的主张。

当时的一些国际法学家认为,基督教神法、自然法固然是国际法的重
要思想前提,但这种前提只能被视为理论假设,例如但丁已考虑到神法、
神权与实定法、世俗权力的区别问题,它们分属两种政法体系和权力系
统。按照这种观点,世俗权力,尤其是世界范围内的世俗权力所直接对应
的是与世俗权力实际运作相关的实定法。1324 年,帕多瓦的马西利乌斯

---

① Jean Bodin, *On Sovereignty*, Cambridge University Press, 1992, pp. 31, 76.

出版了《和平的捍卫者》一书,谈到"国家是基于自然的自治体,而且他主张世俗政府和宗教权威是两个完全不同的领域"①。有学者指出,两个世纪以后正是帕多瓦的马西利乌斯的著作引发了宗教改革。② 宗教改革运动以后,有更多的法学家将实定法当作现实社会最有效的法律准则。在西班牙实定国际法学派维多里亚的著作中,一方面承认国际法根植于自然法,并将整个国际社会包容于一个相互需要的和谐体之中。但同时又认为,国际法不可能完全从自然本性中推导出来,因为自然法只是规定人类行为的基本原则,而这些原则还必须由具体的国际的习惯和条约作为其现实的文本承负者,使其有形化。从现实的地理环境的经验论立场出发,世界是一个整体,故那些习惯和条约实际上就具有世界性的法律效应,并可按照世界性的法律效应进一步制订国际性法规,形成一般的实定国际法。③ 另一位西班牙实定国际法学派的代表苏亚雷兹则进一步主张,即使是国际法中的自然法学说也是从考察社会实际出发、以社会实际中已经确立的一些价值为其基础的。④ 对自然国际法与实定国际法做出比较系统阐释的是格劳修斯。格劳修斯不仅十分强调实定法的地位,还对国际关系中的利益原则做了明确的阐释。格劳修斯首先认为,自然国际法只与人的自然本性和自然理性有关,与神、神法没有瓜葛。格劳修斯对自然法的这种界定是为了更惬意地为其基于利益原则的实定国际法进行辩护,并由此确立其以二元论为特征的国际法思想。格劳修斯论证道:"有人性然后有自然法,有自然法然后有民法。但是,自然法是依靠功利得以加强的,因为造物主的意志务使世人脆弱而多欲,非合群不足以图安

---

① 凯利:《西方法律思想简史》,第 119 页。
② 凯利:《西方法律思想简史》,第 119 页。
③ 参见菲德罗斯、策马内克:《国际法》(上册),第 123—125 页。
④ 参见菲德罗斯、策马内克:《国际法》(上册),第 123—125 页。

乐,所以法律的制定无不是由于功利的缘故。"①那么引申到国与国的关系就会得出如下结论:"一国的法律,目的在于谋取一国的利益,所以国与国之间,也必然有其法律,其所谋取的非任何国家的利益,而是各国共同的利益。这种法,我们称之为国际法,以示区别于自然法。"②为什么各国的共同利益与自然法有别呢? 这是因为国际法的具体制定和操作过程是以多数国家的意志为准绳的,并通过强制性的手段令所有国家遵守,所以自然法的无差别原则与国际法的利益原则有实质上的区别。由于格劳修斯分析实定国际法时较完整地把握住利益原则,故他对主权原则、正义战争与非正义战争原则等国际法范畴的论述较以前更符合实际国际政治的进程。

17 世纪后,由人文主义者所阐释的自然法理论继续得到思想家的发挥。例如德国思想家费希特、黑格尔等都将自然法问题作为各自政治法律著作的核心。至 20 世纪,自然法更受到奥斯丁等法理学家的关注,并围绕自然法等问题展开过激烈的思想学术辩论。不仅如此,自然法思想还在 17 世纪及以后各种西方立国之本的法律文本中得到确认,从而成为近代以来西方政治法律思想和实践的基础。到了 21 世纪,随着人权问题和经济全球化时代国际关系的变化,自然法正在且必将继续受到思想学术界的关注。

---

① 格劳修斯:《战争与和平法》,选自西方法律史编写组编:《西方法律思想史资料选编》,北京大学出版社 1983 年版,第 143 页。
② 格劳修斯:《战争与和平法》,选自西方法律史编写组编:《西方法律思想史资料选编》,第 143 页。

读史札记
形而上学思维与形而上学诗

文艺复兴时期的自然法思想与形而上学思维密切相关。那时的形而上学思维体现在文化创作的各个层面。形而上学(metaphysics)思维方式的鲜明特征是：对理性形式化地位的确认,对超越性存在的确认,进而使神的存在成为整个思想文化的有机组成部分,如此等等。古希腊"本体论"(英文译作 ontology,汉译亦作"存在论")中 on 是 being 的另一种形式,由希腊文中的动词"是"翻译过来。概而言之:第一,本体论是一门研究存在的学问;第二,存在又直接关联到判断系动词"是";第三,"是"是一个与可感世界没有内在必然关系的独立自存的世界。以后柏拉图就在"数""逻各斯""存在"的基础上形成一套完整的"理念论"。① 理念(idea)这个词在希腊文里有"形式"(英文译成 form)的意思。柏拉图认为理性认识有其特定的形式和内容:"至于讲到可知世界的另一部分,你要明白,我指的是逻各斯本身凭着辩证的力量而达到的那种知识。……在这过程中不靠使用任何感性事物,而只使用理念,从一个理念到另一个理念,并且最后归结到理念。"②亚里士多德认为,就某个具体事物而言,理念就是事物之所以为某个具体物的形式,如一座青铜雕像的形状等。亚里士多德的结论是:形式仍然是在先的,也是神圣的。经院哲学家阿奎那认为人的认识能力有三种:感觉、人的理智和神的理智。其中人的理智受到感觉影响、受造物的牵制必然会发生某种偏离。神的理智却不受上述障碍物的影响,直接与上帝相交融。不过人的理智在分析受造物的运动变化时有追溯原因、推论目的的能力。正是凭借这种认识能力而使人的理智靠近神的理智。③ 阿奎那进一步用理性的逻辑思维方式去论证上帝的存在,即著名的对上帝存在的五种论证。总之,西方的形而上学思想文化在柏拉图、亚里士多德和

---

① 罗素:《西方的智慧》,马家驹、贺霖译,世界知识出版社 1992 年版,第 23 页。
② 柏拉图:《理想国》,郭斌和、张竹明译,商务印书馆 1986 年版,第 270 页。
③ 参见阿奎那:《神学大全》,载北京大学哲学系外国哲学史教研室编:《西方哲学原著选读》(上),商务印书馆 1981 年版,第 274 页。

经院哲学中始终体现出与各种超越性的世界、与神的世界相关联的特点。正是这种思维方式给了西方人宗教意识、抽象政治意识、各种超越性想象的思想文化基础。

　　文艺复兴时期文学中的"形而上学诗"(metaphysical poem)就是典型的事例。在文艺复兴时期的英国文学界出现了以多恩(John Donne,1572—1631)为代表的形而上学诗歌创作,引起了那时同行的关注。英国诗人加莱甚至将多恩推崇为"阿波罗的首席,上帝的最后祭司"①。王佐良还从更深的文化背景去评论多恩,认为"多恩不是靠一些纤巧的手法来炫世的,他背后有深厚的文化,一个广大的想象世界,他的那路诗不是唯一可读的诗,但在那路诗里他是最可读的人"②。以多恩为代表的17世纪英国形而上学诗歌创作群体将形而上学的宗教意识视为诗歌创作的基础,认为诗歌本身就是一个形式化的超越世界,它也必须与超越的意识相结合,而形而上学和宗教意识是最高的超越世界。诗人的任务就是用熟练驾驭形式化诗歌的本领将神圣的意识传播开去。1921年格里尔森教授编辑出版《形而上学抒情诗和17世纪的诗歌:从多恩到布特勒》③,并在选本前附上长篇导论。同年,诗人兼文学批评家T. S.艾略特发表《形而上学派诗人》。之前,艾略特还发表《传统与个人才能》。这两篇文章的中译均收入《艾略特文学论文集》④一书。艾略特从哲学的角度全面评述了形而上学意识与诗歌创作的关系问题。由此,一个传统的哲学名词"形而上学"被文学人士赋予了新的内涵,并受到文学批评界的广泛关注。在艾略特的心目中,西方从柏拉图确立了形而上学的思辨传统后,整个西方思想文化可以视作柏拉图思想的延伸。在西方的思想文化氛围内,对超越的、形式化的世界的追求渐渐成为一种主流。恰巧,在文艺复兴这个人性解放的时期,新柏拉图主义成为思想文化的主流。有一批诗人在新柏拉图主义的

---

① 转引自王佐良:《英国诗史》,第124页。
② 王佐良:《英国诗史》,第137页。
③ *Metaphysical Lyrics and Poems of the Seventeenth Century: Donne to Butler*, selected and edited, with an Essay by H. J. C. Grierson, Oxford University Press, 1921.
④ T. S.艾略特:《艾略特文学论文集》,李赋宁译,百花洲文艺出版社1994年版。

感召下,实现了形而上学诗歌创作的样式,是传统文化的复活。笔者以为,所谓形而上学诗就是将形式化的人性感觉配之以鲜明、瞬时、出人意料的意象。使人性世界深层中流出的意象通过诗歌长留文学天地。多恩本人就提出过形而上学的思考问题。达切斯《英国文学批评史》①的第 2 卷第 11 章"斯宾塞之后的诗歌:约翰森派与形而上学派传统"(Poetry after Spencer: The Jonsonian and the Metaphysical Traditions)对形而上学诗进行了详细的论述,作者在概括多恩的诗歌特点时说:"先是一种惊讶,然后是思想的精心流动"。下面是一首多恩写的形而上学诗:

> 击碎我的心,三位一体的上帝,
> 现在你只轻叩,呼气,照耀,治疗;
> 为了重新起立,请你把我打倒,
> 用大力砍,卷,烧,给我新体。……②

---

① David Daiches, *A Critical History of English Literature I - IV*, Secker & Warburg, 1960.
② 转引自王佐良、何其莘:《英国文艺复兴时期文学史》,外语教学与研究出版社,2018 年,第 337—338 页。

5

心态史比较视野下的文艺复兴
虚影与实景
——以罗杰斯、罗斯科、西蒙兹意大利游记诗文为线索 *

诗人罗杰斯在叙述拿破仑战争后的 1814 年至 1821 年这个时段的旅游情况时指出,隔着英吉利海峡的英伦三岛仍是欧洲大陆最大的游客来源地。① 事实上在 19 世纪相当长时间范围内,来自工业革命故乡的英国游客视亚平宁半岛为主要的观光胜地,各界名流纷纷前往亚平宁半岛游览观光。而在这过程中诞生了不少经典性的游记作品。罗杰斯、罗斯科、西蒙兹所写的意大利游记诗文作品便是其中的代表。学人在这些作品的背后可以发现诸多与文艺复兴研究直接相关的心态史因素。

18 至 19 世纪,浪漫主义在欧洲文化界(包括史学界)风靡一时。罗杰斯(Samuel Rogers,1763—1855)是 19 世纪英国的银行家和浪漫主义诗

---

* 本文原载《上海师范大学学报(哲学社会科学版)》2021 年第 1 期。
① 参见 *The Italian Journal of Samuel Rogers*, ed. by J. R. Hale, Faber and Faber, 1956, p. 56。

人,在当时文坛颇有名望,其地位可与英国文学史上另一文坛领袖约翰森比肩。罗杰斯也是古典作品、文艺复兴文学艺术作品的爱好者和收藏家。① 罗杰斯交游甚广,扮演着赞助人的角色,所赞助对象包括浪漫主义诗风的代表拜伦等名人。罗杰斯来自工业革命的故乡,在饱受熏人的烟气浓雾后,对保留了中世纪宁静的田园生活十分向往,尤其对意大利人文地理情有独钟,更不用说对文艺复兴时期文化的热忱。为此,罗杰斯写有长诗《意大利:一部诗篇》②。《意大利:一部诗篇》共有 50 首,以地名为题者居多,间或以风土人情(如“威尼斯的新娘”)等为诗名者。罗杰斯另写有《愉快的回忆》《人的生命》等诗作,均收入其诗集。③ 但相当长时间内,学人只是根据罗杰斯的《意大利:一部诗篇》及少量诗篇内容来谈论他关于意大利文艺复兴文化等的感受。后来历史学家黑尔发现了一部罗杰斯游历意大利的日记,并编成《萨缪尔·罗杰斯意大利日志》一书。借此,学人可以凭借即时即刻的记录比较详细地理解罗杰斯在《意大利:一部诗篇》中的各种文化心态。

　　罗斯科(Thomas Roscoe,1791—1871)是著名历史学家威廉·罗斯科(《大洛伦佐传》作者)的儿子。罗斯科为人比较低调,很少以公开的文字等谈及自己的人生履历。学术领域亦少有关于他生平的详细报道。这些给后世学者研究罗斯科的生平、著作等带来一定的困难。不过罗斯科的生平材料虽有限,但有两件显眼的事迹总会引起世人的注意:其一,罗斯

---

① 有多部关于罗杰斯生平的著作可资参考,如 P. W. Clayden, *Rogers and His Contemporaries*, 2 Vols., Smith, Elder, & Co., 1880; S. Rogers, *Reminiscences and Table-Talk of Samuel Rogers, Banker, Poet, & Patron of the Arts, 1763 - 1855*, R. Brimley Johnson, 1903; 等等。其收藏情况参见 *Sale Catalogues of Libraries of Eminent Persons, Volume 2 Poets and Men of Letters*, ed. by A. N. L. Munby, Mansell with Sotheby Parke-Bernet Publication, 1971。

② S. Rogers, *Italy: A Poem*, T. Cadell, 1830.

③ S. Rogers, *Poems*, T. Cadell, 1834.

科一生都献给了文艺复兴时期文学艺术作品的翻译事业；其二，罗斯科闲暇时间以云游四方为乐。其足迹所至、兴味所起，都有笔墨记之。其两百多万字的人文景观游记深受读者喜爱。罗伯特·詹宁斯（Robert Jennings）出版社特意为罗斯科出版 10 卷本的《景观年鉴丛书》（*Landscape Annual*），其中第 1 卷至第 4 卷的主体是意大利景观年鉴，包括 1830 年的《瑞士与意大利游记》①，以及 1831 年至 1833 年的《意大利游记》②。这个系列游记丛书以特有的记叙形式表达了作者对意大利文艺复兴时期历史、文化、人物等的看法。顺便指出，1834 年卷为《法国游记》，1835 年至 1838 年为《西班牙游记》，1839 年为哈里森创作的《葡萄牙游记》。这些是我们了解文艺复兴时期南欧风土人情、历史掌故的重要史料。

　　说到"景观"一词就不能不提英国诗人历史学家西蒙兹（John Addington Symonds，1840—1893）的看法。西蒙兹在《景观》一文中指出，古代希腊人看自然的时候总是与人、与个体关联在一起，人是神、万物的中介。③ 用今天的话讲就是人文景观。西蒙兹从小就在父亲的引领下周游欧洲各地。翻开西蒙兹的人生履历，浪迹西欧、南欧名胜古迹是其生活的常项，此等情状伴随终身。西蒙兹又是以文艺复兴研究作为学问中心的历史学家。在西蒙兹的心里藏着许多急需解答的历史问题，需要在游览意大利的过程中一一加以研究。但西蒙兹毕竟是性倒错者、是诗人，骨子里沉积了柏拉图主义的浪漫情趣。西蒙兹不想让自己的研究工作变成枯燥的信息堆异。这样，西蒙兹随行随记，留下近百万字的游记，其中涉及意大利文艺复兴史迹的内容比比皆是。如此活脱脱的意大利文艺复兴

---

① T. Roscoe, *The Tourist in Switzerland and Italy*, Robert Jennings, 1830.
② T. Roscoe, *The Tourist in Italy*, Robert Jennings, 1831, 1832, 1833.
③ J. A. Symonds, "Landscape", in *Essays, Speculative and Suggestive*, Smith, Elder, & Co., 1907, p. 269.

史研究,当时读来让人倍感亲切,今朝温习之,仍有启示无数。在西蒙兹
一生的著述中,为大家熟知的 3 部游记作品分别为《意大利希腊游记》①、
《意大利研究、游记》②及《意大利侧记》③。西蒙兹去世后上述游记作品
被合编出版,冠以《意大利、希腊游记和研究》之名。④ 新的 3 卷本游记是
将以前的 3 卷重新编排而成,基本内容没有改动。由于这个编排按地理
位置的顺序展开,适应旅游者的阅读习惯,逐渐流行开来。今天,我们按
照西蒙兹提示的地理标志进行旅游路线规划仍不失其实用的价值。但必
须指出,西蒙兹生前只有在《意大利游记、研究》的书名上写有 Studies 的
字样,这是一部非常讲究游记与历史研究相结合的著述,其中还隐匿着性
倒错者的心理暗流。因此 Studies 由各种各样的心态在指使着。事实上
也只有这一本游记的内容真正配得上"研究"一名。新版的编排将此内容
拆散分摊到各卷,有点失色。例如《意大利游记、研究》中的"意大利的圣
诞思念"、"卢克莱修"⑤、"文艺复兴时期的意大利大众诗歌"、"上世纪两
位剧作家"、"附录:白体诗"、"《奥菲欧》注释"⑥等带有研究性质的内容
在新版第 2 卷中消失了。另外,西蒙兹 3 部游记所包含的游历时间、心
境、记叙重点等均有不同,将其拆散不利于西蒙兹游记创作的还原工作,
这些问题都值得进一步思考。有学者认为上述 3 部游记是西蒙兹著述中

---

① J. A. Symonds, *Sketches in Italy and Greece*, Smith, Elder, & Co., 1874.
② J. A. Symonds, *Sketches and Studies in Italy*, Smith, Elder, & Co., 1879.
③ J. A. Symonds, *Italian Byways*, Smith, Elder, & Co., 1883.
④ J. A. Symonds, *Sketches and Studies in Italy and Greece*, 3 Vols. Smith, Elder, & Co., 1898.
⑤ 此文对希腊、罗马的诗歌等做了比较研究。
⑥ 《奥菲欧》是文艺复兴时期意大利人文主义者波利齐亚诺撰写的剧作。此剧献给卡罗·
卡纳莱大人,卡纳莱是瓦诺莎的丈夫。瓦诺莎曾是教皇亚历山大六世的情妇,为其生下
切萨雷·博尔贾、卢克蕾齐亚·博尔贾等儿女。详见 J. A. Symonds, *Sketches and Studies
in Italy*, pp. 429 – 430。

最为出彩的部分①,此言甚是。西蒙兹的心灵和文风在其游记创作中得到最大程度的发挥。至少这些游记与西蒙兹另两部巨著《意大利文艺复兴》《希腊诗人研究》具有同等的文化史创作地位,只不过我们对其不甚了解而已。另外,西蒙兹的游记内容广泛,旁及法国、瑞士等地的风土人情。后来诗人索性在瑞士的达沃斯筑巢定居,取名"Am Hof"(德语"院落"的意思),居处花木簇拥,很有情趣。从身体状况这一面讲,西蒙兹受肺病的折磨不浅。他认为在阿尔卑斯山定居、旅游对治疗肺病会有相当的帮助。②

扩而论之,19世纪经典性意大利游记作品还有很多,如博罗莱《1817年佛罗伦萨游记》③、拉斯金《佛罗伦萨的早晨》④、约翰森《阿诺河畔的百合花》⑤,等等。在文本的形式方面,那些游记作品(如罗杰斯、罗斯科、西蒙兹3位文人的游记诗文)表现了各具特色的文采,都将各自对意大利及周边地区的地理风貌之了解和情感融于生动的记述之中。西蒙兹《意大利、希腊游记和研究》的首篇题名便是"阿尔卑斯山之爱"。其对意大利北部阿尔卑斯山的歌颂、对达沃斯小镇的描述等无不情意浓浓,让人感受到带着原始气息的山区氛围。⑥ 而从史学研究特别是文艺复兴史研究的

---

① 参见哈里森在《西蒙兹传》中的评论(Frederic Harrison, *John Addington Symonds*, Macmillan and Co., 1896, p.9)。胡腾在《布里斯托及其名人》(S. Hutton, *Bristol and Its Famous Associations*, J. W. Arrowsmith, 1907)也引了哈里森的赞誉之词,认为这些游记凝聚了西蒙兹的所有才华。参见《布里斯托及其名人》第153页。

② J. A. Symonds and His Daughter Margaret, *Our Life in the Swiss Highland*, Adam and Charles Black, 1892, p.1.

③ C. H. C. Beaujolois, *A Journey to Florence in 1817*, ed. with notes by G. R. De Beer, G. Bles, 1952.

④ J. Ruskin, *Mornings in Florence: Being Simple Studies of Christian Art for English Travellers*, 出版社、出版年代不详。

⑤ V. W. Johnson, *The Lily of the Arno or Florence, Past and Present*, Estes and Lauriat, 1891.

⑥ J. A. Symonds and His Daughter Margaret, *Our Life in the Swiss Highland*, pp.48–49.

角度出发,将他们的作品放在一起可以引出许多富有启示意义的思考,其中心态史方面的思考尤其重要。

　　不同心态会呈现佛罗伦萨、意大利的历史虚影与实景。游记是展示心态史(history of mentalities)的最佳史学舞台之一。游记不受各种学术规范之累,各种想法、各种描述尽情发挥。至于心态史,它涉及研究者与研究对象的两个层面。正是历史研究者心态的介入,使历史图像变得生动有趣,但也由此变得复杂起来。回顾罗杰斯、罗斯科、西蒙兹所在的19世纪,那时许多文人去意大利的最直接情感就是怀古,怀所谓中世纪意大利的田园、人文之古。正如前文所述,此类中世纪的心态和想象大都带着些浪漫主义的理想化追怀。另外像拉斯金(19世纪英国艺术评论泰斗)、西斯蒙第(19世纪以写意大利、南欧历史著称的法国历史学家)等的作品无不流露出很强烈的浪漫主义心态。这种心态十分在意意大利城市历史与中世纪自由氛围、宗教神圣精神因素的关系,认为那才是意大利城市的本质。似乎中世纪的意大利有着近代人十分向往的理想生活社会状态。这多多少少美化了那段意大利城市的历史。在他们的心目中,文艺复兴以来的意大利受到工业文明的冲击较弱,这与近代受工业文明冲击较强的地区特别是工业文明发源地英国形成鲜明的对照。19世纪的英国乃至西方世界正处于传统的文明向新的工业文明转型的时期。当一种文明处于转型时期,人们对正在发生的一切还不习惯,于是将理想化的心态寄托在以往历史文化的某些现象之中,呈现出浪漫的情思。这样,中世纪社会中的某种安适、恬静、自足的社会文化因素就被放大了。历史学家黑尔在其编撰的《萨缪尔·罗杰斯意大利日志》中指出罗杰斯对意大利的古代和中世纪充满浪漫的想象。① 黑尔的说法是有充分根据的。事实上,罗杰斯的《意大

---

① 参见 *The Italian Journal of Samuel Rogers*, pp. 100-101。

利:一部诗篇》就是献给当时对意大利有着中世纪情怀者的一份厚礼。

　　不难发现,上述浪漫主义的中世纪怀古隐匿着当代人诸多复杂的心态。在 19 世纪工业新文明浪潮冲击下的文人还需要在传统文明中寻找文化的源流。文艺复兴时期意大利的城市文明就是中世纪与近代的混合物。这是产生浪漫心态的另一个原因。就历史上意大利文艺复兴的社会环境而言,它们与其他国度一样还弥漫着很浓烈的中世纪气息。同时,人的智慧和力量则在各个领域里迸发出来,这是先前中世纪时代很难见到的景象。如果用人的理性解放来形容近代社会文化的标志,那么文艺复兴时期的意大利确实可以被认作近代的开端。罗斯科引文学评论家哈茨利特的话说,意大利还是古代的,但又连接着近代世界。① 由此出发再分析罗杰斯的心态,其中有这样一种想法即佛罗伦萨是过去与近代、黑暗与光亮、旧与新的一个交汇点,是意蕴深邃的最美丽城市。罗斯科也是如此看待佛罗伦萨的"美丽"。西蒙兹及更多撰写意大利游记的作者何尝不具有此等普遍的心态。但细分开来,各自的心态仍有差异。罗杰斯与罗斯科的心态之间就存有差异:罗杰斯的怀古情调更浓些,而罗斯科则更有近代情怀。有两幅游记的插图很能代表罗杰斯与罗斯科的各自心态。那两幅插画分别置于罗杰斯与罗斯科游记"佛罗伦萨篇"前。② 罗杰斯游记中的插画由 19 世纪著名绘画家透纳所作。透纳也是一位对意大利罗马、威尼斯等人文地理有独特感悟并带有悲剧情结的浪漫主义画家,一生多次去意大利旅游、写生,留下不计其数的意大利风景画作。上面提到的那幅插画远处背景是佛罗伦萨城,中间是由橄榄树相伴的通往佛罗伦萨城之乡野道路。画的前端有两个人物,其中之一是穿着僧袍的修士,他正好奇

---

① T. Roscoe, *The Tourist in Italy*, Robert Jennings, 1833, p.204.
② S. Rogers, *Italy: A Poem*, p.102; T. Roscoe, *The Tourist in Italy*, Robert Jennings, 1832, p.38.

地望着旁边正在编织翻修马背篓的工匠。这是一幅典型的中世纪风景画,画家抓住马背篓这一中世纪必备的交通运输工具,将读者瞬间带入那个透着浓浓中世纪气息的佛罗伦萨情境之中。紧接着就是罗杰斯的诗句:"这是含着过往岁月的当下"。① 那些文化巨擘如但丁等是在"古代的地基"(on ancient seat)即传统上创造出光亮夺目的今天。② 此处,罗杰斯怀古之情溢于图表。同样是怀古,罗斯科游记中的那幅插画则更强调近代人的情感。插画作者是名画家哈丁。哈丁与拉斯金一样赞赏透纳的绘画创作,并强调绘画的近代情感和技巧。那幅插画的中心是通向佛罗伦萨的阿诺河,河边停着一艘游船,几位身着西装的外国游客好奇地走到编织翻修马背篓的工匠前,俯身询问着什么事情。这幅画的近代感很强,罗斯科接着用这样的词句点名主题,即佛罗伦萨不再是带着蛮荒情调的古代世界中心,而是一幅充溢着活力、繁忙、幸福的图景。③ 所以罗斯科让读者更多地用近代的文化视野去看佛罗伦萨乃至意大利的历史。当然作为翻译家的罗斯科又比较特别,他更想在翻译家平实面对文本的心态下去如实呈现文艺复兴时期那个文明交替年代的人和事。④ 在这种心态下,罗斯科试图将赞美的心理置于再现式的译介和记叙之中。总体上看,这种译介和记叙无疑有很强的历史感和客观性,罗斯科需要回到文本本身及

---

① S. Rogers, *Italy: A Poem*, p. 102.
② S. Rogers, *Italy: A Poem*, p. 103.
③ T. Roscoe, *The Tourist in Italy*, Robert Jennings, 1832, p. 38.
④ 罗斯科译有多种涉及文艺复兴历史、文化的作品:L. Lanzi, *The History of Painting in Italy: From the Period of the Revival of the Fine Arts to the End of the Eighteenth Century*, tr. by T. Roscoe, 6 Vols., W. Simpkin and R. Marshall, 1828; *Memoirs of Benvenuto Cellini, A Florentine Artist, Written by Himself*, tr. by T. Roscoe, George Bell & Sons, 1888; *The Spanish Novelists: A Series of Tales, from Earliest Period to the Close of the Seventeenth Century*, 3 Vols., tr. by T. Roscoe, Richard Bentley, 1832; *The Italian Novelists*, 4 Vols., tr. by T. Roscoe, Septimus Prowett, 1825; *The German Novelists*, 4 Vols., tr. by T. Roscoe, Henry Colburn, 1826。

文本涉及的历史场景中去呈现。当然历史性不等于忽视文笔之美。罗斯科对意大利一个个城邦的记叙,及其对西班牙重要地区如格拉纳达陷落之叙事等作品,都是用历史与美相交融的笔触呈现文艺复兴时期南欧的人文景观。

作为一名诗人历史学家和性倒错者的西蒙兹,其撰写游记的心态则更为复杂。前文提及,西蒙兹漫游意大利的初衷与其试图解答诸多历史问题的愿望不无关系。因而其笔下游记也成了真正意义上的历史、文化"巡游记"。将游记与历史研究大范围地结合在一起,这在19世纪的西方游记中确实很少见。而且结合得如此得体、如此有历史纵深感,即使是很讲究游记与史记相结合的罗斯科也望尘莫及。例如《佛罗伦萨与美第奇家族篇》《意大利对圣诞的想法》《雅典记》等标题下的内容就涉及历史批判、哲学溯源、文化追怀等大思路因素。"雅典记"甚至就是一部简约的古希腊文化史。[①] 这些是西蒙兹游记创作中的独特一面,它意味着西蒙兹更想走到文艺复兴的实景中去。所以从实景与虚影的辨析角度看,西蒙兹的游记更值得学人重视与读者期待。再检点西蒙兹游记中触及的历史文化问题都是文艺复兴史研究绕不开的内容。例如对波利齐亚诺等的研究,它切入到新柏拉图主义核心人物的个案研究;再如白体诗的研究,切入到文艺复兴语言变化问题;另外还注意文艺复兴时期的大众文化研究及文化比较(如意大利的文学作品对英国的影响研究),如此等等。当然,西蒙兹的游记还包括大量文艺复兴时期重要历史事件的记叙。甚至可以这么认为,西蒙兹的游记是以地理为穿引的意大利文艺复兴的文化批评史。就宽泛意义而论,西蒙兹的游记用各种近代的眼光来审视文艺复兴时期意大利发生的人和事,其思考力度远甚于罗斯科的近代性。显然西蒙兹的想法受

---

① J. A. Symonds, *Sketches in Italy and Greece*, pp. 207 – 233.

布克哈特文艺复兴近代观的影响很大。西蒙兹屡屡提到布克哈特著作对自己的启示价值。布克哈特的意大利文艺复兴研究着意开掘的就是象征近代文化的内容。以佛罗伦萨的历史为例,布克哈特没有留下专门叙述佛罗伦萨历史的著作。但他在《意大利文艺复兴时期的文化》中特别提及存在于佛罗伦萨文化现象内的共和、自由精神。① 西蒙兹意大利文艺复兴各种研究著述(包括游记)中所体现的观点与布克哈特的上述观点十分契合。另外,进化论、黑格尔哲学等亦影响了西蒙兹的近代视野和游记心态。不过,西蒙兹及19世纪那一代学人对始自文艺复兴的整个近代西方社会文化进程(包括极端个人主义、强权政治等负面历史遗产的影响力)还缺乏深入的思考,因此西蒙兹试图摆脱历史虚影的努力仍有改进之处。

有了上述历史问题解疑的研究心态,西蒙兹的历史游记始终围绕着问题展开,并以更为精练的形式表达出作者对诸多历史现象的独特看法。读这样的游记,即便在某些方面少了些情景描述(例如西蒙兹没有花什么笔墨去勾勒佛罗伦萨的自然人文景物,事实上有品位的游客并不在意对佛罗伦萨阿诺河等景物多一笔少一笔的记叙),但由于独到的历史追怀,那些景物会带着新的意蕴呈现在读者眼前。再以佛罗伦萨和美第奇家族研究为例,西蒙兹的《佛罗伦萨与美第奇篇》其实就是一部简明的美第奇家族史与美第奇家族治下的佛罗伦萨史。与同时代纳皮尔《佛罗伦萨史》②、滕豪夫《美第奇家族回忆录》③做一比较,西蒙兹的文字只能算简之

---

① 布克哈特:《意大利文艺复兴时期的文化》,何新译,商务印书馆1979年版,第73页。

② H. E. Napier, *Florentine History: From the Earliest Authentic Records to the Accession of Ferdinand the Third, Grand Duke of Tuscany*, 6 Vols. Edward Moxon, 1846. 这部通史性质的巨著叙述的时间跨度长,从最早有记载的历史写起,直至托斯卡纳公爵费尔迪南德三世去世(1824年)。

③ M. Tenhove, *Memoirs of the House of Medici: From Its Origin to the Death of Francesco, the Second Grand Duke of Tuscany, and of the Great Men Who Flourished in Tuscany within that Period*, Notes and Observations by Sir R. Clayton, 2 Vols., G, G. and J. Robinson, 1797.

不能再简的短文。但西蒙兹的短文切中了一个关键问题,即美第奇家族何以在佛罗伦萨得势？西蒙兹认为佛罗伦萨的政治体制还是有弱点的:其一,佛罗伦萨试图用一个过于简单的政治运行机器来应付共和国繁复的政治局面,这有点捉襟见肘。其二,也正因为第一个弱点,使民主的政体会慢慢地被暴君掌控。而美第奇家族就是利用了佛罗伦萨政治体制中的不完善因素而建立起一家独大的僭主政治。[①] 查阅文艺复兴时期历史学家的著作,马基雅维里在《佛罗伦萨史》第4卷"美第奇家族的兴起"也谈到了共和国的弱点问题,但在马基雅维里看来,一位明主可以将制度健全起来,并带来真正的自由。显然马基雅维里的字里行间有为美第奇家族捧场的味道。[②] 古今两种评论也反映出不同时代历史学家分析历史现象的不同心态。这一古一今两种心态都应该引起我们的重视。西蒙兹站在19世纪的立场,重在反思历史上的共和、自由状况,以便更好地把握当今的共和、自由发展的趋势。马基雅维里的立场反映了当时政治思想家容忍强权政治的一般心态。同时,马基雅维里是受美第奇家族的委托撰写佛罗伦萨的历史,这些都会影响到马基雅维里的想法。西蒙兹对上述问题的研究状况从一个侧面反映出其历史批判心态的深度。这种批判的心态在当时的史学研究中不乏知音。稍晚于纳皮尔出版的佛罗伦萨史著作当数英国历史学家特劳罗佩《佛罗伦萨共和国史》[③]最有影响力,批判意识与发现城邦的文化个性是这部史著的学术亮点。在作者看来,隐藏在佛罗伦萨共和国形成、发展和衰落历史进程背后的深层次原因也许不

---

① J. A. Symonds, *Sketches and Studies in Italy and Greece*, Second Series, New Edition, Smith, Elder, & Co., 1898, p. 211.

② 马基雅维里:《佛罗伦萨史》,李活译,商务印书馆1982年版,第178页。

③ 特劳罗佩《佛罗伦萨共和国史》(*A History of the Commonwealth of Florence: From the Earliest Independence of the Commune to the Fall of the Republic in 1531*)约一百万字,在篇幅上虽然无法与纳皮尔的著作相比,但整部著作前后思路连贯,给人一气呵成的感觉。

能用常理来解答。① 所以必须对佛罗伦萨共和国的结构、政府运作等各种历史上存在的现象予以细致的批判性阐释。总之,阅读上述不同心态下涉及佛罗伦萨的文字,旅游者、读者是否品味到更多佛罗伦萨景物的内涵呢?

　　西蒙兹游记中的心态还涉及一位性倒错者的内心活动,最明显的一个标志是西蒙兹《意大利游记、研究》的扉页插图选了一张古罗马时期的同性恋雕塑像。这提示学人在注意意大利文艺复兴时期的文化和历史遗迹时不能忘了那时的情感方面因素。在文艺复兴时期的意大利尤其是佛罗伦萨,同性恋是见怪不怪的社会文化现象。例如大洛伦佐、波利齐亚诺等都带着同性恋的情感。这些是意大利和意大利文艺复兴时期文化引起西蒙兹特别关注的重要因素。另外,这部游记是西蒙兹特意献给其朋友布朗的精神礼品。(参见《意大利游记、研究》书前的题词。)布朗与西蒙兹一样也具有性倒错的倾向。在威尼斯,西蒙兹还有同性恋伙伴福萨托。1881 年西蒙兹结识福萨托之后几乎每年去意大利威尼斯。《西蒙兹回忆录》第 17 章详细记述与福萨托的关系。《意大利侧记》发表于 1883 年,其中的"威尼斯杂记"写得十分动情。西蒙兹说:"威尼斯首先激起的是一种狂野的喜悦之情(corybantic rapture),……而那迷宫般的夜晚则带来爱与罪的神秘。"②威尼斯的白日则是光和色彩的图景。西蒙兹引用巴洛克时期法国画家普桑的一段对话来传达这种色彩的意蕴。有人问普桑为何不待在威尼斯? 普桑答道:"如果待在那里的话,我就会变成色彩画家。"③随后西蒙兹详细描述游览文艺复兴时期威尼斯画派代表丁托列托

---

① 参见 T. A. Trollope, *A History of the Commonwealth of Florence: From the Earliest Independence of the Commune to the Fall of the Republic in 1531*, Vol. I, "Preface", p. V.

② J. A. Symonds, *Italian Byways*, p.194.

③ J. A. Symonds, *Italian Byways*, p.202.

遗迹的情况。在丁托列托的绘画创作中有一些表现变态性心理的作品。在《意大利侧记》"乌尔比诺宫篇"里,西蒙兹用当年卡斯蒂利奥内、本博等的记述材料对乌尔比诺宫夜晚绅士、小姐们谈论柏拉图情爱的情景做了生动呈现,那些说爱者会触景生情地说"白天总算过去了",而透过窗外的夜光,人们能体验到维纳斯的天堂之乐,那里有玫瑰、微风、夜莺的啼叫。① 读者在上述"情""爱""色彩""性""乐"等的背后不难找到西蒙兹同性恋心理驱动的蛛丝马迹。另外,西蒙兹在达沃斯与一位生物标本学者布勒友谊颇深,后来布勒与年轻的堂妹结婚,于是西蒙兹的位置被取代。《意大利侧记》就是献给这对新婚夫妇的。② 总之,意大利这片带着浪漫芳香的土地存有激发西蒙兹同性恋情感的诸多元素,今人读《意大利游记、研究》《意大利侧记》等西蒙兹游记作品时不能忽略上述私密的心态因素。

如何走进文艺复兴时期的心态境地? 可见,后人在解读文艺复兴时期各种社会历史文化现象时受各种心态影响很大,这多少使理解和分析发生某些偏差。如果站在长时段历史发展的角度去观察那些心态,那么19 世纪的心态总体而言还是以赞美意大利、赞美文艺复兴为考虑问题的主轴。那时的西方文明在科学技术等领域走在了世界的前面。西人的这种自傲感蔓延到游记诗文等各个文化创作领域。20 世纪以来,研究、阅读文艺复兴时期文化的学人对那段历史仍不乏钟爱之情,对曾经的文学艺术繁荣景象充满热忱和向往。这不免将个体、时代的钟情之念带入阅读理解之中。今人如何踏实地走进文艺复兴时期的心态境地呢? 下列事项可供借鉴。

---

① J. A. Symonds, *Italian Byways*, p. 137.
② 参见西蒙兹《意大利侧记》的题词。另参见 A. L. Rowse, *Homosexuals in History: A Study of Ambivalence in Society, Literature and the Arts*, Dorest Press, 1977, p. 153。

其一,建构以史料和批判意识为基础的研究心态。事实上,文艺复兴时期的文学艺术创作在许多方面没有我们想象的那么纯粹、高大、优美。特别是我们中国的学人在接受最初由西方各类人士传入的西方文化(包括文艺复兴时期文化)时不免夹带受震撼的心态,似乎西方的文化远远地走在了我们的前面,国人的任务就是从中开掘有利于本民族复兴的因素。后来蒋百里、梁启超亦认为中国当时的历史情境与意大利文艺复兴时期的社会有诸多类似者,因此国人可师从文艺复兴关于人的发现、世界的发现之精神,从而产生中国的文艺复兴之社会效应。① 多少年来,我们接受文艺复兴文化的心态仍未走出梁启超时代的框架。如何来调整这些心态? 最佳的途径也许只有一个,那就是凭借各种史料回到文艺复兴的历史场景中去。但我们还回得到当时的实景吗? 答案肯定是否定的。时过境迁、今非昔比,人不能两次踏入同一条河流。我们能够回到的是这样一些实景:通过史料得知 1 个佛罗令的币值,通过史料得知美第奇家族的统治方式,如此等等。即使如此,我们还是无法理解 1 个佛罗令的即时购买力以及某人购物时使用 1 个佛罗令的心态,我们还是无法理解当时的某个人对待大洛伦佐统治的真实心态。货币的实际使用价值和家族统治的实际效应不是一两份文件所能涵盖的。这就是实景与心态虚影的间隔问题。

我们回不到那种文艺复兴时期意大利城邦和个体的心态全部和所谓真实场景了,我们的想象和心态又因为自身的各种原因又多了一层的历史虚影。但我们仍需要依靠史料、想象、批判意识去感受那些心态、去接近那些历史实景。在文艺复兴时期,人们的心态与后人的理解确实差异

---

① 参见蒋百里《欧洲文艺复兴》(东方出版社 2007 年版)一书中梁启超的"序"和蒋百里的"导言"。

颇多。《新史学》"心态史学"一文提到国王与情人幽会及上教堂祷告的
两种情境。① 这些在今人看来好像是不可理解的,但在那个时代人们的心
态中却再正常不过。文艺复兴时期的道德问题及政治问题在 19 世纪的
历史学家那里会受到批判,但在 14 至 16 世纪则是很普遍的现象。例如
在那个时代没有后人理解的那么多的道德罪恶感。赚钱、看黄色书刊、用
暴力手段制止不稳定的因素等,这些都是现实生活的一个组成部分,十分
自然。政治上的不择手段也得到认可。就市民而言,他们所关心的是自
己的权益能否得到应有的保障。那时的佛罗伦萨人对待美第奇家族的容
忍态度并非受到僭主高压政策之累的反应,而是当时佛罗伦萨特殊环境
下的一种正常心态,因为市民需要一个稳定的环境。回顾历史,美第奇家
族在政治上曾遭人暗杀,但美第奇家族也搞暗杀,甚至有家族内部的暗
杀。皮尼奥蒂花费很多笔墨来记叙发生在 16 世纪 30 年代那场美第奇家
族内部仇杀场面②,西蒙兹亦通过文学史披露此等事件③。大洛伦佐对异
己者则进行排斥,其中对文人、政治家曼内蒂的报复就是一例。西蒙兹用
了"毁灭性"(ruin)一词来形容此次打击行为。④ 总之,美第奇家族带来了
文学艺术的繁荣,同时也出演了世俗化中最为恶劣的部分。就意大利的
整体情况而言,正是在美第奇等家族统治者施展各种政治伎俩的情况下,
公众身上那些积极的能量被消耗殆尽。⑤ 当时从领袖人物到一般群众都
对腐败现象习以为常,更谈不上所谓痛恨。文坛中的腐败现象亦比比皆

① 勒高夫等:《新史学》,姚蒙译,上海译文出版社 1989 年版,第 169 页。
② L. Pignotti, *The History of Tuscany*, Vol. IV, pp. 220 – 223.
③ J. A. Symonds, *Renaissance in Italy*, Vol. V "Italian Literature", Smith, Elder, & Co., 1898, New Edition, p. 314.
④ J. A. Symonds, *Renaissance in Italy*, Vol. II "The Revival of Learning", Smith, Elder, & Co., 1898, New Edition, p. 139.
⑤ J. A. Symonds, *Renaissance in Italy*, Vol. V "Italian Literature", New Edition, p. 431.

是,众人熟视无睹。西蒙兹则直言文化的市侩气很浓。① 那时的文人以一技之长赚钱。阿雷蒂诺是其中的代表,西蒙兹称呼此人为"文痞"。② 从当时艺术创作的实际情况看,艺术家在庇护人的羽翼下成为职业艺术家③,许多作品都是根据庇护人要求而进行的命题创作。在此等情境下,富有个性的艺术审美力会渐渐消退。这些可参见"前拉斐尔派"的批评。④

其二,关注城市心态的差异。上述情况还涉及学术界对文艺复兴这段历史性质的各种看法。前文论及文艺复兴时期的历史比较特殊,它正好处于中世纪晚期和近代早期的交替阶段。于是文艺复兴时期的历史内容在不同的史家、编撰者那里就有不同的解释。现在比较普遍的看法是将文艺复兴当作近代历史的开端来看待,这一看法以《新编剑桥世界近代史》为代表。但在中世纪史研究领域,许多著述都不惜笔墨评述 14—15 世纪的社会文化史内容。《剑桥中世纪史》、中世纪史权威杂志《镜》等就是将文艺复兴作为中世纪末端来处理。其实开端、末端的不同处理方法并不矛盾,它反映出文艺复兴历史的特殊性。还有一种观点值得重视,即冲淡中世纪、近代概念的传统意见,转而从更长、更宽广的历史来看待文艺复兴时期的历史。例如从农业文明与工业文明、封建文明与资本主义文明、区域文明与全球文明等大历史视野出发,认为文艺复兴时期发生的那些事例总体上还属于农业文明与工业文明、封建文明与资本主义文明、

① J. A. Symonds, *Renaissance in Italy*, Vol. V "Italian Literature", New Edition, p.158.
② Lieut-Colonel A. Pearson, *A Short History of the Renaissance in Italy: Take from the Work of John Addington Symonds*, Smith, Elder, & Co., 1893, p.288.
③ B. Kempers, *Painting, Power and Patronage: Rise of the Professional Artist in the Italian Renaissance*, Penguin Books, 1995.
④ *Pre-Raphaelitism: A Collection of Critical Essays*, Ed. and with an introduction by J. Sambrook, The University of Chicago Press, 1974.

区域文明与全球文明交界处的历史,这些看法以斯宾格勒《西方的没落》、汤因比《历史研究》、布罗代尔《15—18世纪的欧洲文明》、斯塔夫里阿诺斯《全球通史》等为代表。但我们还能不能提出些新的想法呢?能否特别从城市文明、城市心态的角度来看文艺复兴,甚至看整个农业文明时期的历史呢?从心态史与居民居住环境的关系而论,大致可列出城市心态史和乡村心态史两种。城市心态有别于乡村,自古如此。就城市心态而言,虽然不同历史时期、不同的区域有很大的差异。但需要引起注意的是城市心态中的共性。在农业文明时期,不同年代、不同区域的城市生活都会呈现某些共同的特征:如市井里巷的生活、手工业和商业的发展、政治文化的中心等。在城市生活中的人群也会染上某些共同的城市心态。在这方面我们可以拿古代罗马与文艺复兴时期的佛罗伦萨做比较,也可以拿文艺复兴时期的威尼斯与明代的苏州做比较;在文化方面比较14至16世纪东西方反映城市市民生活的文学艺术作品。这些都顺理成章。然而某些文明现象、某些市民心态的相似不等于本质上的雷同。事实上不同的城市地理环境、社会历史背景仍存在着各种差异。不同城市市民的心态亦有差异,我们后人可以带着自己的心态去看历史、去与古人进行对话,但千万不能以一己之见去图解当时人物的心态和历史场景,或者说做简单的、表面性的类比。

其三,尽量避免掉入抽象概念诠释的研究陷阱。在这方面我们可以吸收"摹状词理论"等语言哲学的成果,不要将rebirth(再生)、virtue(德能)、freedom(自由)、natural law(自然法)等涉及文艺复兴时期意大利文化的词汇单列出来,并加以文本的抽象研究。最好的办法是将那些名词放回到历史的情境中去,然后根据历史的材料进行描述。这至少从语言哲学等角度避免心态史上的各种主观性成分。例如在文艺复兴时期的佛罗伦萨,所谓公民自由都由具体的内容来体现。那么研究此类自由理论

（如马基雅维里的自由理论等）同样需要回到当时具体反映公民自由的情境中去。那时的意大利包括佛罗伦萨在内，家族政治介入到社会生活的方方面面。公民对自由的认可与 19 世纪的态度亦有差别。从某种意义上讲，公民对自由的认可度是以政府能否保障城邦的安全、稳定为前提的。美第奇家族可以剥夺许多竞争者的权益，但他们可以堂而皇之地说：我们维护了城邦的存在。而公民对一家一姓的专权亦觉得是一种政治家能力的体现。[1] 再例如当时意大利范围内的自由就是所谓国家统一。这在马基雅维里的著作中有不少论述。所有这些自由理论都不能用所谓自由是人的本质之类观点去评点。或者说，谈论自由、民主、共和之类抽象的概念都应当放到历史的情境中去阐释。

总之，游记诗文创作充满想象，它是以特殊的方式在传达历史。我们在阅读罗杰斯、罗斯科、西蒙兹等人与文艺复兴历史紧密关联的游记作品时应当切记其中的复杂心态史因素。

读史札记

伽利略案件[*]

游记有猎奇的成分，文艺复兴史研究亦离不开"猎奇"。按照一般的说法，伽利略的天文学观点与当时教廷所维护的基督教信仰体系发生冲突，最后伽利略被判终身监禁。直到 1980 年教皇保罗二世在位期间，教廷正式为伽利略恢复名誉。许多伽利略的传记都会提到这件人类思想文化史上的冤案，但读过伽利略生平传记的读者会在上述问题上想得更多一些。从伽利略一贯的思想体系看，这位科学

---

① T. A. Trollope, *A History of the Commonwealth of Florence: From the Earliest Independence of the Commune to the Fall of the Republic in 1531*, Vol. IV, p. 5.

＊ 本文原载拙著《阿诺河畔的人文吟唱》，天津教育出版社 2011 年版。

家并不反对基督教的信仰。伽利略的真正意图是在科学思想上贯彻双重真理学说。① 这种富于创见的想法在《关于托勒密和哥白尼两大世界体系的对话》也得到了充分的体现。这是今天教廷有可能对伽利略恢复名誉的基础。从科学史的角度看，当时伽利略在《对话》中的科学论证还是存在问题的。另外，在审判伽利略的整个事件过程中确实受到诬陷、挑拨和偏见的很大影响。这些已经由学者们在充分调查的基础上写出了各种题为"伽利略案件"的文章。

伽利略案件的大致经过如下。这里首先要提到一个非常关键的人物即枢机主教贝拉明。贝拉明的思想、性格非常复杂，他曾是审判布鲁诺的宗教法庭成员之一。但他对当时的科学发展不是一无所知，与伽利略有十多年的交往，并用伽利略的望远镜观察过天体。这些使贝拉明十分崇敬伽利略。贝拉明在 1611 年曾写信咨询耶稣会的天文学家，让他们就伽利略的天文发现做出答复。其中涉及土星、木星旁的卫星、金星形状的改变、月亮表面的形状等。天文学家在询问的 5 天后即 4 月 25 日做出答复，大致承认了伽利略的观察结果。也就在答复的同一天，伽利略被罗马的林赛科学院接纳为其成员(林赛科学院于 1603 年在罗马成立)。考虑到这些情况，贝拉明希望伽利略不要将自己的科学实验与哥白尼的观点扯上关系。罗马教廷能够做的也就是让伽利略将发现保持在实用的限度内，而不要走得太远。可是伽利略科学实验的目的就是要证明太阳中心说，显然冲突是不可避免的。宗教裁判所已经在 1611 年 5 月 17 日的秘密会议中决定查一下克雷蒙尼诺与伽利略的关系。克雷蒙尼诺与伽利略是要好的朋友，克雷蒙尼诺一直不满耶稣会会士的举动。所以宗教裁判所这样做的目的是想追究两人在神学和政治方面的罪过。由于伽利略宣传哥白尼的学说，1616 年 2 月 24 日的宗教法庭会议宣读了裁决报告，裁决针对两个命题：(1) 太阳是宇宙的中心，纹丝不动；(2) 地球既不是宇宙的中心，也不是不动的，而是做整体和周日运动。裁决时对这些命题

---

① 参见德雷克：《伽利略》，唐云江译，中国社会科学出版社 1987 年版，第 101—116 页。顺便指出，此译本是根据英文版 Stillman Drake, *Galileo*, Oxford University Press, 1980 翻译过来的，该英文版传记流传很广。

用了"愚蠢""荒谬"等词予以谴责,但没有说这些命题是假的。同时要求贝拉明枢机主教转告伽利略,不得再坚持、讲授那些受到谴责的观点。1616年2月26日早晨,贝拉明传唤伽利略来家听候裁决,同时过来的还有法庭代表、公证人及不请自来的多明我会的神甫等。贝拉明主教可能私下对伽利略说了些什么,大致是请伽利略不要反驳对他提出的观点。会议上主教告诉伽利略,教会反对哥白尼的学说。法庭代表还以教皇的名义向伽利略宣布,今后不得以任何形式传播那些观点。这些情况被记录了下来,它由公证人起草但没有签字。这就是后来在审判伽利略时发生重要作用的会议记录文件。但会后贝拉明主教又私下跟伽利略说,那位代表是在违反教皇意旨行事,并为伽利略写了保证书,书中只提到上述两条被谴责的命题,并要求伽利略不要辩护这些命题。其他事情就权作未发生过对待。此时,伽利略大致也清楚了今后如何去对待哥白尼的学说。也就是说,将研究保持在纯理论形式的范围内,不要与哥白尼的学说联系在一起。后来贝拉明将情况告知教皇保罗五世,伽利略也得以谒见教皇。伽利略从教皇那里也得到了保证,伽利略不会遇到麻烦。此后伽利略对哥白尼学说保持沉默,而继续自己的研究。

有一件事情使沉默打破了。1618年天上出现3颗彗星,于是伽利略又投入到对彗星问题的争论之中,并于1623年写出了《试金者》一书。1624年,正当书要出版时,教皇乌尔班八世就任梵蒂冈新主。林赛学会决定将此书献给乌尔班八世。乌尔班八世俗名马捷奥·巴贝里尼,出生于佛罗伦萨,受过人文主义的教育,对科学也颇感兴趣。乌尔班八世对伽利略颇多赏识,给予其科学研究方面的支持。1624年伽利略来到罗马多次与教皇见面,并谈了他对潮汐问题的看法,想就此问题写成一本新书。显然,此书是以哥白尼学说为基础的。这件事得到了教皇的允诺。但伽利略始终未提及1616年的那次事情。因为伽利略一直记着当时贝拉明的承诺,心里早就把1616年那件事情视作过眼云烟。再则,伽利略可能较多地从积极的方面去看待乌尔班八世其人及两人之间的友谊,而没有看到乌尔班八世独断专横的性格。从1624年到1630年,伽利略一直在撰写《关于托勒密和哥白尼两大世界体系的对话》一书。但该书的出版却遇到了种种麻烦,最后于1632

年在佛罗伦萨出版。这时有人暗地向教皇呈递了那份没有签字的会议记录,乌尔班八世觉得伽利略欺蒙了自己,也就是说伽利略没有按照当时的承诺行事。再加上竞争对手沙伊纳一直在寻机滋事,在罗马煽动宗教法庭来处置伽利略。接下来就是1633年罗马宗教法庭对伽利略的审判。审判在圣玛利亚教堂进行的。在审判过程中伽利略一再提到贝拉明的保证书,认为自己没有违背与贝拉明商议的要点。但一切都无济于事,最后法庭按照1616年的那份记录做出了对伽利略实施终身监禁的裁决。

宗教法庭宣判的内容大致可归纳为以下几点。第一,认为伽利略1615年以前所宣传的太阳是宇宙的中心而地球则做自转和周日运动之学说与《圣经》相违背。第二,鉴于上述情况,教会法庭在1616年2月25日做出决定,由贝拉明主持宣布教会法庭的决议内容,要伽利略不再宣扬太阳中心说,并于翌日在贝拉明住处宣布此项决定。第三,伽利略没有遵守教会法庭的决定,继续做与太阳中心说相关的科学研究,并发表主张太阳中心说的《关于托勒密和哥白尼两大世界体系的对话》,在庭审中伽利略还试图用贝拉明的保证书来为自己辩护,但事实上这份保证书有明确提示不能再做与《圣经》相抵触的活动。第四,宣布《关于托勒密和哥白尼两大世界体系的对话》为禁书,伽利略本人则受宗教法庭的监禁。宗教法庭宣判后,伽利略鉴于当时严峻残酷的形势当庭做了忏悔,发誓永远放弃以前所坚持的理论。

经过托斯卡纳驻罗马大使的通融,伽利略减轻为由锡耶纳大主教皮可罗米尼监护。大主教鼓励伽利略做些其他科学研究,这种理解使处于绝境的伽利略得到些许心灵的安慰。大约监禁1年后,伽利略改为在家中软禁,并一直受到监视。1634年,伽利略的女儿去世。这位原本意志坚强的科学家此时几乎失去了生的勇气。1638年,伽利略双目失明。同年英国诗人弥尔顿前来拜访。在随后的岁月里,伽利略向学生、同事、好友口授一些科学思想。4年后,这位用望远镜为真理辩护的科学斗士与世长辞。

第四编
马基雅维里专题研究

本编围绕马基雅维里这位近代西方政治思想界绕不开的人物进行全方位的评介。其中马基雅维里对人性与政治关系的看法、马基雅维里的国家政治和权力运作理论、马基雅维里政治思想的影响等是焦点所在。马基雅维里是一位有争议的政治思想家，本编中的研讨只是一家之言。从本编收入的四篇文章看，主要是一些比较上位性的探讨。在笔者看来，这些上位性的讨论更具有现实意义。第一篇从近代西方政治思想的理论与实践双重角度回顾马基雅维里世俗性政治思想的实质和影响。马基雅维里政治哲学的基石是"人性-政治说"，其整体的框架由人性、个体自由、国家政治特性、国家权力运作、权力制衡等内容构成。"人性-政治说"充分体现出人文主义思想文化的世俗性特征。这种世俗性特征为14—15世纪以降的西方文化刻上"近代性"的符号，并在西方伦理、政治及现实生活的各个方面引起巨大的反响。在全球化时代一系列严峻的政治现象面前，人们需要继续从马基雅维里的遗产中寻找解答近代西方国家政治理论和实践诸多问题的线索。第二篇是马基雅维里思想研究的学术史梳理评析，评述的重点是芝加哥学派和剑桥学派。第三篇围绕国家理由问题对历史学家迈内克的观点及其与马基雅维里国家学说的关系加以辨析。迈内克在研究 raison d'état 问题时表现出历史道德理想主义特点。正是这种理想主义导致迈内克对马基雅维里国家权力等思想的论述有失偏颇。第四篇就马基雅维里思想体系涉及的人性论、才气说、命运观等概念内涵做了细微的理论阐释。其中对 virtue 作"才气"的释义是笔者的一家之言，供讨论批评。

1

近代以来西方国家政治理论
与实践的路径

——对马基雅维里世俗性政治哲学的思考*

　　马基雅维里（Niccolò Machiavelli, 1469—1527）去世至今已有近500年。马基雅维里的国家政治理论及其带有世俗性特征的政治哲学一直影响着近代西方文化和社会历史的进程。在全球化时代的今天,人性、人权、国家政治等仍是现实政治社会中的核心内容。西方的政治哲学家曾经并正在发问:从文艺复兴发端的近代世俗性文化是否能给正处于信息时代文明转型中的西方社会带来坚实的价值基础和进步的希望?并进一步提问:当今西方的国家政治理论与实践还将沿着马基雅维里指明的路途走下去吗?

＊ 本文原载《政治思想史》2011年第3期。

一、 马基雅维里的世俗性政治思想遗产与近代性、近代西方政治哲学

人们通常清点出的是以权谋、以不择手段等为核心内容的"马基雅维里主义"遗产(Machiavellian Legacy),并对此加以批判。事实上,要弄清楚马基雅维里主义问题就必须对《君主论》所体现的政治睿智有一个全面的认识。《君主论》总共 26 章的篇幅是对当时意大利国家政治现实所做的整体性思考,是近代意义上的国家刚登上舞台时的敏锐政治思考。因此首先需要学人对文艺复兴时期意大利君主国、君主统治等的政治状况有一个概观。在 14 世纪的意大利,许多城邦已经开始了近代国家的建构。这些城邦是独立的国家政治实体,相互之间理所当然地成为国与国的政治关系。一些城邦受到家族势力的控制,形成君主国的政治体制。从表面上看,虽然许多暴君为所欲为,但他们始终必须面对这样一种事实,即如果不具备治国的能力、不动用一切政治手段来保有军队,那么就会在国家层面和权势集团层面的政治角逐中丧失掉自己的国家和家族政治势力。所以君主们在军事、经济、外交等国家政治事务中非常注意权力的运作。在这种政治环境中,人才、谋略等成为君主关心的核心议题。到了 15世纪,经过政治洗牌之后的君主们更熟练地掌握国家政治治理艺术。布克哈特称此权力运作状态下的国家为"作为一种艺术工作的国家"。[①] 以后西方政治史的演变进程表明,由马基雅维里时代起始的国家权力"艺术工作"在不同时代的国家政体中有各自独特的运作形式,例如 19 世纪美国政治体制形成后的国家权力运作与 17 世纪英国政治体制下的情况相比又有很多变化。总之,意大利各城邦国家当时正处于国君与新国

---

① 参见布克哈特:《意大利文艺复兴时期的文化》,何新译,商务印书馆 1979 年版,第 1 篇。

家机器之间不断调适关系的政治环境之中,而君主统治的能力和效果将直接对国家稳定、国家机器完善、应对国际政治环境等局面起到至关重要的作用,在一定历史场合甚至起到决定性的作用。所以当时的许多政治思想家(甚至包括早期的但丁等)都试图论述与新的国家制度相对应的君主统治问题。他们试图告诉君主,世俗的国家究竟是怎么回事,一个明智的君主又应当如何去利用国家机器进行统治。这些就是《君主论》背后更深层次的政治内涵。因此对《君主论》中那些关于统治手段、关于君主与国家法律制度关系、关于统治手段与统治目的关系、关于德性、关于荣耀等政治伦理的论述,这些都要从当时意大利国家状况的大背景下理解。

在马基雅维里看来,君主需要做的主要事情是保持国家的武装、维系国家的存在和制度等。其中君主利用制度性和非制度性因素来制约人性中可能与制度相冲突的因素,这是《君主论》中最为出彩的部分,并在《李维史论》中有更全面的阐释,因为共和国最高行政长官也有如何利用各种治理手段使共和国制度得以维系的问题。有学者认为,马基雅维里所阐述的君主国中的君主统治与共和国中最高权力的运用有相通性。[1] 马基雅维里特别意识到作为国家最高元首所必须具备的一些政治素质,用今天的政治术语来讲,就是在思考行政权的问题。这在马基雅维里的时代体现为政治的睿智。

总之在马基雅维里的心目中,他所要表达的政治理念是"新"的。马基雅维里认为当时的意大利人还不清楚如何去创建新的法律和制度。[2] 就国家统治的行政权而言,至少马基雅维里对其中的效力、效率等问题在

---

[1] 参见 Charles N. R. McCoy, "The Place of Machiavelli in the History of Political Thought", *The American Political Science Review*, Vol. 37, No. 4, 1943。

[2] 参见马基雅维里:《君主论》,潘汉典译,商务印书馆 1985 年版,第 123 页。

做新的思考。君主、正义旗手、大公等国家元首如何来保有和运转国家这台复杂的机器呢？这就是马基雅维里面对早期近代国家政治的"新"思维，集中展示出政治哲学中的近代性特征。

近代性（Modernity）是一个比较复杂的思想学术概念。谈论近代性又要牵涉到近代主义（Modernism）这个词，其实近代性和近代主义是互有关联的两个概念。近代性首先是一种历史现象，是指与近代资本主义文明相关联的社会特征、精神特征等，其涉及的方面十分广泛，诸如与正当性的关系等。① 近代主义是近代性的文化呈现，近代主义试图从历史发展的角度对文艺复兴以来的社会现实、人自身的特征及各种文化现象的"新"情况进行总体的反思。近代主义不仅注重理性的权威，同时提醒人们注意情感世界在人的认识世界中之基础地位。近代主义政治思想家以世俗的眼光看世界，强调人的主体地位，突出每一个体的天赋权利。这样，文明的技术水准、平民政治、利益取向、与人性相对应的文化和社会价值多样性等成为衡量社会进步的重要尺度。总之，世俗性在社会结构和精神文化领域凸现了出来。布克哈特这样描述当时意大利文化代表者身上所反映出的特征："内部世界和外部世界的发现在他们身上发生的那种巨大魔力使他们特别趋向于世俗化。"②巴伦则在自己的著作中用"危机"（crisis）一词来提醒学者注意当时社会文化中所发生的诸多与中世纪时代有明显差异的世俗主义特征。③ 在 20 世纪的西方思想界，许多学者将近代性与各种社会危机关联在一起，认为近代性将整个社会文化重心转

---

① 瓦莱士：《布鲁门伯格的〈近代的正当性〉》，张卜天译，载刘小枫、陈少明主编：《马基雅维利的喜剧》，华夏出版社 2006 年版。
② 布克哈特：《意大利文艺复兴时期的文化》，第 481 页。
③ 参见 Hans Baron, *The Crisis of the Early Italian Renaissance*, Princeton University Press, 1966。

移到世俗性的自然人性、自然权利和个体现实权益,从而颠覆了以形而上学理性为基础的普世性善意之西方传统社会、文化价值体系,并将颠覆的肇始者直指马基雅维里及其国家政治理论。

　　显然,世俗性近代政治哲学思考的中心是那个充满自然情感的人,而思考的双翼是历史意识和现实经验态度。16世纪西方政治思想史研究专家 J. W. 阿伦这样评论马基雅维里的历史意识,认为这种意识是他仅有的"指导"。① 对马基雅维里写作风格素有研究的学者邦德内拉亦总结道,马基雅维里试图通过历史回顾和总结去解答现实中的政治课题。② 20世纪的逻辑经验论者罗素则很看重马基雅维里政治哲学中的经验性思维方式,认为"马基雅维里的政治哲学是科学性的经验学问,拿他对事务的亲身经验作基础"③。又指出马基雅维里"根据史实及当时的事件,揭明公国是怎样得来的、怎样保住的、怎样失掉的"④。上述思维方式最为典型地在反映在《君主论》的写作过程之中。《君主论》26章中几乎每一章都由历史的事例来说明道理。简言之,那种历史的、现实经验的思维方式就是世俗性的政治思维取向。它试图表明,政治史的内容就是人们在历史中所看到的一幅以剑与火为背景的图案。马基雅维里在自己的著作中反复申诉个体在世俗社会中的自由:"对于一个习惯于享受自由的人来说,即使是最轻的锁链也会感到沉重,在他那自由的灵魂上强加的任何束缚都压迫着他。"⑤由这种思维取向再朝其他政治法律领域延伸,会进一

---

① 参见 J. W. Allen, *A History of Political Thought in the Sixteenth Century*, Methuen & Co Ltd, 1957, p. 451。
② 参见 P. E. Bondanella, *Machiavelli and the Art of Renaissance History*, Wayne State University Press, pp. 9－28。
③ 罗素:《西方哲学史》(下),马元德译,商务印书馆1976年版,第18页。
④ 罗素:《西方哲学史》(下),第19页。
⑤ 马基雅维里:《佛罗伦萨史》,李活译,商务印书馆1982,第104页。

步得出结论：从政治史、法律史的实际内容看，那些看似抽象的普遍性原则也是历史的产物，就好比罗马法在写入自然法原则时也有其现实的考虑一样，即罗马人需要解决奴隶的身份、地位问题。在近代西方的历史上，英国权利法案、法国人权宣言、美国联邦宪法都是争取个体世俗自由与利益的历史结晶。

再回溯思想文化的源流。近代性、近代主义问题涉及文艺复兴起端的人文主义。当资本主义世俗化文明兴起之时，人文主义者开始用现世眼光看待所有社会、自然问题。或者说从文艺复兴开始，近代西方人想问题、看世界的方式发生了很大的变化。世俗性的、整体性的人是理解万事万物的中心。文化创造既然出自这个现世的人，对文化的理解也必须回到现世的人。像马基雅维里这样的人文主义者，其政治思想分析的着眼点也回到了世俗世界和生动的人性。所看重的是历史上发生的、现实中正经历的各种事件，并认为在法律上享有公民权利并承担义务的自由个体是政治分析的起点。客观地讲，经院哲学家也谈世俗性问题，但马基雅维里的世俗性政治分析与先前经院哲学家所涉及的世俗性问题有明显的区别。阿奎那的政治理论认为，世俗的人所要追求的是个体幸福和个体目的，而理性所要追求的是永恒、完美的目的，所以世俗性与高尚的理性之间存在着矛盾。

20世纪芝加哥学派的代表施特劳斯发出对近代世俗性政治哲学的批判，认为那种世俗性的历史哲学恰恰把一个政治人和国家政治的原本性东西给遗忘了。所谓历史性的政治理解和政治评判，说穿了就是把人之为人的根本特性即理性思维和理性高贵精神放到次要的地位。这样，西方古典政治哲学中的善意原则就被那些毫无规则可寻的历史事例、现实功用等吞没了。这些给近代政治思想和政治实践带来了灾难，并且已经在一系列战争、社会问题上得到报应。① 施特劳斯对近代性、近代政治理论的批判始终围绕焦点人物即马基雅维里展开，认为政治思想和政治社会的基础是普遍性的"善意"原则，而马基雅维里的政治视角或带着近代性的政治视角只盯着一个个具体的事例，而不考虑甚至反对立足普遍原则。② 又认为马基雅维里的政治哲学严重冲击了维系人与人之间和谐相处的宗教道德哲学，并在国家政治问题上只看重统治的效力问题。③

为了给近代政治哲学找到真正的存在家园，施特劳斯采取从意识到意识、从文本到文本的方法进行分析。施特劳斯发现，在古代苏格拉底、柏拉图、亚里士多德的政治哲学中存在着古典的政治思维模式。施特劳斯学派通过非常富有学术性的文本阅读和注解，得出古典时代的希腊社会存在着以"自然正义"(natural right)为核心的政治哲学和政治社会结构，认为在苏格拉底、柏拉图等人的心目中，公民社会应当由一种普遍适用的理性之善作为维系力量，人需要在理性的调节下过一种有限制的政治生活。按照柏拉图的理念学说，每个人都有可能通过教育成为好公民，但不是每个人都能担起政治家的重任。能够理解善之本质、正义之本质的是哲学家，正是哲人具有理解、实践和谐完美国家政治的能力，也正是哲人肩负着教育引导公民向善并让他们各司其职的任务。这种古典的政

---

① 施特劳斯是古典自然正义学说的阐释者，其理论十分复杂。参见 *The Rebirth of Classical Political Rationalism: An Introduction to the Thought of Leo Strauss; Essays and Lectures by Leo Strauss*, Selected and Introduced by Thomas L. Pangle, The University of Chicago Press, 1989。选本中有施特劳斯关于古典政治理性主义和古典政治哲学的专门论述。尤其是施特劳斯的理论与其现实的政治目的，特别是与其弟子们参与政治实践之关系就更为复杂，学人对这种复杂性要有足够的认识。
② 参见施特劳斯:《关于马基雅维里的思考》，申彤译，译林出版社 2003 年版，第 369、374、405 页。
③ 参见 W. B. Allen, "Machiavelli and Modernity", in Machiavelli, *The Prince*, translated and edited by Angelo M. Codevilla, Yale University Press, 1997, pp. 101, 112.

治哲学构想在以后的基督教政治哲学(如阿奎那等人的政治哲学)中继续
延伸,到近代则由英国政治思想家伯克等人做了新的阐释。但施特劳斯
忧心忡忡地觉察到,上述政治哲学的传统被充溢着近代性的哲人遗忘了。
人们有理由去怀疑,在近代世俗性文化土壤上一味强调每个人的天赋权
利、一味强调现实利益驱动下的政治操作,这些是否真能营造一个向善的
政治社会。所以从传统政治伦理的视角分析马基雅维里的哲学,也就有
理由指责渗透在其政治现实主义表象之后的极端性①和反传统因素。例
如在马基雅维里的笔下,政治所对应的是人性,政治家首先需要关注的是
与人性相对应的国家政治。历史就是不同地区的人们为了维护自己的生
存和利益而使用种种政治手段并最终使社会由乱而治的循环往复过程。
不同政治社会的形成及其政治结构也许不能用最好之类的理想道德语言
来评说,但其存在则有其存在的道理。在宗教问题上,马基雅维里从历史
和现实的角度看待各种神的内涵和宗教意识的作用,也从历史和现实的
角度审视基督教会的存在性质和地位。这样,在政治思想领域就形成了
一种新的宗教政治意识。②

　　笔者以为,施特劳斯对近代性、近代西方政治哲学的批判是一种作茧
自缚式的思考,他始终没有超脱发端于古代希腊的西方形而上学思维模
式。根据这种思维模式,政治的理念就是一种本体论意义上的政治存在。
他认定政治上的善意是一种先天的存在,同时肯定这种善的存在是国家
政治的基础,社会精英则是政治善意的领路人。这种理想化的形而上学
政治意识势必与历史意识发生冲突,或者说历史被文本政治意识中的
"真"给遮蔽住了。就柏拉图、亚里士多德的政治哲学而言,其整个政治构

---

① 参见 Grant B. Mindle, "Machiavelli's Realism", *The Review of Politics*, Vol. 47, No. 2, 1985。
② 参见 Benedetto Fontana, "Love of Country and Love of God: The Political Uses of Religion in Machiavelli", *Journal of the History of Ideas*, Vol. 60, No. 4, 1999。

想与古代希腊城邦政治的发展密切相关,其自然正义理论也是对当时历史事实的一种观照。当然,将政治理念甚至文化当作一种"实在"来进行研究,这在西方是很普遍的[1],甚至有学者提出最小的人群状态是文化而非个体。[2] 按照文化功能学派的提法,文化一经形成就会对现实产生一种"迫力"。但问题是文化的迫力会随着文化土壤的变化而发生相应的变化,将希腊政治思想家所阐释的那些植根于古代希腊文化土壤的政治社会模式视作亘古不变的政治社会理想准则,这是政治复古而非政治复兴。

综上所述,对近代性、马基雅维里政治哲学等的评价也只能回到历史本身去寻找答案。人们不难发现,中世纪以降的西方文明进程表现出这样一种特征,即每每都是世俗性文化方面有重大突破的文明区域取得巨大的社会进步。例如,在人文主义文化指导下的意大利首先奠定近代资本主义文明的基础;尔后在宗教改革领域取得成就的德国、英国继续资本主义文明发展的步伐;再后就是实用主义文化占主导地位的美国将资本主义文明推进到新的高度。上述文明进程的事实迫使学人进一步面对近代性与社会进步关系等一系列问题。就世俗性而言,人追逐自身的利益、自由性、个性的发展等,这是否使社会变得道德沦丧和不安全了呢? 这里还牵涉到个体自由与国家存在的相互关系问题,即怎样的个体自由才真实地体现个人的意志? 怎样的国家存在、国家政治行为才算得上与个体自由相匹配? 近代、当代西方政治思想界关于自由主义、国家政治等的大讨论,其实质就是回答上述问题。在此,我们仍需要回到马基雅维里的世俗性、近代性政治思维逻辑上来。

---

① 参见 Florian Znaniecki, *Cultural Reality*, Russell & Russell, 1972。

② 参见 James K. Feibleman, "Culture as Applied Ontology", *Philosophical Quarterly*, Vol. 5, No. 5, 1951。

二、"人性-政治说"是马基雅维里世俗性政治哲学的根

从柏拉图开始,西方政治学就开始了人性与政治关系的研究。不过,只是到了马基雅维里政治哲学的问世,上述研究在文明进程中的实际效应才在现实生活中凸现出来。或者说,正是从马基雅维里的政治哲学开始,以人性为核心的国家政治理论才逐渐上升为社会的主导意识。这些提示学人必须对马基雅维里的"人性-政治说"做一全方位的分析。

（一）人性的向心力与人性中的伦理、政治原则

在马基雅维里的政治哲学体系里不存在所谓抽象的、先定的政治理性原则,也未确定形而上学的善、恶、个体自由等原则,总体上是将人性当作一切政治行为的向心力或根本制约力。费米亚指出:"对于马基雅维里而言,世上的一切不是由理性和心灵控制着,现实的结构根本上是一种生理情感的系统。"[1]马基雅维里在自己的著作中也经常将国家政治与人的肌体做比较。[2] 此类观点会引出批判的声音,即认为将人性当作政治行为的向心力,这可能导致社会道德伦理的错乱,因为人性中存在着许多不确定的因素,由此导致道德标准的难产。思想史上所谓一般的善只是理性的设定而已,它可以是黑格尔"绝对精神"意义下的善,也可以是基督教等宗教意义上的善,如此等等。当涉及某种善时就是指特定的社会伦理规范,其分析不仅要以现实的人性为基点,同时要回到特定的社会政治环境。例如马基雅维里时代的佛罗伦萨处于自由公民—行会—行会联合体—共和国国家政体合为一体的政治模式。当时的佛罗伦萨共和国特别

---

① Joseph V. Femia, *The Machiavellian Legacy: Essays in Italian Political Thought*, Macmillan Press Ltd, 1998, p. 17.

② 参见 Machiavelli, *The Discourses*, translated by Detmold, Modern Library, 1940, pp. 155, 271 - 275, 397 - 399。

在乎公民的才气(virtue),这与人性力量的发挥形成一种合力。与此相应的自由精神是其他意大利城邦所不能比拟的。马基雅维里以独特的眼力看到了佛罗伦萨城邦政治与个体生命存在的内在关系,并将自己的城邦国家当作"活的有机体"。① 学术界已经注意到马基雅维里从人性的自由出发,进一步分析社团(corporation)自由、国家自由等多重含义的问题。②学人进一步要问:在一个特定的社会政治环境下,以人性为基点分析社会政治现象是否具备开放的、普遍的政治价值元素呢? 马基雅维里在著作中反复强调,人性古今同一、全体相类,并由此出发建构人性、个体权利与国家政治制度等互有关联的国家政治模式。马基雅维里还认为,就人性的自然层面而言无所谓善恶、对错的区别。所谓善恶只是现实社会通过法的形式对人性的一种认定。③ 在这种思维模式下,只有将人性与政治的关系放到特定的社会环境中去考虑才有现实意义。尽管马基雅维里没有用 20 世纪的政治语言就人性中的价值问题、人性与普遍政治效力的关系问题等做出系统的阐释,但马基雅维里"人性-政治说"中的思维逻辑对于上述阐释具有指导性的意义。我们不妨旁及 20 世纪西方社会心理学家如何从人的自然本性考察普遍性社会价值的问题。B. F. 斯金纳(B. F. Skinner,1904—1990)是美国行为主义社会心理学家,他的学说想表达这样一种理念,即人这个生物有机体最直接的存在感受是他的生物功能能否顺利发挥。B. F. 斯金纳认为,如果人类纯从某种主观的自由原则来看待自己、要求自己、指导自己,这看似人在享受自由、获取自由,但问题是,那些形而上学的自由原则并不可能得到科学的确证,它会使人忘掉自己

---

① 参见布克哈特:《意大利文艺复兴时期的文化》,第81 页。

② 参见 Marcia L. Colish, "The Idea of Liberty in Machiavelli", *Journal of the History of Idea*, Vol. 32, Issue 3, 1971。

③ 参见 Machiavelli, *The Discourses*, in *Machiavelli: The Chief Works and Others*, translated by A. Gilbert, Duke University Press, 1965, Vol. I, p. 315。

的本性而闯入迷雾般的形而上学罗网。B. F. 斯金纳一方面将人当作生物学意义上的人来考虑,另一方面又以最开放的态度来设计人类生存的环境。B. F. 斯金纳设想,如果整个地球的人群都作如此思考的话,至少人们就有了同一个目标,并向着这些更为实际的目标去改造环境,使人类变得更自由。B. F. 斯金纳认为,人类无法追究的是最终的善以及终极意义上的和谐完美的人性,而能够知道的是"人一直还是他原来的样子"①。故人们应当摒弃囿于各自价值系统的种种传统理论,设计出更为开放的社会价值体系。这些想法在后来西方政治思想界的低限度人权理论中得到进一步的延伸。例如安全是本能的需要,人们在现实的社会历史发展中不断地构筑安全防备机制,从而不断改善生存环境。概而言之,政治概念等也有特定的修辞力量,但政治学家首要关注的是与人性相对应的制度、统治方法等。

　　特别是后近代主义的各种批评理论出现后,人们对于涉及与人的存在相关的政治文化现象一般不用结论式的目光去审视,取而代之的是赞赏、惊讶、宽容等态度。在这种文化氛围下,政治与人性的关系再次受到学人的重视,其中生态政治、生活政治等新的政治文化现象更是关注的焦点。吉登斯注意到近代性的许多问题已经使现实的人之生存状况变得不安起来,于是生活政治成为重要的议题。这种生活政治的出发点是人性,但人性与各种价值之间如何协调呢?《现代性与自我认同》的最后一句话是:"我们如何能够对社会生活予以再道德化而又不至于落入偏见呢? 如果不存在超越历史的伦理原则的话,那么人性如何能够用无暴力的方式应付'真正信仰者'的冲击呢? 对这类问题的回答,肯定要求一种对解放

---

① 斯金纳:《自由与尊严之外》,白秀雄译,巨流图书公司1973年版,第251页。

政治的重大重构以及对生活政治事业的不懈追求。"①这种问答逻辑与马基雅维里"人性-政治说"中的问答逻辑是一致的。

在文艺复兴时期,马基雅维里及许多人文主义者并不讲究后来理性主义时代所流行的思辨样式。马基雅维里政治理论所强调的不是抽象的终极之善,而是避免可能会出现的恶,或者说是一种现实理性。在政治分析中必须首先考虑人性的作用。马基雅维里曾分析"爱戴"和"畏惧"两种人性的状况,认为"人们冒犯一个自己爱戴的人比冒犯一个自己畏惧的人较少顾忌,因为爱戴是靠恩义(di obligo)这条纽带维系的;然而由于人性是恶劣的(tristi),在任何时候,只要对自己有利,人们便把这条纽带一刀两断。可是畏惧,则由于害怕受到绝不会放弃的惩罚而保持着。"②此类政治思考在马基雅维里的"人性-政治说"中做了最初的勾勒,以后在霍布斯等人的政治思考中得到进一步的发挥。另外需要指出的是,人文主义者包括马基雅维里在内并不否定宗教如基督教神学的作用。按照他们的想法,宗教是构成国家稳定的重要环节。

17世纪以后,理性的权威逐渐上升。人们形成了这样一种思维定式,似乎理性能指导人类向着一个美好的目标正确地行动。但随着对启蒙运动认识的逐渐深化,人们对理性也采取了批判的态度。许多思想家主张在人的认知体系里,理性充其量是人的情感的调节者。沃拉斯著有《政治中的人性》③一书,试图对人性在政治行为中的作用进行全方位的探讨。20世纪的逻辑经验论者罗素进一步确认上述看法④,并从人的情感、心理

① 吉登斯:《现代性与自我认同》,赵旭东、方文译,生活·读书·新知三联书店1998年版,第270页。
② 马基雅维里:《君主论》,第80页。
③ 沃拉斯:《政治中的人性》,朱曾汶译,商务印书馆1995年版。
④ 参见罗素:《伦理学和政治学中的人类社会》,肖巍译,中国社会科学出版社1992年版,第25页。

等内在动机出发去论述社会伦理和政治学说。但这方面的政治理论分歧依然存在。同样是 20 世纪西方的伦理学家,麦金太尔仍希望维护亚里士多德式的理性主义,认为情感和意志等会造成人的理性错乱,人们只有像中世纪的阿奎那那样,用信仰、希望、仁爱等来提升理性,使理性认识到人性中的不足和恶,进而使社会走向善的征途。① 但在后近代主义政治学家的心目中,以确定性等为准绳的理性化意识被进一步消解,现实的各种利益仍是政治分析的入口,这不妨视为马基雅维里原则的又一次复活。

(二) 人性与国家权力运作

无可否认,马基雅维里"人性-政治说"中许多内容与国家权力及其运作有关。这里特别就非制度性政治手段的运作问题做些说明。在马基雅维里等近代西方政治家、政治思想家看来,人性十分复杂,其中的许多因素在社会层面表现出"恶"的形式。这种以个人利益、一国利益为基础的因素常常会突破各种制度的限制。例如外交上的协定就有可能被弃之不顾,如此等等。正是考虑到上述人性之"恶"、国家利益优先法则等的因素,一个君主或最高的统治者就应当使用各种手段,去应付由人性之恶等因素带来的复杂现象,从而使一个国家政治运作的各种要素能正常发挥作用。例如在一定的历史环境中,政治家要运用威仪、惩戒、宗教等手段来驱使民众服从国家法律制度。② 这里也提示了一个问题,即非制度性政治手段运作的前提和目的仍然是制度。马基雅维里设想,即使是君主其人性的一面也难以定论。③ 因此不能只讲究君主握有强大权力,还必须在国家政治的实践中对君主的权力加以限定。这种政治观念也是以后西方

---

① 参见麦金太尔:《三种对立的道德探究观》,万俊人、唐文明、彭海燕等译,中国社会科学出版社 1999 年版,第 141 页。

② 在马基雅维里所欣赏的李维著作中就提到威仪的作用,参见 Livy, *The Early History of Rome, Books Ⅰ–Ⅴ of The History of Rome from Its Foundation*, Penguin Books, 2002, p. 39。

③ 参见马基雅维里:《君主论》,第 74 页。

政治实践中的重要课题。从某种意义上讲,近代以来的西方政治史就是在制度建设和执政官行政地位、能力之间不断进行调适的过程,即使是美国式三权分立制度确立之后,上述调适仍在不断进行。

马基雅维里的"人性-政治说"力图呈现国家政治的实际状态,表明国家的治理既与人性有关,同时又有属于国家政治行为自身的规则。

三、 结语:马基雅维里思想遗产在全球化时代的意义

现在就来回答本文的议题,即西方的国家政治理论和实践曾走了一条由马基雅维里起端的、带有世俗化特征路途,那么在全球化时代还将这样走下去吗? 答案是肯定的,不仅今天西方仍走着这样一条以利益、实力等世俗性政治因素为考量的路途,只要根本的社会条件不变,西方还会这样走下去。

有两件事情鲜明地摆在学人的面前:其一,当今西方的文明仍然是资本主义文明,这种文明的重要特征之一就是世俗化的政治、经济和文化取向;其二,信息时代将各种世俗化的因素进行全球范围的捆绑,西方正在寻找新的利益定位。这样,西方国家政治理论和实践所面对、所要处理的基本问题仍与世俗化的资本主义文明密切相关,可概括为"商品资本—个体自由—国家权力约定"。马基雅维里政治哲学关于国家既维护公民权利又最大限度地维系自身存在、发挥自身功能的理论仍是一个迫切的政治课题。当然,许多新的现实问题已经与马基雅维里时代及稍后时代相比发生了显著变化。信息时代宣告新的文明转型已经到来;国际秩序正在调整之中;超国家的经济、政治行为引人注目;各种全球性问题严峻地摆在世人面前。为此,西方的政治家和政治思想家必须在全球化时代新的形势下重新思考国家政治问题,例如国家究竟是扮演守夜人的角色还是进一步强化功能以有效应对各种挑战? 又例如怎样完善权力制衡、根

治腐败、外交均势等马基雅维里式的政治主张呢？总之，马基雅维里的作品和思想仍是当今政治思考的热点所在。以美国的政治论坛为例，实用主义政治学的发展始终与马基雅维里的名字连在一起。作为政坛顾问并分别受到民主、共和两党器重的政治理论家莫利斯曾撰写《新君主论》一书，认为透彻、务实、明智等实用主义的方法如果运用得当，那么就能成功有效地驾驭党派之争和各类社会问题。① 美国的一些政治家还呼吁，今天仍必须像马基雅维里那样以务实的态度来处理国家、政党事务。布鲁《马基雅维里的共和党人》②一书力图在马基雅维里的准则中找到最好的国家权力和政治治理运作良方。

不难看到，处于第三次浪潮和第四次浪潮的西方政治思想界在持续地回应马基雅维里的政治课题。布克哈特、迈内克、施特劳斯、波科克、昆廷·斯金纳、阿尔图塞、伯林等人都曾经以独到的想法来解释马基雅维里的政治哲学，但所有评说应该只承认一个前提——一个带点悲观性的前提：这就是近代以来西方国家政治理论与实践的路径。

读史札记

马基雅维里著述德特莫尔德译本及马氏的非教权主义

德特莫尔德译《马基雅维里历史、政治、外交著作集》(*The Historical, Political, and Diplomatic Writings of Niccolò Machiavelli*, in Four Volumes, Translated from the Italian by Christian E. Detmold)是第一部比较完整的马基雅维里著作英译本，特别是第3、第4卷收录马基雅维里的外交文献。德特莫尔德的译文考究，是

---

① D. Morris, *The New Prince*, Renaissance Books, 1999.
② N. A. Blue, *Machiavelli's the Republican: The Best Possible American & How to Achieve It*, Chapel Hill Press, Inc., 2000.

研究马基雅维里政治、外交、军事思想必备的参考材料。这笔十分宝贵的外交文献曾在一段时期内未得到国内学界的应有重视,导致对作为外交官的马基雅维里缺乏深入的认识。其中的第 3、4 卷现已译成中文出版,收入中文版《马基雅维里全集》。顺便指出,学界通常使用詹姆斯·奥斯古德出版公司(James R. Osgood & Company)1882 年版,另外还有霍顿·米夫林出版公司(Houghton, Mifflin and Company)1891 年版,这是根据 1882 年版的再版,坊间很少见。

　　《马基雅维里历史、政治、外交著作集》前有一个《马基雅维里小传》,指出马基雅维里的"非教权主义者"(Non-Papist),这是学界公认的一个现象。马基雅维里给教皇国描绘的历史图景是:"历届教皇就是这样,有时是出于宗教热忱,有时是受个人野心驱使,不断从外部招来新势力,造成意大利境内新的动乱。他们一旦把一位帝王扶持起来,势力大了,就又嫉视他,想方设法要把他消灭。教皇们从来都不允许别人治理这个地区,而由于他们本身低能,又无法治理这个地区。帝王怕他们,因为不论是打是逃,教皇总是得到好处,除非是上当受骗。"①可见,马基雅维里用一种非教权主义的眼光看待教皇国的存在与意大利命运之间的关系。马基雅维里在《佛罗伦萨史》中指出了教皇在各种政治的旋涡中求生存的方法,即制造各种政治势力间的矛盾,扶持对己有用的政治势力,在政治势力的相互争斗中坐收渔利。其中说道:"历任教皇对任何在意大利的力量变得强大起来的人一向都嫉妒,即使这种势力原来是由教会扶植起来的,教皇也不能容忍。由于他们经常设法破坏强大的势力,结果动乱和变迁连绵不绝。他们对实力强大的人物的恐惧促使他们扶持原先比较弱小的势力;一旦这个弱者变强,教皇就又开始惧怕他;由于惧怕他,就又想方设法毁灭他。教皇这种想法和做法促使他把那不勒斯王国从曼弗雷德手中夺出交给查理,但查理一旦强大,教皇立即决定毁灭他。在这种动机驱使下,尼古拉三世打算利用皇帝的势力把托斯卡纳的统治权从查理手中夺出来,以执行帝国命令的名义,把他自己的代表拉蒂诺派到那里掌握大

① 马基雅维里:《佛罗伦萨史》,第 32 页。

权。"①教皇有时甚至动用开除教籍的手段来实现自己的政治目的,例如教皇曾对佛罗伦萨使用过这种极端的政治手段。② 布克哈特这样评价马基雅维里的宗教态度,认为马基雅维里在思考当时社会的腐败问题时,将宗教意识、基督教会等联系到了一起。"在 16 世纪初,当文艺复兴时期的文化已经达到了最高峰,而同时这个民族的政治上的衰败看来已经不可避免的时候,有些严肃认真的思想家已经看到了这种衰败和流行的道德堕落之间的关系。一个循规蹈矩的道德家在每一个时代里都认为自己有责任来反对当时的邪恶行为,但并不是这些道德家,而是马基雅维里,在他的一部考虑最周密的著作里公开地说:'我们意大利人较之其他国家的人更不信奉宗教,重腐败。'另外一个人大概曾经这样说过:'我们在个性上已经得到了高度的发展;我们已经突破了我们在未发展的情况下看来很自然的道德的和宗教的限制;我们轻视外部法律,因为我们的统治者不是正统合法的,而他们的法官和官吏都是坏人。'马基雅维里补充说:'因为教会和它的代表们给我们树立了最坏的榜样。'"③布克哈特在另一处还有评论:"从但丁的时代以来,特别表现在意大利文学和历史里边的对于教会统治的敌视,已经由几个作家详细论述过。我们也已经谈过一些关于舆论对于教皇政权所持的态度。那些想要得到最有权威的人士提供的最有力的证据的人,可以在马基雅维里的《李维史论》里有名的几段和圭奇阿尔狄尼的完整的全集里边找到它。"④布克哈特甚至认为:"马基雅维里更大胆地前进了一步,认为基督教不能对国家和维护公共自由有帮助。"⑤上述想法的根源与马基雅维里爱佛罗伦萨也爱意大利的情怀不无关系。马基雅维里是爱国主义者,他的理想就是呼吁实现意大利的统一,并一直在物色一个强势人物去承担统一的任务。因为在马基雅维里看来,当时意大利的处境决定了城邦国家之间联盟政治的最终结局都不会如初衷所愿,在结盟问题上马基雅

---

① 马基雅维里:《佛罗伦萨史》,第 66 页。
② 参见马基雅维里:《佛罗伦萨史》,第 66 页。
③ 布克哈特:《意大利文艺复兴时期的文化》,第 422—423 页。
④ 布克哈特:《意大利文艺复兴时期的文化》,第 448 页。
⑤ 布克哈特:《意大利文艺复兴时期的文化》,第 540 页。

维里是慎之又慎。① 这是其著作、政治理念的核心目标之一。笔者考虑,如果回到当时的历史环境中去分析问题,那么马基雅维里的非教权主义和爱国统一理想是否含有操之过急的成分。相比之下,圭恰尔迪尼在具体的政治应对策略上则比较务实,认为在当时情景下以保持意大利的多样性为主,政治实践的上策是保持稳定性,认为当时稳定才是最主要的。(所以就即时的政治判断力而言,圭恰尔迪尼要略胜一筹。另外,马基雅维里以为当时的意大利可以依靠强势人物取得统一,将统一的希望寄托于一个外来的政客切萨雷·博尔贾,这同样是离谱。这些均可算作其能人政治理论的极端表现。后人在争论马基雅维里主义问题应该同时惦念一个根本性的问题,即马基雅维里在非教权主义和意大利统一问题上的某种偏执。关键是在当时条件下用各种手段去看低教权、急于实现统一,这是不现实的。相比之下,美第奇家族依赖金钱势力及相应的平衡外交手段,所以在一段时间内取得了成功。另外,教廷在当时还很有势力,它不可能退出世俗政治的舞台,而且当时它在国际政治舞台上还扮演重要的调停人的角色。再进一步设想,当时教廷、教皇国的存在确实不利于意大利的统一,但它们的存在是否也保护了意大利各个城邦甚至意大利本身不被欧洲强势力量吞灭并因此获得特定的存在发展机遇呢? 所有这些需要学人仔细研究马基雅维里在外交文献中所记载的活动、看法等。当时佛罗伦萨对于教廷的态度及马基雅维里出使教廷的各种记载都有一种政治忌讳的心态。在马基雅维里担当政治重任时,其基本的策略就是要么佛罗伦萨不断强大自身,要么意大利由能人实现统一,这不免影响到对其他政治方案的具体选择与运作。

同时不得不指出,马基雅维里对美第奇家族的势力估计不足,曾认为美第奇家族大势已去,在一些场合没有与美第奇家族搞好关系,以至于后来的政治生涯很被动。例如与美第奇家族的亲戚即皮耶罗·德·美第奇的女婿阿拉马诺·萨尔维亚蒂的关系搞僵,这是很不得体的政治失当行为。事实上,马基雅维里在政

---

① 参见 *Machiavelli on International Relations*, ed. by M. Cesa, Oxford University Press, 2014, pp. 134 – 136, 162 – 160。

治上的出山得益于美第奇家族的势力。更令马基雅维里尴尬的是,后来的美第奇家族成员还当上了教皇,有的还亲政佛罗伦萨,这些都不利于马基雅维里的政治生涯。再举例论之,在当时意大利的政治条件和政治形势下,马基雅维里转而将《君主论》献给美第奇家族后人并希冀其有所作为、承担意大利统一的重任,但这一示好的时机不佳。马基雅维里在美第奇家族的眼里只不过是即时应景的政治过客,大不了将其当作一位文人看待,所以《君主论》献给小洛伦佐时理所当然受到冷遇。当然政治判断和行为上的某种不当也有马基雅维里自己性格方面的原因。马基雅维里对自身政治能力的估计方面有恃才自傲、玩世不恭的倾向,以至于树敌过多。而马基雅维里的几个朋友则周旋于各种政治势力之中。相比之下,马基雅维里有点逊色。懂得了上述情况能使学人更深入地解析马基雅维里政治著作、政治理论中的许多观念。萨沃纳罗拉政权是短命的,接续它的索德里尼政权也没能维持多久,其中原因之一是在缺乏美第奇家族那种财势、权势的情况下还处理不好与教廷、美第奇家族等政治势力的关系,说到底是缺乏维系政治生命的某种政治眼力和"实力"。

2

道德的合理性与国家权力的合法性

——西方马基雅维里思想批评史寻迹*

马基雅维里思想批评史是西方思想文化批评史的重要组成部分。以争论而言,一派将马基雅维里当作恶魔的代言人,并将其整个政治理论当作非道德主义予以拒斥。而将马基雅维里当作近代政治科学的奠基人一派则坚持认为,在马基雅维里所处的时代,用一切手段捍卫国家的存在及国家权力的有效运作,其历史的正当性无可厚非。这种对立聚焦在一个非常棘手的理论问题上,即如何看待马基雅维里与西方传统形而上学道德价值观的关系。如果马基雅维里丢失了这种价值观,为何马基雅维里还会被那么多具有传统价值信念的学人和政治家接受呢?如果马基雅维里的心目中始终有一个传统的道德至善主义,那么这种观点如何与马基

---

* 本文原载《史学理论研究》2005 年第 3 期。笔者在《马基雅维里的人性论、才气说和命运观析微》(见本书第四编第四篇文章,以下简称《析微》)和《马基雅维里思想评略》(《历史教学问题》2005 年第 4 期,以下简称《评略》)等文中对马基雅维里的总体思想已经做了概述。凡上述文章中论证较充分的地方,此文就做简略处理。本文的立足点是西方的马基雅维里批评史,可作为《析微》和《评略》的补充。

雅维里不择手段等政治原则相匹配？显然,上述问题长期没有得到解决,
也就引发了至今仍在继续的有关"马基雅维里主义"等问题的争论。

一、 15 世纪下半叶至 17 世纪上半叶的人文主义时代反响

　　15 世纪下半叶至 17 世纪上半叶的马基雅维里思想批评史可概括为:
共同感受胜于批评;情感性的道德批评胜于理论学术性的探讨;文学领域
接纳讽刺的热情及由此产生的社会反响胜于政治思想领域的冷静反应。
或者说,蕴涵在批评者心灵深处的关于道德合理性和国家权力合法性的
对立—— 这一马基雅维里思想批评史上的尖锐问题,在那段时期还未体
现为深刻的学理反思,至多在字里行间初露端倪。

　　什么是新型国家的理想和有效的运作模式？如何应对强权国家势力
的挑战？这些对于 15 至 16 世纪任何一个有远见的意大利政治家和政治
思想家来说,都是必须严肃面对的问题。为此,人们一方面立足于现实,
另一方面又试图在古典的和中世纪的现实政治社会中寻找摹本。这种情
况在克尔希那主编的《意大利国家的起源:1300—1600》①一书中有详尽
的阐述。戈德曼《从波里奇阿诺到马基雅维里:文艺复兴盛期的佛罗伦萨
人文主义》②一书,则生动地介绍了马基雅维里与文艺复兴时期意大利人
文主义者共同感受时代变化、在理论创作和政治交往中相互切磋的史实。
这种共鸣首先反映在国家利益和国家权力的有效运作高于一切的认识
上。我们不妨先将目光投向威尼斯,因为中世纪以降,威尼斯是亚平宁半
岛运作国家权力最具特色的城市国家。理所当然,文艺复兴时期政治思

---

① *The Origins of the State in Italy, 1300－1600*, ed. by J. Kirshner, The University of Chicago Press, 1995.
② P. Godman, *From Poliziano to Machiavelli: Florentine Humanism in the High Renaissance*, Princeton University Press, 1998.

想家始终将威尼斯的社会政治结构作为重点关注的对象。其中,许多威尼斯的政治思想家与佛罗伦萨政治思想家(如马基雅维里等)在国家政治体制和政治运作(如议会设置、军队构成、公民社会组织等)方面进行讨论,交换看法。他们中的多数人以现实的目光看待意大利的政治走向,注重从国家权力自身的特点来设计政治行为。这些言谈经过学者、政界的传播,构成一种政治思想界的风尚,受到后来学术界的充分关注。[1]

马基雅维里时代的外交界、政界有大批史料留存了下来,其中有外交人士和宫廷中的官员所做的外交汇报文件、宫廷记事、友人信件和回忆录等。这些史料对认识马基雅维里的政治思想与同时代政治思想和政治生活风尚之间的关系大有裨益。事实上,外交家的活动造就了一个务实的马基雅维里。对此,可以参考艾伦《16世纪政治思想史》一书对马基雅维里思想体系的评述。[2] 按照当时的习惯,外交官员(主要是大使)的一项重要任务是经常或及时向所在国政府汇报各种情况。值得提及的如《米兰驻法国、勃艮第大使的外交公文,1450—1483》[3]等等。1450年左右正值英法百年战争结束之际。从外交公文中,我们能清晰地了解到外交活动家对当时形势的感受和分析。我们还可以看到像米兰驻外大使安基罗(Angelo)这样的外交家和政治家,在处理当时意大利城市共和国之间及与法国等大国间的策略、手段乃至个人野心等。对照马基雅维里的外交实践,难有伯仲高下之分。[4] 另外,文艺复兴时期的宫廷侍臣,极其喜爱用

---

[1] *Renaissance Venice*, ed. by John Hale, Rowman and Littlefield, 1973, pp. 432–435.

[2] J. W. Allen, *A History of Political Thought in the Sixteenth Century*, Methuen & Co Ltd., 1957, pp. 448–449.

[3] *Dispatches with Related Documents of Milanese Ambassadors in France and Burgundy, 1450–1483*, 2 Vols, ed. by P. M. Kendall and V. Ilardi, Ohio University Press, 1970.

[4] 无论是旧版还是新版的《剑桥世界近代史》,都对马基雅维里的外交视野做过精彩的描述,可参考。

日记等形式对当时宫廷中发生的大事和逸闻趣事进行评议,如教皇亚历山大六世的宫廷礼仪官伯恰德所写的《在博尔贾教廷——教皇亚历山大六世施政记事》①等等。伯恰德在他的记事里,将切萨雷·博尔贾为达到自己控制意大利的政治目的而不惜与法国、西班牙结盟分割那不勒斯和科罗那的情景予以记载和分析。② 其笔触客观而又冷静。与马基雅维里对切萨雷·博尔贾政治生涯、政治见地和政治手段的分析相对照,可谓相得益彰。另外,当时的文人雅士盛行朋友书信交往之风。最应该提及的还是马基雅维里的书信。从字里行间可以看出,马基雅维里的政治感受与其时稍有政治敏感力的思想家在许多地方有相同的认识。在 1513 年马基雅维里写给佛罗伦萨驻罗马大使维托里的信中,对西班牙、法国、教皇等政治力量如何在政治利益的驱动下相互利用以达到自己的政治目的等情况做了详细的分析。尤其对法国和西班牙的外交政策中将各自在结盟问题上的利益考虑等评析得环环相扣、鞭辟入里。③ 对当时流行的利益高于一切的政治目的描述,在其他信函札记里也有清晰的反映。《韦斯巴西阿诺回忆录:15 世纪著名人物传》常常以平静的语调陈述政治上的尔虞我诈,其中对柯西莫·德·美第奇利用出访来审度权谋国内势力的叙述,全然不存道德评判的色彩。④ 稍早的 14 世纪的回忆录《文艺复兴佛罗伦萨回忆录两篇:彼梯和达梯的日记》⑤则以商人的世俗利益眼光来记录

① J. Burchard, *At the Court of the Borgia: Being an Account of the Reign of Pope Alexander VI*, The Folio Society, 1964.

② J. Burchard, *At the Court of the Borgia: Being an Account of the Reign of Pope Alexander VI*, pp. 184 – 191.

③ *The Letters of Machiavelli*, ed. and tr. by A. Gilbert, The University of Chicago Press, 1988, pp. 107 – 117.

④ *The Vespasiano Memoirs: Lives of Illustrious Men of the XVth Century*, University of Toronto Press, 1997, p. 214.

⑤ *Two Memoirs of Renaissance Florence: The Diaries of Buonaccorso Pitti & Gregorio Dati*, Waveland Press, Inc., 1991.

当时佛罗伦萨的政治争斗。所有上述文件反映出，在那个权力、力量征服一切的时代面前，社会和政界的政治伦理态度发生了根本的变化。人们不仅以平静的态度去面对那些反映强权的言辞，还对君主为夺取、巩固权力的任何行为大唱赞歌，甚至将为强权政治利益而挑战各种灾难的勇气当作一种风范来赞美。著名散文作家阿雷蒂诺在致法国国王的书信中告慰对方：你会从失去中赢得一切。① 如果将阿雷蒂诺的许多书信进行洗牌，我们不难整理出许多马基雅维里式的警句和思维样式。这些提示我们，一方面必须将马基雅维里当作一名有政治抱负、献身于佛罗伦萨政治改革和意大利统一事业的政治活动家和思想家；另一方面又切忌将马基雅维里视作当时学界、政界一位鹤立鸡群的思想泰斗。马基雅维里的许多思想观点，在当时都是普遍流行的见解和感受。当然，马基雅维里的政治敏锐力又是其中比较突出的一位。在史学家海特看来，当时意大利政治家中，马基雅维里对有些问题的看法如对军事实力、对建立一支职业化军队重要性等的认识，胜过当时任何一个意大利人。② 类似的评价只要放到一定的限度内去理解，都是可以接受的。

马基雅维里去世后，来自宗教思想界和文学艺术界的道德非难迅速蔓延开来。1532 年，也就是在马基雅维里去世后 5 年，《君主论》正式发表。但《君主论》早在马基雅维里生前就流传开来。1529 年，当时英王亨利八世委任的驻教廷大使托马斯·克伦威尔向枢机主教波尔推荐了一本意大利文的政治著作（是不是马基雅维里的《君主论》还有待考证）。十年之后，波尔感叹道，那个读过此书的克伦威尔想必是撒旦的代表。这就是后来用"Old Nick"（恶魔）这个词攻击马基雅维里的由来。这个故事引

---

① *The Letters of Pietro Aretino*, The Shoe String Press, Inc., 1967, p. 20.
② F. A. Hyett, *Florence: Her History and Art*, Methuen & Co., 1903, p. 468.

申出几点思考。(1) 当时人们主要凭《君主论》的一些提法来评判马基雅维里的思想。(2) 教会上层人士是用一种敌视异教思想家的情感和眼光来理解马基雅维里的著作。果然,1559 年,马基雅维里的所有著作(马基雅维里的全集于 1550 年发表)被宗教裁决机构宣布为禁书。(3) 文艺复兴时期新柏拉图主义盛行。那些以寻找绝对完美的理念世界为宗旨的文人和思想家,带着片面的传统形而上学有色眼镜来阅读和评点马基雅维里的《君主论》,很少顾及马基雅维里其他著作中的相关论述,其认识偏差是可想而知的。

　　另外需要说明的是,马基雅维里在《君主论》中阐述的思想,不仅遭到天主教正统思想和组织的非难,还受到了当时新教徒的谴责,其中最值得一提的是来自法国雨格诺教徒金蒂利的口诛笔伐。金蒂利在《反驳马基雅维里》一文中,对君主是让臣民热爱还是惧怕等问题展开讨论。认为马基雅维里所说君主只有让臣民惧怕才能使他们服从,这是极端偏颇的观点。同时对《君主论》第 17 章中的提法进行引证和批驳。金蒂利认为,只有正义和在正义名义下的理解和爱才是君主统治的真正基础,才是维持统治的最高标准。① 不管金蒂利的批评受到何种情感的驱使,但他将一个严肃的伦理学问题提了出来,这对后人始终抓住马基雅维里思想中的非道德主义进行鞭挞,开了批评之先河。自金蒂利以后,凡抨击马基雅维里的非道德主义,大致出于两种思想标准的考虑:一种是以基督教的道德为标准;另一种是以西方传统的自然权利思想为标准。确实,马基雅维里对基督教始终保持一定的思想距离,他喜欢从现实功用的角度来评价宗教。例如,马基雅维里在评价佛罗伦萨的政治改革家萨伏那洛拉时,对其政治

---

① I. Gentillet, *Contre Nicolas Machiavel Florentin*, from Jensen, De Lamar edited, *Machiavelli: Cynic, Patriot, or Political Scientist?*, D. C. Heath and Company, 1960, pp. 1 – 4.

法律实践的某些方面有赞美之词,但对其宗教的和伦理的方面则不屑一顾。在马基雅维里看来,无论萨伏那洛拉如何将自己的改革用神圣的光环、善的说教包装起来,一个明显的事实是,萨伏那洛拉在走向独裁,这一事实将会影响到意大利。[1] 也就是说,萨伏那洛拉的宗教实践并没有酿造成一个和谐的共和国体制。顺便指出,对马基雅维里与萨伏那洛拉进行比较,可以更清晰地发现两人政治学说的差异和思想情感的差异,从而更完整地认识马基雅维里。[2]

　　伴随着非难声,马基雅维里的思想开始在欧洲范围内流传开来。其中金蒂利对马基雅维里批评的影响甚广。根据梅叶的观点,当时英国的文坛就是受法国对马基雅维里的种种看法而产生许多误解。[3] 英国诗人、剧作家马洛在悲剧《马耳他的犹太人》中对马基雅维里的嘲弄即受金蒂利的影响而发。[4] 文艺复兴时期的思想文化界和政坛大致有两类人,一类是受新柏拉图主义影响较深的哲学家、文学艺术的创作者。就英国文坛而言,新柏拉图主义的影响时时可见。一些文人在柏拉图主义的中心——剑桥大学接受学业,如马洛、格林等。柏拉图主义的核心思想是将追求最高的完美、宣扬发自心灵的爱、倡导和谐的美等,当作最高的精神境界。受此熏陶的文人,竭尽描述之能事将马基雅维里当作恶魔来攻击。这种攻击对扭曲马基雅维里的思想起了推波助澜的作用。当时英国的文坛还出现了形而上学派诗人、诗作。多恩是其中的代表。[5] 多恩在一套形而上

① *Machiavelli to Ricciardo Bechi, from The Letter of Machiavelli*, pp. 85 – 89.

② Villari, *Life and Times of Girolamo Savonarola*, Charles Scribner's Sons, 1889.

③ E. Meyer, *Machiavelli and the Elizabethan Drama*, Research and Source Works Series No. 69, 1969, p. 7.

④ E. Meyer, *Machiavelli and the Elizabethan Drama*, p. 39.

⑤ Herbert J. C. Grierson, *Metaphysical Lyrics & Poems of the Seventeenth Century, Donne to Butler*, Oxford University Press, 1921, pp. 85 – 93.

学光环的映衬下,用艺术化的手段来呈现马基雅维里的"恶"。① 另一类是活跃在政治舞台的政治家和思想家,一般来说他们考虑问题比较实际,尽管也有相当的人对形而上学的问题如自然法等比较感兴趣,但这种兴趣都是为了解决实际的国际法问题而做的理论设定。所以与金蒂利等人的反感不同,大多数人文主义者仍在自己的著作里发挥马基雅维里的有关想法。以英国政治思想界的反应为例,英国清教革命后,未来的政治体制应该是怎样一种模式,这无疑是当时最紧迫的一个理论问题。英国思想家哈林顿指出,以现实的利益为原则,用法制的形式来规范社会和政治国家的运作,在这方面马基雅维里可称得上是唯一的一名政治家。但哈林顿颇感遗憾地指出,马基雅维里的著作没有受到应有的重视。甚至认为《利维坦》的作者霍布斯也未必懂得马基雅维里所倡导的法制国家的真正内涵。② 更引起哈林顿关注马基雅维里的是政治社会中的"制衡"原则,哈林顿经常用 balance 一词来评点这一原则③。再以当时一些重要的国际法理论的代表为例,他们虽然都试图从传统的自然法、宗教教义中寻找国际法的基础,但大多数人主张,任何法律都必须以实定法即历史上形成的、由各种文本确定的法律条文为法律实践和政治实践的依据。在胡克的理论中,对上帝永恒法的论证,为的是进一步论证既与上帝永恒法有关,又与理性有关的人法的正当性。④ 从这一点上看,在马基雅维里去世后的相当长的时间内,政治思想家、法学家中间还不乏马基雅维里的知音。关于上述想法,马斯泰罗内在其一系列政治思想史的著作中做了很

---

① M. A. Robert translated and edited, *The Prince: A Revised Translation, Backgrounds, Interpretations, Marginalia*, p. 241.
② 哈林顿:《大洋国》,何新译,商务印书馆1963年版,第7页。
③ Harrington, *The Commonwealth of Oceana and a System of Politics*, Cambridge University Press, 1992, p. 15.
④ *The Works of Mr. Richard Hooker*, Burt Frnklin, 1970, Vol I, pp. 204-205.

好的表述。①

二、17 世纪下半叶至 19 世纪上半叶的形而上学诠释

从 17 世纪下半叶开始,一方面近代民族国家进一步显示其强大的力量,另一方面欧洲的思想文化领域出现了理性主义的启蒙思潮。理性主义对形而上学文化传统的重新认识,对人性、自由、国家的本体论确认,使以国家权力问题为核心内容的马基雅维里思想受到了空前的关注。由此,马基雅维里思想批评史也出现了重要的转折。大致可以认为,理性主义占主导地位的几个世纪,思想理论界发出了明确的对马基雅维里思想持肯定态度的声音。斯宾诺莎在《政治学》中说:"因为马基雅维里维护自由,而且为此提过一些非常有益的意见,如果这样解释这位贤哲的思想,我觉得更为可信。"②在理性主义时代的马基雅维里思想批评史上,黑格尔的形而上学国家理论及其对马基雅维里的批评,具有特殊的意义。可以将 17 世纪下半叶至 19 世纪上半叶的马基雅维里思想批评概括为:既有启蒙学者对马基雅维里的拒斥,又有启蒙学者试图从理性主义、从哲学本体论的角度重新认识马基雅维里国家权力理论的基础;道德合理性和国家权力合法性之间的关系,成为马基雅维里思想批评的核心环节,并就此环节做出了非常富有启示意义的探讨。

一些启蒙思想家用道德至善主义对马基雅维里的思想进行批评,其中伏尔泰对马基雅维里的批评最为激烈。受伏尔泰的影响,普鲁士国王腓特烈二世也撰文《批驳马基雅维里》。这是一篇在马基雅维里思想批评

---

① 马斯泰罗内:《欧洲政治思想史:从十五世纪到二十世纪》,黄光华译,社会科学文献出版社 1998 年版,第 26 页、第 91 页等。
② 斯宾诺莎:《政治论》,冯炳昆译,商务印书馆 1999 年版。

史上相当有影响的文章。腓特烈二世以君王的名义再次将道德合理性问题提到至高无上的地位,认为正义、善良和诚心等是君主维系社会,臣民遵纪守法的必备条件。① 按照这种主张,国家权力的合法性必须以道德的合理性为前提。另一些启蒙思想家虽然小心翼翼地防止与马基雅维里的名声牵连,但他们至少并未完全拒斥马基雅维里有关政治手段等的考虑。例如孟德斯鸠在《论法的精神》中认为:"当一个民族看到继续保持和平将使另一个民族有可能来消灭自己,这时进行攻击就是防止自己灭亡的唯一方法。"②据记载,伏尔泰读此语句,大为惊讶,认为与马基雅维里如出一辙。③ 而卢梭对马基雅维里又做出了另一种评判。在卢梭看来,真实的马基雅维里是一位热爱自由、推崇共和国体制的思想家,而且为人正直善良。④ 这些想法在以后的马基雅维里思想批评史中逐渐被人接受。

最值得关注的是,黑格尔对马基雅维里的学说进行了别具一格的形而上学图解。这里必须首先弄清黑格尔的国家理论来源和本义,然后才能真正认识黑格尔对马基雅维里批评的实质。按照古代希腊的形而上学思想传统,整体性、形式的完美性等都具有优先的存在地位。因此任何事物,其存在的完美形式就是其存在合理性的体现。事物只有在整体中才能体现其存在的合理性。例如就形式的完整性而言,国家应被看作优先于个人和家庭。同时,按照亚里士多德的理论,任何抽象的理论只有在现实的个体性中才有其真实的存在意义。如果一个城邦国家中,各个政治力量的权力分配比较适度,国家权力的运作比较顺畅,那么这种国家的存在就是合理的,在合理的这层意义上也就是合法的。罗马时代政治思想

① L. De Jensen ed., *Machiavelli: Cynic, Patriot, or Political Scientist?*, pp. 5 – 8.
② 孟德斯鸠:《论法的精神》(上卷),张雁深译,商务印书馆1961年版,第137页。
③ G. Prezzolini, *Machiavelli*, Robert Hale Limited, 1968, p.229.
④ 卢梭:《社会契约论》,何兆武译,商务印书馆1980年版,第95页。

家的一大特点,就是通过具体的国家权力设计及其运作来体现国家存在的本体论地位。在这方面西塞罗的成就最大。黑格尔在古希腊罗马的政治思想和政治实践的基础上,特别是在亚里士多德的国家理论基础上,对形而上学的国家理论做了进一步的肯定和发挥。在黑格尔看来,国家是"绝对理念"发展到一定阶段的产物。当涉及具体的国家问题时,必须以历史上曾经存在的国家和现实社会中仍在继续存在的国家为研究对象。因此,国家权力的本质应该从它现实的运作中来发现其真正的存在意义。由此反观国家和道德的关系就会发现:两者之间虽然都有终极意义上的存在一致性,但就现实而言,国家权力又有其自己特定的意义标准,与通常认可的形而上学道德理念并非完全一致。① 黑格尔进一步说,任何理念都有优先的地位,都是自成一体的和谐整体。国家、国家权力及其运作,就是上述形而上学理念的具体体现。这就是哲学上所说的"真"。如果"真"总是与善和美相关联的话,国家的存在和国家权力的有效运作也就称得上是"善"。以此为理论出发点,黑格尔肯定了马基雅维里对建立国家必要性的认识,认为在这个大前提下采取何种途径去建立国家,这主要看是否符合现实的要求,许多场合下的手段都是不得已而为之。后来,新黑格尔主义者鲍桑葵在《关于国家的哲学理论》一书中用"理想的事实"来概括上述国家存在的思想。② 卡西尔则直接将黑格尔的上述理论比作马基雅维里的"鼓吹者"和"保卫者"③。事实上,马基雅维里与黑格尔关于国家权力等方面的观点还是有区别的。就形而上学的国家权力思考而言,黑格尔非常瞧不起马基雅维里的思想方式。认为马基雅维里只是从

---

① 黑格尔:《法哲学原理》,范扬、张企泰译,商务印书馆1961年版,第259页。
② 鲍桑葵:《关于国家的哲学理论》,汪淑钧译,商务印书馆1995年版,第10章。
③ 卡西尔:《国家的神话》,范进、杨君游、柯锦华译,华夏出版社1999年版,第175页。

自己的经验和实际生活中引申出种种想法。① 所以在黑格尔的心目中,马基雅维里的国家理论没有达到传统的形而上学的思考程度,这些想法只是被马基雅维里偶然意识到了。② 但黑格尔批评马基雅维里的地方,恰恰是马基雅维里超出黑格尔之处。黑格尔力图从道德和国家权力相互关系中证明现存国家的形而上学基础,所以不时地用"绝对理念"去照应现存国家权力的运作等问题。而马基雅维里放弃对形而上学的思考,从而更彻底地贯彻现实主义的政治观,使国家权力的运作等问题逐渐演变为政治科学的内容。霍布斯曾认为自己是第一个阐述了政治原理的人,但霍布斯的基本思路和阐释方法仍是以某种思维原则如自然权利为出发点去构建人类社会的运行模式,这就在一定程度上限制了对国家权力有效运作的现实思考。当然,黑格尔和马基雅维里有一点上是相通的,即国家问题是一个历史事实,必须以历史上的国家为参照去研究国家权力运作等问题。也就是说,国家权力的合法性是事实上存在的问题,人们无法予以回避。这种抬高国家权力的想法在 20 世纪受到了激烈的批评。批评者认为将国家权力的合法性抬高到至高无上的地位,势必与自由、人性等基本的社会伦理原则相背。这甚至使人联想到现代社会中法西斯主义滥用国家权力的情况。霍布豪斯的《形而上学的国家论》③是上述批评的代表。其他还有列菲弗尔在《论国家》一书中所表达的观点④,等等。

黑格尔的批评引起人们如是思考:马基雅维里很少讨论形而上学问题是否意味着其国家权力理论与形而上学没有瓜葛呢? 不妨先从马基雅维里的理想目标谈起。在马基雅维里的著作中始终存在着一些理想化的

① 黑格尔:《哲学史讲演录》(第 3 卷),贺麟、王太庆译,商务印书馆 1959 年版,第 375 页。
② 黑格尔:《历史哲学》,王造时译,上海书店 1999 年版,第 416 页。
③ 霍布豪斯:《形而上学的国家论》,汪淑钧译,商务印书馆 1997 年版。
④ 列菲弗尔:《论国家》,李青宜等译,重庆出版社 1988 年版。

国家权力运作原则。公民社会、罗马法、自由、权力制衡等共和国制度的构成要素,就是绝对的国家权力准则。就坚持这些标准而言,马基雅维里在文艺复兴时代是最为彻底的一位。当然,这些原则是指在现实中、在历史中曾发生过种种效应的事实。就像我们不能苛求罗马文化一定要出一个柏拉图一样,我们也不能苛求马基雅维里去建立一套形而上学的体系。这里牵涉到对罗马文化的评价问题。关于罗马法、罗马共和国的理论和实践本身,应当视作希腊传统哲学本体论在法学和国家问题上的表现。在罗马时代,法学家最感兴趣的是关于自然法和实定法之间的关系。比较一致的看法是,实定法的推行至少在平等性的外观上体现了自然法、真、善的要求。对此,罗马时期著名思想家西塞罗已经在《论共和国》和《论法律》等著作中做了详尽的阐述。[1] 在西塞罗的心目中,美德更是一种实践性的文化因素。[2] 这些思想后来在马基雅维里的"才气"概念中得到进一步的发挥。总之,罗马的政治思想家和罗马文化的务实作风被马基雅维里接受,并成为其思想的品质。所以就文化传承而论,马基雅维里的国家权力理论客观上蕴涵着对形而上学国家观的某种认可。

　　如果将形而上学思考当作西方文化的传统,那么笔者以为,黑格尔的国家权力理论事实上为我们认识马基雅维里的国家权力观,做了非常完整的注解。归结为:第一,国家权力的合法性有其自身的形而上学存在基础;第二,国家权力不是一种先天的构想,它存在于现实的社会发展之中,其中罗马共和国是一种典范;第三,国家权力的合法性具体表现为以法制为基础的权力运作有效性,而道德合理性以人与社会的情感关系为纽带。

---

[1]　西塞罗:《论共和国·论法律》,王焕生译,中国政法大学出版社1997年版。
[2]　西塞罗:《论共和国·论法律》,第12页。

三、19 世纪下半叶至 20 世纪上半叶的综合性研究

19 世纪下半叶至 20 世纪上半叶的马基雅维里思想批评史可概括为：为了更准确地把握马基雅维里的思想，有必要对马基雅维里进行充分的学术资料的积累和分析，并在总结材料的基础上进行综合评判。

19 世纪末，有三部著作开启了人们评价马基雅维里的新的视野。它们分别是布克哈特的《意大利文艺复兴时期的文化》、西蒙兹的《意大利文艺复兴》①和维拉里的《马基雅维里的生平和时代》②。作为一名瑞士的文化史学家，布克哈特提示人们要从时代特征和现实政治的角度去理解马基雅维里的思想，而不要局限于道德的评价。③ 显然，布克哈特回避了对道德问题的形而上学讨论。布克哈特的批评立场以后被广泛采纳，如泰勒的《意大利文艺复兴的魅力》④等著作就延伸了上述观点。亨肖则指出，马基雅维里首先想到的不是对形而上学最初的正确性的认识，而是将现实问题当作唯一的考虑。⑤ 与布克哈特带有褒扬的态度不同，西蒙兹的立足点是力图将马基雅维里思想各个层面反映出来。而作为意大利本土著名政治活动家和政治思想家的维拉里，则在其洋洋洒洒的《马基雅维里的生平和时代》(全书共两卷,31 章)中，从意大利民族国家统一史的立场出发、从当时意大利的历史特点出发来评价马基雅维里的生平和思想。该书第 2 卷第 2 章涉及马基雅维里与亚里士多德政治理论的区别问题。

---

① J. A. Symonds, *Renaissance in Italy*，第 1 版由 Smith，Elder & Co. 从 1875 到 1886 分卷出版,本文使用的是第 2 版。

② P. Villari, *The Life and Times of Niccolò Machiavelli*, Charles Scribner's Sons, 1891.

③ 布克哈特:《意大利文艺复兴时期的文化》,何新译,商务印书馆 1979 年版,第 84—85 页。

④ R. A. Taylor, *Invitation to Renaissance Italy*, Harper & Brothers, 1930, pp. 36 – 40.

⑤ F. J. C. Hearnshaw, "Machiavelli", in *The Social & Political Ideas of Some Great Thinkers of the Renaissance and the Reformation*, Barnes & Noble, Inc., 1925, pp. 87 – 121.

维拉里指出,亚里士多德十分注重国家权力结构的形式完整性问题,而马基雅维里则认为政治思想家应当更关注国家权力的现实问题。① 维拉里想表明的是,国家权力的合法性或马基雅维里对国家权力问题上的论述,只要符合历史的潮流、符合实际政治的需要就可以被接受。

应该看到,所有上述论著都未就道德的合理性和国家权力的合法性这一马基雅维里思想批评史上的核心问题,进行包括形而上学思考方式在内的比较完整的研究,并做出一个满意的答复。所以直至 20 世纪初,虽然经过布克哈特等学者对马基雅维里思想的种种辩证,但视马基雅维里的思想为非道德主义的传统观点仍在学术界和社会各个层面流行。不过在上述三位学者的观点影响下,也随着 20 世纪人本主义思潮的推动,文艺复兴研究和马基雅维里研究再掀高潮②,许多学者开始就马基雅维里的生平和思想进行比较完整的梳理,这也是学术发展的内在要求。其中较具学术参考价值的著作有:弗格森《历史思考中的文艺复兴》③、艾伦《16 世纪政治思想史》④等等。在 20 世纪的头 50 年,还出现了一批马基雅维里的研究专著:德国学者马尔库以"权力"问题为线索的《专注权力:马基雅维里的生平与时代》⑤;罗德的《文艺复兴时期的人》⑥,书中有关于马基雅维里和卡斯蒂利奥内的比较研究,罗德另撰有《萨伏那洛拉——一个真诚的研究》⑦,其中第 7 章"道德的改革"深刻地展示了萨伏那洛拉内

① P. Villari, *The Life and Times of Niccolò Machiavelli*, pp. 95 – 96.
② 参见《析微》和《评略》。
③ W. K. Ferguson, *The Renaissance in Historical Thought*, Houghton Mifflin Company, 1948.
④ J. W. Allen, *A History of Political Thought in the Sixteenth Century*, Methuen & Co Ltd., 1957.
⑤ V. Marcu, *Accent on Power: The Life and Times of Machiavelli*, translated by Richard Winston, Farrar & Rinehart, Inc., 1939.
⑥ R. Roeder, *The Man of the Renaissance, Four Lawgivers: Savonarola, Machiavelli, Castiglione, Aretino*, The Viking Press, 1933.
⑦ R. Roeder, *Savonarola: A Study in Conscience*, Brentano's Publishers, 1930.

在的思想矛盾和佛罗伦萨的改革对整个意大利的影响等；拉斯基的《马基雅维里与现时代》①；缪厄的《马基雅维里与他的时代》②；布特费尔德的《马基雅维里的治术》③；等等。特别是缪厄在其著作第 3 章中探讨了马基雅维里的政治伦理问题，注意到必须从社会的实际生活中去考虑人性的优劣等，从而使政治家意识到处理人性的道德是一个政治的实际问题。这一观点在后来的马基雅维里研究中得到了进一步的发挥。

四、20 世纪下半叶以来的严峻思想对立

战争惊醒了传统的基督教欧洲社会。随着二战的结束，也随着马基雅维里思想研究的深化，学人开始重新审视、批判马基雅维里的思想体系。另一方面，先前争执的双方都强化了学术性，这需要各自从更严格的学术角度为其观点辩护。因此，20 世纪下半叶以来的马基雅维里思想批评史可概括为：学术水准提升、理论鸿沟加深、问题症结难寻。

在此先回顾一下学术界的马基雅维里研究状况。

一类是试图完整评述马基雅维里的专著，其中经常被提及的有：安格罗的《马基雅维里：一个剖析》④，该书从马基雅维里的著述、研究方法和核心概念等多维角度展开评述；罗佛-菲奥里的《马基雅维里》⑤，以学科、著作两条线索交错进行研究；维罗里的《尼可洛的微笑：马基雅维里传》⑥和《马基雅维里》⑦，显示出作者长年以马基雅维里为研究核心的学术功

---

① H. Laski, *Machiavelli and the Present Time*, Harper and Brothers, 1930.

② D. E. Muir, *Machiavelli and His Time*, W. Heinemann, Ltd., 1936.

③ H. Butterfield, *The Statecraft of Machiavelli*, Bell and Sons LTD., 1940.

④ S. Anglo, *Machiavelli: A Dissection*, Harcourt, Brace & World, Inc., 1969.

⑤ S. Ruffo-Fiore, *Niccolò Machiavelli*, Boston: Twayen Publishers, 1982.

⑥ M. Viroli, *Niccolò's Smile A Biography of Machiavelli*, Farrar, Straus and Giroux, 2000.

⑦ M. Viroli, *Machiavelli*, Oxford University Press, 1998.

底;法国学者巴伦库的《马基雅维里》①,力图呈现马基雅维里作为一名佛罗伦萨公民和共和国拥护者的形象,该书极其便于携带阅读,其印制形式很有点像斯金纳的《马基雅维里》,译成英文后流传甚广;意大利学者普列佐利尼的《马基雅维里》②将与马基雅维里研究有关的诸多问题进行归类梳理,清晰地展示其前后相继的历史变迁状况;德·格拉吉亚的《地狱中的马基雅维里》③则文采飞扬、形式独特,表达了许多独到的想法,由于获得了普利策奖,该书深受学人和普通读者的欢迎。

　　一类是专题性的著作,其中有:加弗尔的《马基雅维里与智慧学史》④,主要论述了马基雅维里的务实睿智;吉尔伯特的《马基雅维里与圭恰尔迪尼》⑤,集中阐述了人文主义的政治理想类型,特别对马基雅维里与圭恰尔迪尼注重现实的思维特点做了比较研究;阿斯柯利与卡恩合编的《马基雅维里与文学论稿》⑥,书中对《君主论》中的文学性意蕴的阐述特别引人注目;罗得沃斯基的《君主论——历史的批评》⑦,展示了时尚的历史批评;波考克的《马基雅维里时刻:佛罗伦萨政治思想与大西洋共和传统》⑧,使人看到马基雅维里在近代欧洲政治思想和政治实践中的奠基

---

① E. Barincou, *Machiavelli*, Grove Press, Inc., 1961.

② G. Prezzolini, *Machiavelli*, Robert Hale Limited, 1968.

③ S. De Grazia, *Machiavelli in Hell*, Princeton University Press, 1989.

④ E. Garver, *Machiavelli and the History of Prudence*, The University of Wisconsin Press, 1987.

⑤ F. Gilbert, *Machiavelli and Guicciardini: Politics and History in Sixteenth Century Florence*, New York: W. W. Norton & Company, 1984.

⑥ A. R. Ascoli and V. Kahn edited, *Machiavelli and the Discourse of Literature*, Cornell University Press, 1993.

⑦ Rodowski, *The Prince: A Historical Critique*, Twayne Publishers, 1992.

⑧ J. G. A. Pocock, *The Machiavellian Moment: Florentine Political Thought and the Atlantic Republican Tradition*, Princeton University Press, 1975. Cf. B. J. Smith, *Politics & Remembrance: Republican Themes in Machiavelli, Burke, and Tocqueville*, Princeton University Press, 1985.

人地位;苏利文的《马基雅维里的三个罗马——宗教、人文自由和政治改革》①,充分开掘马基雅维里处理宗教的现实态度;施特劳斯的《对马基雅维里的思考》②,是20世纪坚守传统自然权利并以此抨击马基雅维里的经典之作;柯西斯的《马基雅维里的拯救:重新审视其人文主义的平等观、权力观和荣誉观》③,该书第5章特别分析了马基雅维里高度关注宪政意义上的政治理论和实践问题;曼斯菲尔德的《马基雅维里的Virtue》④,该书力图从一个最为根本的问题上解决马基雅维里批评史的难点等等。

　　还有一类是将马基雅维里放在文艺复兴大背景中进行透视的专著,其中有:查伯德的《马基雅维里与文艺复兴》⑤,注意到马基雅维里关于制度与人的才气之间的关系,即在好的制度下,人的才气会相应地提升,而当制度毁坏时,特别需要一个领袖式的人物来拯救社会和人的才气⑥;邦德内拉的《马基雅维里与文艺复兴史学技艺》⑦,批驳了一些学者认为马基雅维里的思想和著作毫无规则形式可言,认为马基雅维里的思想深受古典学者包括希腊古典学者的影响和人文主义思潮的影响,并且受到其前期外交生涯的深刻影响;等等。所以在马基雅维里的著作中还是能清晰地发现其中的思维形式和特点。邦德内拉的论述提示人们,马基雅维里是传统文化的继承者,同时又是一个始终立足时代来思考政治社会运

① V. B. Sullivan, *Machiavelli's Three Romes: Religion, Human Liberty, and Politics Reformed*, Northern Illinois University Press, 1996.
② Leo Strauss, *Thoughts on Machiavelli*, the University of Chicago Press, 1978.
③ Robert Kocis, *Machiavelli Redeemed: Retrieving His Humanist Perspectives on Equality, Power, and Glory*, Associated University Presses, Inc., 1998.
④ H. C. Mansfield, *Machiavelli's Virtue*, The University of Chicago Press, 1998.
⑤ Federico Chabod, *Machiavelli & The Renaissance*, Bowes & Bowes Publishers Ltd. 1958.
⑥ Federico Chabod, *Machiavelli & The Renaissance*, pp. 95-97.
⑦ P. E. Bondanella, *Machiavelli and the Art of Renaissance History*, Wayne State University Press, 1973.

作的大思想家。其他还有菲米亚的《马基雅维里的遗产》①、黑尔的《马基雅维里与意大利文艺复兴》②等等。

随着马基雅维里思想批评视野的日趋扩大,对相关问题的批评也发生了变化,如对美第奇家族、对博尔贾家族以及对教皇、当时国际关系的变化等的批评就是其中的核心部分。许多学者在研究与马基雅维里思想有密切关系的美第奇、博尔贾等家族时,都花费了相当的笔墨。通过这种学术切入点,人们对马基雅维里又有了新的认识。③ 其中马丁斯在《血腥的四月》④中对马基雅维里军事意识的评论,张伯伦在《博尔贾家族的衰亡》中对马基雅维里与博尔贾家族关系、看法的描述⑤,厄兰格尔在《卢克蕾西娅传记》中对马基雅维里关于各城邦如何相互利用以削弱教廷势力的意识的描述⑥,都有各自的精到之处。

在对马基雅维里思想的反思过程中,形成了鲜明对立的两派:一派主张,在马基雅维里的政治思想体系里,共和国思想占主导地位,力图重新设计以古代罗马共和国为摹本的共和国政治体制。尽管马基雅维里的著作中最终并没有为当时的意大利描绘出一幅完整的共和国国家蓝图,但共和国原则、自由原则、权力的制衡原则等涉及国家权力合法性的论述,体现了马基雅维里作为一名人文主义者的最基本的一面。如果离开了法制意义上的国家权力及其运作,那么其他政治社会的问题都只能是子虚

---

① J. V. Femia, *The Machiavellian Legacy, Essays in Italian Political Thought*, Macmillan Press, 1998.

② J. Hale, *Machiavelli and Renaissance Italy*, English University Press, 1961.

③ 参见本书第三编第二篇文章。

④ L. Martines, *April Blood: Florence and the Plot Against the Medici*, Oxford University Press, 2003, p. 166.

⑤ E. R. Chamberlan, *The Fall of the House of Borgia*, The Dial Press, 1974, p. 308.

⑥ R. Erlanger, *Lucrezia Borgia: A Biography*, Hawthorn Books, Inc., 1978, p. 25.

乌有。这一派以剑桥大学的昆廷·斯金纳为代表。[1] 他对马基雅维里的评价始终围绕马基雅维里是一个共和主义者展开。[2] 昆廷·斯金纳还进一步指出，马基雅维里真正感兴趣的既不是共和政体，也不是君主政体，而是城邦政体。[3] 这提示了我们一个问题，马基雅维里力图找到国家权力有效运作的最一般的方式，或者称之为政治科学。无怪乎莫利斯在《新君主论》中继续呼吁，如果要真正坚持马基雅维里的主张，就必须真正做到实用主义的政治学，更清晰、更实在、超越党派、识时务的。[4] 布鲁的《马基雅维里的共和党人》[5]一书也力图在马基雅维里的准则中找到最好的国家权力和政治治理运作良方。可见马基雅维里国家权力运作等观点作为一般政治科学理论的影响力。关于道德，斯金纳指出马基雅维里心目中的道德就是罗马共和国的道德，具体体现为法制的、以共和国自由和和平为目标的公民社会道德行为体系。[6] 斯金纳还就 virtue 等概念进行详细的考证。著名学者汉斯·巴伦也就上述问题做过精彩的论述，并成为这方面的经典表述。[7] 为了彻底揭开所谓的马基雅维里非道德主义谜团，另一研究专家曼斯菲尔德开始问，何以仅仅从思想中确立道德品行的出发点是错误的？[8] 他认为古典学者如亚里士多德对德性的看法是一种循

---

[1] 代表作有斯金那：《马基雅维里》，王锐生、张阳译，工人出版社 1985 年版；斯金纳：《近代政治思想的基础》，奚瑞森、亚方译，商务印书馆 2002 年版；Bock, Skinner and Viroli eds., *Machiavelli and Republicanism*, Cambridge University Press, 1993。

[2] 斯金纳：《近代政治思想的基础》（上卷），第 280—288 页。

[3] 斯金那：《马基雅维里》，第 102 页。

[4] D. Morris, *The New Prince*, Los Angeles, Renaissance Books, 1999.

[5] N. A. Blue, *Machiavelli's the Republican: The Best Possible American & How to Achieve It*, Chapel Hill Press, Inc., 2000.

[6] 斯金那：《马基雅维里》，第 107 页。

[7] H. Baron, *Crisis of the Early Italian Renaissance*, Princeton University Press, 1966, pp. 133 - 134.

[8] 曼斯菲尔德属于芝加哥学派，但他的思想体系很难归类，这里仅就事论事分析。

环论证的方法,即在自己的思想中确立一种道德的立场,然后又通过行为来检验这种立场的真理性。如果一切从实际出发,那么任何实际的需要就成为有德性的了。简单而言,这是一种完全的现实主义态度。① 曼斯菲尔德还对马基雅维里注重"行动"的立场做了强调。② 尚且不论曼斯菲尔德对亚里士多德的评论正确与否,就其立论而言,仍是一种避开形而上学讨论的方法。当涉及整个评论立场,我们仍需联系芝加哥学派的观点来分析曼斯菲尔德的政治理论。另外,斯金纳和曼斯菲尔德等人的评论多少忽略了黑格尔曾经做出的总结,没有从马基雅维里道德理论的源头上去分析马基雅维里的道德与国家的关系。甚至有学者如克罗宁试图从马基雅维里生平的各种事例中找寻马基雅维里看低人性的理由。③ 事实上,马基雅维里对人性、善恶等伦理道德问题所采取的既不是贬抑也不是褒扬的价值论立场,而只是从政治科学的角度和现实主义的立场将它们的特征呈现出来。凯利称之为"价值中立"。④

　　另一派则从欧洲传统的自然法等道德立场出发,尖锐批判马基雅维里的非道德主义立场。这一派有美国芝加哥大学的施特劳斯、天主教哲学家马里坦、柯普立斯顿等人。20 世纪下半叶,西方传统的伦理价值体系面临现实社会的严峻挑战。战争和国际社会的动荡、重组,促使人们去追问究竟是什么力量在国际和国内的各种政治活动中起支配的作用。这样,在重新审视马基雅维里的思想和影响时,又自然地形成了两种对立的观点。一种观点认为,现实的政治发展再次证明了马基雅维里的现实主义政治理论的正确性,道德只是一种形而上学的先天设想。另一种观点

---

① H. C. Mansfield, *Machiavelli's Virtue*, pp. 6 - 11, 12, 18 - 20.

② H. C. Mansfield, *Machiavelli's Virtue*, 1998, p. 3.

③ V. Cronin, *The Flowering of the Renaissance*, Collins Clear-Type Press, 1969, pp. 118 -120.

④ 凯利:《西方法律思想简史》,王笑红译、汪庆华校,法律出版社 2002 年版,第 163 页。

则认为,所有上述严峻社会政治局面的出现正是传统道德价值体系遭受破坏的结果。所以,马基雅维里的非道德主义必须接受审判,必须重塑以基督教和理性精神为核心的西方传统价值体系。柯普立斯顿在他的多卷本《哲学史》中尽管注意到马基雅维里从法的角度来谈公民品德,仍坚持认为马基雅维里是一个非道德主义者。① 施特劳斯还认为,马基雅维里的所谓爱国是以抛弃道德的善为前提的,因此根本不值得去颂扬。从根本上讲,马基雅维里的心目中没有基督教所倡导的善的品德。② 而马基雅维里的上述非道德主义的产生,其根本原因是他否认人的自然权利。③ 显而易见,以施特劳斯为代表的马基雅维里批评群体,其整个的理论立足点是从人的自然权利来推断政治学说和政治行为的正当性。施特劳斯将自然权利视为政治社会的绝对标准,这与20世纪下半叶对人权等问题的讨论密切相关。但正如一些学者所指出的那样,普遍人权和道德的有效性是非常抽象的形而上学问题。在现实社会中,道德的合理性和人权的普遍性应当还原为更实际的提法,如"最低人权标准"等。④ 至于那些以攻击马基雅维里主义的名声来换取政治资本的行为,葛兰西在《狱中札记》中非常直率地指出:马基雅维里试图找出政治学自身的逻辑,而历史和现实中的一些权术者一方面在批评马基雅维里的非道德主义,另一方面则始终在运用马基雅维里的基本方法。⑤ 所以,马基雅维里与今天那些只讲权术并视之为政治科学的人相比,其不同点十分明显。

　　施特劳斯坚持形而上学的自然权利论,并以此为标准去评点马基雅

---

① F. Copleston, *A History of Philosophy*, Doubleday, 1993, Vol III, pp. 317–318.

② 施特劳斯:《关于马基雅维里的思考》,第3、267—274、302页。

③ 施特劳斯:《自然权利与历史》,彭刚译,生活·读书·新知三联书店2003年版,第164页。

④ 米尔恩:《人的权利与人的多样性》,夏勇等译,中国大百科全书出版社1995年版。

⑤ 葛兰西:《狱中札记》,曹雷雨、姜丽、张跣译,中国社会科学出版社2000年版,第96—97页。

维里的政治生涯和思想,而斯金纳一派没有对施特劳斯的自然权利本体论立场给出充分的理论回应。所以争论双方都未就道德合理性和国家权力合法性之间的关系进行形而上学层面的理论交锋。还有的学者用看似平和的态度回避对问题的讨论,认为马基雅维里关于道德、国家权力、政治手段等问题的认识与我们现在的认识差距较大,因此提醒我们尽量不要用现在的认识去评价马基雅维里,而要回到他的思想本身和时代本身。① 或者用非此即彼的语气进行断案,如帕列尔指出,近代的政治科学基于一种自然权利学说的基本立场,而马基雅维里的国家权力理论与此相背,故不能称其为近代政治科学的奠基人。② 当然还有一些派别试图用现代主义的各种立场和解释方法对马基雅维里作进一步的思考,这些应该引起我们足够的重视,其中代表人物有阿尔图塞等。③ 此外,戈多雷西的著作也很有特色。④ 至于其他方方面面评述马基雅维里的专著⑤,有待我们做进一步的整理。

　　马基雅维里思想批评史延绵五个世纪,情况错综复杂。现做初步结论如下:(1)马基雅维里的国家权力运作等思想,是文艺复兴时期流行思潮的反映;(2)马基雅维里思想批评史启示人们,根据西方的文化传统,道德合理性和国家权力合法性的关系在形而上学的终极存在意义上具有统一性,而历史上国家权力的合法性则以现实性为存在基础,并通过法制

① J. Plamenatz, *Man and Society: A Critical Examination of Some Important Social and Political Theories from Machiavelli to Marx*, London, 1963, pp. 8 - 9.
② A. J. Parel, "The Question of Machiavelli's Modernity", in *The Rise of Modern Philosophy: The Tension Between the New & Traditional Philosophy from Machiavelli to Leibniz*, ed. by Tom Serell Oxford: Clarendon Press, 1993, p. 271.
③ 代表作有 Louis Althusser, *Machiavelli and Us*, Verso, 1999。
④ 代表作有 B. J. Godorecci, *After Machiavelli: "Re-writing" and the "Hermeneutic Attitude"*, Purdue University Press, 1993。
⑤ 参见《析微》和《评略》。

等内容来保持道德合理性的外观;(3)马基雅维里始终以古代罗马共和国为摹本来通盘考虑道德和国家权力等问题,这客观上体现了传统文化(包括形而上学道德观、国家观在内的传统文化)的延续,也体现了马基雅维里政治思想的独特性;(4)"非道德主义""马基雅维里主义"等概念是出自道德至上主义的批评误解。

读史札记

德性政治还是能人政治:virtue politics 释义

　　哈佛大学韩金斯博士曾以 virtue politics 概念来分析文艺复兴时期的国家政治理论和实践,中文通常用德性政治来对译。virtue 概念可以从道德层面来理解,并且德性政治主要理解为以品德为中心的国家政治理念。确实在一些人文主义政治思想家那里比较注重 virtue 中的道德因素,并以此重塑国家治理理念。但问题是另一条线索也不能忽视。在文艺复兴时代,virtue 还有能力、才干等方面的含义。例如马基雅维里的国家政治理论就十分强调 virtue 一词中能力、才干方面的意蕴。因此在马基雅维里等人文主义政治思想家那里,virtue politics 应被理解为以能人治理为中心的德性政治,简言之即"能人政治"。这种能人政治的理论适应当时意大利城邦国家最迫切的政治需求,即统治者如何具备治国的各种才能,以确保国家的稳定和政治治理的有效性。为此,统治者必须具备古典人文学科的知识、学养,能够从古典的传统中汲取治国的经验(这是品德层面的基本内涵);又懂得如何完善法律制度并运用法律处理国家事务;统治者还必须具备行政方面的能力,诸如熟悉公函、演说、外交方面的技能等;统治者同样要懂得协调城邦政治共同体各方势力的权益;如此等等。总而言之,统治者必须具备各种治国的能力,以便在那个道德混乱的强权政治时代谋求家族与城邦国家的生存。而所有这些能力在以庄园法、教会法等为基础的封建制度中是找不到原型的。因此人文主义者倡导在古典的文化中寻找源流,这也是能人政治的文化选择。对于后世西方的国家政治理论和实践发生实际影响的正是上述能人政治的学说。从更广的文化层面看,西方古典时代希腊与古代中国在道德问题上的观念有各种差别。希腊人更注重公民才质的培养,而中国人讲究人与人之间的以礼相待。所以希腊、罗马社会的 virtue 训练就是所谓"七艺"。"七艺"中并没有古代中国那种道德礼仪的内容。后来基督教占据西方思想文化的主导地位后,基督教的教义才逐渐成为道德培育的主流。但文艺复兴运动展开后,世俗化的因素又成为思想文化的主流,virtue 中的才能因亦在社会的各个层面受人关注。笔者的上述想法是对先前自己相关论点的一个修正,至少是一个补充。

3

评迈内克的"国家理由"研究
和马基雅维里的国家权力学说[*]

德国历史学家迈内克的名著《马基雅维里主义：RAISON d'ÉTAT 理论及其在近代史上的地位》(以下简称《马基雅维里主义》)于 1924 年出版。① 该书一经问世即引起学术界的高度关注,学者普遍认为这是迈内克学术生涯中最重要的著作。② 至于迈内克对马基雅维里国家观的评述方面亦有不少赞美之词。③ 以后在讨论马基雅维里主义、raison d'état 等概念时经常会提及迈内克书中所表达的观点。《马基雅维里主义》一书共分三

＊ 本文原载《世界历史》2006 年第 5 期。

① 本文引用的是英文版 F. Meinecke, *Machiavellism: The Doctrine of Raison d'État and Its Place in Modern History*, translated by Douglas Scott, with a general introduction to Friedrich Meinecke's work by Dr. W. Stark, Routledge and Kegan Paul Ltd., 1957。笔者曾在《史学理论研究》2005 年第 3 期发表《道德的合理性与国家权力的合法性——西方马基雅维里思想批评史寻迹》,考虑到迈内克的马基雅维里研究之特殊性,兹特补一文,以备详考。

② 参见 A. Marwick, *The Nature of History*, Macmillan and Co Ltd., 1970, p. 61。

③ 参见 Federico Chabod, *Machiavelli & The Renaissance*, Bowes & Bowes Publishers Ltd. 1958, p. 41。

个部分,标题分别是:"近代专制主义的时代""盛期专制主义的时代"和"近代德国史上的马基雅维里主义、理想主义和历史主义"。

在讨论之前,似有必要就迈内克著作标题中 raison d'état① 一词的翻译问题做些说明。raison d'état 是一个非常流行的法文单词,英文可译作 reason of state,与英文相对应的中文就是"国家理性"或"国家理由"。笔者以为,无论是用"理性"还是"理由"来翻译,都必须注意历史上国家的演变情况和 raison d'état 这个词的实际使用情况。根据迈内克的解释,raison d'état 是指国家的至高无上,统治者可以根据具体的情况并采取特定的手段保证国家的存在完整性。② 当然,不同政治思想家对 raison d'état 的解释情况各异。鉴于此,许多学者在评论 raison d'état 问题时或评论马基雅维里国家问题时索性直接使用法文 raison d'état,而不用翻译来替代。例如,斯特林《权力世界中的伦理:迈内克的政治观》③一书就专辟一章 "raison d'état 和国家至上",其他不一一列举。

一、 迈内克的历史道德理想主义及 raison d'état 研究

迈内克(Friedrich Meinecke,1863—1954)的一生④跨越了 19 世纪下半叶和 20 世纪上半叶几乎整整一个世纪,期间发生的重要事件有德国军国主义势力的崛起、二次世界大战的爆发等。而所有这些现象都关涉国家权力问题。迈内克历史研究的主线索就是对国家权力、对 raison d'état 问题的探讨。

---

① 关于 raison d'état 一词的详解,仍可参看迈内克的《马基雅维里主义》。
② 参见 F. Meinecke, *Machiavellism*, p. 1。
③ R. W. Sterling, *Ethics in A World of Power: The Political Ideas of Friedrich Meinecke*, Princeton University Press, 1958.
④ 何兆武译《德国的浩劫》(生活·读书·新知三联书店 1991 年版)有一个"译序",对迈内克的生平思想做了描述,可供参考。

　　迈内克是一名历史主义者和道德理想主义者,他在兰克、德罗伊森、布克哈特等史家的观点和方法基础上形成了思想史研究的特色。[1] 在迈内克看来,分析任何历史现象和历史因果关系都要追究其中的思想文化价值。[2] 在分析 raison d'état 问题时也必须深究其中的思想文化因素。因此,什么是历史上的思想文化主导力量,这自然成了迈内克评点 raison d'état 时首先要解决的一个问题。迈内克仔细考察了历史上有重要影响的思想家和历史学家,在他开列的名单中有莱布尼茨、维柯、伏尔泰、孟德斯鸠、伯克、荷尔德尔、歌德等。[3] 迈内克在完成了系列思想分析后得出这样一些结论:其一,历史的进程无一不渗透着人类思想的因素,历史就是人类思想的前后相继和变化发展过程。其二,人类思想的主导成分是进步的人类道德理想。其三,国家意识与人类的道德理想也密切相关,但将国家视为最高的存在价值这一 raison d'état 意识则背离了人类进步的道德理想。19 世纪下半叶,德国迅速崛起,成为世界上的资本主义强国。在这个崛起的过程中,日耳曼民族的国家至上等观念意识扮演了重要的角色。从迈内克早期的著述看,他对俾斯麦的国家统治形式还持比较肯定的想法。但在希特勒纳粹党给世界也给德国带来深重灾难的历史事实面前,迈内克感到了 raison d'état 问题的严重性,他急于回答:国家权力的运作在怎样的基础上不违背人的价值? 是国家至上还是人的自然权利至上?

　　为了对 raison d'état 问题有一个清晰的了解,迈内克又从历史的角度分析其来龙去脉。他注意到,早在古希腊时代,历史学家和思想家就有 raison d'état 的意识,就有关于道德价值和国家权力关系的讨论。但同时,

[1] 参见 A. Marwick, *The Nature of History*, p. 61。
[2] 参见 E. H. Carr, *What is History*, Macmillan, 1986, p. 101。
[3] 参见 F. Meinecke, *Historism: The Rise of a New Historical Outlook*, Routledge & Kegan Paul, 1972, p. 7。

历史上的那些思考都没有很好地梳理清楚道德上的个人权力和政治上的国家权力之间的关系,没有很好地解决理想的国家模式和实际的国家存在之间的关系。① 特别是以往的国家权力运用常常违背人类的基本价值尊严。马基雅维里的国家权力学说最为典型地反映 raison d'état 问题上各种思想缺陷。在迈内克看来,虽然马基雅维里在考虑国家权力等问题时也注意到使用宗教、道德、法律等因素的问题②,但其体系的根本弱点就是缺乏从人、自然法等根本的价值出发来系统考虑道德和 raison d'état 的关系。另外,迈内克还着重就马基雅维里的道德观做了分析,认为马基雅维里虽然相信社会必须有一种 virtù(有"道德""才气""能力"等多种含义),群众也会有 virtù,但社会和群众的 virtù 要由贵族的 virtù 来指引。当整个社会趋于腐败,这时就需要由 virtù 出众的贵族阶层中的领袖人物在国家的范围内引领社会走出危机。③ 所以贵族的 virtù 代表的是国家的意志,其地位是第一位的;群众的 virtù 总是国家意志的模仿,是第二位的。④

　　显然,迈内克的想法是:历史上的和马基雅维里的 raison d'état 理论有抬高国家权力、贬低人的基本价值准则的倾向。于是进一步梳理传统思想文化在看待 raison d'état 问题上一直存在的两种倾向:一种倾向是对经验和现实中国家权力的维护和运作考虑较多;另一种倾向是主张以自然法为准则的国家权力体系。马基雅维里主义、希特勒的国家社会主义等与 raison d'état 的第一种倾向有关。以马基雅维里的思想为例,他在 raison d'état 问题上不是从自然法原则出发去构筑完整的政治思想体系,不是从道德和国家的内在关系展开论述,而是经常用经验性的、个别性的、就事

① 参见 F. Meinecke, *Machiavellism*, pp. 25–29。
② 参见 F. Meinecke, *Machiavellism*, p. 40。
③ 参见 F. Meinecke, *Machiavellism*, p. 32。
④ 关于 virtù 的第一位和第二位问题可参见 M. Hulliung, *Citizen Machiavelli*, Princeton University Press, 1983, pp. 43–44。

论事的分析方法来进行思考。① 有时还用一些模糊的概念来论证问题,例如马基雅维里经常谈论的是命运、人性之恶等概念,并认为人们也应当用恶的手段来与命运抗争。② 这种用经验性的、似是而非的语言去抬高国家权力的做法对人的存在价值构成极大威胁,十分可怕。而且马基雅维里的 raison d'état 思考模式对同时代和往后的西方政治思想影响极大。③ 这就使迈内克感到,历史学家有责任用正确的价值观去澄清 raison d'état 问题,进而指导国家政治的实践。

法国大革命后,以倡导自然权利为核心内容的自由主义思想对德国思想界产生了很大的影响。赞美个人自由的国家观开始流行,例如与迈内克大致同时代的洪堡就是其中的代表之一。④ 身为历史学家的迈内克则多了一份历史的冷静。迈内克并不主张绝对的个人主义,也不否认国家存在的合理性。迈内克的真正用意是想限定国家的权力,即国家始终不能超越思想文化传统中体现人的基本价值准则的理性因素。最佳的政治处理办法是将国家的存在与个人的价值结合起来,或者使历史上个别的、具体的国家权力体系与由自然法作为指导的理想化国家权力体系相协调。⑤ 但遗憾的是,历史的发展与上述理想差距甚远。迈内克发现,即使到了法国大革命的时代,也没有真正实现理想化的国家权力体系运作。"1792 年 8 月 10 日事件和 9 月大屠杀就是 1572 年的巴塞罗缪之夜屠杀的翻版。两者说到底都是人类兽性的爆发,都是在无限制的或无条件的 raison d'état 指导下的结果。"⑥迈内克还意识到,历史中有太多的偶然因

① 参见 F. Meinecke, *Machiavellism*, p. 29。
② 参见 F. Meinecke, *Machiavellism*, p. 36。
③ 参见 F. Meinecke, *Machiavellism*, p. 45。
④ 参见洪堡:《论国家的作用》,林荣远、冯兴元译,中国社会科学出版社 1998 年版。
⑤ 参见 F. Meinecke, *Machiavellism*, p. 345。
⑥ F. Meinecke, *Machiavellism*, p. 347.

素在起作用。以马基雅维里等为代表的近代国家理论完全是出于国家现实需要的考虑,这种理论是见木不见林。一旦与偶然的因素汇合,就会造成无法估量的历史灾难。进而言之,希特勒政权的所作所为也代表着一种历史的偶然,它与人类的道德理性、与德国的文化传统之间没有必然的、本质的联系。

　　值得一提的是,迈内克对德国思辨哲学大家黑格尔的国家理论给予了高度关注。迈内克认为,黑格尔提出的"凡合理的都是现实的和存在的,凡现实的都是合理的"口号,就是要弥合实在的国家和理想的国家之间的分歧。但黑格尔是否弥合了这种分歧呢?在黑格尔看来,国家是"绝对理念"发展到一定阶段的产物,人类必须承认这种形而上学的准则。但涉及具体的国家问题时,又必须以历史上曾经存在的国家和现实社会中仍在继续存在的国家为研究对象。由此反观国家和道德的关系就会发现:两者之间虽然都有终极意义上的存在一致性,但现实中,国家权力又有其自己特定的意义标准,与通常认可的形而上学道德理念并非完全一致。所以在黑格尔的心目中,马基雅维里是讲出了客观事实的政治思想家,对马基雅维里的国家理论或者说对 raison d'état 的现实性一面持肯定的态度。黑格尔不仅没有使人们远离马基雅维里主义,反而使人们进一步认识马基雅维里主义。① 关于黑格尔的这些想法,迈内克是完全清楚的。② 但迈内克所看重的是黑格尔对马基雅维里批评的一面。在黑格尔的眼里,马基雅维里看到了现实的国家存在的合理性一面,还不能说明他解决了道德与国家权力的关系。按照马基雅维里的国家理论去运作国家权力可能使权力偏离"绝对理念"这一最高的道德准则。这样,黑格尔的

---

① 参见 F. Meinecke, *Machiavellism*, pp. 350 - 351。

② 参见 F. Meinecke, *Machiavellism*, p. 358。

立场和马基雅维里的立场之区别也就清楚了:两者在注重现实的国家存在问题上是一致的。但马基雅维里始终没有表露出国家权力是某种更高的力量的产物。相反,黑格尔将国家权力当作"绝对理念"在现实社会中的展开,即使现实的国家千变万化也最终不会偏离由黑格尔认定的"绝对理念"准则。黑格尔的这种形而上学国家权力理论无疑也影响了以后的德国学者,其中就包括迈内克。迈内克特别就黑格尔《法哲学原理》①的国家理论做了详细分析。② 迈内克注意到,黑格尔在《法哲学原理》中提出了一个具体的国家和普遍的国家关系的理论。主要观点是:从具体利益着眼,国家总是个别的,总是针对某种具体的社会政治环境而设置的制度。完整的国家则是体现全体人民共同意志的政体,它以人类普遍的道德准则为基础,它需要公民在自己的意识中上升到这种国家所需要的道德水准。③ 这又回到了迈内克所推崇的一种历史意识,即人们在进行历史行动时必须有一个坚实的、以自由和自然法意识为核心的思想文化基础;人们需要的不是 raison d'état,而是体现最高自然法准则的理想国家形式。问题是马基雅维里从经验的角度考虑国家权力,会导致某种国家至上倾向的发生;那么黑格尔从"绝对理念"的角度来进一步论证国家权力的合法性,这是否从形而上学的层面更强化了国家至上的想法呢? 对此,迈内克也是有所担心的。从理论上讲,将现实的国家行为与最高的形而上学世界相关联,这会引导一个现存的国家政权如普鲁士政府走向绝对的国家至上途径。本文下篇将要证明,马基雅维里的国家权力等理论虽然包含国家至上的因素,但这种国家至上可以用现实经验中的各种理由来说明,与那些永久性的、超越性的形而上学世界保持一定的思想距离。或者

---

① 黑格尔:《法哲学原理》,范扬、张企泰译,商务印书馆1961年版,第259页。
② 参见 F. Meinecke, *Machiavellism*, pp. 360 – 361。
③ 参见 F. Meinecke, *Machiavellism*, pp. 367。

说,坚持真正意义上的马基雅维里国家权力学说,只会使人们以现实的态度考虑国家权力的运作方式,而不会走向对国家权力自身的一种盲目崇拜。

为了避免 raison d'état 理论可能带来的政治灾难,迈内克又具体地设定了一些理想的国家治理方案,其内容是:(1) 国家仍是一个基本的政治单位;(2) 国家不仅是一个权力的组织,还应当是一个文化的组织,国家权力与个人生存价值要和谐统一;(3) 国家至上和个人至上都是不可取的。斯特林在《权力世界中的伦理:迈内克的政治观》①一书中对上述理想方案做了简明扼要的评述。但理想毕竟是理想,迈内克所力图寻找的是伦理道德价值与国家权力之间的一种平衡或中介力量,其前提是人们心中始终存在着宗教和自由情感的力量。从迈内克于二战后 1946 年写的《德国的浩劫》一书的文字看,迈内克痛定思痛,发现了这样一种历史倾向:原来只是一部分贵族所具有的马基雅维里情结也会转变为一种广大群众所具有的力量。② 既然这样,就不能像《马基雅维里主义》一书最后只对政治家进行呼吁,还必须对整个文化传统进行发问,是否在深厚的德国思想文化传统中还存在着一种力量,这种力量能够保障基本的人权得到尊重,使国家的力量不至于强大到对道德进行毁灭的地步。迈内克就曾对德国传统文明与法西斯主义有无必然关系问题做了全面的审视,他的结论是:法西斯与德国的传统思想文化之间没有必然的联系。同时提出以歌德精神来拯救德国文化的主张。迈内克的责任就是要唤醒传统思想文化中的主导因素。但从唤醒主导因素到指导国家权力的运作实践,这中间又横亘着多少不可测的因素。因此迈内克呼吁人们继续思考这个

---

① R. W. Sterling, *Ethics in A World of Power: The Political Ideas of Friedrich Meinecke*, Princeton University Press, 1958.
② 参见迈内克:《德国的浩劫》,第 89 页。

斯芬克斯之谜。迈内克作为一名生长在基督教文化传统国度的历史学家,他最后以虔诚的心理说道:"但我们还是要呼吁那些握着行政权力的政治家,如果他不想让自己受到恶魔的控制,这种恶魔事实上还难以完全被甩掉,他就应当永远在心中把上帝和国家放在一起。"①在迈内克的心目中,兰克就是始终怀着神与国家相互关系情感的历史学家。② 学术界用"超验正义"(transcendent justice)的用词来透视诸如此类的政治理想,不失为恰当的视角。说到底,迈内克与黑格尔一样,在认识 raison d'état 问题时既有一定的现实目光,又不时被形而上学的思考束缚住了手脚。他始终感到只要公民能够上升到自然法的意识,上升到自由的意识,那么理想国家模式就会成为现实。这就是迈内克理想中的伦理 virtù 和经验 virtù 的统一。③ 其实,从兰克学派的创始人兰克开始就一直试图从个人的精神价值入手去观察国家的内在生命力,并找到个人的精神价值和理想国家模式之间的关系。迈内克进行马基雅维里主义和 raison d'état 问题的研究过程也始终接受这种理论倾向的指导。④ 但人们会思考这样一个问题:即使就自然法而言,其理论的基础和适用性是否普遍有效呢? 当代思想家米尔恩曾指出:"不存在人们仅凭自己是人就享有的政治权利,不存在一切时间和场合都属于人们的政治权利。任何一项人权只有在特定场合下的解释对它提出要求时,才能成为一项政治权利。"⑤因此,现实中实际发生效应的自然法应当是加上诸多限定条件的自然法。具有实际法权效力

---

① F. Meinecke, *Machiavellism*, p. 433.
② 参见汤普森:《历史著作史》(下卷),谢德风译,商务印书馆 1992 年版,第 253 页。
③ See Anthony J. Parel, *The Machiavellian Cosmos*, Yale University Press, 1992, pp. 95 – 96.
④ 参见 F. Meinecke, *Historism: The Rise of a New Historical Outlook*, "Supplement", 中译文见田汝康、金重远选编:《现代西方史学流派文选》,上海人民出版社 1982 年版,第 13—35 页。
⑤ 米尔恩:《人的权利与人的多样性——人权哲学》,夏勇等译,中国大百科全书出版社 1995 年版,第 189 页。

的自然法也是特定历史条件下并由特定法律文本体现的自然法,而抽象的自然法只有道德意义,不具有法权意义。① 英国 1689 年《权利法案》的启首明文指出:"国会两院经依法集会于西敏寺宫,为确保英国人民传统之权利与自由而制定本法律。"②虽然"传统之权利与自由"十分含糊,但对《权利法案》所要申述的人权来讲则是一种权利要求上的限定。美国 1776 年《独立宣言》中所提及的自然法亦有民族解放要求的限定。其启首称:"在人类历史事件的进程中,当一个民族必须解除其与另一个民族之间迄今所存在着的政治联系,而在世界列国之中取得那'自然法则'和'自然神明'所规定给他们的独立与平等的地位时,就有一种真诚的尊重人类公意的心理,要求他们一定要把那些迫使他们不得已而独立的原因宣布出来。"③这种包含了特殊权利要求的自然法申诉就是对前定利益、权利差别等的认可。所以寄希望于思想文化中的自然法意识的生成来实现权利的平等,这并不会给国家权力的建构、运作带来实际的效果。这个理论之结也一直困扰着政治思想家和社会学家的研究。例如波齐在《近代国家的发展——社会学导论》④一书的第 5 章曾就国家权力问题做过详细分析,还特别提到韦伯对国家权力合法性的论述。韦伯以为,国家权力的合法性可以来自传统的、来自个人"魅力的"⑤和法理性的等方面,其中近代国家权力的合法性主要来自形式上合乎程序的法理确认。韦伯对近代国家权力合法性的评论显示出权力在形式上的价值中立倾向。亨廷

---

① 参见米尔恩:《人的权利与人的多样性——人权哲学》,第 12 页。
② 董云虎、刘武萍编:《世界人权约法总览》,四川人民出版社 1990 年版,第 241 页。
③ 董云虎、刘武萍编:《世界人权约法总览》,第 272 页。
④ 波齐:《近代国家的发展——社会学导论》,沈汉译,商务印书馆 1997 年版。
⑤ "魅力"是个人在共同体中形成的特殊影响力,魅力及其他各种权力来源问题可参见韦伯:《经济与社会》(上卷),商务印书馆 1997 年版。韦伯的国家权力合法性理论主要在《经济与社会》中得到阐述。

顿将国家权力的合法性与一种政治组织的有效运转相提并论，更是淡化了道德价值在国家政治中的地位。[①] 于是，波齐又提出施密特所坚持的道德善行观点。[②] 虽然波齐比较倾向于道德的力量，但总体上看他仍想找到道德理性和国家权力合法性之间的中介点。当然与迈内克一样，其最终的结论仍不得而知。

二、 马基雅维里的务实睿智[③]与国家权力学说

确实，马基雅维里的 raison d'état 观影响了文艺复兴时期及以后国家政治学说探讨的轨迹。[④] 正如上文所言，马基雅维里在论述国家问题上带有某种国家权力至上的倾向。马基雅维里经常提到可以动用一切必要的手段去维护国家的生存。[⑤] 但这种以维护国家生存为目的的国家至上想法还不是迈内克关注的核心部分。迈内克对 raison d'état 和马基雅维里主义的批评要点是：马基雅维里将国家政治与道德分开，将国家权力凌驾于个人权力之上，这背离了以人的自然权利为中心的西方文化传统。为了弄清孰是孰非，我们必须就马基雅维里国家权力学说及其政治法律思想做一整体性的勾勒和评说。[⑥]

第一，从历史与现实的角度考虑 raison d'état 问题。

在马基雅维里的时代，民族国家的兴起是当时所有政治事件中最为

---

① 参见亨廷顿：《变化社会中的政治秩序》，王冠华等译，生活·读书·新知三联书店1988年版，第1章"政治秩序和政治衰朽"。
② 参见波齐《近代国家的发展——社会学导论》，第128页。
③ 参见拙文《马基雅维里思想评略》，《历史教学问题》2005年第4期。
④ 参见 Peter S. Donaldson, *Machiavelli and Mystery of State*, Cambridge University Press, 1992。
⑤ Machiavelli, *The Discourses*, translated from the Italian by Christian E. Detmold, Modern Library, 1940, p. 405.
⑥ 参见拙文《马基雅维里思想评略》，凡该文中论述较详者，本文一概略谈。

突出的现象。这部近代国家机器虽然正在拼装过程之中,但它的巨大的能量已经开始释放。马基雅维里面对意大利因长期分裂而使自己在国际环境中处于弱势地位的状况,提出国家统一、强化国家权力功能等设想,这表明马基雅维里有极其敏感的政治嗅觉。理解这种政治嗅觉是我们分析马基雅维里甚至近代国家学说始终要坚持的理论切入口。"我们如果从道德观点上来衡量而对他感到愤怒,那是没有必要的。"①更重要的是,国家权力功能的发挥、国家权力的运作,这从来是一个现实问题,如何从当时意大利的现状出发并从政治科学的整体上去思考国家权力的运作(如一个君主及其领导的政府在行政上既十分强大又不违背公民自由等),这更是马基雅维里国家权力学说的闪光点。在政治学术史上,斯金纳看到了马基雅维里的共和国理想,曼斯菲尔德进一步看到了由马基雅维里启端并由以后西方政治家逐渐施行、完善的国家行政权系统,即国家的行政权力必须是强大但同时又受到制约。②诸如此类都很富有启示意义。

第二,国家权力与公民自由互为一体。

马基雅维里说"国家"(stato)这个词时总是与国家的统治、国家权力的运用这些内涵相关联的。正如《君主论》第2章所指出的那样,"探讨这些君主国应该怎样进行统治和维持下去"。③他在《李维史论》一书中还特别研究了罗马共和国的权力人物、国家机构设置、权力制衡、军事构成、公民社会运作机制、社会综合协调方法等国家权力运作问题。这说

① 参见布克哈特:《意大利文艺复兴时期的文化》,何新译,商务印书馆1979年版,第84页。
② 参见曼斯菲尔德:《驯化君主》,冯克利译,译林出版社2005年版。另见 Harvey C. Mansfield, *Machiavelli's Virtue*, The University of Chicago Press, 1966。顺便指出,曼斯菲尔德虽然是施特劳斯的嫡传弟子,但就学理而言,其观点独树一帜,有些想法还可视作斯金纳一派的理论补充。
③ 马基雅维里:《君主论》,潘汉典译,商务印书馆1985年版,第4页。

明，马基雅维里在涉及一般国家权力问题时，还特别考虑历史上和现实中具体存在的某种国家权力。同样，在涉及一般的公民自由时，也考虑具体制度下的公民自由。例如马基雅维里以罗马共和国为例谈公民自由，或者以近代兴起的佛罗伦萨为例谈公民自由。马基雅维里在《佛罗伦萨史》中告诉读者，佛罗伦萨曾一度在雅典公爵沃尔特的专制统治之下，这对于佛罗伦萨那些"习惯于享受自由的人来说，即使是最轻的锁链也会感到沉重，在他那自由的灵魂上强加的任何束缚都压迫着他。而且，一个激烈的民族和一位贤明的君主结合到一起的事例是不可能找到的"①。马基雅维里的论断是："一个君主，特别是那种有过暴政经历的君主，企求人民回归善途，消除对自己的敌意，就必须真正了解人民的愿望是什么。其中有两个愿望是君主必须切记的：第一，人民总有一天会对曾使自己为奴的君王加以报复；第二，恢复自由。"②这里，马基雅维里的想法十分明确，像佛罗伦萨这样的城市必须采取共和国的统治形式以保障公民的自由。③ 反过来讲，一旦公民的自由丧失了，那么共和国政治体制走向衰败也不可避免，这已经由古代罗马共和国的历史做了最好的说明。④ 从马基雅维里的上述想法中可以引申出这样一个问题，即抽象地谈论国家权力与个人自由只具有康德所说的"绝对命令"的意义。个人的自由是通过具体的利益、需求来体现的。只有从具体的国家政治体制和政策入手才能真正发现其与公民自由的关系，例如是否兼顾各个集团的利益、需求等等。

① 马基雅维里：《佛罗伦萨史》，李活译，商务印书馆 1982 年版，第 104 页。
② Machiavelli, *The Discourses*, p. 162.
③ 参见 Machiavelli, *The Discourses*, p. 121。
④ 参见 Machiavelli, *The Discourses*, p. 169。

　　第三,强大的、有效的国家权力运作和公民自由的实现必须由具体的
法律和制度来维系。

　　马基雅维里特别强调,罗马人正是因为有了法律才能在以后的历史
中不断恢复他们的自由,并重新获取他们原先国家的地位和施展其巨大
的政治影响。① 在《佛罗伦萨史》第 4 卷的启首,马基雅维里提出了一个
具体的共和国政体模式:"既有好的法律作基础,又有好的规章实施法律,
因而不必像其他政府那样,只靠某一个人的品德来维持政权。古代许多
寿命很长的共和国就是具有这类优异的法律和规章制度。"②马基雅维里
认为,只有法律而不是个人能够超出于所有人之上。③ 在《兵法七论》中,
马基雅维里进一步指出,权力的集中除非在军事上的非常时期有其必要
性,因为那时需要在极短的时间内对重要的问题做出迅速的反映和决断。
在其他时候就不能由国王一个人说了算,而应当经由商议的途径来做出
决断。④ 上述思想决定了马基雅维里对法律的变更问题十分看重。他举
例指出历史上的斯巴达由于坚守自己的法律,其统治维持了 800 年之久。
还有一些国家的法律体系在创立之初不是很完整,起不到捍卫正义的效
果,这就需要在不同的时代按照不同的需求使之逐渐完善,如罗马人和许
多共和国所做的那样。针对这种情况,马基雅维里仍以谨慎的态度及具
体的事例提醒统治者,法律的变更总是有一定危险性的。⑤ 这些思想对近
代宪政国家的构建无疑起到了奠基的作用。

---

① 参见 Machiavelli, *The Discourses*, p. 231。
② 马基雅维里:《佛罗伦萨史》,第 179 页。
③ 参见 Machiavelli, *The Discourses*, pp. 232 - 233。
④ 参见 Machiavelli, *Art of War*, Lynch, C., translated, edited and with a Commentary, The University of Chicago Press, 2003, pp. 16 - 17。
⑤ 参见 Machiavelli, *The Discourses*, pp. 110 - 111。

第四,国家权力在进行法律、制度建设时必须做到权力制衡,并按照权力制衡原则设置相应的行政机构。

按照马基雅维里对罗马共和国分析后得出的结论,在共和国里必须设置一个能够充分表达公民意愿的议事机构。同时,执政官秉公行事,贵族与平民的权力则处于相互制约之中。所以理想的办法是:建立一种宪政,并且由君主、贵族和平民相互制约,各自明确其政治权利与义务。① 唯其如此,才真正称得上是一个由法律确定的和以自由为基础的政府。② 正如布克哈特所描绘的那样:"我们看到他如何希望建立起一个温和的民主形式的共和国以为美第奇家族之续。"③而这个共和国应当是自由、法制的公民社会。④ 对于上述政治体制的具体样式马基雅维里曾举例予以说明,其中古代有斯巴达的利库尔戈斯(Lycurgus)政府等,近代则有法国政府等。而法国政府通过议会进行权力的制约是马基雅维里十分感兴趣的现象。⑤ 在马基雅维里看来,不管在何种情况下,权力制衡都是必不可少的。古代罗马共和国的治世经验表明,对党派的制约、对各阶层权力的制约都是保持长期政治稳定的基础。"每个共和国都有两个对立的政党,分别代表贵族和平民。正是这些党派之间的争吵产生了袒护自由的法律,这些在古代罗马的具体事件中很容易发现。"⑥罗素也对马基雅维里的制衡理论做出了评论,认为《李维史论》中的那些关于制衡的观点"让18世纪的自由主义者来读也会赞许"⑦。

---

① 参见 Machiavelli, *The Discourses*, pp. 115, 16‑17 等。
② 参见 Machiavelli, *The Discourses*, Chapter XL, in *The Portable Machiavelli*, edited and translated by P. Bondanella, and Mark Musa, Penguin Books, 1979, pp. 254‑260。
③ 布克哈特:《意大利文艺复兴时期的文化》,第84页。
④ 参见布克哈特:《意大利文艺复兴时期的文化》,第84页。
⑤ 马基雅维里:《君主论》,第90—91页。
⑥ Machiavelli, *The Discourses*, p. 119.
⑦ 罗素:《西方哲学史》(下),马元德译,商务印书馆1986年版,第22—23页。

　　马基雅维里在研究政治制度时始终注意利益和权利的兼顾问题。各个阶层的权利也要分配得当,马基雅维里在赞美利库尔戈斯统治的同时,对雅典梭伦的统治表示了疑虑,指出"梭伦的根本错误是,他没有协调好平民、国王和贵族几者之间的权利关系,以至那种雅典政府的寿命与斯巴达相比是如此的短促"①。这里还牵涉到国家权力学说中的"前定利益"原则,即法律和政府必须承认已经存在的政治权利主体的利益。用今天的话讲,政治学作为一门权利分配的科学,就必须对这种现象进行剖析、做出解释。马基雅维里权利论的具体主张是:国王、贵族和平民的权利都不能随意予以剥夺并被转让给其他各方,三者的权利既要有机地组合起来,又要有一定的区分,特别是元老院的权力和平民的权力之间要有相对的分别,由此使政体趋于完善。②

　　第五,从更深刻的学理层面进行分析,我们不妨做如是结论,即马基雅维里的国家权力学说将形而上学意义上的国家权力与道德之间的关系返回到现实之中来考虑,由此得出了富有实际指导意义的国家权力运作理论。

　　如果一定要问马基雅维里关于国家权力与道德关系思考中是否存在着形而上学的因素,那只能勉强这样回答:马基雅维里以罗马共和国为蓝本的国家权力学说在客观上蕴涵着对形而上学国家权力学说的某种认可。因为任何一个在现实中能尽力体现公民自由、法制、权力制衡等原则的国家权力运作,都是对自然法等道德原则的认可,并更富有实践意义。法国思想家梅洛-庞蒂对此也有明确的认识,指出"使我们无法理解马基雅维里的是,对世界的偶然性或非理性的最敏锐感受,和对人的意识或自

---

① Machiavelli, *The Discourses*, p. 115.
② 参见 Machiavelli, *The Discourses*, pp. 116 – 117。

由的爱好,在他那里同时具备"①。必须注意,马基雅维里将政治从传统的形而上学道德束缚中解脱出来,这并不意味着马基雅维里的整个思想体系与道德无关。确切地讲,马基雅维里要重新给政治科学定位,力图还政治本来的面目。正如马克思所评价的那样:"从近代马基雅弗利……以及近代的其他许多思想家谈起,权力都是作为法的基础的,由此,政治的理论观念摆脱了道德,所剩下的是独立地研究政治的主张,其他没有别的了。"②曼斯菲尔德则以为,马基雅维里的国家权力学说就是要在行政权力方面建立有效的国家行政权力运用模式和秩序。在这个前提下,马基雅维里可以考虑各种政治体制(包括共和国、君主国等政治体制)的功能。就某一种政治体制如共和国政治而言,还考虑一般情况下的权力运用和在特殊情况下的权力运用等。③ 从马基雅维里的上述国家权力构想中可以进一步推论,国家权力在现实的政治实践中更是一个合法性的问题。历史上,任何国家权力都由一定的价值观给予道德的支撑,同时又由具体的政治体制来体现。西方历史上的自由主义、自然法等形而上学政治主张,其实是对希腊罗马社会、中世纪社会和近代社会中各种相应的国家政治体制的概括。某一时期的国家存在形式和国家权力的运作形式也不是由个人意识的力量决定的,而是由现实社会中复杂的因素决定的。国家权力以满足社会变化需求、体现政治结构自身需求为目标。就此而言,只要国家以有效的行政管理实现上述需求,那么国家权力的合法性就无可置疑。不过,学术界对马基雅维里政治学说中关于国家权力的合法性问

<hr>

① 梅洛-庞蒂:《评马基雅维里》,载《哲学赞词》,杨大春译,商务印书馆2000年版,第220页。
② 《马克思恩格斯全集》(第3卷),人民出版社1960年版,第368页。
③ 参见 H. C. Mansfield, *Machiavelli's New Modes and Orders: A Study of the Discourses on Livy*, The University of Chicago Press, 1979, pp. 114 – 115; H. C. Mansfield, *Machiavelli's Virtue*, Chapter 13 "Machiavelli and Modern Executive", p. 25。

题、关于国家权力的运作与个人价值的尊重之间的关系等问题,一直存在着正反两方的激烈争论。①

在理解 virtù 一词时,我们也要有全面的目光。马基雅维里在《李维史论》中说:"当他们必须选择一个君主时,不能偏重于勇力,而应当看重他的才智与正义。"②可见 virtù 一词在马基雅维里那里还保留着某种人的质地、品性的意蕴。③ 由此看来,virtù 与善有一定的关系。④ 如果人性中没有向善的可能,那么任何维系公民社会的善都不可能存在。问题在于什么是马基雅维里所理解的善? 我们仅凭马基雅维里的某一本著作都无法找到答案。除非我们对马基雅维里的内心世界和所有著作都了如指掌。⑤ 但这个答案的大致框架仍可以找到。马基雅维里在谈论 virtù 问题时确实是以整个社会和国家的现实利益为标准的,例如将国家权力的有效运作、公民利益的切实保障等视为社会的善。《佛罗伦萨史》第 7 卷从荣誉的角度进一步展开论述,指出"无论何人,只有在为共和国谋福利时才能取得荣誉"。⑥ 这种善与个人的存在价值是否有冲突呢? 马基雅维里的公民自由理论就是对此的最好回答。形而上学的理论家看重的是抽象的、最高标准的善和自由等,这种思维方式虽然给人以美好的世界远景,但也会引导人走向许多不着边际的幻境;马基雅维里则注重能够与具体利益挂钩的善和由制度保证的自由,这种思维方式虽然偏重零零碎碎

---

① 参见 A. Bonadeo, *Corruption, Conflict, and Power in the Works and Times of Niccolò Machiavelli*, University of California Press, 1973, pp. 72–73。

② Machiavelli, *Discourses*, in *Machiavelli: The Chief Works and Others*, translated by A. Gilbert, Vol. I, p. 197.

③ 参见斯金纳《马基雅维里》一书第 75—76 页上对 virtù 的解释。

④ H. C. Mansfield, *Machiavelli's Virtue*, p. 25.

⑤ 许多研究者都有这种困惑,缪厄在研究《君主论》时就发出了这种感想,参见 D. E. Muir, *Machiavelli and His Time*, E. P. Dutton & Co., Inc., 1936, p. 133。

⑥ 马基雅维里:《佛罗伦萨史》,第 348 页。

的社会工程,但其过程和结果都是务实的。

　　我们再就马基雅维里的"目的-手段"理论做些辨析。在当时的历史背景下,马基雅维里注意到强权是赢得政治统治的重要手段,从而讲出不择手段的话。这是马基雅维里对政治本来面目所做的非常客观的揭示。但对手段进行评价时则要兼顾目的,因为只有目的才关涉道德因素。例如"那些本身是伟大的行动,例如统治者和国家的行动,不管它们属于哪一类和会有什么样的后果,总是似乎给人带来光荣,而不是给人带来责难。"①在《佛罗伦萨史》中,马基雅维里还阐述了正义和战争关系问题:"战争都是不义的,但有必要打的仗就是正义的;当只有暴力能为获得解救提供希望时,暴力本身就是慈悲的。"②对此,布克哈特已经做过中肯的评论。③　至于目的中的道德因素,它也只能由目的本身来说明,而不能由其他环节来评说。④

　　历史的事实是:近代西方国家权力的合法性不是简单地用抽象的人权标准就能说明的,它更多的是稍后的国家权力对先前的国家权力之取代或补充;更多的是用具体的政治手段去体现法制的、制衡的和权力分配适度的标准。而迈内克之所以在 raison d'état 问题上莫衷一是,其原因在于他将道德与政治在形而上学层面上的一致性片面地设定为现实中的一致性。迈内克是理想的,但缺乏现实性;马基雅维里是现实的,但不缺乏理想。国家权力不能违背自然法和人的自由等理想原则,但这个形而上学的理想原则出自现实社会的需求,因而只有在现实的国家权力所能容纳的限度内才是有意义的。因此人们一方面要坚持人的权利,另一方面

①　转引自布克哈特:《意大利文艺复兴时期的文化》,第149页。
②　马基雅维里:《佛罗伦萨史》,第244页。
③　参见布克哈特:《意大利文艺复兴时期的文化》,第83—84页。
④　参见马基雅维里:《佛罗伦萨史》,第186页。

要以现实的态度去适应、改造、利用国家权力,譬如注意权利分配方面的"前定利益"原则等。对国家至上、国家权力运作等问题的思考,也必须注意特定的历史环境。只要以国家为单位的权力功能继续主导国际政治舞台的演出,那么人们只能去面对现实中的 raison d'état。说到底,无论是从人性论还是从自然法等原则去思考国家权力,这些还都是理论家的理性思考,但这种思考在国家权力的演变和实际运作中所具有的指导意义,从来都不是抽象的,而是浸透在国家权力的现实的组织、权利分配等形式之中。好比在历史上和在现实中人们只能发现、感受罗马法和罗马共和国政治机构体现的人性道德和自然法等,而不可能看到一般的道德力量和自然法意识等。又好比艺术创作,即使艺术家本人有再高尚的情操和艺术灵感,也必须在艺术创作实践中遵守艺术本身的规律。这里涉及与视觉、听觉密切相关的学科,也涉及创造的对象、手段、过程等。画家在不同的感觉特点、不同的画布、不同的油彩等面前,只能按照由上述情况构成的艺术规律去创作。同样,国家权力的运作虽然离不开自然法等理想的指导,但在现实中必须按照特定历史条件下的国家权力特点、按照国家权力自身的运行规则进行。我们不妨对黑格尔的名言做如下转化:"凡合理的都可能是现实的,但只有现实的才真正是合理的"。马基雅维里的同时代人萨沃纳罗拉、莫尔、加尔文等都曾经将理想中的国家权力误当作现实中的政治力量,或者用神圣的力量为自己的政治利益服务。对于上述政治态度,马基雅维里在 1498 年写给贝齐的信中以萨沃纳罗拉为例进行了批评。①

---

① 参见 *The Letters of Machiavelli*, edited and translated by A. Gilbert, The University of Chicago Press, 1988, pp. 85 – 89。

　　从史学史的角度看,迈内克与马基雅维里的国家理论正好代表了近代西方史学研究的两种不同的理念、方法:迈内克的倾向是思辨和推论,即站在传统的形而上学道德价值立场上,用近代时兴的历史反思方法去分析历史上发生的种种现象,力图为国家的政治实践寻找最高的道德指南;马基雅维里的倾向是务实和描述,即从经验的立场出发研究历史的进程①,例如以历史上曾发生的、现实中仍存在的国家权力为研究对象,并特别考察国家的统治类型、国家权力的制衡、利益集团的权利分配等政治科学中最为实际的问题,并构想一个以古代罗马共和国为摹本的、具有实际操作意义的国家权力运作体系,进而为近代西方政治科学的研究和国家权力的实践指点迷津。从马基雅维里时代的意大利到洛克时代的英国,再到杰斐逊时代的美国,人们不难发现其中以现实的国家权力为出发点的政治思考、政治实践探索。就 raison d'état 问题而言,要判定一个政治理论家是否抬高国家权力、贬抑个人价值,这需要对其思想结构、历史背景、文化氛围等做出综合的分析后才能得出恰如其分的结论。

　　至于历史究竟是沿着迈内克的理想境界在运行还是沿着马基雅维里的务实睿智在发展,即历史在不断接近人权、自然法的理想境界还是在不断体现公民利益、权利分配、国家实力等现实政治标准? 还可以问:历史是如何在上述两种情景的交融下演变的? 这些需要政治思想家和历史学家做更深层次的思考。

---

① 艾伦特别提醒人们注意马基雅维里的历史研究方法,参见 J. W. Allen, *A History of Political Thought in the Sixteenth Century*, Methuen & Co Ltd., 1957, p. 451。艾伦在书中还围绕国家、国家统治的有效性等问题系统地评述了卡尔文、马基雅维里、博丹等 16 世纪著名的政治思想家。

读史札记

行会及行会标识

行会是近代西方国家形成的重要源流之一。在中世纪及文艺复兴时期的意大利,城市中的社区与行会(Guild)是生活、生产的基本样式。不同的行会都有自己特定的存在区域,并有严格的法规、组织机构、登记制度等。正是这些行会相互协商推荐领导,进而组成城市国家的政治机构。① 那时谁要参政、出人头地就必须先加入行会。有些文学家、艺术家、探险家最初没有自己专属的行会,为了自己的事业,那就得想办法加入像医药行会之类的机构,并在此类行会的支持下从事自己的各项工作。② 但丁、马基雅维里等思想家无不如此。以下是意大利一些重要的行会标识。

羊毛行会标识　　　　　　　　　　　　棉纺行会标识

---

① 参见布鲁克尔:《文艺复兴时期的佛罗伦萨》,朱龙华译,生活·读书·新知三联书店1985年版,第68—83、171—235页。
② E. Staley, *The Guilds of Florence*, Benjamin Blom, 1967, p.265.

医药、医师行会标识

石材木料行会标识

屠宰行会标识

丝绸行会标识

行会商事仲裁机构标识

4

马基雅维里的人性论、才气说
和命运观析微[*]

在西方的马基雅维里研究过程中,前有维拉里[①]领衔,后有维罗里[②]压阵,研究人员继续不断,研究著作汗牛充栋。新观点、新方法、新成果,令人目不暇接。如果说文学界已形成了莎士比亚"产业",那么政治思想界无疑也有一个马基雅维里"热销"。在如此学术背景下,大而化之的论述显然已不适时宜。为了推进马基雅维里思想的研究,有必要对马基雅维里社会历史观中那些看似已经解决但实际上还需进一步推敲的核心命题做些微观的分析,以便达成某种共识。

一、 人性的善恶是一种具体的社会评判

马基雅维里的人性论历来受到学人的关注,也是引起误解比较多的

---

* 本文原载《上海师范大学学报(哲学社会科学版)》2004 年第 1 期。

① P. Villari, *The Life and Times of Niccolò Machiavelli*, Charles Scribner's sons, 1891.

② M. Viroli, *Machiavelli*, Oxford University Press, 1998.

方面。现阐释如下。

第一，人性有恶的因素，是立法者必须设定的前提。但不能将"人性之恶""恶的人性"等同于"人性本恶"。

在中国学术界也像西方学术界曾一度普遍认为的那样，将马基雅维里当作恶的代言人，并附上"人性本恶"的定语。确实，马基雅维里讲过有关人性之恶的话，但"人性本恶"则是中国学者在理解马基雅维里人性论时附加上去的。王赞源曾说："马基维利之人性论，多类于韩非之说。尤有甚者，马氏直谓人性本恶；其善者，乃被迫使然，且不能持久。"①王赞源对马基雅维里在《李维史论》第1部第3章的话翻译如下："人若欲创建国家，并为之立法，首须认定人性本恶，一有机可乘，人们便立即暴露为恶之本性。为恶之本性若一时未露，必由于某种未知之原因，或因为未得发泄机会；但时间为一切真相之母，总会使人为恶之本性暴露。"②显然，马基雅维里这里所谈之人性，是特别针对立法前提所做的设定。也就是说，所有的立法者都必须假定人的恶的一面，立法就是为了最大程度地防止坏事的发生。这一思想对以后西方的政治法律思想影响特别大。另外，马基雅维里在谈论人性之恶的问题时，多半是在特定场合所发的议论。忽视这种特定的场合就很难准确地把握马基雅维里的人性论和其他思想内涵。所以，我们不能据上述言论而将马基雅维里当作"人性本恶论"者。就好比孟子曾讲过"民为本，君为轻，社稷次之"，我们也不能据此简单得出结论，说孟子是一个"民本主义"者。③ 事实上，马基维利对人性的看法与"人性本恶"这样的评语差距甚远。另外，"人性是恶的"和"人性本

---

① 王赞源：《韩非与马基维利比较研究》，幼狮文化事业公司1983年版，第20页。
② 王赞源：《韩非与马基维利比较研究》，第20页。
③ 参见拙文《孟子与柏拉图理想政治之区别》，《上海师范大学学报（哲学社会科学版）》1997年第4期。

恶"两者之间有特称判断和全称判断之分,不能简单地前后替代。对人性这个非集合概念的判断(如"人性是恶的"),总是就某些性质的断定,而不是全部。"人性本恶"则是对所有人性的断定,这与马基雅维里的思想不符。为了更准确地把握马基雅维里的人性论,我们必须对欧洲思想史上的人性论和文艺复兴时期的人性论有一个总体上的把握。这种研究将告诉我们一个现象,即欧洲思想文化史上的思想家在涉及本性(nature)这个概念时,多半是就"自然""本能"这种中性的角度而发的议论。所以本性无所谓善与恶。例如我们同样不能用"人性本恶"去评价受马基雅维里思想影响很深的英国学者霍布斯的人性论。

第一,人性是一种自我保护的本能,人性与不同的意识相结合而呈现出多样性的特征。

许多学者注意到,在马基雅维里的思想体系里,没有所谓一般的人性。人性既不是抽象意义上的一种理论设定,也不是专供极少数人达到人格完善的内在驱动力。人性(如善、恶等)都是具体的。从现实的角度看问题,人性只是一种与自我有关的本能,或者说是每个人意识到自身存在、捍卫自身存在的一种力量。[①] 另外,应当对"人性是恶劣的(tristi)"[②]一语做些解释。意大利文 tristi 的含义比较复杂,有"不道德的""自我主义的""不愉快的""沮丧的"等含义。所以英文翻译有 men being selfish[③]、men are wicked[④] 等多种译法,且多用"人",而不用"人性"。马尔库在《专

---

① 参见 Vickie B. Sullivan, *Machiavelli's Three Romes: Religion, Human Liberty, and Politics Reformed*, Northern Illinois University Press, 1996, pp. 186 – 187。

② 马基雅维里:《君主论》,潘汉典译,商务印书馆 1985 年版,第 80 页。

③ 参见 Machiavelli, *The Prince and The Discourses*, Modern Library, 1940, p. 61。

④ 参见 Machiavelli, *The Prince*, A New Translation, with an Introduction, by Harvey C. Mansfield, Jr., the University of Chicago Press, 1985, pp. 66 – 67。

注权力：马基雅维里的生平与时代》一书中正确地评论道：在马基雅维里的思想体系里，恶不仅是一种现实具体的东西，而且是一种现实世界里起推动作用的力量①，更是一种人能够在现实中表明其存在的力量。只不过这种力量与其他人的利益发生背离时，就被认作恶。如果偏重自身的人性受到理性的指引，就表现为善。这一思想以后在霍布斯的著作中得到进一步的发挥。② 在西方思想史上，真正一般抽象的东西总是就精神的层面而言，如"伟大与崇高的精神"等。所以就现实社会的层面讲，人性不能被归结为某种单一的特征。人性有恶也有善，甚至是多样的。

马基雅维里经常谈到人性的多样性。就人性与人的意识关系而言，两者之间虽然不存在谁控制谁、谁决定谁的关系，但人性与人的意识发生关系后会产生种种变化，会导致不同的社会后果。例如马基雅维里就认为，贪求金钱的欲望使人性呈现出卑劣的形态，"崇高"精神则导致人与人之间的善和友谊。在他看来，当人性在没有法的规范和意识指引的情况下，无所谓善和恶、对和错。所谓善恶只是现实社会通过法的形式对人性的一种认定。③ 另外，马基雅维里的思想体系里，善恶总是相伴而行，或者说，人性在现实中表现其自身时往往多重因素同时发生作用。马基雅维里在诗作《美妙的愚蠢》中有言："这曾经是并将永远是如此：恶尾随着善，善也跟着恶。"④又认为人在追求善的时候，恶总是相伴而行，往往很

① 参见 Valeriu Marcu, *Accent on Power: The Life and Times of Machiavelli*, translated by Richard Winston, Farrar & Rinehart, Inc., 1939, p.46。
② 参见霍布斯《利维坦》的第 1 部分和第 2 部分。
③ 参见 Machiavelli, *Discourses*, in *Machiavelli: The Chief Works and Others*, translated by Allan Gilbert, Vol. I, Duke University Press, 1989, p.315。
④ 参见 *Machiavelli: The Chief Works and Others*, translated by Allan Gilbert, Vol. II, Duke University Press, 1989, p.763。

难排除掉恶的因素,除非有命运在暗中助你将恶排除掉。① 也就是说,恶的力量往往占据主导地位。正是基于上述人性的多样性、不确定性和恶的巨大力量等情况,马基雅维里主张人需要理性和立法者的指引,必须以法治国。政治家为了社会的稳定,不能简单地顺从人性,还应当引导和驾驭人性去实现实践理性的要求和现实政治的要求。

第二,人性不是决定人的行为和社会和谐的唯一因素。

西方思想文化史上的人性论观点与中国传统思想上的"人性本恶""善端"等理论有一定的区别。中国的传统思想文化喜欢在人性的深处找到立身处世的根本因素即"端"。而西方的思想传统多半将自然感性和理性思辨作严格的区别。从古希腊哲学开始,思想家在评论人性时一般都主张人性是一种自然的东西,所谓善恶都是社会评判的标准,与人性本身没有太大的关系。从某种意义上讲,人性与理性世界是分离的。人们永远不可能在人性的深处找到社会伦理的最终保证。社会中存在并发生制约作用的某种抽象准则,都是根据理性、根据社会需求而制定的。由此看来,根本没有必要去设定人性之"本恶""本善""恶端""善端"等。当一个人在表现其自然本能时违背了社会利益,破坏了社会的和谐,就必须用外在的法制进行规约。或者说,社会的和谐只是一种理性指导下的约定——一种从生存考虑的不得已的约定,即通常所说的社会契约。所以直到 20 世纪,西方的一些学者如史怀哲等仍一心想在中国的文化中找到根本为善的因素,以弥补西方在人性和理性之

---

① 参见 Machiavelli, *Discourses*, in *Machiavelli: The Chief Works and Others*, translated by Allan Gilbert, Vol. I, p. 512。

间的沟壑。① 马基雅维里的《李维史论》对法制和理性的指导做了充分的论述。

第三,马基雅维里人性理论的某种不确定性。

正如布特费尔德所提醒的那样,马基雅维里对人性及其相关政治理论的真正看法也许我们并不是十分清楚,马基雅维里往往在叙述某一问题时持这种看法,而在另一场合又表达了另一种见解。这完全取决于马基雅维里论述一个具体问题时所涉及的性质。所以马基雅维里对人性、对博尔贾等的评论都取决于论述时的具体情景。② 这是我们今天对马基雅维里人性论重新进行评价时仍要十分注意的问题。但笔者认为,马基雅维里可以出于不同的考虑去评价人性和人物,但其著作中对人性的基本看法则是十分明确的。

二、 "才气"是德性和能力的统一

在分析马基雅维里的社会历史观时,人们还会遇到许多难解的概念,virtù(本文译作"才气")无疑是最难把握的一个。

有学者指出,马基雅维里的 virtù 概念更注重"勇气""意志力""机智"等。总之,在他们看来,virtù 的拉丁文原意经过文艺复兴时期人文主义者的诠释,特别是马基雅维里的诠释后,已经变成一个有特殊含义的新

---

① 史怀哲是 20 世纪西方著名的神学哲学家、诺贝尔和平奖获得者。他认为,西方传统文化总是从外在的伦理规范去寻找人与社会和谐的基础。其中表现出的形式主义道德准则和政治治理方法已经显露出自身难以弥合的缺陷。而以儒家学说为代表的中国传统文化十分注重每个人的内在的善,这是对西方只关注形式上的整体的善的道德补充。因此西方世界应该在中国文化和东方文化中寻找拯救自己文明新的因素。可参见 Albert Schweitzer, *The Philosophy of Civilization*, Macmillan Paperbacks Edition, 1960, pp. 131 - 132。
② 参见 H. Butterfield, *The Statecraft of Machiavelli*, G. Bell and Sons LTD., 1955, pp. 129 - 130。

词汇了,甚至是一个马基雅维里的用语了。① 中文本《君主论》的译者潘汉典就 virtù 一词作注说:"'幸运'(fortuna),一译'命运'。……'能力'(virtù),同前者相对待,是马基雅维里学中的一个重要概念;如同文艺复兴时期的作家的用语一样,通常指肉体上和精神上的力量,包括才能智慧,只是在极少数场合特指美德善行。"②在许多英文译本中也多从力量、才智的角度来翻译。如 ability③、virtue④、valour⑤、prowess⑥、special ability⑦、cleverness⑧、strength and wisdom⑨。所以上述英译中还没有一种兼顾到"才"和"德"两层含义的。斯金纳认为,英文中确实没有一个词能将意大利文中的 virtù 一词转达出来,所以他倾向于用意大利原文。⑩ 同时,斯金纳又正确地指出,马基雅维里笔下的 virtù 一词有多重含义:"一个有德行的能力的人应当有什么特别的个性。……首先他要有智慧、公

① 参见 J. V. Femia, *The Machiavellian Legacy, Essays in Italian Political Thought*, Macmillan Press, 1998, p. 15。

② 潘汉典译《君主论》第3页的注。其他 virtù 的中文翻译还有:惠泉译本(海南出版社2001年版)作"才能";张志伟等的译本(陕西人民出版社2001年版)作"美德",并加了一个注:"马基雅维里在新旧两种意义上使用 virtù(美德)这个概念(它们同时出现在第8章中)。美德的旧的意义是指道德上的德性,而它的新的意义则是指在获益的军事行动中勇气与谨慎的某种结合,这种军事行动因其全然可见而赢得人们的赞美。"(参见该译本第5页的注);徐继业译本(光明日报出版社1996年版第4页)译作"才能"。

③ Machiavelli, *Prince*, translated with introduction by W. K. Marriott, J. M. Dent & Sons, Ltd., 1908, p. 7; Machiavelli, *Prince*, translated by Daniel Donno, Bantum Books, 1981, p. 13.

④ Machiavelli, *Prince*, translated with introduction by Harvey C. Mansfield, Jr., Chicago: University of Chicago Press, 1985, p. 6.

⑤ Machiavelli, *Prince*, translated by C. E. Detmold, Introduction by Lucille Margaret Kekewich, Wordsworth Editions Limited, 1997, p. 5.

⑥ Machiavelli, *Prince*, translated with a introduction by G. Bull, Penguin Books, 1975, p. 33.

⑦ Machiavelli, *Prince*, translation by Luigi Ricci, revised by E. R. P. Vincent, Mentor Books. 1952, p. 33.

⑧ Machiavelli, *Prince*, in *The Portable Machiavelli*, edited and translated by Peter Bondanella and Mark Musa, Penguin Books, 1979, p. 79.

⑨ Machiavelli, *Prince*, in *Machiavelli: The Chief Works and Others*, translated by Allan Gilbert, Vol. I, p. 11. 注意该页的一段注释。

⑩ 参见斯金那:《马基雅维里》,王悦生、张阳译,工人出版社1985年版,第13页。

正、勇敢和节制四种主要美德，……其次他还应具有另外一些在后来逐渐
被认为是君王应具有的特殊品质。主要的是（西塞罗在《道德的义务》中
所强调的）'诚实'，意思是坚守信念，并在任何时候都诚心对待任何人。
……最后，真正有男子气概的人还需要坚定地承认这样的事实：如果我们
想达到荣誉和光荣的目标，我们必须尽可能有道德地行动。"① 根据斯金
纳的解释，中文似翻译成"才气"为妥。因为在中国的古文里，"才"有"能
力"的意思，而"气"则有道德品性的含义。故将两词合之，以体现马基雅
维里的原意。马基雅维里在《李维史论》中说："当他们必须选择一个君
主时，不能偏重于勇力，而应当看重他的才智与正义。"② 可见 virtù 一词在
马基雅维里那里还保留着某种人的质地、品性的意蕴。再就 virtù 与善的
关系而论，在马基雅维里的心目中，善不是一种抽象的概念，或者说无所
谓一般意义上的善，善可以表现为不同的形态。例如，在不同君主的 virtù
指引下，公民也会表现出某种 virtù，这种被大家公认的 virtù 就是善。由
此看来，virtù 与善有一定的关系。③ 查《新学院意英双解词典》④，其中简
洁地将意大利文 virtù 解为 virtue 和 valour 即"道德"和"勇力"的意思。考
虑到马基雅维里在著作中并没有将道德方面的意蕴割弃，故中文翻译理
应取两者的意思为之。与马基雅维里同时代的一些思想家在谈论 virtù
时也将自然力量的方面和心灵、神、善等合用。与马基雅维里齐名的卡斯
蒂利奥内在其《侍臣论》⑤ 一书中，就表达了对 virtù 的上述看法。在中世
纪的哲学传统里，神的世界是美德和权力之合一，它们共同体现着神的统

① 斯金那：《马基雅维里》，第75—76页。
② *Machiavelli: The Chief Works and Others*, translated by Allan Gilbert, Vol. I, p. 197.
③ H. C. Mansfield, *Machiavelli's Virtue*, The University of Chicago Press, 1998, p. 25.
④ *The Bantam New College Italian & English Dictionary*, Bantam Books, 1976.
⑤ B. Castiglione, *The Book of the Courtier*, Doubleday & Company, Inc., 1959, p. 295.

治。关于这一点,托马斯·阿奎那在《神学大全》里有详细阐述。① 在但丁《神曲》意英对照本里也有上述思想的精彩诗句:"within this hierarchy there are three kinds of divinities: first, the Domininions, and then the Virtues; and the final order contains the Powers."② 当马基雅维里论及这种与政治统治相关的 virtù 时,特别提到罗马在罗墨洛时代的情景,那时就是依靠公民的各种才气来维持其统治。③ 甚至认为公民在选择君主的时候不是看君主有何勇力,而是要注意才智与正义性。④ 这同时说明在人的才气当中智慧与品性结合的重要性。马基雅维里还谈到,君主要严格按照法律行事,必须对公众事务和私人事务予以同样大的关注。⑤ 有才气的人总是偏向于由必要性导出的工作。⑥ 当然,有时马基雅维里使用意大利文 virtù 的时候,主要指实现某种目的而采取的手段。这时,能力方面的意思就凸显了出来。例如就君主如何驾驭臣下而言,君主的 virtù 就在于他能够针对臣下和朋友的不同的心理状态而使用不同的手段,或者说发挥不同的才气。⑦ 由于"有效的政治治理"在马基雅维里整个政治思想体系中所占据的特殊地位,所以马基雅维里时时告诫君主,为了达到目的,应当更注重 virtù 中的能力部分,而不必顾忌 virtù 中的品德部分。(关于此点,学术界已有公论,此略。)但不能据此将马基雅维里的 virtù 概念理解为一种能力。完整的看法应当是:马基雅维里的 virtù 概念是德性和能力的统一,有时强调德性的一面,有时则看重能力的运用。

---

① 参见 Thomas Aquinas, *Summa Theologica*, Q. 108, Random House, Inc., 1945。
② *The Divine Comedy of Dante Alighieri: Paradiso*, Bantam Books, 1986, p. 259.
③ 参见 Machiavelli, *The Discourses*, translated from the Italian by Christian E. Detmold, Modern Library, 1940, p. 109。
④ 参见 Machiavelli, *The Discourses*, translated from the Italian by Christian E. Detmold, p. 112。
⑤ Machiavelli, *The Discourses*, translated from the Italian by Christian E. Detmold, p. 113.
⑥ Machiavelli, *The Discourses*, translated from the Italian by Christian E. Detmold, p. 107.
⑦ H. C. Mansfield, *Machiavelli's Virtue*, The University of Chicago Press, 1998, p. 19.

　　除了曼斯菲尔德《马基雅维里的才气》一书对 virtù 的精彩评述外,查伯德则在他的著作里比较全面地分析了马基雅维里对个人才气与政治制度之间的关系。① 根据马基雅维里的设想,才气是好的制度的基础。但他对才气并非始终坚信,因为好的才气具有太大的不确定性,有时甚至是一种幸运的事情。一个明显的事实是:法和制度改变着人的才气。当所有的这一切都出问题时,马基雅维里就希望一个特别有才气的统治者出现。总之,一名政治家为了实现其政治理想,不仅要对社会有一个敏锐的意识,还要具备一定的品质和实现其理想的手段。就具体从事一件事情而言,德性是为了做一件事,能力是做成一件事,才气是做好一件事。对于一个成大气候的君主来讲,更应当从才气的角度来衡量其人格。

三、 命运是偏袒强者的抽象力量

　　命运(fortuna)是马基雅维里思想体系中另一个经常出现的概念。

　　在马基雅维里的时代,高出人法的东西往往以命运概念呈现出来。人文主义者所经常使用的命运概念其基本内涵是:人们假定存在着像理念、神之类绝对美好的理想世界和抽象的力量。在政治学和法学中绝对美好的世界就是自然法。它们永远是人们追求的最终目标。但人们能否最终达到这些目标则是一个谜。不过人们还是以生命为代价、以种种现实可能的手段去接近这些目标。马基雅维里也将命运当作一种无形的力量,非常赞成与命运之间的协调。他说:"我认为,正确的是:命运是我们半个行动的主宰,但是它留下其余一半或者几乎一半归我们支配。"②"因

---

① 参见 Federico Chabod, *Machiavelli & The Renaissance*, Bowes & Bowes Publishers Ltd. 1958, pp. 95–98。
② 马基雅维里:《君主论》,第 117 页。

此我得出的结论是：当命运正在变化之中而人们仍然顽强地坚持自己的方法时，如果人们同命运密切地协调，他们就成功了；而如果不协调，他们就不成功。"①

但马基雅维里始终给命运概念注入现实的因素，强调不能脱离人的具体行动来谈命运。最典型的就是教会君主国。马基雅维里认为"这种国家是依靠人类智力所不能达到的更高的力量支持的，……是由上帝所树立与维护的"②，因此它有许多优越的地方。然而，教会君主国也是现实中的国家，如欲使其强大也必须依赖人力的因素。从这一角度讲，人们完全可以将其当作世俗权力机构看待。教皇同样要使用现实的政治手段来维持这个世俗权力机构。马基雅维里举了教皇亚历山大六世和朱利奥二世如何使用现实的政治权术强化教皇国的事例。不过马基雅维里对教皇国的前途并不抱乐观的态度。③ 特别是教皇像任何君主一样也会受到个人能力、品质与综合政治权力系统之间矛盾的制约。正如马基雅维里所言，这个系统中的要素有：法律、军队、外交、道德等等。④ 而在马基雅维里的考虑中"法律"始终是首要的因素。此法律的核心是与公民社会相应的"民法"。可见，即使像教会之类贴近命运的政治实体，其主导的力量还是现实的因素。

所以在马基雅维里的命运观中，真正起主宰作用的是现实的人的力量。他一再强调人应当坚定地执行自己的想法。而每当人坚定地执行自己的意志的时候，命运就向坚定者这一边靠拢。⑤ 所以命运在马基雅维里

① 马基雅维里：《君主论》，第120页。
② 马基雅维里：《君主论》，第53页。
③ 参见马基雅维里：《君主论》，第11章"论教会的君主国"。
④ 参见马基雅维里：《君主论》，第24章"意大利的君主们为什么丧失了他们的国家"。另可参见第19章、第23章等。
⑤ 参见马基雅维里：《君主论》，第120页。

的社会历史观中只起十分有限的作用。正如马基雅维里所言:"命运之神是一个女子。"①

这里有必要谈一下自由意志问题。就思想源流而言,无论是教父哲学家还是中世纪的经院哲学家,他们从不同的角度去论证上帝存在时,表达了两种对当时、对后来都有深刻影响的思想倾向,即对人的自由意志的肯定和对人的理性确定性的肯定。例如人文主义者所崇敬的教父哲学家奥古斯丁就是一个自由意志论者。② 另外,中世纪时代的阿奎那对神法、自然法和人法三者关系做了系统的论述。虽然其目的是为了论证上帝存在,但同时充分展示了人的理性思辨活动,使人的理性与上帝的存在发生相应的联系,对理性真理性问题做了进一步的确认。这种与经院哲学主观目的相悖的思想文化变化,不仅对人文主义者强调人的意志自由和力量、强调从理性和信仰双重的角度思考问题等给予了启示作用,也极大地影响了文艺复兴时期人文主义者对命运、神、宗教等的看法。关于这一点应当引起我们足够的重视。从当时人文主义的思想氛围看,不同的学者在强调自由意志方面有某种共识。马基雅维里的思想究竟在多大的程度上受到当时自由意志理论的影响,我们还无法评价。但马基雅维里对自由意志的颂扬则有案可查。《君主论》指出,"不能把我们的自由意志消灭掉"。③ 又说:"除此之外,现在我们还看见了上帝所做的绝无仅有的奇迹:大海分开了,云彩为你指出道路,巉岩涌出泉水,灵粮自天而降;一切事物已经为你的伟大而联合起来,而余下的事情必须由你自己去做。上帝不包办一切,这样就不至于把我们的自由意志和应该属于我们的一部

---

① 马基雅维里:《君主论》,第 120 页
② 参见奥古斯丁:《独语录》,成官泯译,上海社会科学院出版社 1997 年版,第 109—113 页。
③ 马基雅维里:《君主论》,第 117 页。

分光荣夺去。"①

　　显然，说到命运问题又不能不提马基雅维里的宗教思想。马基雅维里不是基督教徒，这是事实。尽管马基雅维里的外孙为了替其外祖父恢复名声，曾试图给马基雅维里戴上一些信教的光环，但正如费罗利指出的那样，这种装饰是很难令人信服的。② 不过，这并不影响马基雅维里对基督教和基督教罗马时代的关注。从表面上看，似乎人神关系并不是马基雅维里政治思想所要处理的核心问题，可事实上马基雅维里在《君主论》《李维史论》以及各类公函和书信中始终没有忘记人神关系等问题。只不过马基雅维里时常用"命运"概念来代替"神"的说法。施特劳斯在其名著《对马基雅维里的思考》一书的第 4 章中，比较全面地分析了马基雅维里对基督教的看法。按照马基雅维里的宗教观，古代的宗教之所以有力量，就在于它将世界的荣誉这种现实的力量当作最高的善。所以基督教的真理性就是要看它能否提升这种世界的荣誉。但事实上基督教却导致世界的软弱。对此，马基雅维里一直持批判的态度。当然，马基雅维里并没有将世界的软弱完全归罪于基督教，而是将问题的所在与罗马帝国衰弱的方方面面因素综合起来考虑。很清楚，马基雅维里始终没有抛弃神，而是将神、命运等转化为能为现实服务的力量。特别是马基雅维里在自己的著作中从政治的、实践的角度来分析基督教罗马时代的政治得失。认为基督教罗马的政治实践从理论上讲是在执行超越于人类之上的事情，并对人类实行的是以神为最高力量的统治。但至少一个统治者可以像基督教会那样来使用神的力量。将神当作万物的终极因，就像君主是

①　马基雅维里：《君主论》，第 122 页。
②　参见 Maurizio Viroli, *Niccolò's Smile: A Biography of Machiavelli*, Farrar, Straus and Giroux, 2000, pp. 257–258。

一切的原因一样。①

马基雅维里是西方 16 世纪的一面镜子。将这面镜子时时擦拭,能使我们对那个时代把握得更准确。

读史札记

《君士坦丁赠赐辨伪》塔蒂丛书本

瓦拉《君士坦丁赠赐辨伪》(或译《康斯坦丁赠赐辨伪》)的拉丁文书名为 *De Falso Credita et Ementita Constantini Donatione*,英文版为 Lorenzo Valla, *On the Donation of Constantine*, Translated by G. W. Bowersock, Harvard University Press, 2007,此为塔蒂丛书本(The I Tatti Renaissance Library)。按照《君士坦丁赠赐》的说法,公元 4 世纪时(确切年代为公元 337 年 5 月君士坦丁于尼科米底亚临终前不久)君士坦丁大帝将罗马、意大利、希腊、小亚等地的统理权交给了当时的教宗西尔维斯特(Sylvester),同时说明罗马帝国的政治中心为君士坦丁堡。后来意大利人文主义者瓦拉用人文主义的批判精神和语言学的研究成果发现了教会文件的漏洞,并于 1440 年撰文指出,历史上的《君士坦丁赠赐》是一部伪造的文件。这一研究成果对人文主义者宣扬思想解放和自由批判精神起到了鼓舞的作用。译者鲍尔索克(Bowersock)在译文前有一篇“导论”,其中表达的一种想法应该引起学界的重视。根据“导论”的叙述,瓦拉之文发表的年代大概在 1440 年 4 月 2 日至 5 月 25 日之间。在瓦拉之前,《君士坦丁赠赐》已经遭到哲学家库萨的尼古拉之质疑。同时,阿拉贡和西西里王阿方索与教皇尤金四世之间有争斗。瓦拉曾想在教皇那里谋得一份职务未果,于是被推荐给阿方索。但译者认为瓦拉之所以要进行辨伪,其中主要的因素不在于政治等方面的考虑,仿佛他要为阿方索的争权

---

① 参见 Vickie B. Sullivan, *Machiavelli's Three Romes: Religion, Human Liberty, and Politics Reformed*, pp. 158 - 159。

提供理论依据,而在于他想证明自己作为人文学者的卓越才气。这种想法确实很符合当时的文化氛围。意大利的人文主义者个个恃才傲物,都想占领某种学术制高点,由此为自己的人生和事业奠定基石。后世学者需要回到历史的场景中去领略这种带着点世俗性的文化风气,以及这种风气下产生的诸多学术成果。就学术本身而言,瓦拉的辨伪也为后世学人推崇学术的至高至上性理念开了先河。

后　记

　　这部30多万字的文集是笔者近20年来的部分研究成果汇总。在如今各种数据库似流星雨闪现的时代，还有必要出史论集吗？笔者的回答是：数据易得，线索难寻。一个人真正能读透、读懂的书籍是十分有限的。笔者曾积累不少文艺复兴史藏书，常常翻阅，偶有心得，随笔记录成论文者亦不少。将这些看似有限的读史感想和文章奉献给学界和广大读者，至少能引起有限的思想知识感应，这种效果远非数据库能比。谢谢刘训练教授将这部文集推荐给我十分敬慕的商务印书馆。此次选入的论文尽量保留了原稿发表时的样貌，只做了些必要的技术性修改，大致的原则是保持单篇论文格式统一。至于内容、观点方面等尽量不做改动。这样，就能让读者了解本人对文艺复兴的许多想法有一个不断完善的过程，例如对文艺复兴的时段、国别的看法，对人文主义观念的认识和批评，对马基雅维里、米开朗基罗等人的个案研究，对美第奇家族历史地位、作用的评价，对文艺复兴史学史的探究，对一些绕不开的学术点之辨析，等等。诸如此类大大小小的学术问题都是经过笔者思索再思索、探微再探微才最终明了几分，因此保持原貌就是保持一面自我批判的镜子。在这种理念指导下，文稿甚至不回避某些自我矛盾的内容，以便拙著发表后留出与读者进一步研讨的空间。这就是学术的最高准则——实事求是。因为是文集，文字间不免有重复的地方，此次集结尽可能剔除了重复的内容。但考虑到各单篇文稿的完整性，仍免不了有些注释引证之类的重复痕迹，我想读者是能谅解的。另外，笔者在学术创作之余做了大量的读史札记，此次汇集适当选入有参考价值者附在各单篇论文的后面，以引起进一步的思考。

一般来讲，一位学者要出文集，大概其学术研究生涯已到了断步回望之年，想有个总结交代。这多少带着点沧桑凄凉的感觉。柴可夫斯基的《第六交响曲"悲怆"》是真正意义上的沧桑凄凉，因为之后人们再也听不到那独有的旋律了。其中第二、三乐章传递给听众的是，音乐家还在理想、优美、崇高的境界与人生终点忧患的纠结中挣扎。我在想，能否在学术的总结之年继续走下去、走出来。我们这些搞历史研究的人不能忘了人文学科的意义。世界需要我们像柴可夫斯基那样创造出真正能打动人内心情感世界的作品。诗歌创作和翻译是一种不错的选择。我想在未来的岁月里翻译一些文艺复兴时期的十四行诗歌作品，并试着用中国清代性灵派的语言风格去呈现十四行诗歌中那些情感丰富的内容。此谓"继续走下去、走出来"。这样，未来我参与纯正学术探讨会有所减少，但我指导研究生和其他学生的学术活动还在进行。学生的学术探索也是在延长我自己的学术生命，这仍然是很令人兴奋的事情。

最后，向曾经发表拙文的各杂志社、学术机构恭敬致谢。

周春生

2021 年于松江寓所

图书在版编目 (CIP) 数据

文艺复兴史研究文集 / 周春生著 . — 北京 : 商务
印书馆 , 2022
ISBN 978-7-100-21178-9

Ⅰ . ①文… Ⅱ . ①周… Ⅲ . ①文艺复兴—历史—欧洲
—文集 Ⅳ . ① K503-53

中国版本图书馆 CIP 数据核字（2022）第 081618 号

文艺复兴史研究文集

周春生　著

商 务 印 书 馆 出 版
（北京王府井大街 36 号　邮政编码 100710）
商 务 印 书 馆 发 行
南 京 新 洲 印 刷 有 限 公 司 印 刷
ISBN　978-7-100-21178-9

2022 年 11 月第 1 版　　开本 880×1240　1/32
2022 年 11 月第 1 次印刷　印张 16

定价：88.00 元